KB127500

헤겔의 종교철학 입문

헤겔의 종교철학 입문

2023년 9월 18일 처음 펴냄

지은이 | 존 스튜어트
옮긴이 | 정진우
펴낸이 | 김영호
펴낸곳 | 도서출판 동연
등 록 | 제1-1383호(1992. 6. 12)
주 소 | 서울시 마포구 월드컵로 163-3
전 화 | (02)335-2630
전 송 | (02)335-2640
이메일 | yh4321@gmail.com
S N S | instagram.com/dongyeon_press

ISBN 978-89-6447-929-2 94160
ISBN 978-89-6447-602-4 (연세종교철학문고)

연세종교철학문고 005

헤겔의 종교철학 입문

존 스튜어트 지음
정진우 옮김

동연

하늘나라에 계신

사랑하는 어머님께 바칩니다.

또 하나의 "종교철학" 해설서를 옮긴 제자의 노고에 감격하며

불과 작년에 『헤겔의 종교철학』이라는 제목으로 피터 하지슨 교수의 해설서를 번역하여 출간한 제자 정진우 교수가 이번에도 역시 헤겔의 종교철학에 대해 다른 각도에서 분석하고 해설한 존 스튜어트의 저서를 『헤겔의 종교철학 입문』이라는 이름으로 번역하여 펴내었습니다. 사실 저는 30년 교수로 지내면서 여러 권의 학술서와 교양서를 출간했지만 번역서는 얇은 책 몇 권에 머물렀었습니다. 그런 저의 입장에서는 다른 이의 책을 번역하는 것이 얼마나 오랜 각고의 인내를 필요로 하는지 너무도 잘 알고 있지요. 그런데 이번에 또 한 권의 역서를 받아 들고는 치하에 앞서 감격스럽고 감사하다는 말을 전하지 않을 수 없었습니다. 게다가 다른 사상가나 철학자도 아니고 관념적이고 추상적이어서 난해하기 이를 데 없는 헤겔 철학과 신학에 관한 해설서는 원작에 대한 번역만큼이나 고도의 전문성을 요구하는 작업입니다. 그런 중후한 과제를 연이어 수행해내는 정 교수의 열정에 한편으로 탄복하면서 다른 한편으로 지도교수로 연을 맺고 있는 저에게도 커다란 자극이 됩니다.

작년에 출간한 하지슨의 책 『헤겔의 종교철학』은 그야말로 헤겔 『종교철학』의 형성과정에서 시작하여 이와 밀접하게 연관된 그리스도교의 교리들에 대한 종교철학적 해석에 대한 저자 나름의 분석을 거쳐 헤겔 이후 현대라는 우리 시대가 씨름하고 있는 비극의 문제나 자아-타자의 관계를 통한 공동체 논의, 그리고 급기야 같음과 다름의 긴장을 싸안은 다원주의까지 흥미롭게 다루었었습니다. 그러나 이번에 새로 펴내는 스튜어트의 『헤겔의 종교철학 입문』은 전혀 다르게 헤겔의 『종교철학』이 태동하는 배경에 대한 역사적 분석으로 거슬러 올라가서, 특히 계몽주의와 낭만주의라는 대조적 사조 사이의 긴장이라는 구도 안에서 헤겔의 종교철학에 다가가는 것으로 시작합니다. 그러고는 종교 진화론의 맥락에서 다신교와 일신교의 관계 또는 여럿으로부터 하나로 진화하는 과정과 같은 역사적 접근으로 이어집니다. 물론 여기에도 그런 논의를 토대로 현대의 과제에 대해서는 하지슨의 책과 비슷한 주제이지만 시각을 달리하여 다루고 있습니다. 말하자면 하지슨의 책이 공시적 접근에 해당한다면, 스튜어트의 책은 통시적 접근이라 할 수 있으니 마침 연이어 출간되는 이 두 권의 해설서는 쌍을 이루는 책[Companion Books]이라고 해야 마땅합니다. 정진우 교수가 이러한 기획으로 연이어 역서를 출간한 혜안이 자못 자랑스럽기까지 합니다.

독자들의 호기심과 독서의 즐거움을 위해 더 자세한 설명은 아껴두겠습니다. 다만 앞서 출간된 하지슨의 책을 이미 접한 독자들은 그러한 공시성과 통시성의 관계를 염두에 두면서 이 책을 접한다면, 자연스럽게 헤겔 『종교철학』의 씨줄과 날줄을 엮어가는 입체적인 관점을 얻을 수 있을 것입니다. 만일 아직 하지슨의 책을 접하지 못한 독자라면, 통시적인 접근법을 취하는 이 책을 먼저 읽은 후에 하지슨의 책으로 넘어가는 것이 배경에서 초점으로 나아가는 유익한 독서법이 될 수 있다는 안내만 덧붙여 두겠습니다.

인공지능의 가공할 위력에 대한 우려와 통제를 논해야 할 현시점에서 이미 두 세기나 지난 헤겔의 사상이 우리에게 무슨 의미가 있냐고 반문할 수도 있습니다. 하지만 고삐 풀린 문명의 질주에 불안을 느낄 수밖에 없는 오늘의 현실을 심층적으로 들여다보기 위해서라도 우리는 근대의 정점에 선 헤겔의 사상을 되짚어 보지 않을 수 없습니다. 물론 근대의 마지막 주자로 각인될 수밖에 없었던 절박한 이유들이 있기는 하지만 그럼에도 불구하고 서구의 정신 문화사를 집성한 그의 사상은 역설적으로 새로운 미래를 위한 결정적인 통찰의 가능성을 누구보다 근본적이고 입체적으로 제공해 준다는 평가에는 조금도 주저할 이유가 없습니다.

사실 종교철학은 인류 정신문화의 시원인 종교와 그 정점인 학문이 만나는 영역이니 그 자체로서 가장 근본적인 인간학이며, 인간 자신에 대한 전인적 이해를 위한 핵심 토대입니다. 더욱이 전문성을 기치로 수없이 분열되었던 학문들의 융복합적인 접근을 모색하는 마당에 전인적 통찰을 지향하는 종교철학이야말로 이를 위한 마땅한 문화유산이 아닐 수 없습니다. 그런 점에서 그것을 근대적으로 집성한 헤겔의 『종교철학』을 되짚는 일을 비켜갈 수 없다면, 이 책이야말로 이를 위한 더할 나위 없는 길잡이가 되어줄 것임을 의심하지 않습니다. 인간의 유한성 자각과 초월 지향성이 뒤얽혀 종교성을 이루니 종교철학은 그렇게 시작한 종교적 인간의 자기성찰 외에 다른 것이 아니기 때문입니다. 그리고 그 분야의 최고봉에 선 헤겔의 『종교철학』을 탐구한다는 것은 분명 현대의 삶을 위한 지혜의 산실이 되어 주리라 믿습니다. 폐일언하고, 여러분께 일독을 권합니다.

정재현

전 연세대학교 종교철학과 주임교수
현 한국종교학회 종교철학분과 위원장

옮긴이의 글

『헤겔의 종교철학 입문』은 존 스튜어트[Jon Stewart]의 *An Introduction to Hegel's Lectures on the Philosophy of Religion: The Issue of Religious Content in the Enlightenment and Romanticism* (New York: Oxford University Press, 2022)이라는 최신 저작을 번역한 것이다. 이 책의 제목은『헤겔의 종교철학 입문』이지만 '입문'이라고 하기에는 그 논의의 넓이와 깊이가 초심자를 당혹케 할 만하고, 이 책이 주는 문헌적 정보는 헤겔 연구자조차 놀라게 할 만하다. 그럼에도 스튜어트는 어렵지 않은 문체와 다양한 역사적 일화를 통해 초심자와 연구자 모두를 아우르는 서술의 기교를 보여주고 있다.

이 책의 부제는 "계몽주의와 낭만주의에 있어서 종교적 내용의 문제"다. 여기에는 헤겔『종교철학』의 숨겨진 의미와 철학적 가치를 그것이 탄생한 시대적 맥락에서 해명하고자 하는 저자의 기획이 담겨 있다. 작년에 번역 출간한 하지슨[Peter C. Hodgson]의『헤겔의 종교철학』(*Hegel & Christian Theology: A Reading of the Lectures on the Philosophy of Religion: A Reading of the Lectures on the Philosophy of Religion*)(Oxford University Press, 2005)』이 헤겔의 저서,『종교철학』(*Vorlesungen über die Philosophie der Religion*) 자체의 논리 구조와 핵심 내용을 내재적으로 분석한 책이라면, 이 책은『종교철학』을 둘러싼 당시의 시대적 상황과 종교적 문화의 맥락 안에서, 그리고 특히 헤겔 전체 체계의 구조적 맥락 안에서 외재적으로 분석한 책이다. 따라서 헤겔의 『종교철학』에 관심을 가진 독자라면, 먼저 이 책을 통해 『종교철학』이 탄생한 역사성과 사회성과 체계성을 이해하고, 하지슨의 『헤겔의 종교철학』을 통해 『종교철학』 자체의 핵심 내용으로 들어가는 것이 영점을 조절하고 과녁을 넓히는 데 보다 효과적인 독서법이 될 수 있다. 하지만 그 모든 과정도 결국 헤겔의 『종교철학』 강독을 위한 예비과정 이상은 아닐 것이다.

헤겔의 『종교철학』은 그의 명성이 독일 전역을 지배하던 말년, 베를린대학에서 진행한 네 차례(1821년, 1824년, 1827년, 1831년) 종교철학 강의를 그의 사후에 편집 출간한 강의 저작이다.[1] 첫째 판본은 헤겔이 세상을 떠난 직후인 1832년에 마라이네케[Phillip Marhcineke]가 그 네 번의 강의록과 필기록을 모아 한 권으로 편집한 단행본이며, 둘째 판본은 그로부터 8년이 지난 1840년에 바우어[Bruno Bauer]가 마라이네케의 판본에 새로 반견된 필기록을 더하여 수정 보완한 개정판이다. 셋째 판본은 첫째 판본이 출간된 지 거의 한 세기가 지나 라손[Georg Lasson]이 마라이네케와 바우어 판본의 편집상의 문제를 교정하기 위해 새롭게 내놓은 두 권짜리 판본이다. 이는 그가 편집한 『헤겔 전집』(*Sämtliche Werke*)(1928-1941)의 15~16권에 실려 있다. 하지만 이 세 판본은 헤겔

1 헤겔 생전에 출간된 그의 주요 저작은 다음 네 권이다. 『정신현상학』(*Phänomenologie des Geistes*), 『대논리학』(*Wissenschaft der Logik*). 『철학백과』(*Enzyklopädie der philoso- phischen Wissenschaften im Grundrisse*), 『법철학』(*Naturrecht und Staatswissenschaft im Grundrisse. Grundlinien der Philosophie des Rechts*). 그 외의 '강의'를 뜻하는 독일어 'Vorlesungen'이 붙은 저작들, 『종교철학』(*Vorlesungen über die Philosophie der Religion*)을 비롯한 『미학』(*Vorlesungen über die Ästhetik*), 『역사철학』(*Vorlesungen über die Philosophie der Geschichte*), 『철학사』(*Vorlesungen über der Geschichte der Philoso- phie*)는 베를린대학에서 같은 시기에 진행했던 강의 내용을 그의 사후에 편집 출간한 강의 저작이다.

이 진행한 네 차례의 종교철학 강의 내용을 편집자가 자의적으로 취사선택한 통합본이기 때문에 횟수가 거듭될 때마다 미묘하게 달라지는 사유의 진화과정이나 다양하게 실험되는 체계시도의 역동성을 보여주지 못하는 한계가 있었다.

그러한 문제를 해결하기 위해 독일의 예쉬케Walter Jeaschke는 대략 30년 후 현존하는 강의록과 필기록을 모아 그 네 차례 강의를 연도별로 복원하려는 사업을 기획하고, 10년간의 긴 과정을 거쳐 1982 ~1985년에 비로소 그 위대한 성과를 세상에 내놓았다. 그것이 오늘날 헤겔 학계가 공식적으로 인정하는 『종교철학 강의』(*Vorlesungen über die Philosophie der Religion 1, 2, 3*) (Hamburg: Felix Meiner, 1982~1985), 줄여 『종교철학』 판본이다. 네 차례 강의가 세 권인 이유는 권수를 연도별이 아니라 주제별로 편집했기 때문이다. 헤겔은 강의를 진행하는 동안 세부 내용은 계속 수정해 나갔지만 세 부분의 전체 구성은 그대로 유지했다. 제1부: 서론, 종교의 개념(Einleitung, Der Begriff der Religion), 제2부: 유한한 종교(Die Bestimmte Religion), 제3부: 완성된 종교(Die vollendete Religion). 예쉬케의 판본은 그 세 부분을 1~3권으로 구성하고, 각 부분에 해당하는 내용을 연도순에 따라 한 데 차례로 배치해 두었다. 이로 인해 그 어느 때보다 헤겔의 『종교철학』을 정교하게 연구할 수 있는 토대가 마련된 셈이다.[2]

---

2 헤겔이 진행한 네 차례 강의 가운데 사상적으로 가장 완성된 판본은 1831년 『종교철학』으로 예상된다. 하지만 그 자료는 제2차 세계대전 당시 대부분 소실되어 내용이 매우 빈곤하다. 따라서 현재 보유된 최고의 판본은 1827년 『종교철학』이다. 그래서 예쉬케의 『종교철학』 연도별 복원사업에 동참하고, 이후 그것을 영어로 번역 출간하여 미국학계에 헤겔 『종교철학』 연구의 기틀을 마련한 『헤겔의 종교철학』의 저자 하지슨은 1827년 강의만을 따로 묶어 *Lectures on the Philosophy of Religion: The Lectures of 1827* (New York: Oxford University Press, 1988)을 출간하기도 했다. 네 차례의 강의가 갖는 내용 변화와 사유 흐름보다 헤겔 『종교철학』의 핵심 내용 자체에 관심을 둔 독자라면, 그 단행본

그럼에도 불구하고 헤겔의 『종교철학』에 관한 연구는 전 세계적으로 흔치 않다. 계몽주의의 정상에서 일어난 이성과 신앙의 분리와 그 둘의 적대적인 편견, 즉 종교를 '미련한 마법'쯤으로 여기는 철학의 편견이나 철학을 '교활한 이성'쯤으로 여기는 신학의 편견도 한몫했을 것이고, 이성과 신앙이 뒤얽힌 종교철학의 난해함, 즉 철학에게는 너무 신학적이고, 신학에게는 너무 철학적이라는 난해함도 한몫했을 것이다. 게다가 철학과 신학이 위축된 시대에 신학을 위해 철학을 하거나 철학을 위해 신학을 하는 이들로 범위를 좁히면 그 공백은 더욱 커지게 마련이다. 특히 '현대'라는 사상적 풍토는 근대의 정점에 선 '헤겔'을 두드리지 않고서는 새로운 사유로 나아갈 수 없다는 냉소적인 편견, 헤겔의 사상은 시대착오적이며, 그것을 연구하는 것은 무가치할 뿐만 아니라 불필요하다는 편견을 공유하고 있다. '헤겔'은 현대의 금서다.

하지만 헤겔의 철학을 보다 근원적이고 포괄적으로 이해하고자 한다면, 더 이상 그의 철학과 종교를 분리시켜서는 안 될 것이다. '종교'는 『종교철학』의 핵심 주제일 뿐만 아니라 그의 모든 철학적 주제의 바탕이기 때문이다. 베른과 프랑크푸르트 시기의 『청년 헤겔의 신학론집』(*Hegels theologische Jugendschriften*)에서부터 말년 베를린 시기의 『종교철학』에 이르기까지 그의 철학적 관심을 사로잡은 평생

을 읽는 것이 가장 유익할 것이다. 하지만 그 판본은 아직 한국어로 번역되지 않았다. 한국어판으로는 최신한 선생님이 번역하신 1821년 『종교철학』(서울: 지식산업사, 1999)이 유일하다. 1821년 『종교철학』은 전체 강의의 기틀을 마련한 최초의 판본이고, 그의 종교철학을 아무런 여과나 사족 없이 접할 수 있는 판본이며, 유일하게 원본 그대로 보존된 판본이라는 점에서 매우 소중한 학문적 유산이다. 또한 그 책은 『종교철학』의 다양한 판본들 가운데 학계가 공식적으로 인정하는 예쉬케의 판본을 번역한 것이라는 점에서도 매우 신뢰할만한 가치가 있다.

의 화두는 '종교'였다. 특히 당시를 지배하던 계몽주의의 종교 비판과 낭만주의의 종교문화는 그의 사변철학이 탄생한 비판적 토양임과 동시에 그의 주요 저작들의 핵심 주제이기도 하다.[3]

당시 과학혁명에 도취된 계몽주의자들은 비판적 이성으로 검증되거나 반증될 수 없는 『성서』나 교리의 모든 내용을 불합리한 미신으로 폐기해 버렸다. 볼테르[Voltaire][4]나 라이마루스[Hermann Samuel Reimarus][5]와 같은 신학자들 그리고 레싱[Gotthold phraim Lessing][6]이나 흄[David Hume][7]과 같은 철학자들은 그러한 계몽주의의 관점에 찬탄하면서 그것과 양립할 수 있는 종교적 측면을 설득하기에 급급했다. 하지만 그 모습은 설득이라기보다 차라리 버림받은 자들의 구걸에 가까웠다. 계몽주의 신학

---

3 계몽주의와 낭만주의에 대한 헤겔의 비판으로는 『믿음과 지식』(*Glauben und Wissen*) (1802-1803)이나 『정신현상학』(*Phänomenologie des Geistes*) (1807)의 '서론'과 'BB. 정신'(Der Geist) 장의 하부 주제들, 이를테면 '마음의 법칙'(Das Gesetz des Herzens), '아름다운 영혼'(Die schöne Seele), '덕과 세계 운행'(Die Tugend und der Weltlauf), '정신적 동물의 왕국'(Das geistige Tierreich) 그리고 『철학사』의 제3권의 '독일 계몽주의'(제3권 2장 C. 4. Aufklärung) 부분이나 『역사철학』의 '계몽주의와 프랑스혁명'(제4부 3편 3장 Die Aufkläung und die Revolution) 부분이 잘 알려져 있지만 『종교철학』이야말로 그러한 단편적인 비판들의 대단원이자 집대성이라는 사실은 제대로 알려져 있지 않다. 오늘날의 종교문화를 지배하는 '새로운 무신론'이나 '다양한 밀교'의 형태는 계몽주의와 낭만주의 종교문화의 계승이자 첨단이라는 점에서 『종교철학』은 현대의 종교 비판과 신앙성찰에도 다양한 시각과 통찰을 줄 수 있다.

4 이와 관련해서는 이 책의 '3. 볼테르: 종교에 대한 이성적 이해' 및 그의 1769년 저작 『신과 인간 』(*Dieu et les hommes, oeuvre theologique, mais raisonnable*)을 참고하라. Voltaire [Docteur Obern], *Dieu et les hommes, oeuvre theologique, mais raisonnable, par le Docteur Obern, traduit par Jacques Aimon* (Berlin: Christian de Vos, 1769); *God and Human Beings*, trans. by Michael Shreve, Amherst (NY: Prometheus Books, 2010).

5 이와 관련해서는 이 책의 '4.. 라이마루스: 성서 연구의 위기'를 참고하라.

6 이와 관련해서는 이 책의 '1. 레싱: 역사의 위기'를 참고하라.

7 이와 관련해서는 이 책의 '2.. 흄: 신 존재 증명 비판' 및 그의 1779년 저작 『자연종교에 관한 대화 』 (*Dialogues Concerning Natural Religion*)를 참고하라. Hume, "Dialogues Concerning Natural Religion," in *Dialogues and Natural History of Religion*, ed. by J. C. A. Gaskin (Oxford: Oxford University Press, 1993).

의 그러한 대응전략은 과학과의 전투에서 처음부터 항복을 선언하고 수세를 자처한 꼴에 불과했을 뿐만 아니라 그렇다고 과학으로 인정받지도 못하는 서자의 신세에 머물러 있었다. 그 결과 종교의 본질이라 할 핵심 교리는 아무 권리도 주장하지 못한 채 모조리 폐기되거나 한낱 조롱거리가 되고 말았다.

이러한 계몽주의의 종교 비판에 대한 대안으로 등장한 것이 낭만주의 문화였지만 그 결과는 마찬가지였다. 낭만주의자들은 계몽주의로부터 종교를 수호하기 위해서는 그것을 과학과는 다른 영역에 안치해야 한다고 생각했다. 그러한 이전 전략은 종교를 이론이성이 아니라 실천이성의 밑바탕에 숨겨두고자 했던 칸트Immanuel Kant의 천재적인 시도에서 처음 발견된다.[8] 하지만 낭만주의자들은 그의 전략은 수용하되, 그 장소를 감성과 직관이라는 주관성과 내면성에서 구했다. 이를테면 루소Jean Jacues Rousseau는 '양심과 순수한 마음'을,[9] 야코비Friedrich Heinrich Jacobi는 논증적 인식에 대비되는 '직접적 확신'을,[10] 슐라이어마허Friedrich Daniel Ernst Schleiermacher는 '직관과 직접적 감정'을 종교의

8 이와 관련해서는 이 책의 '3. 칸트: 이성의 한계와 종교의 도덕적 토대'를 참고하라. 칸트가 『순수이성비판』 '제3부 선험적 변증론'에서 전통 형이상학의 신 존재 증명이 안고 있는 이율배반과 오류추리를 적시함으로써 그것의 독단성과 월권을 제한한 것은 진정한 종교의 이념에 진입할 수 있는 권한을 실천이성의 영역, 즉 도덕의 세계에 부여하기 위한 것이다. 달리 말해, 그것은 전통적인 사변신학과 역사적인 계시종교가 안고 있는 근본적인 한계를 넘어서는 선험적인 이성종교와 도덕신학을 정립하기 위한 것이었다. 의지와 도덕의 일치(최상선), 도덕과 행복의 일치(최고선)를 보증하기 위해서는 '신의 존재', '인간의 자유' '영혼의 불멸' 등이 필요하기 때문이다. 헤겔은 그러한 칸트의 도덕신학적인 신 개념은 존재가 아니라 당위일 뿐이라고 비판한다. 이와 관련해서는 '4.. 헤겔의 칸트 비판'을 참고하라.

9 이와 관련해서는 이 책의 '1. 루소: 양심과 순수한 마음' 및 그의 1762년 저작 『에밀』(*Emile or On Education*)을 참고하라. Rousseau, *Emile or On Education*, trans. by Barbara Foxley (NuVision Publications, 2007); *Emile, ou de l'education*, (Amsterdam: Jean Neaulme, 1762).

10 이와 관련해서는 이 책의 '2. 논증적 인식과 직접적 확신' 및 그의 1785년 저작 『스피노자 학설

본거지로 삼았다.[11] 하지만 그들의 시도 역시 종교의 객관적인 내용은 뒷전에 두고 신앙의 주관적인 형식만을 강조함으로써 결국 상대주의와 광신주의라는 '아이러니'(Ironie)[12]를 초래하고 말았다.

헤겔의 『종교철학』은 바로 그러한 계몽주의와 낭만주의 종교문화에서 상실된 종교의 객관적 내용(그리스도교의 핵심 교리들)을 복원하고, 그것을 철학적으로 정당화하려는 목적, 달리 말해 그리스도교에 깃든 진리와 이성을 발견하려는 목적에서 출발한다. 그러한 시도는 헤겔만의 독자적인 시도라기보다 칸트의 시도가 초래한 '존재'와 '인식'의 절대적 분리를 해소하고자 했던 독일관념론의 공통된 이념(신과 인간의 지성적 화해)이기도 했다.

사물 자체(Ding and sich, Noumena)를 절대적 자아의 자기정립으로

---

11 이와 관련해서는 이 책의 '4. 슐라이어마허: 직관과 직접적 감정' 및 그의 1799년 저작 『종교론: 종교를 멸시하는 교양인들을 위한 강연』(*Über die Religion: Reden an die Gebildeten unter ihren Verachtern*)을 참고하라. Schleiermacher, *Über die Religion. Reden an die Gebildeten unter ihren Verachtern* (Berlin: Johann Friedrich Unger, 1799)ö On Religion: Speeches to its Cultured Despisers, trans. by Richard Crouter (New York: Cambridge University Press, 1988).

12 '아이러니'란 자기 내부에 진리를 보유하고 있다는 자기의식적인 인식과 개인적인 확신을 동시에 가지고 있는 단계, 즉 "자신을 진리와 법과 의무의 결정권자로 인식하는 단계다(Hegel, *PR*, § 140(f); *Jub.*, vol. 7, 217-219). 이와 관련하여 헤겔은 『법철학』 '서문'에서 당시의 학생운동을 비판하고 있으며, 제2부 '도덕성'(Moralität)의 제3장 '선과 양심'(Das Gute und dasGewissen)의 마지막 부분인 §140에서도 낭만주의적 사고방식을 매우 구체적으로 비판하고 있다. 거기서 그는 낭만주의의 다양한 형태들을 두루 다루면서 그 유형들을 오름차순으로 배열하고 있는데, 그 분석에는 『정신현상학』의 'C. (AA) 이성'(Die Vernunft) 장과 '(BB) 정신'(Der Geist) 장에서 비판적으로 탐구한 자료들의 일부가 재구성되어 있다. 거기서 그는 낭만주의의 다양한 형태를 여섯 단계, (A) 죄의식을 가진 행위(Das Handeln mit böem Gewissen), (B) 위선. 악한 행위를 다른 사람들에게 선이라고 말하는 것(Die Heuchelei. Das Böse zunähst für andere als gut zu behaupten), (C) 개연론(Die Probabilismus), (D) 선의지(Der gute Wille), (E) 마음의 법칙(Das Gesetz des Herzens), (F) 아이러니(Die Ironie)로 나누어 설명한다. 이와 관련해서는 이 책의 '6. 낭만주의자들과 주관성의 다양한 형태'를 참고하라.

규정한 피히테Johann Gottlieb Fichte의 철학이 의식과 대상의 절대적인 분열을 극복하기 위한 반성철학적 시도라면(이는 당시 무신론의 혐의를 받았다), 신과 자연의 무차별적 동일성을 주장한 셸링Friedrich Wilhelm Joseph Schelling의 자연철학은 객관적인 자연을 통한 신 인식의 가능성을 열어보려는 동일철학적 시도였다(이는 당시 범신론의 혐의를 받았다).[13] 그러한 신-인의 지성적 화해의 시도를 천재적으로 완수한 것이 바로 헤겔의 '사변철학'이며, 그것에 대한 구체적 증명이 곧 그의 『종교철학』이다.

헤겔은 『종교철학』에서 종교의 객관적 내용을 복원하기 위해 역사적으로 현존했던 다양한 세계 종교의 역사를 탐구한다. 종교의 내용이 곧 종교의 본질이라면, 종교의 본질은 곧 종교의 역사를 통해 드러나기 때문이다. 그의 모든 철학이 그러하듯이, 『종교철학』도 결국은 '종교'의 개념이 스스로를 전개하는 역사적 과정에 대한 현상학적 탐구에 다름 아니다. 그러한 의미에서 종교의 역사 안에서 종교의 본질을 사변적으로 통찰하고, 그것을 학문의 체계로 서술한 것이 바로 헤겔의 『종교철학』이다.

『종교철학』 '제1부 서론, 종교의 개념'(Einleitung, Der Begriff der Religion)의 전체 내용이나 『정신현상학』 '서문'(Vorrede)에 나오는 "개념은 생명이다", "실체가 주체다", "진리는 전체다"라는 말은 모두 '개념의 자기전개'라는 존재론적 원리를 설명하는 명제들이다. 개념은 쉼 없는 자기실현의 운동이라는 점에서 유기체의 '생명' 구조와

13 그러한 의미에서 피히테와 셸링의 철학을 근대 전기의 버클리(George Berkeley)와 스피노자(Benedict de Spinoza) 철학의 향상된 형태로도 볼 수 있다.

동일하고, 그러한 운동은 자신의 내적인 목적을 실현한다는 점에서 개념이 '주체'인 운동이며, 그러한 주체는 전체적인 과정과 역사를 통해서만 파악된다는 점에서 진리는 '전체'인 것이다. 그러한 원리에 따르면, 『종교철학』에 있어서 다양한 세계 종교는 결국 종교의 개념이 자신의 본질(목적)을 실현하는 과정상에 출몰하는 다양한 계기들이다. 현대의 '종교 신학'(Theology of Religions)에서는 그러한 관점을 '포괄주의'(Inclusivism)라고 부른다. 다양한 종교 가운데 하나만을 유일한 진리로 간주하고 나머지를 거짓으로 매도하는 폭력적 관점이 배타주의(Exclusivism)라면, 그리고 다양한 종교가 모두 나름의 타당성을 가지므로 상호 존중하자는 평화적 관점이 다원주의(Pluralism)라면, 포괄주의는 배타주의와 다원주의, 일원론과 다원론, 유일성과 다양성을 동시에 아우르는 변증법적 관점이다. 이러한 점은 헤겔에 대한 세간의 서툰 비판들을 무색케 한다. 헤겔의 사유체계는 본질은 그들의 생각처럼 특수성을 배제하는 '배타적 동일성'이 아니라 특수성까지 아우르는 '포괄적 동일성'이다. 만일 그렇지 않다면, 헤겔 철학에 변증법이 왜 필요하단 말인가? 그의 철학 방법을 '변증법'이라고 부르면서도 그의 사유 체계를 '배타적 동일성'이라고 주장하는 것은 명백한 논리적 모순이다.

다음으로 '제2부 유한한 종교'(Die bestimmte Religion)는 종교 개념의 자기실현 과정인 '종교의 역사'를 분석하는 일종의 '종교현상학'이다. 그의 존재론이 '운동하는 실체'에 관한 원론적인 설명이라면,[14] 그의 인식론은 그러한 실체를 인식하는 '현상학'(Phänomenologie)의

14 이와 관련해서는 『정신현상학』의 '서문'(Vorrede)를 참고하라.

방법에 관한 설명이다.[15] 종합하면, 종교현상학이란 절대적 이념의 자기 전개과정에 등장하는 각각의 종교형태들을 현상학적 방법에 따라 체계적으로 서술하는 것이다. 이 부분에서 그는 현대의 종교학자들조차 감히 엄두내지 못할만한 세계 종교에 관한 풍부한 지식과 사변적 통찰을 보여준다.[16] 그리고 그러한 세계 종교의 역사 안에서 그는 종교 개념의 본질을 자연의 물질적 대상을 신으로 섬기는 자연종교에서 자기의식적인 주체를 신으로 섬기는 (유한한) 정신종교로의 이행과정으로 분석한다.[17] 구체적으로 직접적 종교, 중국 종교, 불교, 라마교, 힌두교, 조로아스터교, 이집트종교는 자연종교에 해당하고, 유대교나 그리스와 로마의 다신교는 정신종교에 해당한다. 그러한 지난한 분석과정을 통해 결국 그는 왜 자연종교보다 정신종교가 우월한지, 그럼에도 그 단계의 정신종교들은 왜 그리스도교와 같은 완성된 정신종교(절대종교)에 이르지 못했는지를 증명한다.

『종교철학』에서 그러한 종교 개념의 상향적 목적론의 운동은 결국 그리스도교에서 정점에 이른다. '제3부 완성된 종교'(Die vollendete Religion)는 그러한 종교 개념의 완성된 형태로서의 그리스도교를 분석한다. 그리스도교의 다양한 핵심 교리에 깃든 이성과 진리는 세계 종교의 역사적 논리 안에서 비로소 그 진가와 의미가 드러난다. 헤겔

15 이와 관련해서는 『정신현상학』의 '서론'(Einleitung)을 참고하라.

16 이와 관련하여 저자 스튜어트가 『종교철학』 제2부만을 집중 조명한 *Hegel's Interpretation of the Religions of World: The Logic of the Gods* (New York: Oxford University Press, 2018)를 읽는 것이 매우 유익할 것이다.

17 자연종교는 천체, 자연, 식물, 동물 등의 자연적 실체를 신으로 숭배한다는 점에서 아직 정신의 이념을 파악하지 못한 단계다. 반면 정신종교는 그리스와 로마의 다신교처럼 인간적인(정신적인) 형상을 한 대상을 신으로 숭배하는 단계다.

은 신神-인人으로서의 그리스도야말로 다른 종교와 구별되는 그리스도교만의 탁월한 특성으로 간주한다. 물론 그리스도도 육체적 존재라는 점에서 힌두교나 그리스종교의 다신론과 다를 바 없지만 그리스도는 그 단계에만 머물지 않는다는 점에서 최고의 종교로 꼽힌다. 그는 초월과 내재를 그리스도교의 핵심 교리인 '계시' 개념으로 매개한다.[18] 그리고 '계시'의 개념은 자연스럽게 '삼위일체' 교리로 이어진다. 추상적 보편(聖父)에서 구체(聖子/肉化)를 거쳐 구체적 보편(聖靈/聖化)으로 나아가는 원환의 운동이 삼위일체에 관한 사변적 규정이라면, 그리스도교의 신은 성령에 깃든 그리스도의 정신(聖靈)에서 비로소 완수된다. 그리스도교의 신(정신)은 '성부'도 '성자'도 '성령'도 아니다. 그것들은 정신의 운동에서 드러나는 세 계기일 뿐이다. 정신은 그 세 계기의 전체적인 운동을 의미한다. 이것이 셋이면서 동시에 하나라는 비수학적 진리, 그래서 오성의 합리성을 넘어서는 신비로운 역설로서의 '삼위일체'(Dreieinigkeit, Triune) 교리 혹은 그리스도교에 깃든 이성이다. 그것은 인간이 신의 정신을 공유하고 있다는 진리를 보여줌으로써 신(보편자)과 인간(개별자)의 완전한 화해의 이념 그리고 그것을 통한 완전한 자유의 이념을 선포한다. 그러한 의미에서 헤겔은 그리스도교야말로 종교(실체)가 자신의 내용(본질)을 온전히 드러낸 '계시된 종교'(Die geoffenbarte Religion)이자 '절대적 종교'(Die Absolute

---

18 이는 그가 『종교철학』에서 분석한 역사적 종교들뿐만 아니라 근대 **이신론**(Deism)이 내세운 '초월 신'이나 **범신론**(Pantheism)이 내세운 '내재 신'도 극복한다. 그의 신론은 초월과 내재를 변증법적으로 종합한 **범재신론**(Panentheism)이다. 범재신론이란 세계가 신 안에 포함되지만 신이 세계 자체는 아니라는 신비주의 전통의 신론이다. 따라서 세상 만물이 신 안에서 자신의 존재와 현실성을 획득하게 된다는 헤겔의 사변신론, 보다 구체적으로 '정신으로서의 신' 개념은 현대신학에서 말하는 범재신론에 가깝다.

Religion)이자 '완성된 종교'(Die vollendete Religion)라고 부르는 것이다.

여기까지가 『종교철학』의 대략적인 핵심 내용과 논리 구조다. 하지만 비단 『종교철학』만이 종교의 문제를 다루는 것은 아니다. 서두에서도 언급했듯이, 『정신현상학』 이전의 초기 저술들에서부터[19] 말년의 베를린 시기의 『역사철학』(*Vorlesungen über die Philosophie der Geschichte*), 『미학』(*Vorlesungen über die Ästhethik*), 『법철학』(*Grundlinien der Philosophie des Rechts*)에 이르기까지 비록 분야는 다르지만 그의 모든 철학은 종교라는 보편적 토양 위에 세워진 다양한 사상의 체계라 할 수 있다.[20] 그러한 의미에서 그의 전체 철학 체계는 하나의 거대한

---

19 헤겔의 초기 저술인 "그리스도교의 실정성(Die Positivität der christlichen Religion"(1795-1796)이나 『믿음과 지식』(*Glauben und Wissen*) (1802-1803)은 당시를 지배하던 실정종교의 부활, 주관종교의 난립, 세속주의의 확산에 대한 비판에 몰두하고 있다. 그가 '정신'(Geist)의 존재론과 '현상학'(Phänomenologie)이라는 인식론을 마련한 이유도, 더 크게는 그가 자신만의 철학체계를 기획하고 구축한 이유도 바로 그러한 신과 인간의 지성적 단절을 매개하는 '화해'의 철학을 내놓기 위해서였다.

20 『역사철학』은 신의 이념이 이 땅에 실현되는 과정을 역사적으로 서술한 일종의 테오-드라마다. 그러한 의미에서 헤겔은 역사 속에서 신의 섭리를 발견하고, 역사의 모든 순간을 신의 영광으로 고백하는 것이야말로 최고의 신앙이라고 말하며, 그러한 의미에서 『역사철학』을 곧 철학적 '신정론'으로 규정한다. 이와 관련해서는 『역사철학』 '서론, A. 세계사의 일반적 개념'(Die Behandrungsarten der Geschichte) 부분을 참고하라. 또한 『미학』은 절대적 이념을 다루는 예술, 종교, 철학 중 한 영역이라는 점에서 '종교적 이념'를 그 밑바탕에 깔고 있다. 예술은 그 시대의 신적인 이념을 드러내는 한 방식이며, 그러한 의미에서 현실에 정립된 정신적 이념에 대한 탐구에 다름 아니다. 특히 각 시대의 종교와 예술은 이념과 실재의 관계로 이해될 수 있다는 점에서 『종교철학』과 『미학』과 『역사철학』은 서로가 서로를 보완하는 역할을 하기도 한다. 스튜어트는 그러한 독서법을 『종교철학』의 숨겨진 비밀을 푸는 열쇠로 제시하기도 한다. 이와 관련해서는 이 책의 '서론'을 참고하라. 나아가 『법철학』 역시 종교적인 이념과 구체적인 현실 제도의 화해를 다룬다는 점에서 신의 이념이 이 땅에 실현된 이상적인 국가 제도의 원리를 다루는 일종의 '신국론'이라 할 수 있다. 이와 관련해서는 『법철학』 §270을 참고하라. "종교와 국가의 관계에 관한 본질적인 규정은 오직 종교의 개념을 되새겨봄으로써만 비로소 밝혀진다. [...] 국가와 법률과 의무가 참된 것으로 구속적력을 갖는 것은 신과의 관계 속에서다. 왜냐하면 국가나 법률이나 의무조차도 그의

종교철학 체계라 해도 과언이 아니다.

또한 그의 철학을 지배하는 '정신'(Geist)의 원리도 그리스도교의 '삼위일체론'에 근원을 두고 있다. 신이 곧 '정신'이라면, '정신'의 본질은 '자기의식'(Selbstbewußtsein)이다. 그것은 단순한 가정이 아니라 『성서』의 전체 내용을 통해 얻어진 사변적 인식이다. 정신은 자신을 세계로 계시하고, 계시된 세계 속에서 자신을 인식한다는 삼위일체의 원리가 곧 자기의식의 원리다.[21] 인간은 그러한 신의 '정신'을 부여받은 특권적 존재로서, 신 인식에 참여한다. "하나님은 영(Geist)이시니 예배하는 자가 영(Geist)과 진리로 예배할지니라(요 4:24)."[22] 계시된 세계가 신의 대자존재(Fürsichsein)라면,[23] 우리에게 그 세계는 대타존

현실에서 보면 하나의 한정된 것이며, 이렇게 한정된 것은 그의 기초를 이루는 더 높은 영역으로 이행하게 마련이기 때문이다."(§270 보론) 이와 관련해서는 『철학백과』 §453도 함께 참고하라.

21 정신(자기의식)의 세 단계인 즉자(통일)-대자(분열)-즉자대자(복귀/재통일)의 과정은 순수한 이념으로서의 신이 자신을 구체적인 세계로 방출하고, 그 세계 속에서 자신을 구체적으로 인식하는 자기의식의 원리다. 이는 추상적인 신(聖父)이 구체적인 인간(聖子)으로 드러났다 공동체의 이념(聖靈)으로 확장되는 삼위일체의 원리이며, 다른 각도에서 맹목적인 신앙(직접적 통일)에서 타락의 과정(분열)을 거쳐 성찰적 신앙(매개된 통일)으로 나아가는 '창조-타락-구원'의 논리이기도 하다. 나아가 그의 전체 철학체계를 구성하는 논리학, 자연철학, 정신철학(신-자연(세계)-정신(인간): 특수형이상학의 세 분과)의 세 축 역시 그리스도교의 삼위일체 구조에 근거하고 있다. 보다 세부적으로 그가 인륜적 공동체의 전제로 삼고 있는 '상호주관성'의 원리 역시 그리스도교의 성령공동체, 즉 모두가 자유롭고 평등하게 존재하는 사랑의 원리를 철학적으로 개념화한 것이며, 상호주관성의 형성과정에 나타나는 '주인과 노예의 변증법'이나 '아름다운 영혼의 변증법'도 결국은 그런 그리스도교의 사랑이 현실화되는 과정과 논리를 철학적으로 재구성한 것이다.

22 헤겔은 '영'(Geist)으로 계시되는 신을 이해하기 위해서는 인식하는 자 또한 '영'(Geist)이어야 한다고 말한다. 영만이 영을 인식할 수 있다는 것, 이는 신과 인간의 존재론적 연속성에 대한 또 다른 표현이다. 인간은 영적인 존재이기 때문에 역사적으로 계시되는 신의 영에 대한 사변적 인식이 가능하다는 것이다. 이는 『창세기』에 나타난 인간창조론, "하느님이 자기 형상 곧 하느님의 형상대로 사람을 창조하시되"(창세기 1:26), "하느님이 땅의 흙으로 사람을 지으시고 생기를 코에 불어넣으시니"(창세기 2:7)에 대한 사변적 해석에 기초하고 있다. 이에 따르면 인간은, 오로지 인간만이, 신의 형상을 하고 신의 생기를 부여받은 존재라는 것이다. 인간은 그러한 형상과 숨결을 소유한다는 점에서 다른 동물들과 달리 신을 이해할 수 있는 특권적 존재로 이해된다.

재(Füreinanderssein)다.[24] 신이 우리가 지각할 수 있는 감각적 형태로 주어진 것이라는 의미에서다. 우리는 대타존재 속에서 즉자존재를 추론하고, 추론된 즉자존재를 통해 대타존재를 검증하는 그 둘의 사변적인 비교과정을 통해 인식과 대상의 절대적 통일에 이른다. 그것이 바로 헤겔의 절대적 관념론, 즉 현상학의 이념이다. 신과 인간은 세계를 매개하여 정신의 통일을 이룬다. "신은 인간을 통해 자신을 인식한다는 점에서 인간의 신 인식은 곧 신의 자기인식이다."[25]

그럼에도 불구하고 종교적 이념의 관점에서 헤겔의 철학을 이해하려는 시도는 매우 희박하다. 1980년대부터 봇물을 이룬 국내의 헤겔 연구는 마르크스의 저작으로 직행할 수 없었던 역사적-정치적 상황의 암묵적인 우회로였던 까닭에 당시의 연구는 주로 사회-정치철학의 주제에 집중되어 있었고, 그 관심도 주로 『정신현상학』의 '인정'(Anerkennung) 개념이나 『법철학』의 '자유'(Freiheit) 개념에 집중되어 있었다. 간혹 『청년 헤겔의 신학론집』에 관한 연구도 이루어지긴 했지만 그 역시 '실정종교'(Positive Religion)에 대한 헤겔의 비판을 경직된 현실에 대한 비판원리로 빌려 쓰는 수준에 불과했다. 그러한 의미에서 당시의 헤겔은 민낯 그대로의 헤겔이 아니라 헤겔의 가면을

---

23 '대자존재'란 정신이 자신을 자기 외부에 정립하는 창조 행위를 의미한다. 자신 안에 머물러 있는 **'즉자존재'**(Ansichsein)는 자신을 인식할 수 없다. 자신을 인식하기 위해서는 자신을 외부로 대상화해야 한다. 자신을 외부에 정립하고, 정립된 타자를 통해 자신을 인식하는 것이 자기의식의 원리다. 대자존재란 대상화된 정신, 즉 자신과 마주한 대상이라는 의미에서 **'자신을 향해 있는 존재'**(Für-sich-sein)다.

24 '대타존재'란 정신이 자신을 대상화함으로써 우리의 정신에 주어진 상태를 의미한다. 정신의 자기대상화가 신의 관점에서는 대자존재이고, 우리의 관점에서는 대타존재이다. 대타존재란 타자에게 보여진 대상이라는 의미에서 **'타자를 향해 있는 존재'**(Für-ein anders-sein)다.

25 루트비히 포이어바흐 지음/강대석 옮김, 『기독교의 본질』(파주: 한길사, 2019), 365.

쓴 마르크스에 불과했다.

심지어 헤겔 철학을 종교적 혹은 신학적 관점에서 읽는 진영에서조차 헤겔 우파는 『종교철학』을 '이단설'(Heterodox)로 매도했고, 헤겔 좌파는 그것을 '존재신학'(Ontotheology)으로 매도했으니, 『종교철학』은 철학계와 신학계 어디서도 그 설 자리를 마련하지 못했다. 돌이켜보면, 오늘날의 '첨단 신학'이 당시에는 '이단 신학'으로 매도되었던 것이다.

물론 다원성이 강조되는 현대적 관점에서 보면, 헤겔 철학은 '유럽 혹은 게르만 중심주의'나 '그리스도교 중심주의'라는 혐의로부터 결코 자유로울 수 없다. 하지만 우리가 헤겔에게 참으로 배워야 할 것은 200년 전에 그가 말했던 '진리 내용'이 아니라 그가 보여준 '철학 방법'일 것이다. 그는 두 번의 세계대전과 대량학살도 경험하지 못했고, 경제 대공황이나 냉전의 역사, 세계화나 핵전쟁의 위협, 기후위기와 인공지능의 등장도 경험하지 못했다. 그러한 의미에서 그의 사상 역시 영원한 진리가 아니라 진리의 한 계기일 뿐이다. 따라서 우리는 그의 철학 방법을 통해 우리의 시대와 역사를 늘 새롭게 사유해야 한다. 헤겔의 체계를 '매듭'(긍정변증법)으로 이해할 것인가, '연속'(부정변증법)으로 이해할 것인가를 양자택일하는 것마저도 부적합하다. 엄밀히 말해, 우리는 헤겔의 체계를 끊임없는 '매듭들의 연속'으로 수용해야 한다. '역사의 종말' 혹은 '역사의 완성'이란 어디까지나 체계의 논리일 뿐 현실의 논리는 아니니 말이다.[26]

26 "단일한 진보의 노선은 존재하지 않는다. 왜냐하면 각각의 종교 문화적 궤도가 어떤 지점에서 쇠퇴하여 '매듭'지어지면, 정신은 또 다른 궤도로 이행하기 때문이다. 그래서 역사에는 사실상 많은 궤도들이 존재한다. 그 궤도들은 한데 묶일 수는 있어도 하나로 융합될 수는 없다."

그뿐만 아니라 현대는 헤겔이 끈질기게 비판했던 '계몽주의'와 '낭만주의' 종교문화가 절대적인 확신으로 자리 잡은 시대다. 오늘날 진화론 대 창조론 논쟁이나 '새로운 무신론'[27] 운동 등이 계몽주의의 화신이라면, 자연이나 우주를 신으로 여기는 '신 없는 신비주의'의 형태나 주류종교에서 벗어난 다양한 '밀교'의 형태는 낭만주의의 화신이라 할 수 있다. 따라서 헤겔의 『종교철학』은 우리시대의 종교문화를 이해하거나 비판하는 데도 유익한 통찰을 줄 수 있다. 또한 현대의 사유가 '정신의 사변적 인식'이라는 헤겔의 철학적 이념에 대한 저항의 발로라는 점을 고려하면,[28] 근대성을 고수하든 현대성을 지향하든 그 분기점인 헤겔을 이해하지 않고서는 한 걸음도 떼기 힘든 것이 사실이다. 철학사 연구에서 헤겔은 실로 비켜갈 수 없는 걸림돌이다.

나아가 오늘날에는 헤겔의 『종교철학』을 '종교다원주의'(Religious pluralism)나 '비교신학'(Comparative Theology)의 논리로 재해석하려는 역설적인 시도도 일어나고 있다. 먼저 『헤겔의 종교철학』의 저자 하지

Phenomenology of Spirit, trans. A. V. Miller (Oxford: Clarendon Press, 1997), 414-415. 이와 관련해서는 *G. W. F. Hegel: Theologian of the Spirit*, ed. Peter C. Hodgson (Minneapolis: Fortress Press; Edinburgh: T&T Clark, 1997), 114를 참고하라.

27 새로운 무신론은 모든 종교적 형태에 적대적이고 공격적인 태도를 취한다는 점에서 과학을 통해 모든 종교적 믿음을 폐기하고자 했던 계몽주의자들과 맥을 같이 한다. 그러한 현대의 종교 비판가로는 도킨스(Richard Dawkins), 데넷(Daniel Dennett), 해리스(Sam Harris), 히친스(Christopher Hitchens) 등을 꼽을 수 있다. 종교가 현대 사회에 주는 위험성을 고발한 이들의 견해와 관련해서는 대표적으로 2006년에 출간된 도킨스의 *The God Delusion* (London: Bantam, 2006)과 해리스의 *The End of Faith: Religion, Terror, and the Future of Reason* (New York and London: W. W. Norton, 2004)을 참고하라.

28 큰 틀에서 현대의 사유는 '정신'에 대한 반동으로 '물질'(자연주의-유물론)을, '사변'에 대한 반동으로 '관찰'(실증주의)을, '인식'에 대한 반동으로 '삶'(실존주의)을 화두로 삼고 있다.

슨은 헤겔이 보여준 세계 종교의 발전과정을 '종교다원주의' 모델로 재해석한다. 그의 목적론적 과정을 굳이 단일한 완성모델을 따르는 단일한 위계과정으로만 이해할 필요는 없다는 것이다. 현대적 관점에서 헤겔의 포괄주의 모델을 다원주의 모델로, 궁극성의 양상을 분산의 양상으로, 폐쇄적 체계를 개방적 체계로 읽어내려는 시도가 바로 그것이다. 다음으로 이 책『헤겔의 종교철학 입문』의 저자 스튜어트는 그것을 종교다원주의뿐만 아니라 비교신학으로까지 재해석하고자 한다. 다양한 세계 종교가 결국 하나의 종교 개념이 전개되는 다양한 계기라면, 모든 종교는 하나의 유사성과 연관성을 공유할 것이며, 그것이 종교 간 대화와 존중과 배움의 토대가 될 수 있다는 것이다. 이렇듯 헤겔의『종교철학』은 현대의 철학과 신학을 위한 다양한 통찰을 매개하기도 한다.

최근 들어『종교철학』과 관련한 단편적인 주제를 다루는 논문이 간혹 발표되긴 하지만『종교철학』자체와 전체를 집중 조명한 해설서나 연구서는 전 세계적으로 찾아보기 어렵다. 현재로서는 하지슨의『헤겔의 종교철학』과 이 책『헤겔의 종교철학 입문』이 전부다.[29] 물론『종교철학』에 대한 관심이 없어서 관련서가 희박한 것인지, 관련서가 희박해서『종교철학』에 관심을 갖지 못한 것인지 알 수 없지만 두 이유가 엮여『종교철학』에 대한 무관심을 정당화해 온 것은 사실이다. 하지만 절박한 정치 현실로부터 약간의 거리를 회복한 이제는 헤겔

---

29 이에 더하여 하지슨이 헤겔의 전 저작에서 종교 관련 주요 내용만을 따로 뽑아놓은 *G. W. F. Hegel: Theologian of the Spirit* (Minneapolis: Fortress Press, 2007)과 이 책의 저자 스튜어트가『종교철학』에서 가장 방대한 제2부의 내용을 집중 조명한 *Hegel's Interpretation of the Religion of the World: The Logic of the Gods* (New York: Oxford University Press, 2018)를 참고하는 것도 유익할 것이다.

철학의 본래 색을 들여다보고, 그 안에서 현대적 사유를 위한 새롭고 다양한 해석을 견인할 때도 되었다. 나는 이 두 권의 책이 그런 연구의 풍토와 대화의 장을 마련하는 데 기여하고, 헤겔의 『종교철학』을 연구하려는 후배 연구자들에게도 유익하게 활용되기를 바란다.

2023년 초여름,

연세대학교 원두우 신학관에서

옮긴이 정진우

나는 이 책의 '서론' 일부를 2009년 3월 헝가리 필리샤바에 있는 페티르 카톨릭대학 철학과에서 개최한 '19세기의 종교적 위기: 칸트에서 니체까지'(Die religiöse Krise im 19. Jahrhundert: Religionsphilosophie von Kant bis Nietzsche)라는 세미나에서 발표했고, 그 논문을 각색하여 2009년 10월 8일 시카고대학의 사회사상위원회와 2009년 10월 15일 포틀랜드대학 철학과에서 개최한 공개 강연에서 발표했다. 7장의 일부는 2010년 3월 30일에 헝가리의 세게드대학 철학과에서 개최한 '19세기 종교적 위기: 당시와 지금'(The Crisis of Religion in the Nineteenth Century: Then and Now)이라는 세미나에서 발표했다.

또한 '서론'의 다른 일부는 『악타 키에르케고어디아나*Acta Kierkegaardiana*』 제4권에 "다양한 세계 종교에 관한 헤겔의 신학과 『종교철학』의 불일치"(Hegel's Teleology of World Religions and the Disanalogy of the *Lectures on the Philosophy of Religion*)라는 논문으로 게재했다.[30] 제3장의 일부는 「헤이슬롭 저널」(*Heythrop Journal*) 제59권에 "헤겔과 야코비: 직접적 인식에 관한 논쟁"(Hegel and Jacobi: The Debate about

30 "Hegel's Teleology of World Religions and the Disanalogy of the Lectures on the Philosophy of Religion" in *Acta Kierkegaardiana*, vol. 4, *Kierkegaard and the Nineteenth Century Religious Crisis in Europe* (Šala: Kierkegaard Society in Slovakia and Toronto: Kierkegaard Circle, Trinity College 2009), 17-31.

Immediate Knowing)이라는 논문으로 게재했으며,[31] 『필로조피아 Filozofia』 제73권에 "슐라이어마허에 대한 헤겔의 비판과 신앙의 기원에 관한 물음"(Hegel's Criticism of Schleiermacher and the Question of the Origin of Faith)이라는 논문으로 게재했다.[32] 그 자료 중 일부는 그보다 앞서 『필로조피아』 제70권에 "에 대한 헤겔의 비판: 종교 내용의 문제"(Hegel's Criticism of the Enlightenment and Romanticism: The Problem of Content in Religion)라는 논문으로 게재했다.[33] 제7장의 초안은 『악타 키르케고르디아나』 제5권에 "헤겔의 그리스도교 이후의 종교발전에 관한 논의: 이슬람교"(Hegel's Treatment of the Development of Religion after Christianity: Islam)라는 논문으로 게재했다.[34] 제8장의 초안은 『정치, 종교, 예술: 헤겔 논쟁』(*Politics, Religion and Art: Hegelian Debates*)이라는 책에 "헤겔의 종교철학과 '헤겔 우파'와 '헤겔 좌파'의 문제"(Hegel's Philosophy of Religion and the Question of "Right" and "Left" Hegelianism)라는 논문으로 게재했다.[35] 앞서 출판한 자료 일부를 수정하여 이렇게 다시 출판할 수 있도록 허락해 준 저널과 출판사에

31 "Hegel and Jacobi: The Debate about Immediate Knowing" in *the Heythrop Journal: A Bimonthly Review of Philosophy and Theology,* vol. 59, no. 5 (2018), 761-769.

32 "Hegel's Criticism of Schleiermacher and the Question of the Origin of Faith" in *Filozofia,* vol. 73, no. 3 (2018), 179-190.

33 "Hegel's Criticism of the Enlightenment and Romanticism: The Problem of Content in Religion" in *Filozofia,* vol. 70, no. 4 (2015), 272-281.

34 "Hegel's Treatment of the Development of Religion after Christianity: Islam" in *Acta Kierkegaardiana,* vol. 5 (Kierkegaard: East and West, Šala: Kierkegaard Society in Slovakia and Toronto: Kierkegaard Circle, Trinity College 2011), 42-56.

35 "Hegel's Philosophy of Religion and the Question of 'Right' and 'Left' Hegelianism" in *Politics, Religion and Art: Hegelian Debates,* ed. by Douglas Moggach (Evanston: Northwestern University Press 2011), 66-95.

감사드린다.

이 책의 다양한 부분을 읽고 소중한 의견과 조언을 주었던 카탈린 스튜어트Katalin Nun Stewart에게도 감사드린다. 그녀는 이 책의 표지디자인을 위한 아이디어도 주었다. 또한 이 책의 출판에 도움과 지원을 아끼지 않았던 슬로바키아 과학아카데미 철학연구소 동료들(Peter Šajda, Róbert Karul, Jaroslava Vydrová, and František Novosád)의 감사함도 잊을 수 없다. 마지막으로 2019년 가을 브라티슬라바 국제교양대학원에서 열린 '근대세계' 관련 강좌에서 이 책의 일부 내용을 직접 검토할 기회를 준 아브라함Samuel Abraham에게도 깊이 감사드린다.

이 책은 The Agency APVV가 후원하고, 슬로바키아 과학아카데미 철학연구소에서 진행된 "현대 상징구조의 위기상황에서의 철학적 인간학"(Philosophical Anthropology in the Context of Current Crises of Symbolic Structures[APVV-20-0137]) 사업의 일환으로 제작되었다.

존 스튜어트Jon Stewart

차 례

주요 문헌 약식 표기

Aesthetics	*Hegel' Aesthetics. Lectures on Fine Art, vols 1-2, trans. by T. M. Knox, Oxford: Clarendon Press 1975, 1998.*
Dokumente	*Dokumente zu Hegels Entwicklung, ed. by Johannes Hoffmeister, Stuttgart: Frommann 1936.*
EL	*The Encyclopaedia Logic. Part One of the Encyclopaedia of the Philosophical Science, trans. by T. F. Gerats, W. A. Suchting, H. S. Harris, Indianapolis: Hackett 1991.*
ETW	*Early Theological Writings, trans. by. T. M. Knox, Fragments trans. by Richard Kroner, Chicago: University of Chicago Press 1948; Philadelphia: University of Pennsylvania Press 1975.*
Hamann	*Hegel on Hamann, trans. by Lisa Marie Anderson, Evanston: Northwestern University Press 2008.*
Hegel's Library	*Verzeichniß der von dem Professor Herrn Dr. Hegel und dem Dr. Herrn Seebeck, hinterlassenen Bücher-Sammlungen, Berlin: C. F. Müller 1832.* (페이지 번호가 아니라 항목번호를 참고함.) (이 작품은 *'Hegels Bibliothek. Der Versteigerrungskatalog von 1832' 에서 재출판 되었다. ed. by Helmut Schneider in Jahrbuch für Hegelforschung, vols 12-14, 2010, 70-145.)*
Hist. of Phil.	*Lectures on the History of Philosophy, vols. 1-3, trans. by E. S. Haldane, London: K. Paul, Trench, Trübner 1892-1896; Lincoln and London: University of Nebrasks Press 1995.*
Jub.	*Sämtliche Werke. Jubiläumsausgabe, vols. 1-20, ed. by Hermann Glockner, Stuttgart: Friedrich Frommann Verlag 1928-1941.*
LHP	*Lectures on the History of Philosophy, The Lectures of 1825-1826, vols 1-3, ed. by Robert F. Brown, trans. by Robert F. Brown and J. M. Stewart, with the assistance of H. S. Harris, Berkeley: University of California Press and Oxford: Oxford University Press 1990-2009.*
LPE	*Lectures on the Proofs of the Existence of God, ed. and trans. by Peter C. Hodgson, Oxford: Clarendon Press 2007.*

LPR	*Lectures on the Philosophy of Religion, vols 1-3, ed. by Peter C. Hodgson, trans. by Robert F. Brown, Peter C. Hodgson and J. M. Stewart with the assistance of H. S. Harris, Berkeley: University of California Press 1984-1987.*
LPWH	*Lecturs on the Phisophy of World History, vols 1-3, ed. and trans. by Robert F. Brown and Peter C. Hodgson, with the assistance of William G. Geuss, Oxford: Clarendon Press 2011-.*
LPWHI	*Lectures on the philosophy of World History, Introduction, trans. by H. B. Nisbet, with an introduction by Duncan Forbes, Cambridge: Cmabridge University Press 1975.*
MW	*Miscellaneous Writings of G. W. F. Hegel, ed. by Jon Stewart, Evanston: Northwestern University Press 2002.*
NR	*Vorlesungen über die Philosophie der Religion, Zweiter Teil, Die Bestimmte Religion, Erstes Kapitel, Die Naturreligion, ed. by Georg Lasson, Hamburg: Felix Meiner 1974 [1927] (second half of vol. 1 of Vorlesungen über die Philosophie der Religion, vols 1-2, ed. by Georg Lasson, Hamburg: Felix Meiner 1974), vol. 13.1 in Sämtliche Werke, ed. by Georg Lasson, Leipzig: Felix Meiner 1920-.*
OW	*Die orientalische Welt, ed. by Georg Lasson, Leipzig: Felix Meiner 1923 (vol. 2 of Vorlesungen über die Philosophie der Weltgeschichte, vols 1-4, ed. by Georg Lasson, Leipzig: Felix Meiner 1920-23).*
Phil. of Hist	*The Philosophy of History, trans. by J. Sibree, New York: Willey Book Co. 1944.*
Phil. of Mind	*Hegel's Philosophy of Mind, trans. by William Wallace and A. V. Miller, Oxford: Clarendon Press 1971.*
Phil. of Nature	*Hegel's Philosophy of Nature, trans. by A. V. Miller, Oxford: Clarendon Press 1970.*
PhS	*Hegel's Phenomenology of Spirit, trans. by A. V. Miller, Oxford: Clarendon Press 1977.*
PR	*Elements of the Philosophy of Right, trans. by H. B. Nisbet, ed. by Allen Wood, Cambridge and New York: Cambridge University Press 1991.*
TE	*Three Essays, 1793-1795, ed. and trans. by Peter Fuss and John*

Dobbins, Notre Dame, Indiana: University of Notre Dame Press 1984.

TJ	*Hegels theologische Jugendschriften, ed. by Herman Nohl, Tübingen: Verlag von J. C. B. Mohr 1907.*
VGH	*Die Vernunft in der Geschichte, ed. by Johannes Hoffmeister, 5th augmented edition, Leipzig: Felix Meiner 1955 (vol. 1 of Vorlesungen über die Philosophie der Weltgeschichte, vols 1-4, ed. by Georg Lasson and Johannes Hoffmeister, Hamburg: Felix Meiner 1955).*
VBG	*Vorlesungen über die Beweise Daseyn Gottes and Zum kosmologischen Gottesbeweis, ed. by Walter Jaeschke, in Gesammelte Werke, vol. 18, Vorlesungsmanuskripte II (1816-1831), Hamburg: Felix Meiner 1995.*
VGP	*Vorlesungen über die Geschichte der Philosophie, vols 1-4, ed. by Pierre Garniron and Walter Jaeschke, Hamburg: Felix Meiner 1986-96. (This corresponds to vols 6-9 in the edition, Hegel, Vorlesungen. Ausgewählte Nachschriften und Manuskripte, vols 1-17, Hamburg: Meiner 1983-2008.)*
VPR	*Vorlesungen über die Philosophie der Religion, Parts 1-3, ed. by Walter Jaeschke, Hamburg: Felix Meiner 1983-85, 1993-95. (This corresponds to vols 3-5 in the edition, Hegel, Vorlesungen. Ausgewählte Nachschriften und Manuskripte, vols 1-17, Hamburg: Meiner 1983-2008. Part 1, Einleitung. Der Begriff der Religion =vol. 3. Part 2, Die Bestimmte Religion. a: Text =vol. 4a. Part 2, Die Bestimmte Religion. b: Anhang =vol. 4b. Part 3, Die vollendete Religion =vol. 5.)*
VPWG	*Vorlesungen über die Philosophie der Weltgeschichte: Berlin 1822-1823, ed. by Karl Heinz Ilting, Karl Brehmer, and Hoo Nam Seelmann, Hamburg: Felix Meiner 1996. (This corresponds to vol. 12 in the edition, Hegel, Vorlesungen. Ausgewählte Nachschriften und Manuskripte, vols 1-17, Hamburg: Meiner 1983-2008.)*

서론

1821년경 베를린대학의 철학 교수였던 헤겔Georg Wilhelm Friedrich Hegel은 그의 가장 유망한 학생 중 한 명인 젊은 시인 하이네Heinrich Heine와 허물없이 지냈다. 당시 프로이센의 완고하고 엄격하던 학문 풍토에서 그들은 사제지간이라고는 믿기지 않을 만큼 친밀한 관계를 이어갔다. 헤겔은 제아무리 민감하고 비밀스런 문제도 서슴없이 나눌 만큼 그를 편히 여기고 신뢰했다. 하지만 그것은 그리 단순한 문제가 아니었다. 당시 프로이센 당국은 자신들의 정치적-종교적 입장에 반하는 어떠한 사유도 용납하지 않았고, 위험하거나 자유로운 견해를 가진 사상가들을 색출하고자 감시관이나 검열관을 고용하기도 했다. 하이네는 다음과 같은 일화를 전한다.

별이 아름답게 빛나던 밤, 우리 둘은 창가에 서 있었답니다. 그때 제 나이 22살, 푸릇한 청년이던 저는 막 식사를 마치고 커피를 마시며 황홀한 별들에 취해 이렇게 읊조렸습니다. "저곳은 축복받은 사람들이 사는 곳!" 그러자 선생님은 혼잣말로 중얼거리셨어요. "별? 흠! 별들은 그저 하늘에 빛나는 나병 반점들일 뿐이지!" "뭐라고요?" 저는 소리쳤습니다. "그럼 도덕적인 사람이 죽은 뒤에 보상받을 낙원이 없단 말씀이신가요?" 선생님은 제 말을 자르고, 차갑게 보시며 말씀하셨어요. "너는 병든 어머니를 보살폈고, 네 형을 독살하지도 않았지. 그래서 정말 죽은 후에 보상받기를 바라는 건가?" 그런데 그런 말씀을 하시고는 불안한 듯 계속 주위를 둘러보시더군요. 제가 선생님께 카드 게임을 청하며, 맥주 한 잔을 드리자 그때서야 좀 차분해지신 것 같았어요.[1]

맥주는 헤겔이 가장 신뢰하던 친구 중 하나였다. 누군가 자신들의 대화를 엿듣고 당국에 고발할까 염려했던 헤겔은 아무도 없다는 데 안도했다. 그는 종교 문제에 관한 자신의 성향이 탄로 날까 늘 불안해 했다. 당시에 종교가 사회적으로 얼마나 민감한 문제인지는 그도 잘 알고 있었다. 최고위의 교수들에게도 예외 조항은 없었다. 정해진 선을 넘다 적발되면 교수들도 그 즉시 해고되었다. 하이네가 들려준 일화는 헤겔이 종교 문제를 엄격히 경계하면서 본심을 철저히 숨기려 했다는 사실을 보여준다.

그것은 헤겔의 종교 관련 진술은 보이는 게 다가 아니라는 뜻이기도 하다. 따라서 그 안에 숨겨진 복합적 의미를 해독하는 것이 관건일 것이다. 헤겔의 『종교철학』(*Vorlesungen über die Philosophie der Religion*)은 방대한 문헌을 다루는 매우 난해하고 복합적인 주제다. 그는 철학자로 알려져 있지만, 사실 어린 시절부터 신학 교육을 받았고, 평생에 걸쳐 종교 문제에 깊은 관심을 가졌던 인물이다. 그의 철학 역시 그의 종교적 견해와 따로 떼놓을 수 없다. 그것은 그의 철학 체계의 다른 부분과도 복잡하게 얽혀 있다. 이 책은 그 견해가 가장 집중적으로

1 Heinrich Heine, "Gestandnisse," in *Vermischte Schriften*, vols 1-3 (Hamburg: Hoffmann und Campe, 1854), vol. 1, 61-62; "From Confessions," in *On the History of Religion and Philosophy in Germany and Other Writings*, ed. by Terry Pinkard and trans. by Howard Pollack-Milgate (Cambridge: Cambridge University Press, 2007), 206.

반영되어 있는 『종교철학』을 전반적으로 설명할 것이다.

이 책은 종교의 본성에 관한 헤겔의 사유가 당시 운동이 초래한 종교적 위기에서 비롯되었다고 전제하고, 『종교철학』을 그 위기에 대한 응답으로 해석하고자 한다. 그러한 접근법은 헤겔의 『종교철학』 뿐만 아니라 당시의 종교적 사유의 본성을 폭넓게 이해하는 데도 도움이 될 것이다.

1. 종교와 체계철학

그의 철학을 특징짓는 이름 중 하나는 '체계성'(Systematicity)이다. 그는 줄곧 독자에게 "철학이 엄밀한 학문이 되기 위해서는 반드시 체계를 갖추어야 한다"고 말한다. 예컨대 『정신현상학』(*Phänomenologie des Geistes*)에서 그는 이렇게 말한다. "진리가 현존하는 참된 형태는 오로지 진리에 관한 학문적 체계를 통해서만 가능하다."[2] 더 나아가 이렇게도 주장한다. "지知는 학문, 즉 체계에 의해서만 현실적일 수 있고, 기술될 수 있다."[3] 거꾸로 그는 자신이 비철학적이라고 생각하는 다른 사유 형태, 즉 자신이 본질적인 것으로 여기는 체계적 특성을 제대로 갖추지 못한 사유 형태를 비판하기도 한다. "체계를 갖추지 못한 철학은 결코 학문이 아니다. 그것은 기껏해야 자신의 주관적인 견해일 뿐이며, 그 내용도 우연적일 수밖에 없다. 한 내용은

2 Hegel, *PhS*, 3; *Jub.*, vol. 2, 14.

3 Hegel, *PhS*, 13; *Jub.*, vol. 2, 27.

전체의 계기로서만 타당성을 갖는다. 전체와 무관한 내용은 근거 없는 전제나 주관적인 확신일 뿐이다."[4]

이와 관련한 그의 근본적인 직관은 『정신현상학』의 '서문'(Vorrede)에 나오는 유명한 말로도 일축될 수 있다. "진리는 전체다."[5] 이 말은 학문이란 단순히 사실들을 편리하고 세련된 방식으로 모아둔 결집체가 아니라 개별적 부분과 다른 모든 부분이 맺는 필연적 연관이라는 통찰을 준다. 학문은 구체적이고 필연적인 체계를 갖추어야 한다. 철학은 자신의 주제를 빈틈없이 규정하는 닫힌 체계다. 본질적인 것이 특수한 요소들을 제대로 설명할 수 없다면, 그것은 학문이 아니다. 철학은 모든 것을 빈틈없이 설명해야 한다. 만일 개별적인 것이 다른 부분과 맺는 연관이나 역할을 이해하지 못하면, 우리는 그것의 본성을 이해할 수 없다.

헤겔은 그러한 관계를 '변증법적으로' 이해한다. 존재가 무를 전제하고, 일一이 다多를 전제하고, 통일성이 다양성을 전제하듯이 한 개념은 필연적으로 다른 개념을 전제한다. 그렇게 한 개념은 다른 개념으로 이어진다. 헤겔의 체계 구조는 정적인 것이 아니라 본질적으로 동적인 것이다. 그는 이렇게 설명한다. "(절대자에 관한) 학문은 본질적으로 체계다. 구체적으로 참된 것은 내적으로 자신을 전개하고, 통일(총체성) 속에서도 자신을 유지하는 것이기 때문이다."[6] 학문은 한 개념이 다른 개념으로 발전해 나가는 필연적 과정이다. 헤겔은 그 과정을 추적하고자 한다. 그것은 구체적인 개념은 필연적으로 반대 개념을

---

4 Hegel, *EL*, § 14; *Jub.*, vol. 8, 60.

5 Hegel, *PhS*, 11; *Jub.*, vol. 2, 24.

6 Hegel, *EL*, § 14; *Jub.*, vol. 8, 60.

정립한다는 변증법적 원리에 따라 진행된다. 따라서 개념은 발전적으로 이루어지는 지속적인 운동의 형태를 띤다.

그는 신 개념의 전체적인 발전 과정을 이루는 다양한 세계 종교를 설명할 때도 이와 동일한 설명 방식을 취한다. 세계사의 다양한 민족은 서로 연관될 뿐만 아니라 정신의 발전 과정에서 자신만의 고유한 역할을 수행하기도 한다. 이처럼 각 민족의 신 개념은 서로 연관되어 있으므로 올바른 철학 방법을 사용한다면, 우리는 그 연관을 추적하거나 이해할 수 있다. 그가 설명하는 철학 체계의 본성을 고려할 때, 『종교철학』 역시 체계의 다른 부분들과 분리되어 단편적으로 다뤄져서는 안 될 것이다. 이를테면 『종교철학』이 『역사철학』(*Vorlesungen über die Philosophie der Geschichte*)이나 『미학』(*Vorlesungen über die Aesthetik*)과 밀접하게 연관되지는 않지만 다뤄지는 주제는 상당히 중첩된다. 그렇다면 헤겔은 다양한 세계 종교를 어떤 관점으로 분석하는가? 이것이 앞으로 다뤄질 주제다.

2. 『헤겔 전집』과 체계

헤겔이 체계적 사유에 그토록 전념했다는 사실을 감안하면, 『종교철학』의 지위나 역할도 그의 전체 철학 체계의 맥락에서만 제대로 평가될 수 있을 것이며, 다양한 종교 현상에 대한 그의 관점도 『종교철학』 외에 체계의 다른 부분까지 함께 고려해야 제대로 이해될 것이다. 따라서 우리는 먼저 그의 철학 체계를 이해할 필요가 있다. 헤겔 철학 체계의 본성과 형태는 오랫동안 학문적 논쟁거리가 되었던 매우 중요한 문제다.[7] 따라서 현재의 맥락에서 그 문제를 빠짐없이 다루기란 불가능하다. 그리고 그것은 이 저작의 중심 주제도 아니다. 하지만 앞으로 다룰 방법론적 차원에서 『종교철학』의 역할을 명확히 이해하려면, 예비적으로 그의 체계 모델을 명확히 밝혀두지 않을 수 없다. 전체 체계의 개별적 부분이 서로 연관되어 있다면, 우리는 종교가 그의 다른 관심 분야와 어떻게 연관되는지를 반드시 이해해야 한다.

헤겔은 평생 동안 네 권의 주요 저작을 출간했다. 『정신현상학』(*Phänomenologie des Geistes*, 1807),[8] 세 권으로 된 『대논리학』(*Wissen- schaft der Logik*, 1812, 1813, 1816),[9] 『철학백과』(*Enzyklopädie der philosophischen Wissenschaften im Grundrisse*, 1817),[10] 『법철학』(*Naturrecht und Staatswissenschaft im Grundrisse. Grundlinien der Philosophie des Rechts*, 1821)[11]이 그것이다. 그렇다면 그 저작들은 서로 그리고 전체 체계와 어떻게 연관되는가?

전통적으로 『정신현상학』의 역할에 대한 문제는 특히 주요한 논쟁거리였다. 『정신현상학』은 체계의 '서론'인가? 아니면 체계의 '제1부'인가? 이 문제는 오랫동안 매듭지어지지 못해 지속적으로 논란의

---

7 이와 관련해서는 Hans Friedrich Fulda, *Das Problem einer Einleitung in Hegels "Wissenschaft der Logik"* (Frankfurt am Main: Klostermann, 1965); Otto Poggeler, *Hegels Idee einer Phänomenologie des Geistes* (Freiburg and Munich: Karl Alber, 1973); Johannes Heinrichs, *Die Logik der Phänomenologie des Geistes* (Bonn: Bouvier, 1974) 등을 참고하라.

8 Hegel, *System der Wissenschaft. Erster Theil, die Phänomenologie des Geistes* (Bamberg and Wurzburg: Joseph Anton Goebhardt, 1807).

9 Hegel, *Wissenschaft der Logik*, vols 1-3 (Nuremberg: Johann Leonard Schrag, 1812-1816).

10 Hegel, *Encyklopädie der philosophischen Wissenschaften im Grundrisse* (Heidelberg: August Oßwald's Universitatsbuchhandlung, 1817).

11 Hegel, *Naturrecht und Staatswissenschaft im Grundrisse. Grundlinien der Philosophie des Rechts* (Berlin: Nicolaische Buchhandlung, 1821).

대상으로 남았다.[12] 다행히 최근에는 전체 체계의 '서론'으로 기획되었다는 데 일반적 합의를 이루었다. 헤겔은 『정신현상학』의 집필 과정에서 자제력을 잃고 최초에 기획한 체계의 '서론'을 넘어 체계의 '제1부'로까지 나아가게 되었다고 전한다.[13] 최초의 기획이 도중에 변경되었음에도 『정신현상학』은 여전히 체계의 '서론'이라는 것이 일반적인 정설이다. 하지만 『정신현상학』의 방법론은 이른바 귀류법' (reductio ad absurdum)의 전략을 통해 일련의 이원론을 지양해 나가는 체계의 방법론과는 다르다. 『정신현상학』은 참다운 학문을 시작하기 전에 반드시 극복해야 할 그릇된 확신을 전제한다는 점에서 체계의 '서론'이라 할 수 있다. 이와 관련해서는 더 많은 설명이 필요하겠지만,[14] 현재의 목적상 『정신현상학』은 아직 다양한 이원론을 지양하지 않은 단계라는 점에서 체계 자체로 보기 어렵다는 점만을 간단히 지적하기로 한다.

이와는 반대로 『대논리학』과 『법철학』은 체계의 일부를 담당하는 세부 연구로서 각각 논리학과 사회-정치철학을 다루고 있다. 그 두 연구는 정해진 주제 범주를 넘나들지 않고 정해진 논의에만 집중하고 있다. 하지만 둘 다 세부 연구라는 점에서 어떤 것도 전체 체계를

---

12 이와 관련해서는 Fulda, *Das Problem einer Einleitung in Hegels 'Wissenschaft der Logik'*; Horst Henning Ottmann, *Das Scheitern einer Einleitung in Hegels Philosophie. Eine Analyse der 'Phänomenologie des Geistes'* (Munich: Verlag Anton Pustet, 1973) 등을 참고하라.

13 이와 관련해서는 다음을 참고하라. Otto Poggeler, "Die Komposition der *Phänomenologie des Geistes*," in *Materialien zu Hegels Phänomenologie des Geistes*, ed. by Hans Friedrich Fulda and Dieter Henrich (Frankfurt am Main: Suhrkamp, 1973), 329-390; Hans Friedrich Fulda, "Zur Logik der *Phänomenologie* von 1807," *Ibid.*, 391-425.

14 이와 관련한 자세한 논의는 나의 저작 *The Unity of Hegel's Phenomenology of Spirit: A Systematic Interpretation* (Evanston: Northwestern University Press, 2000)을 참고하라.

보여주지는 못한다.

『철학백과』는 헤겔 철학 체계의 전모를 가장 명확히 밝혀주는 저작이다. 그 근거는 다음과 같다. 첫째로 "철학백과"라는 제목 자체가 이미 인간 인식의 원리를 빈틈없이 규정하기보다 최대한 포괄적으로 다루겠다는 의도를 담고 있다. 둘째로 『철학백과』의 내용과 구성도 철학의 특수 분야에 대한 세부 연구가 아니라 철학 전체를 개괄한다는 의미를 담고 있다. 그래서 『철학백과』는 크게 세 부분, '논리학'(Die Wissenschaft der Logik), '자연철학'(Die Naturphilosophie), '정신철학'(Die Philosophie des Geist)으로 나눠져 있고, 각 부분도 더 세부적인 영역으로 나눠져 있다. 그가 출간한 그 외의 다른 저작은 『철학백과』의 기본 틀을 각기 정교화한 논의로 볼 수 있다.[15]

또한 세부 학문인 『대논리학』과 『법철학』의 내용도 『철학백과』의 구성 기획과 일치한다. 『대논리학』은 『철학백과』 제1부의 '논리학'을 보다 정교화한 저작이다. 『대논리학』과 『철학백과』의 '논리학' 부분은 둘 다 세 부분, '존재론'(Die Lehre vom Sein), '본질론'(Die Lehre vom Wesen), '개념론'(Die Lehre vom Begriff)으로 이루어져 있고, 사변적인

15 헤겔은 『정신현상학』 이전의 『예나시기 체계기획』(*Jenaer Systementwürf*)이나 『실재철학』(*Realphilosophie*)과 같은 초기 저작에서부터 이러한 체계 구조를 생각했다. 거기에 나타난 전체 체계의 틀은 『철학백과』와 거의 일치한다. 이와 관련해서는 다음을 참고하라. *Jenaer Systementwürfe*, vols 6-8 of *Gesammelte Werke*, ed. by the Rheinisch-Westfalische Akademie der Wissenschaften (Hamburg: Felix Meiner, 1968ff); 영어번역판은 다음을 참고하라. *The English translations are as follows: G. W. F. Hegel. The Jena System, 1804-1805. Logic and Metaphysics,* translation edited by John W. Burbidge and George di Giovanni (Kingston and Montreal: McGill-Queen's University Press, 1986); *The Jena Lectures on the Philosophy of Spirit (1805-1806) in Hegel and the Human Spirit,* trans. by Leo Rauch (Detroit: Wayne State University Press, 1983); *First Philosophy of Spirit in G. W. F. Hegel, System of Ethical Life and First Philosophy of Spirit,* ed. and trans. by H. S. Harris and T. M. Knox, Albany (New York: SUNY Press, 1979).

발전단계에 따라 그 범주들의 순서도 동일하게 배열되어 있다.

마찬가지로 『법철학』도 『철학백과』 제3부의 둘째 부분인 '객관정신'(Die objektive Geist)을 보다 정교화한 저작이다.[16] 『법철학』과 마찬가지로 『철학백과』의 '객관정신'도 크게 세 부분으로 나눠져 있으며, 각 부분은 『법철학』의 세 부분과 유사하다. 『철학백과』의 '객관정신'의 첫째 부분인 '법'(Das Recht)[17]은 『법철학』의 제1부 '추상법'(Das abstrakte Recht)에 대응하고, '객관정신'의 둘째 부분인 '도덕성'(Die Moralität)[18]은 『법철학』의 제2부 '도덕성'에 대응하며, 마지막으로 '가족'(Die Familie), '시민사회'(Die bürgerliche Gesellschaft), '국가'(Der Staat)를 분석하는 '객관정신'의 셋째 부분인 '인륜성'(Die Sittlichkeit)[19]은 『법철학』의 제3부 '인륜성'[20]에 대응한다. 정리하면 『철학백과』에 나타난 헤겔 철학 체계의 전모는 다음과 같이 그릴 수 있다[그림 1].

그러한 구조적 유사성에 더하여 헤겔은 『법철학』 '서문'에서 이렇게 말한다. "이 저작은 예전에 강의를 위해 집필한 저작(1817, 하이델베르크)의 해당 부분에 나오는 기본 개념을 훨씬 상세하고 체계적으로 설명한 것이다."[21] 여기서 '집필한 저작의 해당 부분'은 『철학백과』의 '객관정신'을 가리킨다.

『철학백과』 제1판은 1817년에 출간되었다. 하지만 헤겔은 내용을 계속 보완하여 10년 뒤인 1827년에 제2판을 출간했다.[22] 위에서

---

16 Hegel, *Phil. of Mind*, §§ 483-551; *Jub.*, vol. 10, 382-445.

17 Hegel, *Phil. of Mind*, §§ 483-502; *Jub.*, vol. 10, 382-391.

18 Hegel, *Phil. of Mind*, §§ 503-512; *Jub.*, vol. 10, 391-397.

19 Hegel, *Phil. of Mind*, §§ 513-552; *Jub.*, vol. 10, 397-445.

20 Hegel, *PR*, §§ 142-360; *Jub.*, vol. 7, 226-456.

21 Hegel, *PR*, .§§ 1; *Jub.*, vol. 7, 19.

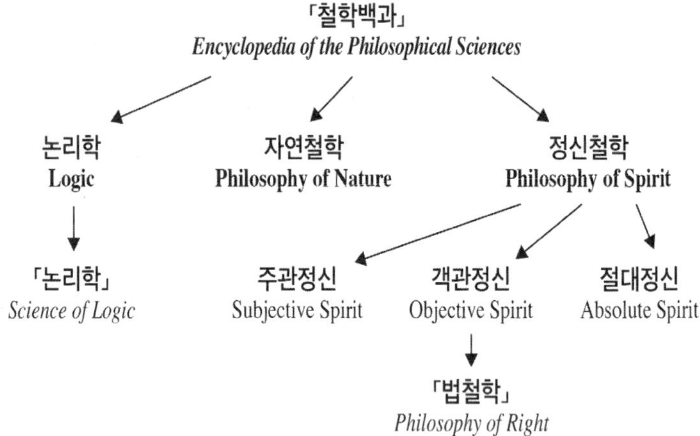

[그림 1] 『철학백과』와 『법철학』의 연관

인용한 『법철학』의 구절에도 나오듯이, 『철학백과』는 그의 강의교재였다. 실제로 그 저작의 제목 면에도 '강의용'(Zum Gbrauch seiner Vorlesungen)이라고 표기되어 있다. 그는 『철학백과』로 강의하면서 새로운 사례나 분석을 더하며, 계속해서 사유를 발전시켜 나갔다.[23] 제2판의 분량은 제1판보다 무려 두 배 가까이 증보되었다. 제1판은 총 288쪽에 477개의 절(§)로 구성되었지만, 제2판은 총 534쪽에 574개의 절(§)로 구성되어 있다. 3년 후 그는 곧장 제3판을 출간했는데,[24]

22 Hegel, *Encyclopädie der philosophischen Wissenschaften im Grundrisse*, 2nd ed., Heidelberg: August Oßwald 1827.

23 헤겔은 1818~1819년 겨울학기에 베를린대학에서 『철학백과』를 강의했다. 이와 관련해서는 "Ubersicht uber Hegels Berliner Vorlesungen," in *the edition of Hegel's Berliner Schriften: 1818-1831*, ed. by Johannes Hoffmeister (Hamburg: Meiner, 1956), 743-749.

24 Hegel, *Encyclopädie der philosophischen Wissenschaften im Grundrisse,* 3rd ed. (Heidelberg: Verwaltung des Oßwald'schen Verlags, C. F. Winter, 1830).

그것은 제2판과 절(§)의 개수는 같고, 분량만 600쪽으로 늘어났다. 그렇듯 헤겔은 늘 광범위한 재작업을 이어갔다. 그 변화 과정은 『헤겔 전집』(*Georg Wilhelm Friedrich Hegel's Werke. Vollständige Ausgabe*)을 통해 확인할 수 있다.

헤겔이 기존의 저작을 계속 수정했던 이유는 그의 철학이 유명해지면서 (모두가 그런 것은 아니지만) 그의 사상을 오해한 사람들의 비판이 쇄도했기 때문이다. 『법철학』의 "이성적인 것이 현실적이고, 현실적인 것이 이성적이다"(Was vernünftig ist, das ist wirklich; und was wirklich ist, das ist vernünftig)[25]라는 경구야말로 그런 오해의 대명사라 할 수 있다. 이 구절로 인해 그는 단순하고 순진한 기존 질서의 수호자라는 비판을 한 몸에 받아야 했다.[26] 그런 오해를 풀기 위해 그는 『철학백과』 제2판에서 그 구절의 의미를 더 자세히 설명했다.[27] 다른 비판가들은 그의 '세계정신' 개념에 범신론의 혐의를 씌우기도 했다.[28] 그래서 그는 『철학백과』 제2판에서 세계정신 개념과 범신론의 차이를 밝히

25 Hegel, *PR*, Preface, 29; *Jub.*, vol. 7, 33.

26 이와 관련해서는 다음을 참고하라. M. W. Jackson, "Hegel: The Real and the Rational," in *The Hegel Myths and Legends*, ed. by Jon Stewart (Evanston: Northwestern University Press, 1996), 19-25; Yirmiahu Yovel, "Hegel's Dictum that the Rational Is the Actual and the Actual Is Rational: Its Ontological Content and Its Function in Discourse," *Ibid.*, 26-41; Emil L. Fackenheim, "On the Actuality of the Rational and the Rationality of the Actual," *Ibid.*, 42-49.

27 Hegel, *Encyclopädie der philosophischen Wissenschaften im Grundrisse*, Zweite Ausgabe (Heidelberg: August Oßwald, 1827), § 6; *EL*, § 6; *Jub.*, vol. 8, 48.

28 이와 관련해서는 다음을 참고하라. August Tholuck, *Blüthensammlung aus der Morganländischen Mystik nebst einer Einleitung über Mystik überhaupt und Morgenländische insbesondere* (Berlin: Ferdinand Dummler, 1825); August Tholuck, *Die Lehre von der Sünde und vom Versöhner, oder Die wahre Weihe des Zweiflers*, 2nd ed. (Hamburg: Friedrich Perthes, 1825[1823]). 헤겔은 『철학백과』 제2판의 '서문'에서 톨룩(August Tholuck)의 이 저작 제2판을 언급한다. *EL*, 13, note; *Jub.*, vol. 8, 19, note.

면서 자신의 철학을 변호했다.[29]

3. 최초의 전집 판본 — 강의 저작 출판

1831년에 헤겔이 세상을 떠났을 때, 그의 학생들은 '고인을 추모하는 친우회'[30]를 결성했다. 그 모임의 목적은 헤겔의 저작들을 수집하여 최초의 전집을 출간하는 것이었다.[31] 이를 위해 다양한 분야의 학자들로 구성된 편집위원회도 조직되었다.[32] 그들은 『헤겔 전집』(*Georg Wilhelm Friedrich Hegel's Werke, Vollständige Ausgabe*)을 출간했

---

29 이와 관련해서는 Hegel, *Encyclopädie*(제2판), § 573. *Phil. of Mind*, § 573; *Jub.*, vol. 10, 458-474를 참고하라. 또한 제2판의 "서문"도 참고하라. *EL*, 4-17; *Jub.*, vol. 8, 7-24.

30 이와 관련해서는 John Edward Toews, *Hegelianism: The Path toward Dialectical Humanism, 1805-1841* (Cambridge: Cambridge University Press, 1980), 204를 참고하라.

31 이와 관련해서는 다음을 참고하라. Wilhelm Raimund Beyer, "Wie die Hegelsche Freundesvereinsausgabe entstand," in *bis Denken und Bedenken. Hegel-Aufsätze* (Berlin: Akademie-Verlag, 1977), 277-286; Karl Ludwig Michelet, *Geschichte der letzten Systeme der Philosophie in Deutschland von Kant bis Hegel,* vols 1-2 (Berlin: Duncker und Humblot, 1837-1838), vol. 2, 636-638; Walter Jaeschke, *Hegel Handbuch. Leben-Werk-Schule* (Stuttgart: J. B. Metzler, 2003), 502-504; Lothar Wigger, "75 Jahre kritische Hegel-Ausgaben: Zu Geschichte und Stand der Hegel-Edition," *Pädagogische Rundschau,* vol. 41 (1987), 102-104.

32 이와 관련한 자세한 설명은 Christoph Jamme, "Editionspolitik. Zur Freundesvereinsausgabe der Werke G. W. F. Hegels," *Zeitschrift für philosophische Forschung,* vol. 38, no. 1 (1984), 85-86을 참고하라. 최초의 편집위원회는 다음의 사람들로 구성되어 있었다. 역사학자 포르스터(the historian Friedrich Forster, 1791~1868), 법학자 간스(the jurist Eduard Gans, 1798~1839), 예술비평가이자 역사학자인 호토(Heinrich Gustav Hotho, 1802~1873), 신학자 마라이네케(Philipp Marheineke, 1780~1846)와 슐체(Johannes Schulze, 1786~1869), 철학자 미헬렛(Karl Ludwig Michelet, 1801~1893), 헨닝(Leopold von Henning, 1791~1866). 이후에 헤겔의 장남인 역사학자 칼 헤겔(Karl Hegel, 1813~ 1901), 문헌학자 보우만(Ludwig Boumann, 1801~1871), 철학자 로젠크란츠(Karl Rosenkranz, 1805~1879)가 동참하면서 편집위원회의 규모는 더 커졌다.

다.[33] 당시의 편집자들은 헤겔이 주장한 체계의 완결성에 깊이 동조했기 때문에 그의 사상을 완벽한 철학 체계로 내놓는 것을 암묵적인 목적으로 삼았다. 특정한 저자의 복잡다단한 발전 과정을 추적하기 위해 초기 단편들까지 빠짐없이 탐사하는 오늘날의 문헌학자들과 달리, 그들은 헤겔의 철학 체계를 초기의 저작부터 한 결로 이어지는 연속적인 단일체로 가정했다. 그래서 헤겔 철학 체계의 발전 과정이나 변화 방향에는 크게 얽매이지 않고, 가급적 그것의 불변적인 구조를 완벽히 구현하기를 목표했다. 그들은 당시의 비판가들이 셸링Friedrich Wilhelm Joseph Schelling을 조롱하는 것을 목격했다. 셸링은 새로운 저작을 내놓을 때마다 기존 체계에는 없던 새 개념을 들고나오는 것이 마치 공개적으로 공부하고 있는 꼴이 아니냐는 것이었다.[34] 편집자들은 헤겔도 마찬가지라는 인상을 풍기고 싶지 않았다. 그래서 그들은 자기-폐쇄적이고도 내적 일관성을 갖춘 완벽한 체계를 구성하고자 했다.

그들은 헤겔의 주요 저작뿐만 아니라 그의 강의도 출간했다. 『역사철학』,[35] 『철학사』,[36] 『미학』,[37] 『종교철학』[38]이 그것이다. 그들은

---

33 *Georg Wilhelm Friedrich Hegel's Werke. Vollständige Ausgabe*, vols 1-18, ed. by Ludwig Boumann, Friedrich Forster, Eduard Gans, Karl Hegel, Leopold von Henning, Heinrich Gustav Hotho, Philipp Marheineke, Karl Ludwig Michelet, Karl Rosenkranz, Johannes Schulze (Berlin: Verlag von Duncker und Humblot, 1832-1845).

34 이와 관련해서는 Karl Rosenkranz, *Georg Wilhelm Friedrich Hegel's Leben* (Berlin: Duncker und Humblot, 1844), 45를 참고하라.

35 *Vorlesungen über die Philosophie der Geschichte*, ed. by Eduard Gans, in *Hegel's Werke*, vol. 9 (1837).

36 *Vorlesungen über die Geschichte der Philosophie,* I-III, ed. by Karl Ludwig Michelet, in *Hegel's Werke*, vols 13-15 (1833-1836).

37 *Vorlesungen über die Aesthetik,* I-III, ed. by Heinrich Gustav Hotho, in *Hegel's Werke*, vols

이 강의들도 헤겔의 체계를 구성하는 필수요소로 보고, 출간된 저작에 버금가는 중요한 지적 유산으로 삼았다. 그 강의 저작들은 베를린대학에 있을 당시 헤겔이 썼던 강의록과 학생들의 필기록을 바탕으로 제작되었다. 물론 출간을 위해 헤겔이 직접 쓴 저작은 아니지만, 편집자들은 강의 저작들도 반드시 전집에 포함시켜야 한다고 생각했다. 그 네 편의 주제 강의는 전체 철학 체계의 개별 부분들을 보다 정교하게 발전시킨 저작들이라 할 수 있다. 편집자들은 헤겔의 철학 체계는 단순한 종이책보다 현장 강의에서 최고의 완성도를 발휘한다고 믿었지만,[39] 철학 체계의 완결성을 추구하던 편집의 방향과 정책에 따라, 아쉽지만 그 강의들도 출간된 저작들과 동일한 방식으로, 그래서 서로 매끄럽게 연결될 수 있도록 편집했다.

그 강의 저작들은 『철학백과』의 여러 부분을 각기 정교하게 발전시킨 것이다. 『철학백과』 제3부 '정신철학'(Die Philosophie des Geistes)의 마지막 부분은 '절대정신'(Der absolute Geist)으로 끝난다.[40] 앞서 언급했듯이, '객관정신'은 『법철학』의 주제에 대응한다. 그리고 『법철학』의 마지막에도 '세계사' 부분이 들어 있다. 헤겔 체계의 절정에 해당하는 '절대정신'도 또다시 세 부분, 'A. 예술'(Die Kunst), 'B. 계시종교'(Die geoffenbarte Religion), 'C. 철학'(Die Philosophie)으로 나뉜다. 그 세 부분은 최고의 인식 형태에 해당한다. 첫째 'A. 예술'[41]은 『미학』

10, 1-3 (1835-1838).

38 *Vorlesungen über die Philosophie der Religion*, I-II, ed. by Philipp Marheineke, in *Hegel's Werke*, vols 11-12 (1832).

39 이와 관련해서는 Jamme, "Editionspolitik. Zur Freundesvereinsausgabe der Werke G. W. F. Hegels," 89ff를 참고하라.

40 Hegel, *Phil. of Mind*, §§ 553-577; *Jub.*, vol. 10, 446-475.

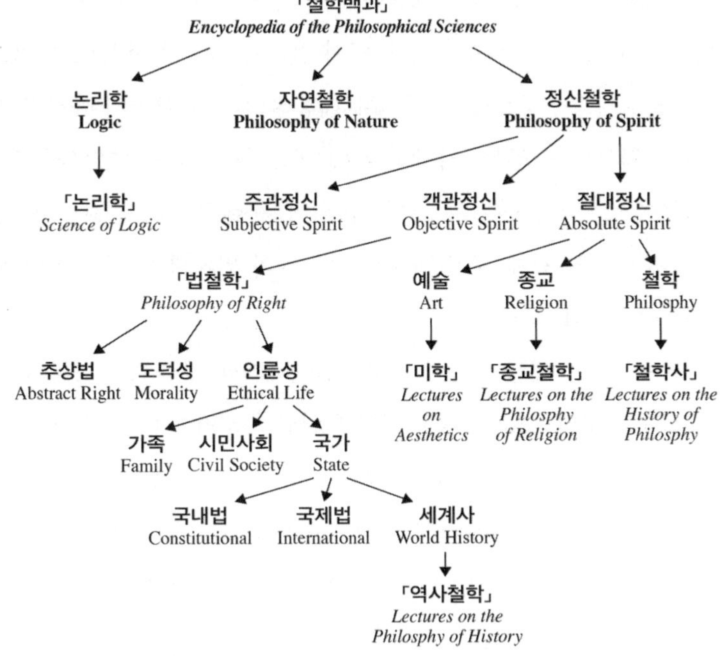

[그림 2]『철학백과』와 강의 저작들의 연관

에 대응하고, 둘째 'B. 계시종교'[42]는 『종교철학』에 대응하며, 셋째 'C. 철학'[43]은 『철학사』에 대응한다[그림 2].

이들 중 체계 내에 위치 짓기 가장 어려운 것은 『역사철학』이다. 하지만 자세히 살펴보면, 『역사철학』은 『철학백과』의 제3부 '절대정신'(Die absolute Geist) 바로 앞에 있는 'γ. 세계사'(Die Weltgeschichte)에 대응한다. 제2부 '객관정신'(Der objektive Geist)의 셋째 부분은 'c. 국

41 Hegel, *Phil. of Mind,* §§ 556-563; *Jub.*, vol. 10, 447-552.

42 Hegel, *Phil. of Mind,* §§ 564-571; *Jub.*, vol. 10, 453-458.

43 Hegel, *Phil. of Mind,* §§ 572-577; *Jub.*, vol. 10, 458-476.

가'(Der Staat)이며, 그것의 세 번째(마지막) 항목이 국가들의 역사적 발전단계를 다루는 'γ. 세계사'[44]다. 앞서 언급했듯이 『철학백과』의 제2부 '객관정신'은 『법철학』의 주제에 대응하며, 『법철학』의 마지막에 실린 '세계사'[45]는 또한 『역사철학』에 대응한다. 헤겔은 『역사철학』 도입부에서 『역사철학』과 『법철학』의 연관을 명확하게 밝히고 있다.[46] 정리하면 전체 체계 내에서 강의들의 위치와 역할은 이렇게 그려질 수 있다[그림 2].

모든 강의는 해당 주제를 역사적인(연대기적) 방식으로 다룬다는 점에서 동일하다. 그 강의들은 각각 동일한 시대의 다른 주제 영역들, 예를 들어 그리스 역사, 그리스 예술, 그리스 종교, 그리스 철학처럼 특정한 시대의 역사적 민족에 나타나는 다양한 문화영역을 다룬다. 강의마다 관점은 다르지만 동일한 대상을 다룬다는 점에서 많은 부분은 불가피하게 중첩될 수밖에 없다.

헤겔 체계의 다양한 부분이 맺는 상호연관은 세계 종교에 관한 그의 설명을 보완하는 데도 도움이 된다. 『종교철학』 역시 『역사철학』, 『미학』, 『철학사』와 동일한 방식으로 전개된다. 각각의 역사 발전단계에는 특정한 정신의 형태가 존재하며, 그것은 정치, 예술, 철학 등 다양한 영역에 두루 나타난다. 그렇듯 특정한 민족의 종교는 독자적으로 발전한다기보다 언제나 다른 문화영역과 밀접하게 연관

44 Hegel, *Phil. of Mind*, §§ 548-552; *Jub.*, vol. 10, 426-445.

45 Hegel, *PR*, §§ 341-360; *Jub.*, vol. 7, 446-456.

46 Hegel, *LPWHI*, 11; *VGH*, 3: "이 강의를 위한 교재는 없다. 하지만 나는 『법철학』 §§ 341-361(결론)에서 이미 세계사의 개념, 세계사 연구의 구체적인 원리, 세계사의 구분되는 시기를 적절히 규정해 두었다. 그 저작은 우리가 여기서 다룰 세계사의 다양한 계기들에 대한 최소한의 추상적 인식에는 도움을 줄 것이다."

되어 있다.[47] 따라서 헤겔의 『종교철학』이나 특정한 종교에 대한 그의 관점을 이해하게 되면, 같은 역사적 시기의 다른 문화영역에 나타난 정신의 본성을 이해하는 데도 도움이 된다. 예를 들어 그는 '이집트종교'를 『종교철학』에서만 다루는 것이 아니라 관점은 다르지만 『역사철학』이나 『미학』에서도 다룬다. 그것만 그런 것이 아니다. 『종교철학』에서 다루는 대부분의 내용도 그 깊이는 다르겠지만 다른 강의들에서도 그대로 반복되고 있다. 헤겔은 베를린대학에서 다양한 주제를 같은 시기에 주기적으로 강의했다. 당시에 그는 같은 자료를 다양한 주제맥락에 맞추어 재구성했기 때문에 강의의 내용이 자연스럽게 중첩되기도 한다. 그는 『정신현상학』이나 『철학백과』에서도 다양한 종교의 문제를 산발적으로 다루고 있다. 하지만 그가 기획한 체계의 본성을 고려하면, 그 자료들은 『종교철학』에서 가장 풍부하게 활용되었을 것이다.

또한 헤겔의 종교관을 이해하려면 후기 체계를 대변하는 저작들 외에 『청년 헤겔의 신학론집』(*Hegels theologische Jugendschriften*)도 반드시 검토해야 한다.[48] 그 저작은 헤겔이 예나대학의 강사가 되기

47 이와 관련해서는 Hegel, *TE*, 56; *TJ*, 27을 참고하라. "한 민족의 역사, 종교, 정치에는 그 민족의 자유의식이 반영되어 있다. 그리고 그 각 영역은 개별적인 특성이나 상호적인 영향을 고려할 때, 결코 독립적인 것으로 간주될 수 없다. 그것들 모두는 하나로 연결되어 있다." 그리고 『역사철학』에서 역사와 종교의 관계에 대한 그의 설명도 참고하라(*Phil. of Hist.*, 335; *Jub.*, vol. 11, 429). "종교와 그 세계는 다만 종교는 영혼과 마음에 있는 이성이라는 점, 즉 종교는 신 안에 있는 진리와 자유가 개념의 힘으로 드러난 성전이라는 점에서 구분된다. 반면에 자기-동일한 이성에 의해 규제되는 국가는 현실에 대한 지각이나 의지와 연관된 인간 자유가 드러난 성전이라는 점에서 그 목적 자체가 신성한 것이라 할 수 있다." *Phil. of Hist.*, 335; *Jub.*, vol. 11, 429. "역사적으로 나타나는 과정은 인간 이성이라 할 종교의 현현, 즉 인간의 마음속에 자리 잡고 있는 종교적인 원리가 세속적인 자유의 형태로 드러난 것일 뿐이다."

48 *Hegels theologische Jugendschriften*, ed. by Herman Nohl (Tübingen: Verlag von J. C. B.

전, 즉 베른에서 가정교사를 하던 1795~1800년에 썼던 단편과 논문 모음집이다. 그 저작도 그가 직접 출간한 것은 아니고, 사후에 편집자들이 남겨진 자료들을 모아 1907년에서야 출간한 것이다. 하지만 그 저작의 관점은 이후의 관점과 다르기 때문에 여기서는 단지 참고만 하고, 상세히 분석하지는 않을 것이다.

4. 헤겔의 역사적 설명 방식의 문제

헤겔이 『종교철학』에서 보여주는 신 개념의 발전단계는 그리스도교에서 완성에 이른다. 여기서 난감한 문제가 발생한다. 『종교철학』과 다른 강의들의 설명 방식이 공교롭게도 일치하지 않는 것이다. 『역사철학』의 서사는 그리스도교가 등장한 로마 세계에서 끝나지 않고 중세와 르네상스를 거쳐 계몽주의와 프랑스혁명으로까지 계속 이어진다. 『미학』의 서사도 로마 세계에서 끝나지 않고 중세와 르네상스를 거쳐 낭만주의 예술로까지 계속 이어진다. 마지막으로 『철학사』의 서사도 그리스도교에서 끝나지 않고 중세의 스콜라철학을 거쳐 근대철학, 즉 셸링으로 마무리되는 독일관념론으로까지 계속 이어진다.

『종교철학』과 다른 강의들에서 그리스도교의 위치를 비교해보면, 그런 불일치는 더욱 선명해진다. 『종교철학』의 역사적 서사가

Mohr, 1907); Early Theological Writings, trans. by T. M. Knox, "Fragments" trans. by Richard Kroner, (Chicago: University of Chicago Press, 1948); Philadelphia: University of Pennsylvania Press 1975.

다른 강의에서처럼 계속 진행되지 않는 것은 매우 의아한 일이다. '동양 세계'에 관한 구체적인 분석 내용은 『종교철학』에서나 다른 강의에서나 거의 일치한다. 그리스종교와 로마종교를 다루는 대목도 마찬가지다. 하지만 다른 강의들의 역사적 서사는 그리스도교가 탄생한 역사적 시대를 지나 계속 진행하지만, 『종교철학』은 그리스도교를 마지막으로 느닷없이 끝나버린다. 헤겔의 체계적 관점에서 볼 때, 이는 분명 탐탁지 않은 부분이다.

따라서 헤겔의 종교사상을 탐구하려면 당연히 『종교철학』에 주목해야겠지만 그것만으로는 불충분하다고 할 수 있다. 그 역시도 신 개념의 발전이 그리스도교의 탄생에서 끝난다고는 생각지 않았을 것이다. 이후 자기 시대에 이르는 이천 년의 역사적 발전 과정을 그는 결코 모르지 않았다.

우리는 그러한 불일치의 이유를 다각적으로 추론해 볼 수 있다. 헤겔은 프로이센 당국의 감시를 두려워했고, 정통설이 아니라거나 자유분방한 종교관을 가진 인물로 비치기를 원치 않았던 것도 한 이유다.[49] 세기가 바뀔 무렵(1800년대 초), 이른바 무신론 논쟁으로 피히테[Johann Gottlieb Fichte]가 교수직에서 해고되는 것을 그는 직접 목격했다.[50] 또한 그가 베를린대학에 재직하던 1820년대 후반은 '학생회'의

---

49 이와 관련해서는 Robert C. Solomon, *In the Spirit of Hegel* (New York and Oxford: Oxford University Press, 1983), 580ff을 참고하라. 헤겔의 정치철학도 이러한 주제를 다루고 있다. 이와 관련해서는 Hans-Christian Lucas and Udo Rameil, "Furcht vor der Zensur? Zur Entstehungs-und Druckgeschichte von Hegels Grundlinien der Philosophie des Rechts," Hegel-Studien, vol. 15 (1980), 63-93.

50 이와 관련해서는 유익한 일차자료들을 모아놓은 *J. G. Fichte and the Atheism Dispute (1798-1800)*, ed. by Yolanda Estes and Curtis Bowman (Aldershot: Ashgate 2010)을 참고하라.

부상과 독일연방의 통일을 주장하는 그들의 민족주의적 요구로 인해 정치적 분위기도 고도로 긴장되어 있었다. 게다가 프로이센 당국이 진보 진영의 학생들을 단속하기 위해 1819년 칼스바트 법령을 선포했을 무렵에 그는 대학교수로 임명되었다. 당시 학생회에 동조한 교수들은 '선동가'라는 낙인이 찍혀 가혹한 처벌을 받기도 했다. 헤겔의 오랜 대적자였던 프리스Jacob Friedrich Fries(1773~1843)와 그의 베를린대학 동창이던 데 베테Wihelm de Wette(1780~1849)도 당시 교수 직위를 가차 없이 박탈당했다.[51]

그러한 상황에서 헤겔은 자신의 솔직한 종교관을 마음껏 발설할 수 없었다. 그래서 오랜 철학적 훈련을 받아야만 읽을 수 있는 전문 개념들을 사용한 난해한 철학적 베일에 자신의 본심을 숨겼다는 후문도 있다. 종교 문제만을 집중적으로 다루는 저작을 출판한다는 것이 그에게는 참으로 위험천만한 일이었다. 그래서 그는 종교와 관련한 방대한 소장 자료를 오로지 현장 강의에만 사용했다. 헤겔이 자신의 종교관을 비밀에 부쳤다는 생각은 영어권 헤겔 연구에 선구적 역할을 했던 스털링James Hutchison Stirling의 저작 『헤겔의 비밀: 헤겔의 체계를 이루는 근원, 원리, 형태, 문제』(*The Secret of Hegel: Being the Hegelian System in Origin, Principle, Form, and Matter*)에서 모티프를 얻은 것이다.[52] 그 저작에서 스털링이 밝히는 '헤겔의 비밀'은 그가 실은 그리스도교인이었고, 그의 『종교철학』은 고도로 추상적인 개념을 활용하여

51 이와 관련해서는 이 책의 3장, 6.을 참고하라.

52 James Hutchison Stirling, *The Secret of Hegel: Being the Hegelian System in Origin, Principle, Form, and Matter,* vols 1-2 (London: Longman, Green, Longman, Roberts, & Green, 1865).

그리스도교를 은밀하게 옹호한 저작이었다는 것이다. 하지만 헤겔은 자신이 그리스도교인이라는 사실을 단연코 숨긴 적이 없다. 도리어 그는 『종교철학』에서 자신의 목적은 오직 그리스도교만이 유일하게 참된 종교라는 것을 옹호하고 정당화하는 것이라고 분명히 밝히고 있다. 사실 그의 진짜 비밀은 그럼에도 불구하고 자신의 정당화 방식이 당시의 보수적인 그리스도교 정통설에서 벗어난다는 것을 스스로는 잘 알고 있었으리라는 것이다.

반대로 이후의 비평가들은 헤겔의 비밀은 그가 실은 그리스도교의 비판가였지만 당국의 감시가 두려워 자신의 솔직한 종교관을 발설하지 않았던 것이라고 주장하면서 스털링의 주장을 반박했다. 하지만 그들의 논리에 따르면 헤겔의 방법론은 난감한 상황에 처하고 만다. 헤겔의 변증법적 역사 발전의 논리에 따르면 세계 종교의 발전 과정은 자신의 시대로까지 계속 이어져야 했다. 하지만 또한 그렇게 되면, 그리스도교는 절대적 인식에 해당하는 최고의 종교 형태가 아니라 세계사의 앞선 단계에서 이미 지양된 종교들과 같은 신세가 되고 만다. 그뿐만 아니라 그리스도교보다 시간적으로 후속하는 이슬람교와 같은 다른 종교들이 그리스도교보다 개념적으로 더 상위의 종교 형태로 규정되어야 하는 난감한 상황에 처하게 된다. 헤겔은 그런 위험천만한 결론을 피하기 위해 자신의 종교사를 그리스도교에서 매듭지어버리고 차라리 역사적 단절의 비판을 감당하려 했는지도 모른다. 물론 그런 일이 없기를 내심 바라면서 말이다.

헤겔의 종교사가 로마 시대에서 끝나는 것은 굳이 방법론의 문제 때문만이 아닐 수도 있다. 그는 신 개념의 발전은 그리스도교에서 이미 완성되었고, 이후의 종교사는 단지 부정적인 계기에 불과하다고 설명할는지 모른다. 마치 『미학』에서 조각은 그리스 예술에서 완성되었고, 회화는 이탈리아 예술에서 완성되었다는 설명처럼 말이다. 하지만 그런 논리는 특정한 예술 분야에는 통할지 몰라도 예술 일반은 지금도 계속 발전하고 있으며, 변화하는 시대에 발맞추어 늘 새로운 표현 방식을 추구하고 있다. 따라서 신 개념의 발전 역시 그리스도교에서 완성된 것이 아닐 수도 있고, 정신의 역사적 발전단계에 따라 다양한 형태로 진화하는 중일 수도 있다. 이 문제와 관련해서 헤겔은 분명 독자에게 설명의 빚을 지고 있는 듯하다.

이는 계속 논의해야 할 문제지만 이 저작의 목적에 비추어 볼 때, 그가 역사적 설명을 중단한 구체적 이유나 진심을 은폐한 도덕적 문제는 그리 중요한 사안이 아니다. 헤겔의 '비밀'을 남김없이 푼다는 것은 어림없는 일이다. 우리가 다룰 핵심 사안은 헤겔 철학 체계 자체의 내적인 논리와 구조다. 그런 관점에서 보더라도 『종교철학』은 세계 종교의 역사적 발전단계를 계속 이어갔어야 했다.

하지만 자세히 살펴보면, 그는 사실 그렇게 했다. 다만 그 이후의 보충 논의가 어디에 숨겨져 있는지 모를 뿐이다. 그것이 헤겔의 또 다른 비밀이다. 그리스도교 이후의 종교발전에 관한 논의는 그의 다른 강의, 즉 『미학』, 『역사철학』, 『철학사』에서 이뤄지고 있다. 그러므로 『종교철학』의 역사적 단절과 불완전한 설명을 보완하기 위해서는 그 저작들도 반드시 함께 살펴야 한다.

이 책은 헤겔의 후기 종교관을 가장 포괄적으로 반영하고 있는 『종교철학』을 집중적으로 분석할 것이다. 하지만 그의 사상은 하나의 체계구조를 띤다는 점에서, 『종교철학』의 미흡한 부분은 비록 맥락은 다르더라도 종교 문제를 다루는 다른 저작과 강의로 보완해 나갈 것이다. 다시 말해, 헤겔의 『종교철학』을 핵심적인 분석 대상으로 삼고, 그 그림의 완성을 위해 다른 문헌들도 함께 분석해 나가는 방식으로 진행할 것이다.

이를 통해 우리는 새로운 관점을 얻을 수 있다. 앞서 언급했듯이, 헤겔의 『종교철학』은 그리스도교를 종교 인식의 최고 형태로 결론짓는다. 그래서 많은 이는 그를 타종교에 배타적인 그리스도교 옹호자로 생각해 왔다. 하지만 앞서 살폈듯이, 다른 강의들은 『종교철학』이 끝나는 '로마 세계'에서 멈추지 않고, 그 서사를 자신의 시대로까지 계속 이어간다. 따라서 우리는 다른 강의들을 통해 그리스도교 이후의 종교 형태들에 관한 그의 견해, 예컨대 종교개혁이라든가 그리스도교에 후속하는 이슬람교나 이신론에 대한 평가를 찾아볼 수 있다. 그런 의미에서 『종교철학』은 종교개념과 관련한 역사적 서사의 시작일 뿐 전부는 아니다. 그리스도교 이후의 종교사에 나타난 이슬람교나 이신론을 그는 왜 더 발전된 종교가 아니라 퇴행적 운동으로 보았는지에 대한 적절한 해명이 필요하다.

이러한 방법을 통해 우리는 『종교철학』에서는 볼 수 없던 근대의 종교와 그것에 대한 헤겔의 평가를 새롭게 조명할 수 있다. 이를 위해 우리는 『종교철학』이 끝나는 지점에서 그의 시대에 이르는 종교의 발전단계도 추적할 것이다. 물론 다른 강의들의 종교 논의가 『종교철학』만큼 정교하지는 않겠지만, 그것들 역시 그의 입장을 재구성하는 데 없어서는 안 될 중요한 자료다.

5. 『종교철학』의 다양한 판본

헤겔은 베를린대학에 재직하면서 『종교철학』을 총 네 번(1821년, 1824년, 1827년, 1831년 여름학기) 강의했다.[53] 1829년 여름학기에는 『신 존재 증명』(*Vorlesungen über die Beweise vom Dasein Gottes*)을 강의하기도 했다. 신학자 마라이네케[Philipp Marheineke](1780~1846)가 편집한 그의 『종교철학』 제1판은 그 네 번의 강의 자료(헤겔의 강의록과 학생들의 필기록)를 선별하여 한 권으로 편집한 단행본이다. 그 판본은 헤겔의 『종교철학』 수용사에 중대한 역할을 했다. 그것은 이후 헤겔 철학을 둘러싼 비판적 논쟁의 핵심 대상이 되었을 뿐만 아니라 헤겔 추종자들을 '헤겔 좌파'와 '헤겔 우파'로 분열시킨 핵심 사안이 되기도 했기 때문이다. 그럼에도 불구하고 그 판본은 출간되자마자 곧장 비판의 표적이 되고 말았다.

마라이네케는 그 판본의 제작에 방대한 자료를 활용했다. 그는 헤겔의 1821년 강의록을 거의 다 가지고 있었을 뿐만 아니라[54] 1824년, 1827년, 1831년 강의를 들었던 학생들의 필기록도 가지고 있었다.[55] 그래서 그는 어떤 자료를 활용하고 어떤 자료를 빼야 할지 선택

---

53 이와 관련해서는 "Ubersicht uber Hegels Berliner Vorlesungen," in the edition of *Hegel's Berliner Schriften: 1818-1831,* 743-749를 참고하라.

54 이와 관련해서는 Marheineke's "Vorrede des Herausgebers," in his edition of *Hegel's Vorlesungen über die Philosophie der Religion,* I-II, ed. by Philipp Marheineke, vols 11-12 (1832), in *Hegel's Werke,* vol. 11, v-xiv를 참고하라.

55 마라이네케는 1824년 필기록은 그리스하임(Karl Gustav von Grisheim), 1824년 필기록은 스위스 학생 마이어(Meyer), 1831년 필기록은 헤겔의 아들인 칼 헤겔(Karl Hegel)의 것을 사용했다. 그에 따르면 헤겔은 그 학생들의 필기록을 활용하여 다음 강의를 준비하기도 했다고 전한다. 이와 관련해서는 'Vorrede des Herausgebers,' vi-vii을 참고하라.

할 수밖에 없었다. 그는 헤겔 『종교철학』의 특정한 측면을 강조하기 위해 자기 재량으로 그 자료들을 취사선택했다. 그 과정에는 편집자의 관심과 이해가 불가피하게 개입될 수밖에 없었고, 자의적인 측면도 배제할 수 없었다. 그래서 마라이네케와 최초의 전집 편집자들은 자신들의 이데올로기를 헤겔에게 투사했다는 비판으로부터 안전할 수 없었다. 달리 말해, 그들은 자신의 이데올로기에 따라 자료를 취사선택함으로써 헤겔 사상 자체가 아니라 헤겔의 입을 빌린 자신들의 사상을 내놓았다는 것이다.[56] 그들은 주로 헤겔을 실제보다 더 정통적이고, 덜 급진적으로 만들었다는 혐의를 받았다.[57] 이것이 헤겔 사후에 그의 사상을 두고 벌어진 치열한 논쟁의 발단이었다.

1840년에 출간된 『종교철학』 제2판은 그런 비판에 응답하기 위해 새로 제작한 것이다.[58] 제2판의 편집자도 명목상은 마라이네케였지만 실제 편집자는 바우어[Bruno Bauer]였다. 제2판은 마라이네케가 기존에 사용한 자료에 새로 발견된 필기록들을 더하여 제1판의 내용을

---

56 이와 관련해서는 다음을 참고하라. Jamme, "Editionspolitik. Zur Freundesvereinsausgabe der Werke G. W. F. Hegels," 83-99. Annemarie Gethmann-Siefert, "H. G. Hotho: Kunst als Bildungserlebnis und Kunsthistorie in Systematischer Absicht-oder die entpolitisierte Version der asthetischen Erziehung der Menschen," in *Kunsterfahrung und Kulturpolitik im Berlin Hegels,* ed. by Otto Poggeler and Annemarie Gethmann-Siefert (Bonn: Bouvier, 1983) (*Hegel-Studien*, Beiheft 22), 229-262; Walter Jaeschke, "Probleme der Edition der Nachschriften von Hegels Vorlesungen," *Allgemeine Zeitschrift für Philosophie*, vol. 3 (1980), 51-63; Walter Jaeschke, "Hegel's Philosophy of Religion: The Quest for a Critical Edition," *The Owl of Minerva*, vol. 11, no. 3 (1980), 4-8.

57 이와 관련해서는 *Briefwechsel zwischen Bruno und Edgar Bauer während der Jahre 1838-1842 aus Bonn und Berlin* (Charlottenburg: Verlag von Egbert Bauer, 1844), 48-51을 참고하라.

58 Hegel, *Vorlesungen über die Philosophie der Religion,* I-II, ed. by Philipp Marheineke, vols 11-12, 2nd ed. (1840), in *Hegel's Werke.*

수정 보완한 판본이다.[59] 그럼에도 기본 편집방식은 크게 달라지지 않았기 때문에 비판가들의 원성은 잦아들지 않았다. 그들은 편집자의 권한이 너무 막대하다고 생각했다. 앞서 언급했듯이 그 판본은 헤겔의 『종교철학』 수용사에서 매우 중요한 가치를 가졌기 때문에 그로크너 Hermann Grockner(1896~1979)는 원본 탄생 100주년을 기념하여 1928~1941년에 사진제판법으로 그 판본과 전집판본을 복제해 냈다.[60] 하지만 그는 새로운 문헌학적 연구를 하지는 않았다.

제1판이 나온 지 거의 1세기가 지나 라손Georg Lasson(1862~1932)은 마라이네케-바우어 판본의 문제를 교정하기 위해 완전히 새로운 판본을 내놓았다. 그것은 1925~1929년에 그가 편집한 『헤겔 전집』(*Sämtliche Werke*)에 들어있다.[61] 라손은 헤겔의 1821년 강의록을 기

59 마라이네케가 사용한 자료들 외에도 바우어는 헤니히(Leopold von Henning)의 1821년 필기록, 미헬렛(Karl Ludwig Michelet)의 1824년 필기록, 포르스터(Friedrich Forster)의 1824년 필기록, 드로이센(Gustav Droysen)의 1827년 필기록, 게이어(Geyer)의 1831년 필기록, 라이헤노브(Reichenow)의 1831년 필기록, 루텐베르크(Rutenberg)의 1831년 필기록을 더 사용했다. 바우어의 설명에 따르면, 제2판에는 새로 발견된 방대한 양의 강의초안도 함께 사용되었다. 이와 관련해서는 Marheineke's "Vorrede zur zweiten Auflage", in *the second edition of Hegel's Vorlesungen über die Philosophie der Religion,* I-II, ed. by Philipp Marheineke, vols 11-12 2nd ed. (1840), in *Hegel's Werke*, vol. 11, v-x, see vi-vii을 참고하라.

60 Hegel, Sämtliche Werke. Jubiläumsausgabe, vols 1-20, ed. by Hermann Glockner (Stuttgart: Friedrich Frommann Verlag, 1928-1941), 41(이하 *Jub.*으로 표기함). 두 권으로 된 *Vorlesungen über die Philosophie der Religion*은 이 전집의 15-16권에 실려 있다. 마라이네케와 바우어 판본의 중요성이나 100주년 기념판(*Jubiläumsausgabe*)의 활용도를 고려하여, 여기서는 주로 이 전집판본을 사용했다.

61 Hegel, *Sämtliche Werke*, ed. by Georg Lasson (Leipzig: Felix Meiner, 1920). 이와 관련해서는 다음을 참고하라. *Vorlesungen über die Philosophie der Religion, Erster Teil, Begriff der Religion*, vol. 12 (1925); *Vorlesungen über die Philosophie der Religion, Zweiter Teil, Die Bestimmte Religion,* Erstes Kapitel, *Die Naturreligion*, vol. 13.1 (1927); *Vorlesungen über die Philosophie der Religion,* Zweiter Teil, *Die Bestimmte Religion,* Zweites Kapitel, *Die Religionen der geistigen Individualität*, vol. 13.2 (1929); *Vorlesungen über die Philosophie der Religion,* Dritter Teil, *Die absolute Religion*, vol. 14 (1929). 1932년에 라손이

본 틀로 삼고, 그 위에 전체 내용을 새롭게 구축해 나갔다. 당시에 마라이네케와 바우어가 사용한 학생들의 필기록은 모두 소실되어 라손은 자신이 마련한 구조에 들어갈 필기록을 새로 구해야만 했다.[62] 그는 헤겔의 기본적인 구분법에 따라 자신의 판본도 크게 세 부분, 1) 종교의 개념(Der Begriff der Religion), 2) 유한한 종교(Die bestimmte Religion), 3) 절대적 종교(Die absolute Religion)로 구성했다. 그가 편집한 새 판본은 마라이네케와 바우어 판본보다 훨씬 두껍다.

라손 판본은 이전보다 더 많은 내용을 담고는 있지만 마라이네케 판본의 근본적인 문제, 즉 내용 구성에 편집자의 권한이 너무 막대하다는 문제는 여전히 해결하지 못했다. 섬세한 독자들은 헤겔의 강의록과 학생들의 필기록을 한데 묶는 것도 문헌학적으로는 완전히 무책임한 행태라고 비판했다. 그뿐만 아니라 마라이네케 판본과 라손 판본은 가독성이 높고, 일관성 있는 단행본 제작을 목표했기 때문에 여러 해의 강의를 한 데 뒤섞을 수밖에 없었다. 하지만 십 년에 걸쳐 네 번 진행된 『종교철학』 강의는 해가 거듭될 때마다 내용이 상당히 달라졌는데, 그들의 편집원칙은 그러한 사유의 변화 과정을 전혀 보여주지 못하는 한계가 있었다.

1982~1985년에 나온 예쉬케의 원전비평연구판은 지속적으로 제기된 편집의 문제를 해결하기 위해 완전히 새로운 접근법을 택했다.[63] 그 원칙은 네 번의 종교철학 강의를 구분하여 출간하는 것이었

숨을 거두면서 이 전집판본은 거의 미완의 상태로 방치되어 있었다. 이후 1952년에 요한네스 호프마이스터(Johannes Hoffmeister, 1907~1955)가 그 작업을 완수했다.

62 라손은 호토(Heinrich Gustav Hotho)의 1824년 필기록, 폰 켈러(Victor von Kehler)의 1824년 필기록, 파스테나치(Carl Pastenaci)의 1824년 필기록, 에르트만(Johann Eduard Erdmann)의 1827년 필기록, 작가 미상의 1827년 필기록을 사용했다.

다. 그 결과 세 권으로 된 예쉬케의 판본에는 1821년, 1824년, 1827년, 1831년 강의가 따로따로 분리되어 강의 연도 순서대로 실려 있다. 그 판본은 한 자료를 기준 자료(Leittext)로 삼고, 나머지 자료를 보조 자료(Kontrolltext)로 활용하는 방식을 택했다.[64] 이전의 판본들에 사용된 학생들의 필기록은 모두 소실되어 그것까지 활용할 수는 없었지만, 그럼에도 불구하고 예쉬케의 판본은 독자들에게 큰 유익함을 주는 탁월한 작품이다. 그의 판본은 여러 해의 강의를 연대순으로 분리해 두었기 때문에 독자들은 헤겔이 특정한 자료를 언제 읽었는지, 특정한 주제에 대한 사유가 언제 어떻게 변화했는지를 상세히 파악할 수 있게 되었다.

그 판본을 보면, 헤겔이 주장한 체계성이 다른 부분에서는 강점을 가질지 몰라도 복잡한 종교 현상의 영역에서는 다소 모호하다는 생각이 든다. 다른 강의들에서 그는 새로운 내용을 보충하면서도 그것을

63 Hegel, *Vorlesungen über die Philosophie der Religion,* vols 1-3, ed. by Walter Jaeschke (Hamburg: Felix Meiner, 1983-1985). 이 책은 세 부분으로 구성되어 있다. 제1부 서론, 종교의 개념(*Einleitung. Der Begriff der Religion*) (1983); 제2부 유한한 종교(*Die bestimmte Religion*) (1985); 제3부 완성된 종교(*Die vollendete Religion*) (1984). 이 책은 다음 선집의 3-5권에 실려 있다. Hegel, *Vorlesungen. Ausgewählte Nachschriften und Manuskripte* (Hamburg: Meiner, 1983). 이 선집은 다음 전집의 일부다. *Gesammelte Werke* (Akademieausgabe), ed. by the Rheinisch-Westfalischen Akademie der Wissenschaften (Hamburg: Meiner, 1968); *Lectures on the Philosophy of Religion,* vols 1-3, ed. by Peter C. Hodgson, trans. by Robert F. Brown, P. C. Hodgson, and J. M. Stewart with the assistance of H. S. Harris (Berkeley et al.: University of California Press, 1984-1987).

64 1821년 『종교철학』은 학생들의 필기록이 모두 소실되어 헤겔의 강의록을 기준 자료로 삼았고, 1824년 『종교철학』은 그라이스하임(Greisheim)의 필기록을 기준 자료로 삼고, 디이터스(Dieters), 호토(Hotho), 폰 켈러(von Kehler), 파스테나치(Pastenaci)의 필기록을 보조 자료로 삼았으며, 1827년 『종교철학』은 보르너(Ignacy Borner), 유베(Joseph Hube), 작가 미상의 필기록을 사용했고, 1831년 『종교철학』 슈트라우스(David Friedrich Strauss)의 필기록만을 사용했다. 이 문제와 관련해서는 *LPR*, vol. 1, 1-81에 실려 있는 '편집자 서론'을 참고하라.

기존의 이해와 통합시키고자 골몰했지만, 『종교철학』에서는 유한한 종교들의 순서를 확정하지 못하고 계속해서 새로운 배열을 시도하고 있다. 사람들은 흔히 헤겔은 자신의 선험적 구조에 따라 세계를 폭력적으로 재단하여 역사적-경험적 현상을 왜곡한다고 비판하지만[65] 그러한 배열실험을 보면, 다양한 종교들을 가급적 제대로 이해하고, 그것들의 면면을 존중하려는 태도가 드러난다. 그의 그런 면모는 엄격한 체계주의자라는 전통적인 이미지보다는 항상 새로운 경험 정보에 열려 있는 개방적인 실험자의 이미지를 부각시킨다.[66]

예쉬케의 판본 덕분으로 우리는 헤겔의 『종교철학』을 과거 어느 때보다 정교하게 연구할 수 있게 되었다. 하지만 그렇다고 다른 판본들은 다 무시해도 좋다는 뜻은 아니다. 새로운 판본이 나올 때마다 언제나 비판이 뒤따르긴 했지만 그런 전문적인 문헌학적 논의에 일일이 말려들 필요는 없다. 각각의 판본은 나름대로 『종교철학』에 관한 유익한 정보를 담고 있으며, 그것들 모두는 생산적으로 활용될 수 있다. 문헌학적 접근법도 방법은 다르지만 헤겔의 종교관에 대한 다양한 시각을 보여준다는 점에서 나름의 가치가 있다. 하지만 무엇보다 중요한 것은 『종교철학』의 다양한 판본들은 서로 다른 학생들의 필기록을 활용했다는 점에서 그것들을 서로 비교하며 함께 활용할 수 있는 유익한 정보처가 될 수 있다는 것이다.

---

65 이와 관련해서는 Walter Jaeschke, *Reason in Religion: The Foundations of Hegel's Philosophy of Religion*, trans. by J. Michael Stewart and Peter C. Hodgson (Berkeley and Los Angeles: University of California Press, 1990), 272를 참고하라.

66 이와 관련해서는 Jaeschke, *Reason in Religion*, 277을 참고하라. "종교사와 관련한 그의 논의는 논리적인 구성원리를 강압적으로 적용한 것이 아니라 실로 모든 것이 시도될 수 있는 하나의 실험장과 같았다."

6. 이 책의 주제들

이 연구의 목적은 헤겔의 『종교철학』 전반을 소개하는 것이지만, 그것과 관련된 비판적이고 논쟁적인 주제들도 함께 다룰 것이다. 헤겔의 『종교철학』이 집필된 구체적인 시공간적 맥락을 고려하면, 기존의 이차문헌에서는 제대로 드러나지 않았던 새로운 주제가 부각되기도 한다. 나는 일반적인 접근법의 문제에서 출발하여 다음의 여러 주제를 차례로 다뤄갈 것이다.

첫째로 나는 『종교철학』이 다루는 대부분의 사안이 계몽주의에 대한 그의 비판에서 비롯한 것임을 보여주고자 한다. 특히 그는 계몽주의가 종교의 핵심 내용을 모조리 폐기해버렸다고 생각한다. 당시에 그가 지적한 종교적 위기의 핵심 특징은 그러한 내용의 폐기가 종교와 신앙에 심각한 혼란을 초래한다는 것이었다. 그리스도교와 관련해 보면, 이는 전통적인 핵심 교리가 더 이상 받아들여지기 어려운 상황에서 결국 모두 버려지고 말았다는 것을 의미한다. 헤겔의 목적은 그렇게 버려진 종교 교리와 종교 내용을 새롭게 복원하는 것이었다. 이를 입증하기 위해서는 시간이 들더라도 계몽주의의 학문 풍토와 핵심 인물들의 사상을 살펴볼 필요가 있다. 헤겔의 계몽주의 비판이라고 하면 사람들은 흔히 『정신현상학』을 떠올리지만, 67 그것이 『종교철학』의 핵심 내용이라는 사실은 대체로 모르고 있다. 『종교철학』은 『정신현상학』의 계몽주의 비판을 보다 정교하게 확장하고 있다.

둘째로 나는 헤겔이 『종교철학』을 기획한 목적 중 하나가 당대의

67 Hegel, "The Enlightenment," *PhS*, 328-55; *Jub.*, vol. 2, 414-448.

그릇된 신앙 형태를 교정하는 것이었음을 말하고자 한다. 계몽주의는 그리스도교의 핵심 교리(종교 내용)를 모조리 부정해버리고, 낭만주의는 종교적 신앙을 단순한 감정의 형태로 환원해 버림으로써 사태를 더욱 악화시켰다. 종교의 내용이 사라지면 "무엇을 믿어야 하는가?"라는 종교의 '대상'(what)보다는 "어떻게 믿어야 하는가?"라는 신앙의 '방법'(how)이 중요한 문제가 된다. 또 다른 문제는 사람들이 자기 내면의 힘만을 믿는다는 것이다. 하지만 그들은 정작 자신이 믿는 그 힘의 본성에 대해서는 아무것도 알지 못한다. 그러한 태도는 결국 상대주의로 귀결되고 만다는 점에서 그 또한 내용의 결핍에 대한 궁여지책에 불과하다. 따라서 헤겔의 입장을 이해하려면 먼저 낭만주의 운동의 핵심 사상가들을 연구할 필요가 있다. 헤겔은 『정신현상학』의 하부주제들, 이를테면 '마음의 법칙'(Das Gesetz des Herzens), '아름다운 영혼'(Die schöne Seele), '덕과 세계 운행'(Die Tugend und der Weltlauf), '정신적 동물의 왕국'(Das geistige Tierreich) 등에서 낭만주의 문화를 비판하고 있다.[68] 그래서 헤겔의 낭만주의 비판이라고 하면, 또한 사람들은 흔히 『정신현상학』을 떠올리지만 그것이 『종교철학』 전체를 관통하는 핵심 주제라는 사실은 대체로 모르고 있다.

셋째로 나는 종교사에 관한 헤겔의 설명이 『종교철학』에서는 그리스도교의 탄생에서 끝나지만 실은 그것이 전부가 아님을 밝히고자

68 이와 관련해서는 '[C] (AA) 이성'(Vernunft) 장의 "B. 자기 자신에 의한 이성적 자기의식의 실현"(Die Verwiklichung des vernünftigen Selbstbewußtseins durch sich selbst)과 "C. 스스로에게 그 자체 즉자 대자적으로 실재하는 개체성"(Die Individualität, welche sich an und für sich reell ist) (*PhS*, 211-262; *Jub.*, vol. 2, 271-334) 그리고 '[CC] (BB) 정신'(Der Geist) 장의 "C. 자기 자신을 확신하는 정신. 도덕성"(Der seiner selbst gewisse Geist. Moralität) (*PhS*, 364-409; *Jub.*, vol. 2, 459-516) 부분을 참고하라.

한다. 다른 강의들에서 그는 그리스도교 이후에 등장한 이슬람교나 이신론에 대해서도 흥미로운 분석을 보여주고 있다. 하지만 기존의 이차문헌들은 그 내용을 거의 다루지 않았다. 물론 그리스도교 이후의 종교 발전에 관한 논의는 세계 종교에 관한 그의 목적론적 설명 방식에 심각한 균열을 일으킬 수도 있다. 그래서 그는 종교사의 공식적인 서사를 그리스도교가 탄생한 로마 세계에서 그리스도교를 궁극적이고 참된 종교로 선언하면서 끝맺고 싶었을지도 모른다. 하지만 그리스도교 이후의 종교에 대한 그의 분석은 그리스도교에 관한 그의 관점을 이해하는 데는 물론 오늘날 종교연구에도 매우 귀중한 통찰을 준다. 같은 맥락에서 근대의 '종교개혁'에 관한 그의 설명도 무척 중요하다. 그런 점들을 고려하면, 헤겔은 그리스도교를 정적인 것이 아니라 각 시대의 사회적-역사적 발전단계에 발맞춰 계속해서 진보하는 동적인 것으로 인식했던 것이 분명하다.

넷째로 나는 1830~1840년대에 헤겔의 『종교철학』 해석을 두고 벌어졌던 다양한 논쟁을 재조명하고자 한다. 그러한 논쟁 속에서 이른바 '헤겔 좌파'나 '헤겔 우파'라는 분열도 생겨났다. 헤겔의 제자들은 그의 사상과 그리스도교의 일치 여부를 두고 논쟁을 벌였다. 이를테면 그는 영혼 불멸의 교리를 다루고 있는지, 인격신의 개념을 지지하는지, 그리스도의 신성을 믿는지와 같은 일련의 문제가 바로 그 주제들이다. 그리스도교에 관한 그의 논의만이 아니라 에 대한 그의 비판까지 함께 살펴보면, 우리는 그 논쟁들에 대한 새로운 관점이라든가, 그 문제들에 대한 새로운 대답을 구할 수도 있다.

마지막으로 나는 오늘날 종교와 관련한 다양한 핵심 주제의 기본 구조가 헤겔 시대부터 시작된 것임을 보여주고자 한다. 를 주도한 인물들의 기본적인 성향과 직관은 오늘날까지도 여전히 만연해 있다. 당시에 그들이 초래한 문제에 대한 헤겔의 비판을 살피는 것은 결코 간단히 넘겨도 좋을 구태의연한 문제가 아니다. 그것은 현재의 학문적-문화적 맥락의 종교 논의에도 상당히 심오한 통찰을 준다.

1장

계몽주의 신학의 종교비판

헤겔 『종교철학』의 저술 동기와 문제의식은 19세기 초의 종교적 상황에 대한 그의 비판에서 찾아볼 수 있다. 18~19세기 초 유럽을 지배했던 세 가지 지성적 경향은 계몽주의, 낭만주의, 오리엔탈리즘이었는데, 그것들은 당시의 종교적 사유 방식에도 지대한 영향을 미쳤다. 헤겔은 그 운동들에 조예가 깊었을 뿐만 아니라 대표적인 사상가 중 일부와는 개인적인 친분도 있었다. 이 책의 1장과 2장에서는 계몽주의의 결정적인 문제에 대한 헤겔의 비판을 전반적으로 다룰 것이며, 3장에서는 헤겔과 논쟁을 벌였던 낭만주의의 주요 인물들을 역사적으로 간략히 설명할 것이다. 헤겔은 계몽주의와 낭만주의가 종교 일반, 특히 그리스도교를 심각하게 훼손했다고 비판했다. 오리엔탈리즘은 어떤 점에서 낭만주의와 연관된 운동이라 할 수 있다. 헤겔은 아시아와 근동의 문화나 종교에 새로운 관심을 갖게 되면서 그것들을 긍정적이고 건설적으로 사유하기 시작했다. 오리엔탈리즘에 대한 헤겔의 반응과 관련해서는 나의 앞선 책 『헤겔의 세계 종교 해석: 신들의 논리』(*Hegel's Interpretation of the Religions of the World: The Logic of the Gods*, 2018)에서 다뤘으므로 여기서는 자세한 논의를 생략키로 한다.[1]

헤겔의 다양한 저작은 계몽주의와 그 주요 인물을 산발적으로

---

1 이와 관련해서는 Jon Stewart, *Hegel's Interpretation of the Religions of the World: The Logic of the Gods* (Oxford: Oxford University Press, 2018)을 참고하라.

비판하고 있다. 그는 초기 저작 『청년 헤겔의 신학론집』(*Hegels Theologische Jugendschriften*)에서부터 이미 계몽주의와 논쟁을 벌이고 있으며,[2] 『믿음과 지식』(*Glauben und Wissen*)의 '서론'에서도 계몽주의의 문제를 비판하고 있다.[3] 하지만 계몽주의에 대한 헤겔의 분석 중 가장 잘 알려진 것은 단연 『정신현상학』(*Phänomenologie des Geistes*)의 '정신'([B.B] Der Geist) 장일 것이다.[4] 하지만 거기서는 계몽주의 운동을 매우 일반적인 차원에서만 다루기 때문에 각각의 비판에 해당하는 구체적 대상이 누구인지 쉽게 가늠하기 어렵다. 또한 『철학사』(*Vorlesungen über die Geschichte der Philosophie*)에서는 프랑스와 영국의 계몽주의 운동과 관련한 다양한 인물을 다루고 있을 뿐만 아니라 '독일 계몽주의'(제3권 2장 C. 4. Aufklärung)라는 부분도 따로 할애하고 있으며,[5] 『역사철학』(*Vorlesungen die Philosophie der Geschichte*)에서도 '계몽주의와 프랑스 혁명'(제4부 3편 3장 Die Aufkläung und die Revolution) 장을 따로 마련해놓고 있다.[6] 마지막으로 하만Johann Georg Hamann(1730~1788)의 『저작선집』(*Hamanns Schriften*)에 대한 '서평'에

2 이와 관련해서는 Hegel, "The Tübingen Essay," in *TE*, 30-58; TJ, 3-29를 참고하라.

3 Hegel, *Faith & Knowledge*, 55-66; *Jub.*, vol. 1, 279-293. 계몽주의 일반에 대한 헤겔의 이해나 비판과 관련해서는 Lewis P. Hinchman, *Hegel's Critique of the Enlightenment* (Tampa and Gainesville: University Presses of Florida 1984), 특히 122-141을 참고하라. 하지만 이 저작은 주로 정치철학과 관련되어 있어 계몽주의의 종교적 차원에 관해서는 집중적으로 다루지 않는다. 거기서는 『종교철학』보다는 주로 『정신현상학』에 나타난 계몽주의 비판의 내용이 다뤄지고 있다. 이와 관련해서는 Kristjan G. Arngrimsson, "Hegel's Dialogue with the Enlightenment," *Dialogue: Canadian Philosophical Review*, vol. 39, no. 4 (2000), 657-668도 참고하라.

4 이와 관련해서는 '정신' 장의 "B. 자기 소외된 정신. 도야"(Der sich entfremdete Geist. Die Bildung) 부분을 참고하라(*PhS*, 294-363; *Jub.*, vol. 2, 372-459).

5 Hegel, *Hist. of Phil.*, vol. 3, 360-408; *Jub.*, vol. 19, 485-534.

6 Hegel, *Phil. of Hist.*, 438-57; *Jub.*, vol. 11, 548-569.

서도 계몽주의에 대한 비판을 이어가고 있다.[7] 『종교철학』에는 '계몽주의'와 관련한 부분이 따로 마련되어 있지는 않지만, 그 저작 전반에서 계몽주의에 대한 비판이 두루 이뤄지고 있다. 이렇듯 헤겔은 평생에 걸쳐 다양한 논의 분야에서 계몽주의 사상에 깊이 관여해 왔다. 한 마디로 계몽주의는 그가 태어난 세계였을 뿐만 아니라 그의 교육이나 청년기의 지성적 삶에도 지대한 영향을 미친 사상적 토양이었다. 따라서 『종교철학』을 다루기 전에 먼저 계몽주의를 탐구하는 것이 마땅한 시도라 할 수 있다.

1. 과학의 등장과 종교의 위기

17~18세기에 계몽주의가 부상하면서 철학과 종교의 관계사에 새로운 장章이 시작되었다.[8] 중세 시대에는 그리스도교 교리와 철학

---

7 이와 관련해서는 다음을 참고하라. Hegel, "Hamanns Schriften. Herausgegeben von Friedrich Roth. VII Th. Berlin, bei Reimer 1821-1825," *Jahrbücher für wissenschaftliche Kritik* (1828), Erster Artikel (October), vol. II, nos 77-78, 620-624, nos 79-80, 625-640; Zweiter Artikel (December), vol. II, nos 107-108, 859-864, nos 109-110, 865-880, nos 111-112, 881-896, nos 113-114, 897-900. Reprinted in Vermischte Schriften, vols 1-2, ed. by Friedrich Forster and Ludwig Boumann, vols 16-17 (1834-1835) in *Hegel's Werke*, vol. 17, 38-110. In *Jub.*, vol. 20, 203-225. *Hegel on Hamann*, trans. by Lise Marie Anderson (Evanston: Northwestern University Press, 2008), 1-53.

8 계몽주의 시대의 종교의 역할과 관련해서는 다음을 참고하라. Karl Barth, *Protestant Theology in the Nineteenth Century,* trans. by Brian Cozens and John Bowden (London: SCM Press, 2001), 1-369; Paul Tillich, *Perspectives on 19th and 20th Century Protestant Theology,* ed. by Carl Braaten (London: SCM Press, 1967), 1-114; James M. Byrne, *Religion and the Enlightenment: From Descartes to Kant, Louisville* (KY: Westminster John Knox Press, 1997); Norman Hampson, *The Enlightenment* (Harmondsworth: Penguin, 1968); Alexis de Tocqueville, *The Old Régime and the French Revolution,* trans. by Stuart Gilbert (Garden

(신학)이 하나의 학문 분야로 통합되어 있었다. 철학은 의학과 법학 등과 더불어 전통적인 학부 중 하나였다.[9] 아퀴나스Thomas Aquinas는 이성을 종교를 위협하는 적자가 아니라 그것을 수호하는 시종으로 보았다. 그는 아리스토텔레스Aristotle 철학을 도입하여 그 시대의 철학(신학)과 그리스도교를 화해시키고자 했다. 그에게는 세속적 인식과 종교적 인식 사이에 어떠한 근본적인 차이도 없었다. 그리스도교도 여타의 학문과 연속적인 스펙트럼에 있는 인식의 한 형태였다. 하지만 르네상스 시대에 자연과학이 급부상하면서 그리스도교와 철학 사이에 균열이 생기기 시작했고, 계몽주의 시대를 거치면서 그 간격은 더욱 극심해졌다. 이제 종교는 올바른 인식 형태나 학문적 탐구 대상이 아니라 한낱 미신거리로 치부되었으며, 종교의 옹호자들은 공공연히 미개하고, 부패하고, 위선적이고, 편협한 족속이라는 조롱을 당하게 되었다. 계몽주의는 오로지 인간 이성의 힘으로 얻은 진리만을 최고의 것으로 찬양했으며, 다양한 전선에서 새로운 인식의 도구로 종교를 공격하기

City: Doubleday, 1955), 148-157; E. J. Hobsbawn, *The Age of Revolution 1789-1848* (New York: New American Library, 1962), 258-276; S. J. Barnett, *The Enlightenment and Religion: The Myths of Modernity* (Manchester and New York: Manchester University Press, 2003); Peter Gay, *The Enlightenment: An Interpretation,* vol. 1, *The Rise of Modern Paganism* (London: Norton 1995[1966]); Peter Gay, *The Enlightenment: An Interpretation,* vol. 2, *The Science of Freedom* (London: Wildwood House, 1973[1969]); Jonathan I. Israel, *Radical Enlightenment: Philosophy and the Making of Modernity 1650-1750* (Oxford: Oxford University Press, 2001); Ernst Cassirer, *The Philosophy of the Enlightenment,* trans. by Fritz C. A. Koelln and James P. Pettegrove (Princeton: Princeton University Press, 1951).

9 Hegel, *LPR*, vol. 1, 154; *VPR*, Part 1, 65: "우리는 중세 시대에서도 그러한 신학과 철학의 연관을 발견할 수 있다. 스콜라철학은 곧 신학이다. 신학이 곧 철학이고, 철학이 곧 신학이다. 신학에 있어서 사유와 개념적 인식은 필수였기 때문에 스콜라철학자들은 그것 때문에 신학이 훼손된다고는 생각지 않았다. 안셀무스(Anselm of Canterbury)와 아벨라르(Abelard)와 같은 위대한 신학자들은 도리어 철학을 통해 신학을 구축했다."

시작했다. 그것이 종교적 위기의 원인이다. 자연과학이 진리의 결정 기준이 되면서 그리스도교의 핵심 교리는 자기방어력을 상실하고, 불합리한 변명거리만 늘어놓고 있었다. 그래서 종교를 옹호하는 학자들은 그리스도교와 그들의 믿음을 수호하기 위해 다른 형태의 논증을 추구할 수밖에 없었다.

르네상스 초기부터 계몽주의를 거치면서 경험과학은 계속해서 성장하여 점차 인간 인식의 탁월한 모델이 되었다. 경험적 차원에 근거한 과학연구는 실제적인 경험적 증명 방식을 취하지 않는 전통적인 인식 방식이 진보를 저해한다고 여겼던 많은 이에게 열렬한 환호를 받았다.[10] 갈릴레이Galileo Galilei는 목성 주위를 도는 위성을 관찰함으로써 오랫동안 유지되었던 지구 중심적인 우주관(천동설)에 심각한 의문을 제기했다. 교회는 지구에 특권적 지위를 부여하고 싶었지만, 그것은 다른 행성 주위를 도는 천체가 있다는 관찰과 일치하지 않았다. 나아가 리우벤호크Antoni van Leeuwenhoek(1632~1723)의 현미경 발명은 경험 현상의 영역에 새로운 차원을 열어주었다. 과학자들은 처음으로 박테리아, 정자세포, 혈액세포를 눈으로 직접 관찰하게 되면서 기존 이론을 전면 재검토하기 시작했다. 그는 자신이 발명한 현미경을 통해 사람들이 신의 창조에 더욱 감사해하리라 믿었지만 도리어 종교로는 해결할 수 없는 방법론적 문제만을 불러일으켰다.

계몽주의는 흔히 인간의 이성만을 전적으로 신뢰하는 것으로 정

---

10 여기서 우리는 다음의 저작에 나타난 디드로(Denis Diderot)의 경험주의를 떠올려 볼 수 있다. *Lettre sur les aveugles à l'usage de ceux qui voient* (1749), *Pensées sur l'interprétation de la nature* (1751), *Le rêve de D'Alembert* (1769), *Principes philosophiques sur la matière et le mouvement* (1770).

의되지만, 그 투박한 표현에는 더 많은 설명이 필요하다. 핵심 질문은 여기서 말하는 '이성'은 도대체 무엇을 의미하는가이다. 그것은 합리주의에서 말하는 이성, 즉 인간 정신에 내재하는 자연의 빛을 통한 진리를 의미할 수도 있다. 하지만 그것은 단편적 이해에 불과하다. 사실 자세히 들여다보면 계몽주의의 이성은 일반적으로 고전적인 합리주의와는 정반대되는 경험적 인식과 밀접하게 연관되어 있다. 새로운 시대의 가치관에 따르면, 정신은 원하는 모든 것을 사유할 수는 있지만 그것의 진리와 가치를 검증하는 진정한 판단 기준은 눈과 감각기관들이다. 순수한 이론은 경험적 관찰을 통해 거짓으로 입증될 수 있다. 실험, 검증, 반증 가능성이라는 말이 근대의 과학적 방법을 위한 새로운 구호가 되었다. 17~18세기에 과학자들은 식물학, 동물학, 해부학, 생물학 등의 다양한 영역에서 위대한 성과를 이루면서 관찰 및 실험의 기술을 획기적으로 발전시켜 나갔다.

경험과학과 새로운 방법론의 획기적인 발전으로 종교의 토대는 송두리째 무너지기 시작했다. 그 시기의 많은 학자는 데카르트René Descartes의 노선을 따라 감각적인 관찰과 검증을 통해 사실로 입증되지 않은 사유나 이론은 결코 받아들이지 않는 회의주의적인 학문 원리를 주장했다. 따라서 경험적으로 검증 불가능한 그리스도교의 핵심 교리들, 나아가 그리스도교 자체는 심각한 난관에 빠지고 말았다. 동정녀에서 탄생한 그리스도, 승천, 영혼의 부활 등의 교리는 경험적으로 검증될 수 없는 관념이었다. 탄생과 죽음의 본성에 관한 경험적 가르침에 준하면, 그것들은 순수한 직관의 단계를 초월한 허황된 말장난에 불과했다. 새로운 사유 방식은 그러한 교리들을 경험과학을 통해 검증될 수 없는 과거 미신 시대의 망령이나 완전히 폐기해야 할 퇴물로 취급했다.

흔히 계몽주의를 반反종교적 경향으로 특징짓지만, 실제로 종교를 모조리 폐기하고자 했던 이들은 극소수에 불과했다. 심지어 급진적인 계몽주의 사상가들조차도 대개는 신이나 영혼 불멸 같은 그리스도교의 근본 관점을 가급적 보존하길 바랐다. 하지만 문제는 그것들이 어떻게 계몽주의의 이성이나 경험주의와 결합될 수 있는가 하는 것이었다. 그들이 마련한 최초의 전략은 계몽주의자들도 동조할 법한 교리만을 남기는 것이었다. 그래서 검증을 통과한 교리만을 종교 혹은 그리스도교의 참된 본질로 간주하고, 나머지 것은 계몽주의에 해가 되지 않도록 조심스레 폐기해 버렸다. 이는 교리 가운데 공격당할 법한 비현실적 내용을 도려냄으로써 어떻게든 전체 교리를 보존해 보려는 시도였다. 하지만 문제는 그 경계가 모호하다는 점이다. 도대체 어떤 교리를 얼마나 폐기해야 하는가? 만일 교리들을 제대로 걸러 내지 않거나 충분히 폐기하지 않으면, 종교는 과학의 비판에 끊임없이 노출되거나 낡은 전통을 미신처럼 수호하는 진영의 전유물로 전락하고 말 것이다. 반대로 교리들을 지나치게 걸러 내거나 너무 많이 폐기해 버리면, 전통적으로 그리스도교 신앙을 구성하던 핵심 교리를 포기하게 됨으로써 의미 있는 종교의 내용은 고사하고, 결과적으로 직관에 반하는 개념만을 남겨놓게 될 것이다. 간단히 말해 원래 보존하고 싶었던 교리마저 모두 폐기될 수 있다는 것이다. 예컨대 그리스도의 신성을 증명하는 기적의 사건을 모두 폐기하고도 그리스도교는 과연 계속 유지될 수 있을까?

헤겔은 종교에 대한 계몽주의와 과학의 일반적인 공격에 대한 자신의 견해를 밝힌다.[11] 그는 교리를 지나치게 걸러내어 종교를 알맹

이 없는 껍데기로 축소시켜 버린 오류의 책임을 이른바 종교를 수호하고자 했던 계몽사상가들에게 돌린다. 그들의 잘못된 방법론이 결국 그런 모순적인 결과를 초래했다는 것이다. 그들은 과학에 찬탄한 나머지 종교를 공격하는 과학의 옹호자들에게 기꺼이 동조했다. 그들이 종교를 옹호한 유일한 방법은 과학을 통해서, 즉 과학적 인식과도 양립할 수 있는 종교적 측면만을 내세우는 것이었다. 하지만 그러한 접근법은 처음부터 항복을 선언하고 수세를 자처한 꼴에 불과하다.

당시의 철학자들은 종교란 근본적으로 비합리적이기 때문에 전통적인 교리는 모조리 폐기해야 마땅하다고 생각했다. 헤겔의 위대한 공로는 그러한 비판에 맞서 종교의 진리와 합리성을 증명하고자 했던 것이다. 하지만 계몽주의의 종교 비판은 그 의미가 워낙 다양한 명암과 색채를 띠고 있어서 충분한 설명 없이 그저 부당한 비판으로 매도할 수만은 없었다. 실로 계몽주의의 종교 비판은 다양한 영역에서 다양한 형태로 이루어졌다. 따라서 헤겔의 종교옹호론으로 들어가기 전에 먼저 그가 직면한 당시의 신학, 종교철학, 종교연구의 상황을 살펴볼 필요가 있다. 헤겔은 자신의 논쟁 대상을 구체적으로 언급하지는 않았지만, 이 장에서 다룰 저자들이나 지적 경향을 익히 알고 있었다. 그가 비판했던 대상을 정확히 확인하게 되면, 그의 직관이나 논쟁의 전략 그리고 궁극적인 입장도 더 분명히 드러날 것이다.

---

11 계몽주의의 경험주의에 대한 헤겔의 견해와 관련해서는 Hinchman, *Hegel's Critique of the Enlightenment,* 75-93을 참고하라.

2. 이신론

계몽주의 사상가들은 종교의 내용 가운데 합리적인 것만을 고수하고 미신적이거나 유치한 것은 가급적 폐기하기를 바랐다. 그리스도교를 거부하고 그들이 당도한 곳은 다름 아닌 이신론, 즉 최고 존재에 대한 지극히 단순하고 일반적인 믿음이었다.[12] 그러한 견해에 따르면, 신이 존재하기는 하지만 그것은 인간의 삶과는 동떨어진 신이었다. 최고 존재는 인간 정신이 이해할 수 있는 합리적인 자연법칙으로 세상을 창조했으므로 신 개념을 경험적으로 검증할 수 있다고 그들은 믿었다. 우리는 자연을 관찰할 때, 구조, 규칙성, 유사-법칙적 사건을 경험하면서 자연스럽게 그러한 법칙을 창조한 더 위대한 지성적 존재를 가정하게 된다.[13] 하지만 경험적인 자료를 통해 증명될 수 있는 것은 단지 그것뿐이다. 그러한 최고 존재는 기적이나 계시를 통해 세상에 개입하지 않는다. 계몽주의 사상가들에게 그런 이야기는 모두 허튼소리에 불과하다. 신은 시계공이 시계를 만들듯이 우주를 창조했다는 시계공의 비유는 무척 설득력 있어 보인다. 하지만 창조 과정이 끝나고 나면 신이 할 일은 아무것도 없다. 우주는 마치 시계처럼 더 이상 신의 개입 없이도 스스로 운행될 수 있다. 이신론자들은 종교에서 가장 중요하다고 생각했던 부분은 구제했지만, 그 대가로 나머지 모두는 비합리적인 것으로 폐기되고 말았다.

헤겔은 그런 이신론의 경향을 지켜보면서 곧장 그들을 비판하기

12 이와 관련해서는 Byrne, *Religion and the Enlightenment: From Descartes to Kant*, 99-123을 참고하라.

13 이는 아퀴나스의 '목적론적 증명'의 근대적 형태라 할 수 있다.

시작했다. 그가 보기에 경험론자들은 종교의 핵심을 제대로 인식하지 못하고, 그것과 무관한 것만을 종교에 귀속시켰다. 간단히 말해 그들은 계몽주의의 기준으로 종교를 재단함으로써 스스로 자충수를 두었던 것이다. 계몽주의의 옹호자들은 종교를 깊이 이해하지 못한 채 그들이 창안한 과학적 방법의 중요성과 유용성만을 과대평가했다. 헤겔은 그런 이신론의 신 개념을 문제 삼았다. 만일 그들이 이해하는 것이 종교의 전부라면, 차라리 종교를 모두 폐기해 버리는 편이 더 나을지 모른다. 그러한 신 개념은 인간이 갈망하는 위로와 화해의 욕구를 결코 채워줄 수 없다.

경험과학을 중시하는 계몽주의의 추종자들은 과학적인 방식으로 지각되고, 측정되고, 양화될 수 있는 것만을 진리로 여겼다. 그래서 신은 경험의 한계를 벗어난 인식될 수 없는 '초월'로 남겨졌다.

> 유한자만을 자신의 영역으로 끌어들일 수 있는 계몽주의적 인식은 이제 피안으로 눈을 돌려보지만 그러한 유한한 인식은 신을 아무 내용도 없는 추상적인 최고 존재로만 파악한다. 유한한 인식의 절정이라 할 수 있는 계몽주의는 신을 나타내는 모든 술어들은 부적합하거나 부당한 신인동형론에 불과하다고 생각하면서 신을 단지 '무한자'라고 부르며 찬양한다. 하지만 계몽주의가 신을 최고 존재로 파악했다는 것은 신을 공허하고 내용 없는 피상적인 존재로 만들어버린 것에 불과하다.[14]

이신론자들은 신을 초월적이고도 추상적인 최고 존재로 만듦으로

---

14 Hegel, *LPR*, vol. 1, 124, note 31; *VPR*, Part 1, 40n.

써 과거의 미신적인 신 개념을 극복하고, 합리적인 신 개념을 마련했다고 자부했다. 하지만 헤겔이 보기에 그러한 신 개념은 의미 있는 내용을 모두 내다 버린 공허한 신에 불과했다. 만일 신이 모든 종파를 초월하여 부유하는 추상적인 신성이라면, 개별 종교는 어떠한 내용도 가질 수 없을 것이다. 이신론자들은 그리스도교, 유대교, 이슬람교에서 모두 '최고 존재'의 개념이 발견된다는 점을 지적하면서 세계 종교에는 본래 최고 존재의 개념이 내재한다고 주장하는가 하면, 제우스(Zeus)나 주피터(Jupiter)도 그러한 이신론적 신 개념의 선구적 형태라고 설명하면서 그리스나 로마의 다신교도 그러한 개념을 공유하고 있다고 주장하기도 했다.[15] 또한 그들은 세계 종교의 신자들이 동일한 신을 숭배하고 있다는 것을 깨닫게 되면 모든 종교가 서로 평화롭게 조화를 이루게 될 것이라고도 기대했다. 하지만 신 개념의 차이에 따라 세계 종교를 구별하고자 했던 헤겔은 그런 주장을 도무지 받아들일 수 없었다. 하지만 이신론자들은 그렇듯 다양한 종교의 고유한 내용을 제거하는 방식으로 전통적인 종교관을 단순한 미신으로 일축해 버렸다.

헤겔은 이신론자들의 견해를 저속한 경험주의의 산물에 불과하다고 생각했다. 철학적 사유에서 중요한 것은 세계에 존재하는 우연적인 사물들에 관한 경험 정보를 수집하는 것이 아니라 세계를 규정하는

---

15 이와 관련해서는 다음을 참고하라. Voltaire [L'Abbe Bazin], *La Philosophie de l'historie* (Geneva: aux depens de l'auteur, 1765), 356-357; *The Philosophy of History, or A Philosophical and Historical Dissertation,* trans. by Henry Wood Gandell (London: Thomas North, 1829), 305: "그리스인들처럼 로마인들도 신을 최고 존재로 숭배했다는 것은 논란의 여지없는 사실이다. 그들의 신 주피터는 일명 천둥의 신으로 여겨진 유일한 신이었고, 로마인들은 그를 무한히 위대하고 선한 신, 즉 **최고의 신(Deus optimus maximus)**으로 생각했다. 그리고 지상의 모든 민족은 그 신의 사랑을 받았다."

개념들에 관한 필연적인 사변적 인식을 갖는 것이다. 신을 그저 경험적인 관찰 대상으로 삼는 것은 신을 우연적인 것으로 환원해 버리는 것에 불과하다. 헤겔은 망원경이나 현미경의 렌즈로 신을 보려는 태도를 터무니없는 행태라고 비판했다. 신은 계몽주의 사상가들이 생각하는 그런 물리적 실체가 아니다. 경험주의의 추종자들이 인식하고 수용할 수 있는 것은 고작해야 그런 물리적 실체가 전부다. 하지만 그것은 종교의 주장과는 전혀 무관한 것이다. 종교는 신을 결코 경험적인 분석 대상으로 삼지 않는다. 그런 시각은 계몽주의적 이성의 방법과 기준을 종교에 적용한 것에 불과하다. 도리어 신은 절대적이고 무한하다. 신자들에게 신은 구체적인 시공간에 구속된 존재가 아니라 시간적으로 영원하고, 공간적으로 편재하는 존재다. 헤겔은 그런 종교적 직관을 가장 잘 수호할 수 있는 것은 유치한 경험적 접근법이 아니라 철학적 접근법이라고 생각했다.

그는 과학의 종교 비판에 부응하려는 사상가들은 처음부터 싸움을 포기해 버린 꼴이라고 비판한다. 종교의 핵심 교리를 과학적 근거로 정당화하게 되면 결국 계몽주의 종교 비판가들의 손아귀에 놀아나게 된다는 것이다. 더욱이 기껏 그렇게 아량을 떨어봐야 그들은 그런 논의를 과학으로 취급해 주지도 않을 것이며, 그런 시도는 결국 신의 참된 본성을 왜곡하거나 고작해야 추상적이고 초월적인 이신론의 신 개념에 당도하고 말 것이다. 그런 점에서 헤겔은 계몽주의 사상가들의 그런 태도를 종교의 위기에 대한 그릇된 대응 전략이라고 비판한다.[16]

16 이와 관련해서는 Hegel, *PhS*, 329-349; *Jub.*, vol. 2, 415-441을 참고하라.

그는 계몽주의의 신 개념이나 소위 이성 신학은 결국 공허하고, 무규정적이며, 인식 불가능한 신 개념에 이르고 말 것이며, 오로지 자신의 사변적 종교철학만이 신에 관한 구체적 내용과 인식을 줄 것이라고 생각한다. 사유하는 이성에게 신은 다음과 같다.

> 그러므로 신은 공허한 것이 아니라 정신이다. 정신의 규정은 단지 언어적이거나 표면적인 규정에만 그치지 않는다. 정신의 본성은 본질적으로 신을 삼위일체적인 것으로 인식한다. 신은 자신을 대상화하고, 그러한 구별 속에서도 자기동일성을 유지하며, 그 대상 안에서 자신과 화해한다. 그러한 삼위일체의 규정이 없다면, 신은 정신이 아닐 것이며, 정신도 공허한 말에 그치고 말 것이다.[17]

헤겔의 전략은 복잡하다. 한편으로 그는 삼위일체와 같은 핵심 교리의 필연성을 증명함으로써 엄격한 학문의 요구에 부응하고자 한다. 그가 '정신'이라는 용어를 반복적으로 사용한 것도 바로 그 때문이다. 비록 경험적 연구 방법은 아니지만 경험주의자들도 그의 증명을 논리학이나 수학처럼 받아들여야 한다. 왜냐하면 그런 학문들도 경험적인 것을 구체적으로 언급하지 않으면서 진리를 확립하기 때문이다. 다른 한편으로 그는 신앙인들이 가장 소중하게 여기는 견해에 단순한 직접적 직관을 넘어선 확고한 토대를 제공함으로써 그들의 바람을 이뤄주거나 그들의 감정을 변호하고자 한다. 하지만 무엇보다 중요한 것은 그리스도교 '삼위일체'(Trinity)의 철학적 변용인 사변적인 '삼중

17 이와 관련해서는 다음을 참고하라. Hegel, *LPR*, vol. 1, 124-125, note 31; *VPR*, Part 1, 40n. *LPR*, vol. 1, 164; *VPR*, Part 1, 73-74. *LPR*, vol. 1, 178; *VPR*, Part 1, 86-87.

성'(Triad)은 이신론이 결여하고 있는 풍부한 의미의 신 개념을 보여줄 수 있다는 것이다. 사변적인 삼중성은 끊임없이 변화하고 발전하는 역동적인 운동이다. 그러한 운동을 통해 인간 정신이 이해하고 파악할 수 있는 내용이 산출된다. 이는 신을 미지의 초월적 실체로 간주하거나 더 이상 말할 수 없는 존재로 만들어 버린 견해보다 훨씬 탁월하다.

헤겔이 보기에 계몽주의의 가장 부정적인 측면은 그리스도교의 전통적인 교리를 축소시켰다는 점이다. 그러한 현상을 두고 그는 'Aufklärung'인지 'Ausklärung'인지 하는 놈이 교리를 모조리 말살해 버렸다고 말놀이를 하기도 했다.[18] '계몽'을 뜻하는 독일어 'Aufklärung'에서 한 글자만 살짝 바꾸어 '제거'를 뜻하는 'Ausklärung'을 쓴 것이다. 계몽주의적 이성은 교리를 받아들일 수도 없고 변호할 수도 없어서 결국 그것을 모두 폐기해 버렸고, 그 결과 종교적 관점에서는 무의미하고, 정치적 관점에서는 위험천만한 공허한 추상만이 남게 되었다.

3. 볼테르 — 종교에 대한 이성적 이해

볼테르Voltaire는 1769년 저작 『신과 인간』(*Dieu et les hommes, oeuvre théologique, mais raisonnable*)[19]에서 종교 문제를 계몽주의의 정신에 입각하여 이성적으로 해결하겠다고 선언했다. 그의 접근법은 여러

---

18 Hegel, *Hist. of Phil.*, vol. 3, 457; *Jub.*, vol. 19, 588.

19 Voltaire [Docteur Obern], *Dieu et les hommes, oeuvre théologique, mais raisonnable*, par le Docteur Obern, traduit par Jacques Aimon (Berlin: Christian de Vos, 1769); *God and Human Beings*, trans. by Michael Shreve, Amherst (NY: Prometheus Books, 2010).

면에서 계몽주의 시대의 근본 직관 중 일부를 대변하고 있다. 오베른 Obern 박사라는 가명을 사용하여 영국인으로 위장한 볼테르는 다양한 세계 종교의 역사를 매우 상세히 설명했다. 그 저작의 결론부에서 그는 우리에게 필요한 것은 종교의 폐기가 아니라 개혁이라고 주장하면서 마지막으로 종교의 바람직한 모습에 대한 자신의 견해를 피력한다. 하지만 그가 제안한 개혁은 뜻하지 않게 그리스도교, 나아가 종교 일반의 핵심적인 특성을 모조리 제거해 버리는 결과를 낳고 말았다. 물론 그의 어조라든가 밝힌 목적은 자신이 비판한 자유사상가들과 달랐지만 그 결과는 매한가지였다. 볼테르는 영국인 행세를 하며 영국이나 아일랜드 자유사상가들, 이를테면 볼링브로크Lord Bolingbroke (1678~1751), 콜린스Anthony Collins(1676~1729), 톨란드John Toland(1670~1722), 울스톤Thomas Woolston(1670~1731)과의 비판적인 논쟁에 참여했다.[20] 물론 볼테르도 자유사상가로 분류되긴 했지만 그들과는 달랐다. 그는 많은 자유사상가들이 너무 멀리 나아갔고, 종교에 대한 적개심으로 이성을 잃었다고 생각했다.

헤겔은 볼테르의 저작들, 그중에도 역사 관련 저작을 다수 소장하고 있었다.[21] 예나시기에 썼던 "일기장의 경구들"[22]과 『믿음과 지식』[23]이라는 논문에서 그는 다양한 프랑스 철학자를 언급하고 있으며,

---

20 볼테르는 영국에서 망명 생활을 하는 동안(1726~1729) 그들의 저작을 접하게 되었다.

21 헤겔 사후에 건립된 개인도서관의 도서 목록을 보면, 헤겔이 보유하고 있었던 볼테르의 저작은 다음과 같다: Voltaire, *La Henriade, Poëme* (Paris: Didot, 1815) (*Hegel's Library*, 929); *Historie de l'Empire de Russie sous Pierre le Grand*, vols 1-2 (Paris: Didot 1815) (*Hegel's Library*, 1267-1268); *Histoire de Charles XII* (Paris: Didot, 1817) (*Hegel's Library*, 1268); *Siècle de Louis XIV et de Louis XV*, vols 1-5 (Paris: Didot, 1803) (*Hegel's Library*, 1269-1274).

22 Hegel, "Aphorisms from the Wastebook," *MW*, 246; *Dokumente*, 357.

23 Hegel, *Faith & Knowledge*, 178; *Jub.*, vol. 1, 419-420.

『철학백과』에서는 볼테르를 직접 거론하기도 한다.[24] 헤겔의 학생이었던 쿠쟁Victor Cousin(1792~1867)도 볼테르를 비롯한 다양한 저자를 언급하고 있다.[25] 헤겔은 하만의 저술에 대한 서평에서도 몇몇 프랑스 사상가를 언급하고 있으며,[26] 『미학』,[27] 『종교철학』,[28] 『역사철학』[29]에서도 볼테르의 다양한 관점과 저작을 다루고 있다. 헤겔이 볼테르의 『신과 인간』을 구체적으로 알고 있었는지는 확실치 않지만 『종교철학』에서 그 저작의 주요한 경향을 논하고 있다.

볼테르는 예수에 대한 설명을 이렇게 시작한다. "우리는 비판적 이성으로 예수에 관한 역사적 자료를 탐구해야 한다." 그는 그것이 가장 확실한 접근법이라고 생각했다. "광신적이거나 우둔한 자들은 예수 이야기를 이성의 빛으로 검토해서는 안 된다고 말한다. 그렇다면 우리는 『성서』를 무엇으로 판단해야 하는가? 판단하는 것은 어리석은 일인가?"[30] 우리는 종교 문제를 전통이나 교회나 사제와 같은 단순한 권위에 근거하여 받아들여서는 안 된다. 권위적인 주장은 언제나

---

24 Hegel, *Phil. of Mind*, § 394, Addition, 49; *Jub.*, vol. 10, 84. *Phil. of Nature*, § 270, Addition, 74; *Jub.*, vol. 9, 136. *Phil. of Nature*, § 339, Addition 2, 281; *Jub.*, vol. 9, 461.

25 이와 관련해서는 *Hegel in Berichten seiner Zeitgenossen*, ed. by Gunther Nicolin, Hamburg: Felix Meiner 1970, 327; 234-235를 참고하라.

26 Hegel, *Hamann*, 5, 42; *Jub.*, vol. 20, 206, 258.

27 Hegel, *Aesthetics*, vol. 1, 235; *Jub.*, vol. 12, 318. *Aesthetics*, vol. 1, 267; *Jub.*, vol. 12, 359-360. *Aesthetics*, vol. 1, 274; *Jub.*, vol. 12, 368. *Aesthetics*, vol. 2, 1061; *Jub.*, vol. 14, 353. *Aesthetics*, vol. 2, 1075; *Jub.*, vol. 14, 372. *Aesthetics*, vol. 2, 1109; *Jub.*, vol. 14, 416. *Aesthetics*, vol. 2, 1180; *Jub.*, vol. 14, 509. Aesthetics, vol. 2, 1191; *Jub.*, vol. 14, 522-523.

28 Hegel, *LPR*, vol. 1, 339; *VPR*, Part 1, 240.

29 Hegel, *Hist. of Phil.*, vol. 3, 143; *Jub.*, vol. 19, 250. *Hist. of Phil.*, vol. 3, 340; *Jub.*, vol. 19, 465. *Hist. of Phil.*, vol. 3, 387; *Jub.*, vol. 19, 514. *Hist. of Phil.*, vol. 3, 399; Jub., vol. 19, 525.

30 Voltaire, *God and Human Beings*, 103; *Dieu et les hommes*, 151-152.

미심쩍고 불합리한 요소를 포함하고 있다. 우리는 비판 능력을 사용하여 그 문제를 스스로 검토해야 한다. 그래서 볼테르는 예수와 복음서들을 이성의 시험대에 올려놓는다. 그러한 검증에서 이성은 처음부터 기적이나 예언을 거부하라고 명령한다.[31] 그런 것들은 비합리적인 것이다. 기적과 예언은 그리스도의 신성을 증명하기 위해 혹은 그리스도에게 마술사나 마법사의 자질을 부여하기 위해 후대의 저자들이 『성서』에 덧붙인 것에 불과하다. 그것들은 아무런 현실적 근거가 없다. 이성의 검증은 예수 이야기에서 그런 부분들을 거부하거나 폐기하기를 요구한다.

나아가 그는 예수가 자신을 신이라고 주장했다는 사실도 부인하고, 그의 직계 제자 중 누구도 그에게 신성을 부여한 적이 없었다고 주장한다.[32] 따라서 비판적 이성은 강력한 기득권을 가진 권위자들이 사후적으로 부여한 모든 관념도 거부해야 한다고 가르친다. 하지만 역사 자료에서 그러한 비이성적인 요소를 모조리 제거하고 나면 남는 것은 도덕적으로 고결한 인격을 가진 인간 예수의 모습뿐일 것이다.[33]

볼테르의 주장 가운데 가장 놀랍고 충격적인 것은 예수는 결코 새로운 종교를 창설할 뜻이 없었다는 점이다. 예수와 그의 추종자들은 유대인이었고, 지금도 마찬가지다. 더욱이 이후에 발흥한 그리스도교는 예수가 실제로 가르치고 옹호했던 것을 크게 변색시켰다.[34] 볼테

---

31 Voltaire, *God and Human Beings*, 107; *Dieu et les hommes*, 159: "오직 이성적으로만 판단하기 위해서는 모든 기적과 예언을 지워버려야 한다."

32 Voltaire, *God and Human Beings*, 116; *Dieu et les hommes*, 177: "하지만 모든 인용문, 단편들, 복음서는 예수의 성품은 하나님이 은총을 베푸신 의로운 분의 능력이라는 것만을 선포했다."

33 그러한 견해에 대한 헤겔의 반론과 관련해서는 *LPR*, vol. 1, 156; *VPR*, Part 1, 67을 참고하라.

34 Voltaire, *God and Human Beings*, 111-112; *Dieu et les hommes*, 169: "나는 가장 지적이고

르에 따르면, 그리스도의 죽음 이후 첫 백 년 동안 수많은 그리스도교인은 새로운 종교를 정당화하기 위해 예수에 관한 다양한 이야기를 꾸며냈다. 그들은 예수나 그의 제자들이 하지도 않은 주장을 마치 한 것처럼 지어냈는데, 이를테면 그리스도에게 신성을 부여하기 위해 기적이나 예언을 도입한 것이 바로 그런 '경건한 사기'의 시대에 벌어진 위조 사례에 해당한다.

> 삼백 년 동안 그리스도교인들에게 복음서가 54개나 될 때까지, 비밀스럽게 복음서를 늘려가는 것만큼 쉬운 일은 없었다. 심지어 복음서가 더 없다는 것이 놀라울 지경이다. 거꾸로 말해서, 그들은 우화를 지어내고, 거짓 예언과 거짓 계명과 거짓 모험을 상상하고, 고대의 서적들을 위조하고, 순교자와 기적들을 날조하느라 쉴 새 없이 바빴다는 뜻이기도 하다. 그들은 그러한 모든 행위를 "경건한 사기"라고 부른다.[35]

시간이 흐름에 따라 예수와 그의 가르침에 관한 허구적 표상은 실제적인 역사적 자료와 점점 더 멀어져갔다. 그 결과 예수의 개념은 터무니없이 왜곡되었고, 그의 신성도 마구잡이로 훼손되었다. 볼테르는 『신과 인간』의 한 대목에서 기득권을 가진 종교 이해당사자들의 대화에 중립적인 관찰자를 배석시켜 예수를 꾸며대는 그들의 터무니없는 주장에 맞서 그를 변호하는 가상의 상황을 그리기도 했다.[36]

현명한 사람들과 마찬가지로 예수는 결코 그리스도교를 창설하려 했던 적이 없었다고 주장한다. 콘스탄티누스 시대의 그리스도교는 예수의 그리스도교와 거리가 멀다. 심지어 조로아스터교나 브라만교와는 더 거리가 멀다. 광신적인 교리와 박해와 종교적 범죄들은 예수를 명분으로 삼았지만 그는 결코 그런 것을 가르친 적이 없다."

35 Voltaire, *God and Human Beings*, 120; *Dieu et les hommes*, 185-186.

그러한 맥락에서 볼테르는 성전을 정화한 이야기,[37] 악령을 내쫓은 이야기,[38] 무화과나무가 열매 맺지 못하게 한 이야기,[39] 물을 포도주로 바꾼 이야기,[40] 유혹에 관한 이야기[41] 등을 과감히 거부한다. 그런 이야기들은 예수의 성품이나 정직한 본성과는 전혀 무관한 것이다. 예수를 옹호하는 가장 훌륭한 방법은 그런 터무니없는 내용까지 모조리 믿기보다 이성적으로 수용 가능한 긍정적인 특성만을 지켜가는 것이다.

예수는 유대인으로서 유대교의 율법에 따랐지만 그 교리들을 설파한 적은 없었다고 볼테르는 주장한다.[42] 예수는 실제 교리에 대해 딱히 말한 적이 없으므로 이후의 다양한 그리스도교 단체들은 그 공백을 스스로 메워야 했다.[43] 원래의 역사적 자료에는 애매한 부분이

---

36 Voltaire, *God and Human Beings*, 107-108; *Dieu et les hommes*, 160-162: "그러나 복음서에 따르면, 돼지를 한 번도 본 적 없는 나라에서 예수가 돼지들의 몸에 악마를 보냈다고 하니, 그리스도교인도 아니고 유대교인도 아닌 사람은 그것을 이성적으로 의심할 수밖에 없다. 그는 신학자들에게 이렇게 말할 것이다. "나는 예수를 정당화하기 위해 당신의 책을 반박하고자 합니다. [⋯] 나는 예수를 의롭고 현명하게 만들고 싶습니다. 하지만 당신이 말하는 모든 것이 사실이라면 예수는 그렇지 않을 것입니다. 그러한 모험들은 신이나 인간에게 어울리지 않기 때문에 사실일 수가 없습니다. 예수를 찬양하기 위해, 당신의 복음서 중에서 예수를 욕되게 하는 구절에 줄을 그어 지우도록 허락해 주십시오. 저는 당신을 상대로 예수를 변호하겠습니다."

37 Mark 11:15-19, 27-33; Matthew 21:12-17, 23-27; Luke 19:45-48, 20:1-8; John 2:13-16.

38 Matthew 8:28-34.

39 Mark 11:12-14.

40 John 2:1-11.

41 Matthew 4:1-11; Mark 1:12-13; Luke 4:1-13.

42 Voltaire, *God and Human Beings*, 134; *Dieu et les hommes*, 214: "제대로 말하면, 유대인들은 예수에 대한 어떤 교리도 가지고 있지 않았다."

43 Voltaire, *God and Human Beings*, 135; *Dieu et les hommes*, 216: "예수는 교리에 대해 거의 말한 적이 없었다. 그래서 예수 이후에 등장한 모든 그리스도교 공동체는 그들만의 믿음을 가지고 있었다."

많기 때문에 그것을 명확히 밝힐 필요가 있었다. 하지만 핵심 문제를 해명하려는 시도와 더불어 뜻하지 않은 논란과 불화도 함께 시작되었다.[44] 볼테르는 그러한 논쟁 과정에서 최악의 부조리가 발생하기 시작했다고 본다. 삼위일체나 예수와 마리아의 신성 문제와 같이 그리스도교 공동체에 분란을 일으키는 핵심 문제를 해결하기 위해 결국 공의회가 소집되었다.[45] 하지만 그것이야말로 부조리의 극치였다. 학자들로 구성된 공의회는 긴 논쟁의 결과, 비록 예수가 한 말이 아니라 하더라도 자신들이 모여 한 것으로 뜻을 모으면 진리가 된다는 결론을 내렸다. 이로써 그리스도의 실제 가르침과는 전혀 무관한 것이 일련의 교리가 되고, 그것을 통해 그리스도교라는 종교가 발흥하게 되었다.

그러한 교리 논쟁은 걸핏하면 종교전쟁이나 박해를 일삼으면서 역사상 유래 없는 비극을 초래했다. 볼테르는 "그러한 신학적 논쟁은 지상에서 일어난 가장 부조리하고 파렴치한 재앙"이라고 선언했다.[46] 그의 고전적 소설 『캉디드』(Candide)는 신학적 갈등이 유발하는 그러한 고통을 탁월하게 풍자하고 있으며, 그의 역사 관련 저작들도 그 문제를 진지하게 다루고 있다. 예수는 도덕적 삶을 살았지만 정작 그의 이름으로 행동하는 그리스도교인들은 교리 갈등을 명분으로 타인들을 해하는 폭력마저도 서슴지 않는다.

볼테르는 『캉디드』의 결론에서 역사적 분란을 일으킨 모든 교리를 과감히 폐기하라고 탄원하면서 종교는 도덕적 측면, 즉 예수의

---

44 Voltaire, *God and Human Beings*, 136; *Dieu et les hommes*, 217: "그리스도교 교회는 600개가 넘는 크고 작은 분쟁을 일으켰지만 세계의 다른 종교들은 한결같은 평화를 유지했다."

45 예를 들어 AD. 325년의 제1차 니케아 공의회, AD. 431년, 449년, 475년에 세 차례 소집된 에베소 공의회가 그것이다.

46 Voltaire, *God and Human Beings*, 150; *Dieu et les hommes*, 243-244.

행적처럼 사람들을 도덕적 삶으로 인도하는 데만 집중해야 한다고 주장했다. 그래야만 종교는 비로소 사람들을 통합하는 긍정적인 힘을 가질 수 있다고 여긴 까닭이다. "종교의 본질은 신학의 무례한 저속함이 아니라 올바른 덕성이다. 그것은 어디서든 동일하다. 반면 신학은 인간이 만든 것이다. 그것은 어디서나 다르고 부조리하다."[47] 우리는 악인에게 벌을 주고, 의인에게 상을 주는 추상적인 신을 생각할 수 있다. 그것은 인간의 행동이나 도덕에 유익한 영향을 줄 것이다. 언제나 분란만 일으키는 그 밖의 교리들을 더 이상 끌어들여서는 안 된다.[48] 볼테르는 신을 그렇게 사유해야만 모든 종파 갈등이 해소될 수 있다고 생각했다.

그것이야말로 모든 종파와 종교를 불문하고 모두가 평화롭게 화합하여 숭배할 수 있는 신이다. "예수는 우리 가운데 세워진 최고 존재이니, 그를 통해 최고 존재를 숭배하자. […] 인간을 의롭게 해주는 것이라면, 공자든 아우렐리우스든 예수든 아니면 또 다른 위인이든 우리가 누구를 경외한들 무슨 상관이 있겠는가?"[49] 역사상의 모든 도덕 교사는 참되고 의로운 도덕성이란 유일하다는 견해를 공유하고 있었다. 따라서 저들 중 누구를 모범으로 삼든 아무런 상관이 없다. 보다 단순하고 추상적인 신 개념은 교리 논쟁으로 인한 분열을 끝내고 다양한 사람을 통합하는 긍정적 기능을 수행할 수 있다. "보상과 처벌을 내리는 신에 대한 숭배는 만인을 화합하게 하지만 증오하고 경멸하

---

47 Voltaire, *God and Human Beings,* 149; *Dieu et les hommes,* 243.

48 Voltaire, *God and Human Beings,* 127; *Dieu et les hommes,* 202: "신을 보상과 처벌을 내리는 자로 믿는 것은 인간에게 매우 유익하다. 그러한 생각은 신실함을 장려하고, 공통감도 분열시키지 않는다."

49 Voltaire, *God and Human Beings,* 149; *Dieu et les hommes,* 243.

는 논증 신학은 만인을 산산이 분열시킨다."[50]

볼테르의 탄원은 궁극적으로 종교가 신과 인간에게 더 큰 가치가 있도록 그 시대의 종교적 관습을 개혁하자는 것이었다.[51] 그는 『신과 인간』에서 종교에 대한 과격한 표현마저 서슴지 않았지만, 그가 결국 바랐던 것은 종교의 폐기나 해체가 아니라 그것의 개혁이었다. "그렇다. 우리는 종교를 원한다. 하지만 그것은 단순한 종교, 현명한 종교, 거룩한 종교, 신과 인간을 보다 고귀하게 승격시켜 주는 종교다. 한마디로 우리는 신과 인간을 섬겨야 한다."[52] 볼테르가 말하는 신은 비록 기존에 없던 독특한 신이긴 하지만 그는 여전히 신에 대한 믿음을 옹호하고, 성직이나 예배나 기도도 폐기가 아니라 변형의 형태로, 이를테면 종교적 예배는 교리를 설파하는 대신 덕성을 권장하는 형태로 지속되어야 한다고 주장했다.[53]

볼테르는 종교갈등의 원인을 근절하려는 시도와 더불어 실제로 계몽주의의 많은 위대한 인물과 함께 교리에 반대하는 조직적 활동을 벌이기도 했다. 우리가 아는 그리스도교 교리가 실제 예수의 가르침과 동떨어진 것이라는 볼테르의 주장은 당시에 큰 충격을 주었다. 헤겔은 그런 식의 견해를 심각하게 문제 삼았다. 예수의 삶과 가르침은 현존하는 자료에 근거한 단순한 경험적 사실이지만 그 자체로는 아무런 의미가 없다. 거기에 인간 정신이 작용해야만 특정한 의미가 발생한

---

50 Voltaire, *God and Human Beings,* 150; *Dieu et les hommes,* 243.

51 Voltaire, *God and Human Beings,* 153; *Dieu et les hommes,* 249: "우리가 원하는 것은 공공예배를 폐지하는 것이 아니라 최고 존재를 더욱 순수하고 고귀하게 만드는 것이다."

52 Voltaire, *God and Human Beings,* 155; *Dieu et les hommes,* 254.

53 Voltaire, *God and Human Beings,* 155; Dieu et les hommes, 253.

다. 그러한 의미에서 헤겔이 『종교철학』에서 그리스도교 교리를 규정한 것도 아무런 문제가 되지 않는다. 그리스도교 교리 자체도 실은 그리스도의 삶과 가르침의 현상을 개념화하려는 집단적인 인간 정신의 산물이었다. 그것은 필연적인 발전단계다. 그리스도의 가르침이 영속하려면 교리들은 사유를 통해 보편적이고 불변적인 것이 되어야 한다. 인간 정신은 경험적인 것에만 만족할 수는 없다. 현상을 관통하여 본질을 이해하고, 현상에서 법칙(Logos)을 도출하려는 시도는 언제나 있어 왔다. 따라서 그리스도의 원래 가르침과 그리스도교의 교리가 근본적으로 다르다는 주장은 부조리한 발상이다. 누군가 행성의 경험적인 운동과 케플러Johannes Kepler의 법칙은 근본적으로 다른 것이 아니냐고 반문할 수도 있다. 물론 하나는 경험적인 것이고, 하나는 개념적인 것이라는 의미에서는 그렇다. 하지만 개념적인 것과 경험적인 것은 대립하지 않는다. 개념적인 것은 사유가 반영된 경험이며, 그러한 의미에서 그 둘은 동일한 것이다.[54]

더욱이 계몽주의는 교리의 축소를 요구하거나 신을 단순한 추상으로 만듦으로써 광신주의의 위험을 자초하고 말았다. 신이 고작해야 보상하거나 처벌하는 자라면, 어떤 행위가 보상받고, 어떤 행위가 처벌받는지도 명확히 규정되어야 한다. 볼테르는 종교가 도덕이나 윤리나 덕성에 관한 것이며, 종파와 상관없는 보편적인 것이라고만

54 이와 관련해서는 Hegel, *LPR*, vol. 3, 228; *VPR*, Part 3, 159를 참고하라: "케플러가 천체법칙들을 발견했다는 것은 주지의 사실이다. 그 법칙들은 이중적으로 타당하다. 그것들은 보편적인 것이다. 보편적인 것의 발견은 단일한 사태들의 관찰에서 시작된다. 특정한 운동은 보편적인 법칙들로 환원되지만 그럼에도 그것들은 여전히 단일한 사태들로 존재한다. [···] 이는 우리가 사태를 최초로 인식하는 방법과 관련된 것이다. 사태는 우리의 표상 능력 안으로 들어온다. 그러나 정신의 관심은 즉자대자적으로 참된 법칙이다. 그 관심은 사태가 이성에 부합하는가, 달리 말해, 이성이 그 법칙에 상응하는 사태를 발견하는가 하는 것이다."

반복해서 말할 뿐 정작 그것이 무엇인지에 대해서는 자세히 밝히지 않는다. 역사상 모든 위대한 도덕 교사가 말한 덕성은 궁극적으로 유일하고, 동일한 것, 즉 '공자, 마르쿠스 아우렐리우스, 예수'는 모두 동일한 윤리관과 도덕관을 가졌다는 그의 주장이야말로 그러한 모호함의 단적인 증거라 할 수 있다.[55] 윤리 문제를 결정하는 데는 다양한 원리와 개념이 적용될 수 있다. 역사상 모든 도덕적 개인이 동일한 윤리를 가졌다고만 말하고, 그 원리와 개념이 무엇인지를 구체적으로 설명하지 않는 것은 윤리를 완전히 무규정적인 상태로 방치하는 것이다. 도덕적 행위의 본질이 추상적 수준에 머물러 있으면 광신주의자들조차 자신의 행위를 도덕과 덕성으로 포장하는 위험을 피할 수 없다. 볼테르의 전략은 종교적 광신주의의 효과적인 해독제가 아니라 도리어 그것을 육성하고 배양하는 영양제일 뿐이다. 헤겔은 신에 대한 추상적 개념이 지배했던 프랑스혁명과 공포정치의 시기에 그러한 광신주의의 범람을 목격했다. 신을 세계와 근본적으로 분리된 초월적 존재로 생각하면 세속의 영역은 무가치한 것으로 여겨지게 마련이다. 세속의 영역에 있는 불쾌한 것은 얼마든지 파괴될 수 있다. 헤겔은 이렇게 설명한다. "그러한 자유는 이제 정신성을 결여한 외재성과 예속의 상태에 저항한다. 왜냐하면 그러한 상태는 화해와 해방의 개념에 전적으로 대립하기 때문이다. 따라서 사유는 모든 형태의 외재성과 예속성을 거부하거나 파괴하려 든다. 그것이야말로 이른바 계몽주의의 부정적이고 형식적인 행동양식이 구체적으로 표출된 사례라 할 수 있다."[56] 프랑스혁명의 과정에 발생한 자의적이고 파괴적

55 Voltaire, *God and Human Beings*, 149; *Dieu et les hommes*, 243.

인 자유도 바로 그런 것이다. 모든 당원이 동의하는 명확하고 완전한 정치체제가 존재하지 않으면, 기존의 법률과 제도는 불완전하다는 비판을 피할 수 없다. 그러한 성향은 세속적인 모든 것을 파괴해 버린다. 헤겔은 교리가 제공하는 구체적인 내용을 중시한다. 그가 보기에 내용 없는 공허한 추상을 지향하는 근대의 운동(계몽주의)은 실로 참담한 결과를 초래하는 무모한 사유에 불과하다.

4. 라이마루스 – 성서 연구의 위기

계몽주의의 정신은 성서 연구 분야에도 큰 영향을 미쳤다. 당시 성서 연구 분야는 유아 단계에 머물러 있었고, 학자들도 고작해야 성서의 다양한 자료를 밝혀내는 수준에 매여 있었다. 계몽주의가 종교의 교리에 비판적 이성을 적용했던 것처럼, 그것은 기록된 말, 즉 『성서』에도 그대로 적용될 수 있었다. 『성서』의 내용이 더 이상 권위를 통해 진리로 받아들여질 수는 없었다. 『성서』도 이제 인간 정신의 비판 능력을 통해 면밀히 검토되어야 했다. 오로지 그것(사유)만이 『성서』에 기록된 사건의 진위를 판별하는 유일하고 합리적인 방편이었다. 인간 이성은 모순적인 것과 비모순적인 것을 구별할 수 있다.[57] 예를 들어, 당시의 정신은 자연적인 사건에 신이 개입한다

56 Hegel, *LPR*, vol. 3, 343; *VPR*, Part 3, 265.

57 이와 관련해서는 다음을 참고하라. *Von dem Zwecke Jesu und seiner Jünger. Noch ein Fragment des Wolfenbüttelschen Ungenannten,* ed. by Gotthold Ephraim Lessing (Braunschweig: [no publisher], 1778), [Part] II, § 49, 219; Reimarus, *Fragments,* ed. by Charles H. Talbert, trans. by Ralph S. Fraser (London: Fortress Press, 1971), 234: "진리와 거짓을 구별하는

는 생각을 도무지 받아들일 수 없었기 때문에 그들은 『신약』에 나타난 예수의 기적 행위에 대한 자연적인 설명을 찾아내고자 했다. 이와 마찬가지로 경험주의는 성육신이나 예수의 신성에 대한 관념도 받아들일 수 없었기 때문에 성서학자들은 자신들의 입장을 정당화하기 위해 '예수가 직접 말한 것'과 '사후에 기록된 것'을 엄밀히 구분하여 꼼꼼히 검토했으며, 이를 통해 '사후에 기록된 것'은 예수의 실제 가르침과 사건이 아니라 후대 사람들이 덧붙인 허구에 불과하다는 것을 증명하고자 했다.

당시 구약 학자들의 중심 주제 중 하나는 모세Moses가 과연 전통적인 견해처럼 『오경』(*Pentateuch*)의 저자인가 하는 문제였다. 그러한 관심의 연원은 17세기로 거슬러 올라간다. 당시의 철학자 홉스Thomas Hobbes와 스피노자Baruch de Spinoza는 모세 저작설(Mosaic authorship)의 모순을 지적하면서 전통적인 믿음에 의문을 제기했다. 홉스는 『오경』에 기술된 사건을 바탕으로 모세가 자신의 사건을 기록했다는 일반적 믿음을 뒤엎고, 실제로 모세는 『오경』이 기록된 시기보다 훨씬 앞선 시대에 살았다는 것을 입증하고자 했다.[58] 스피노자는 『오경』과 『열왕기하』(*2 Kings*)에 이르는 『성서』의 다양한 저작이 실제로는 모세의 기록이 아니라 에스라Ezra의 저작일 수도 있다고 주장했다.[59]

그러한 견해를 반박하기 위해 프랑스 학자 아스트뤽Jean Astruc(1684~1766)는 모세 이전에도 자료를 말과 글로 전수하는 오랜 전통이 있었다는 점을 지적하면서 모세는 『창세기』를 쓸 때, 가독성이 높고,

---

확실한 기준은 명석 판명한 일관성과 모순이다."

58 이와 관련해서는 Thomas Hobbes, *Leviathan,* Part III, Chapter 33을 참고하라.

59 이와 관련해서는 Spinoza, *Tractatus theologico-politicus*, Chapter 8을 참고하라.

연속성이 좋은 서사를 구성하기 위해 그 자료들을 활용했다고 주장했다.[60] 아스트뤼크는 '창조'나 '홍수'와 같은 동일한 사건에 대해서도 다른 두 설명이 존재한다는 점을 찾아냈다. 또한 같은 신인데도 어떤 때는 '엘로힘Elohim'으로 불리고, 어떤 때는 '여호와Jehovah' 혹은 '야훼Yahweh'로 불린다는 점도 지적했다. 그런 점들로 미루어 그는 모세가 『오경』을 쓸 당시에 서로 다른 두 자료를 함께 활용했다는 결론을 내렸다. 모세는 그 두 자료 하나를 취사선택하기보다 내용이 반복되더라도 그 둘을 모두 쓰기로 결정했다는 것이다. 그래서 아스트뤼크는 『오경』에서 신이 '엘로힘'으로 표기된 대목과 '여호와'로 표기된 대목을 나눠 그 내용을 재구성했는데, 그 둘은 각기 독립적인 서사로 읽힐 수 있다. 그는 '엘로힘Elohim'으로 표기된 대목은 첫 글자를 따서 저자 'E'(엘로힘 문서)로 분류하고, '여호와Jehovah'로 표기된 대목은 저자 'J'(야훼 문서)로 분류하는 기록방식을 마련했다. 그에 따르면 모세는 『오경』의 원저자가 아니라 우리에게 『창세기』로 알려진 문서의 자료를 수집하고 편찬한 사람으로 그 공로를 인정받아야 한다. 모세 저작설에 관한 그의 변호가 그리 성공적이라 말할 순 없지만, 성서 연구 분야를 확립한 그의 문헌학적 접근법은 이후로도 많은 계승자를 낳았다.

그들 중 한 명이 바로 예나대학의 동양어 교수였던 아이히혼Johann Gottfried Eichhorn(1752~1827)이다. 그는 자신의 『구약입문』(*Einleitung ins Alte Testament*)[61]에서 서로 다른 두 저자를 가정하여 『창세기』(*Genesis*)

60 Jean Astruc (작가 미상으로 출판됨), *Conjectures sur les mémoires originaux dont il paroit que Moyse s'est servi pour composer le Livre de la Génèse. Avec des Remarques qui appuient ou qui éclaircissent ces Conjectures* (Brussels: Fricx, 1753).

61 Johann Gottfried Eichhorn, *Einleitung ins Alte Testament,* vols 1-3 (Leipzig: Weidmanns Erben und Reich, 1780-1783).

전체와 『출애굽기』(*Exodus*)의 첫 두 장章을 설명해 나갔다. 그는 출처가 다른 두 자료를 구별하기 위해 반복되는 핵심 단어나 구절들 또는 문체의 일관성과 같은 여타의 언어학적 요소를 도입하여 아스트뤼크의 접근법을 더욱 확장시켰다. 아이히혼은 히브리성서를 종교적 문헌으로 보기보다 중요한 역사적 자료로 삼고 그것에 관심을 기울였다. 그래서 그는 『성서』에 나오는 초자연적 요소를 과감히 무시해버렸다.

그러한 접근법은 헤겔의 베를린대학 동료 신학자였던 데 베테 Wilhelm de Wette로 이어져 더욱 발전되었다. 그는 자신의 『구약입문서』(B*eiträge zur Einleitung in das Alte Testament*)에서 이후에 『신명기』의 저자를 가리키기 위해 'D'로 표기된 세 번째 자료를 마련했다. 그의 주장에 따르면 『신명기』는 표면적으로 『오경』에 속하지만 거기에 포함된 다른 저작보다 훨씬 뒤늦게 쓰인 것이며,[62] 그것은 한 문서가 아니라 다양한 단편으로 제작된 저작이라고 주장했다. 그래서 그는 이른바 '단편 가설'(fragmentary hypothesis), 즉 『오경』은 몇 개의 문헌이 길게 연결된 것이 아니라 수많은 단편으로 제작된 것이라고 주장했다.[63] 헤겔과 데 베테는 개인적으로 아는 사이였다. 1810년부터 베를

62 Wilhelm Martin Leberecht de Wette, *Beiträge zur Einleitung in das Alte Testament,* vols 1-2 (Halle: Schimmelpfennig und Compagnie, 1806-1807). 이와 관련해서는 다음도 참고하라. Wilhelm Martin Leberecht de Wette, *Dissertatio critica-exegetica qua Deuteronomium a prioribus Pentateuchi libris diversum alius cuiusdam recentioris auctoris opus esse monstratur* (Jena, 1805); John Rogerson, W. M. L. de Wette, *Founder of Modern Biblical Criticism: An Intellectual Biography* (Sheffield: Sheffield Academic Press, 1992); Thomas Albert Howard, "W. M. L. de Wette: Enlightenment, Romanticism, and Biblical Criticism" in his *Religion and the Rise of Historicism: W. M. L. de Wette, Jacob Burckhardt, and the Theological Origins of Nineteenth-Century Historical Consciousness* (Cambridge: Cambridge University Press, 2000), 23-50; John Rogerson, "W. M. L. de Wette," in his *Old Testament Criticism in the Nineteenth Century: England and Germany* (Philadelphia: Fortress Press, 1985), 28-49.

린대학 교수로 재직했던 데 베테는 헤겔의 임명에 반대하면서 그의 경쟁자였던 프리스Jacob Friedrich Fries를 그 자리에 앉히고 싶어 했다. 각설하고, 아스트뤼크와 아이히혼 그리고 데 베테의 저작은 이른바 '문서 가설'(Documentary Hypothesis), 즉 『오경』이 후대의 편집자들이 수집한 네 개의 문서로 구성되었다는 가설의 토대를 마련했다. 19세기 후반의 벨하우젠Julius Wellhausen(1844~1918)은 그러한 견해를 고도로 발전시켰다.

『오경』에 대한 모세 저작설 논쟁과 더불어 『성서』 본문의 역사적 신뢰성이나 진실성과 관련한 논쟁들도 이어졌다. 그러한 성서학자 가운데 가장 저명한 사람은 아마도 라이마루스Hermann Samuel Reimarus(1694~1768)일 것이다. 레싱Gotthold phraim Lessing은 라이마루스 사후에 그의 흥미로운 단편들을 모아 편집 출간하였다(1774~1778).[64] 함부르

63 이는 스코틀랜드의 신학자 게데스(Alexander Geddes, 1737~1802)의 견해와 유사하다. 이와 관련해서는 Alexander Geddes, *Critical Remarks on the Hebrew Scriptures; Corresponding with a New Translation of the Bible,* vol. 1, *Remarks on the Pentateuch* (London: Davis, Wilks, and Taylor, 1800)을 참고하라.

64 그 "단편들"은 다음과 같이 출간되었다. 1) "Von Duldung der Deisten: Fragment eines Ungenannten," in *Zur Geschichte und Litteratur. Aus den Schätzen der Herzoglichen Bibliothek zu Wolfenbüttel,* vol. 3, ed. by Gotthold Ephraim Lessing (Braunschweig: Im Verlage der Buchhandlung des Furstl. Waysenhauses, 1774), 195-226. 2) "Ein Mehreres aus den Papieren des Ungenannten, die Offenbarung betreffend," in *Zur Geschichte und Litteratur.* Aus den Schätzen der Herzoglichen Bibliothek zu Wolfenbütel, vol. 4, ed. by Gotthold Ephraim Lessing (Braunschweig: Im Verlage der Buchhandlung des Furstl. Waysenhauses, 1777), 261-288. 3) "Zweytes Fragment. Unmoglichkeit einer Offenbarung, die alle Menschen auf eine gegrundetet Art glauben konnten," in *ibid.*, 288-265. 4) "Drittes Fragment. Durchgang der Israeliten durchs rothe Meer," in *ibid.*, 366-383. 5) "Viertes Fragment. Daß die Bucher A. T. nicht geschreiben worden, eine Religion zu offenbaren," in ibid., 384-436. 6) "Funftes Fragment. Über die Auferstehungsgeschichte," in *ibid.*, 437-494. 7) "Von dem Zwecke Jesu und seiner Jünger". Noch ein Fragment des Wolfenbüttelschen Ungenannten, ed. by Gotthold Ephraim Lessing (Braunschweig: [no publisher], 1778). 재판은 다음을 참고하

크의 극장에서 일하던 시절, 레싱은 라이마루스의 아들과 딸을 알게 되었다. 라이마루스가 세상을 떠난 후, 그의 딸 엘리제 라이마루스Elise Reimarus(1729~1814)는 아버지의 문서 사본을 레싱에게 전해주었다. 그것은 라이마루스가 생전에 오랫동안 집필한 것이지만 내용이 도발적이라 선뜻 출판할 수 없었던 "이성적으로 신을 예배하는 사람들에 대한 변호 또는 옹호"(Apologie oder Schutzenschrift für die vernünftigen Verehrer Gottes)라는 제목의 매우 긴 논문이었다. 돌아가신 아버지의 명성에 누가 될까 염려한 엘리제 라이마루스는 출간이 가능하다면 부디 아버지의 신원을 밝히지 말아달라고 부탁했다. 1770년, 레싱이 볼펜뷔텔Wolfenbüttel의 두칼도서관(Ducal Library)에서 사서로 일하게 되었을 때, 비로소 그 논문의 출간 기회가 찾아왔다. 그의 업무 중 하나는 도서관의 소장 자료 가운데 새롭게 발굴된 문헌을 출간하는 일이었다. 그래서 그는 브룬스비크 볼펜뷔텔Brunswick Wolfenbüttel 공국의 검열을 받지 않고도 새 문헌을 출간할 수 있는 특권이 있었다. 그는 1774년에 라이마루스의 논문 선집을 출간하는 작업에 착수했지만 엘리제 라이마루스와의 약속대로 그 자료는 도서관에서 우연히 발견된 것이며, 저자가 누군지도 모른다고 진실을 숨겼다.[65]

라이마루스의 논문은 계몽주의의 정신을 담고 있었다. 그 목적은

라. Reimarus, *Apologie oder Schutzschrift für die vernünftigen Verehrer Gottes*, vols 1-2, ed. by Gerhard Alexander (Frankfurt am Main: Insel, 1972); Gotthold Ephraim Lessing, Werke, ed. by Herbert G. Gopfert et al., vols 1-8 (Munich: Carl Hanser, 1970-1979), vol. 7, Theologiekritische Schriften, 313-604.

65 그 자료의 출간과 관련한 설명은 다음을 참고하라. William Baird, *History of New Testament Research*, vol. 1, *From Deism to Tübingen* (Minneapolis: Fortress Press, 1992), 165-177. Hans W. Frei, *The Eclipse of Biblical Narrative: A Study in Eighteenth- and Nineteenth-Century Hermeneutics* (New Haven and London: Yale University Press, 1974), 113-116.

비판적 이성을 사용하여 『성서』를 재검토하자는 것이었다. 그는 『성서』의 특정한 핵심 내용이 학문적 검증이나 비판적 이성에 모순되며, 전통적으로 이해되던 『성서』의 특정한 중심 사건에는 심각한 오류가 있다고 비판했다. 그는 『구약』과 『신약』을 면밀히 검토하면서 부조리하거나 모순적인 내용을 일일이 찾아냈다. 『구약』과 관련하여 특히 흥미로운 것은 그의 세 번째 단편에 실린 이스라엘 백성이 홍해를 건너가는 대목이다.[66] 거기서 그는 『출애굽기』에 나오는 유명한 이야기, 즉 모세가 유대인들을 이끌고 이집트인들로부터 도망치는 장면에서 모세가 명령하자 홍해가 기적처럼 갈라지는 이야기를 탐구했다. 라이마루스는 그것에 대한 기존의 믿음을 불식시키기 위해 그 대목의 모순과 부조리를 들춰냈다. 『성서』의 저자는 그런 놀라운 일이 실제로 일어난 듯이 독자를 현혹시키지만 실상이 어떤 모습이었을지는 전혀 상상하지 않는다는 것이다. 설령 홍해가 갈라졌다 해도 진흙과 잔해 그리고 해초나 펄떡거리는 물고기로 엉망진창이 된 진흙탕을 그렇게 많은 사람들이 어떻게 건널 수 있었단 말인가? 노약자나 임산부나 어린이가 어떻게 거기를 건널 수 있는지 감히 상상이나 되는가? 히브리성서에 대한 라이마루스의 비판은 혹독하고도 신랄했지만, 막상 사람들은 그것을 그리 도발적으로 여기지도 않았고, 그 저작의 출간에도 별다른 저항을 하지 않았다.

더욱 대담해진 레싱은 『신약』과 예수의 행적이나 가르침의 진정한 목적에 관한 라이마루스의 수고 일부도 출간하기로 결심했다. 그 대목에서 라이마루스는 네 전도자의 판본과 이후 저자들의 판본을

66 [Reimarus], "Drittes Fragment. Durchgang der Israeliten durchs rothe Meer," 366-383.

서로 비교하고, 둘 중 전도자의 판본이 보다 신뢰할 만한 역사적 자료임을 밝히면서 그 두 판본을 따로 분리해야 한다고 주장했다. 그는 자신의 방법론을 이렇게 설명한다.

하지만 나는 사도들이 자신의 저술에서 말하는 것과 예수 자신이 실제로 말하고 가르친 것을 분리해야 하는 큰 이유를 발견했다. 사도들 자체가 선생들이었고, 그래서 그들은 (예수의 견해가 아니라) 자신들의 견해를 전했기 때문이다. 실제로 어떤 사도도 예수가 평생 말하고 가르친 것을 모두 기록했다고 말하지 않는다. 네 명의 전도자도 자신들을 예수가 말하고 행한 것 중 가장 중요한 것만을 보고한 역사가로 표현한다.[67]

그래서 라이마루스는 전도자의 설명을 집중적으로 분석한다. 그는 한 이야기 내의 모순과 부조리, 다른 이야기 간의 모순과 부조리를 찾아내는 예리한 눈을 가지고 있었다.

『성서』를 보면 예수는 유대교의 관습을 결코 거부한 적이 없는 철저한 실제 유대인이었다는 주장으로 그 저작은 시작된다. 볼테르와 마찬가지로 라이마루스도 예수는 결코 새로운 종교를 창설하거나 새로운 교리를 전파하려 한 적이 없다고 주장한다. 하지만 이후에 덧붙여진 허구적 이야기는 정작 그 사실을 은폐해 버렸다. 라이마루스는 이렇게 말한다.

나는 그리스도교인들이 사도들의 가르침과 예수의 가르침을 혼동하여

67 Reimarus, Fragments, § 3, 64; *Von dem Zwecke Jesu und seiner Jünger,* [Part] I, § 3, 7-8.

범하는 일반적인 오류를 밝혀내지 않을 수 없다. 선생으로서 예수의 가르침의 목적은 부분적으로 새롭거나 아직 알려지지 않은 신앙과 신비를 보여주어 새로운 종교체계를 수립하는 한편, 희생제물, 할례, 정결, 안식일, 레위인의 종교적 제의와 같은 특수한 관습을 문제 삼아 유대교를 폐기하는 것이었다.[68]

사실 자세히 살펴보면, 예수가 말한 실제 내용은 너무 부족하고, 의미도 애매하다. 그의 핵심적인 가르침은 메시아의 도래와 하나님 나라에 관한 것이지만 그것이 무엇을 의미하는지에 대해서는 더 이상 설명하지 않는다.

예수뿐만 아니라 세례자 요한도 그리스도나 메시아가 무엇이며, 누구인지, 하나님 나라가 무엇인지, 천국이 무엇인지, 복음이 무엇인지 거의 설명하지 않는다. 그들은 간단히 이렇게 말한다. "천국 혹은 복음이 가까이 왔다." 엄밀히 말해, 예수는 복음을 전하라고 제자들을 보냈지만, 천국이 어떻게 생겼는지, 약속의 근거는 무엇인지, 하나님 나라는 왜 존재하는지에 대해서는 아무 말도 하지 않는다. 그는 단지 그런 것에 대한 일반적인 믿음과 희망을 말할 뿐이다.[69]

라이마루스는 동시대 유대인들은 그런 말의 의미를 이미 직접적으로 이해하고 있었으므로 예수가 굳이 자세히 설명할 필요가 없었다

68 Reimarus, *Fragments*, § 7, 71; *Von dem Zwecke Jesu und seiner Jünger*, [Part] I, § 7, 18-19.
69 Reimarus, *Fragments*, § 9, 74; *Von dem Zwecke Jesu und seiner Jünger*, [Part] I, § 9, 24.

고 추론한다. 달리 말해, 예수는 어떤 새로운 것이나 전혀 몰랐던 것을 말한 것이 아니라 당시의 모든 유대인이 익히 알고 있는 기존의 오랜 전통을 말했을 뿐이라는 것이다. 라이마루스는 이렇게 설명한다.

> 따라서 천국에 대한 명백한 선언을 통해서 예수는 자신이 유대인들에게 메시아의 도래에 대한 희망을 일깨워줄 뿐이라는 것을 알고 있었을 것이다. 결론적으로 예수의 목적은 (새로운 것을 가르치는 것이 아니라) 유대인들을 그렇게 (이미 알고 있던 것을) 일깨우는 것이었다. […] 그런 점에서 그는 제자들과 백성들 사이에 널리 퍼져있는 믿음을 받아들였으며, 그것을 더욱 북돋우고, 유대 전역에 널리 전파하는 것을 자신의 목적으로 삼았던 것이 분명하다. 예수의 그런 행위는 정당화될 수 없다.[70]

이에 대한 유일한 논리적 결론은 예수의 메시지가 당시에는 자연스럽게 이해되었을 뿐만 아니라 실제로 그렇게 이해되는 것이야말로 그의 진정한 바람이었다는 것이다.

라이마루스에 따르면, 당시의 유대인들에게 직접적으로 확실하고 분명했던 예수의 본래 목적은 로마의 억압적 지배와 부패한 종교적 권력으로부터 그들을 해방시킴으로써 하늘이 아니라 지상에 영광스러운 새 왕국을 건설하는 메시아로 인정받는 것이었다. 간단히 말해, 예수는 정치적 혁명을 일으키고자 했던 것이며, 그것은 유대교의 전통에서 이미 예언되었던 것이다. 혁명의 조건이 갖추어졌을 무렵, 예수가 바로 그 메시아의 역할을 수행했던 것이다. 라이마루스는

---

70 Reimarus, *Fragments,* § 2, 137-138; *Von dem Zwecke Jesu und seiner Jünger,* [Part] II, § 2, 130-131.

이렇게 추론한다.

> 따라서 예수가 도처에서 하나님 나라와 천국이 가까이 왔다고 설파하고, 다른 사람들도 같은 것을 설파했을 때, 유대인들은 그가 말하는 것, 즉 머지않아 메시아가 도래하고, 그의 왕국이 시작되리라는 것을 잘 알고 있었다. 그들의 선지자의 말처럼, 억압과 예속의 시대가 시작된 이래로 기름부음을 받은 자, 즉 메시아(왕)가 와서 모든 환난으로부터 그들을 구원하고, 그들 가운데 영광스러운 왕국을 세워주는 것이 이스라엘 민족의 오랜 소망이었기 때문이다.[71]

하지만 라이마루스는 혁명을 위한 메시아의 역할은 그리스도교인들이 이해하는 그리스도의 사명 개념과는 거리가 멀다고 지적한다.

> 무엇보다도 예수가 등장했을 때부터 그들(예수와 동시대에 살았던 유대인들)은 현세적인 구원과 지상의 왕국을 계속 생각하고 있었음에 틀림없다. 이스라엘이나 유대 민족은 구원을 받기로 예정되어 있었지만 인류는 그렇지 않았다. […] 따라서 예수는 자신의 수난과 죽음을 통해 온 세상의 죄를 보상하는 인류의 구원자가 아니라 이스라엘 민족을 현세의 예속으로부터 해방시켜줄 그들만의 구원자였다.[72]

---

71 Reimarus, *Fragments,* § 29, 125; *Von dem Zwecke Jesu und seiner Jünger,* [Part] I, § 29, 110-112.

72 Reimarus, *Fragments,* § 30, 127-128; *Von dem Zwecke Jesu und seiner Jünger,* [Part] I, § 30, 115.

그리스도의 목적은 세속적인 혁명을 일으키는 것이었다. 그의 의도는 모든 인간을 위해 죽는 것이 아니라 유대 민족을 억압으로부터 해방시키는 것이었다.

그것은 유대 민족이 죄를 짓고, 타락하고, 부패하고, 불경하여 환난의 시간에 들게 되었다는 것을 의미한다. 그래서 히브리성서의 신은 계속해서 그들에게 벌을 내린다. 그런 비참한 상황에서 벗어나기 위해 그들은 회개하고, 악한 삶의 방식에서 벗어나야 했다. 예수는 메시아의 도래와 새 왕국의 예비를 위해서는 그런 것이 필요하다고 가르쳤다. 그것이야말로 그들이 원했던 정치적 혁명을 이루는 수단이었다. 신은 유대인들의 타락과 죄악에 진노하여 과거에 애굽이나 바벨론이 그들을 노예로 삼았던 것처럼 계속해서 이방 민족에 예속되는 벌을 내렸다. 하지만 만일 유대인들이 회개한다면, 신은 그들을 용서하고, 억압적인 상황에서 구원해줄 것이며, 그들도 예전의 영광을 되찾게 될 것이다. 신은 현세에 새 왕국을 건설하는 메시아를 도울 것이다. 그래서 예수는 그 소식을 전하기 위해 제자들을 마을로 내려 보냈다. "메시아가 왔으니 회개하라. 새 왕국(천국)이 가까이 왔느니라."

라이마루스에 따르면, 예수는 그러한 왕이 나타날 것이라는 오랜 예언을 이루기 위해 당나귀를 타고 예루살렘으로 들어갔다.[73] 그곳은 유월절 축제를 보러온 사람들로 붐볐고, 예수는 일부러 그때를 택했던 것이다. 치밀한 준비 끝에 당나귀를 이용한 계략으로 승리를 거둔 후 예루살렘에 입성하자 백성들은 그를 새 왕으로 맞이하며 환호했다.

73 Zechariah 9:9; Matthew 21:5.

용기를 얻은 예수는 성전으로 가서 율법에 따라 명령하듯이 장사꾼들과 환전상들을 내쫓았고, 바리새인들과 서기관들을 공개적으로 꾸짖으면서 사람들에게 그들을 따르지 말라고 명령했다. 예수의 분명한 목적은 반란을 일으키는 것이었다.[74] 하지만 예수는 자신의 대의를 향한 백성들의 충성심을 오산하거나 과대평가했다. 백성들은 갈등이 시작되었음을 깨닫자마자 반란에 연루될까 두려워 예수를 배반하기 시작했다. 예수도 두려워 몸을 숨겼으나 결국 발각되어 밀고를 당했다. 그가 십자가에 못 박혔을 때, 사람들은 유대인들을 위한 지상의 새 왕국을 건설하려던 그의 사명이 완전히 실패했음을 깨닫게 되었다. 그때 예수의 제자들은 난감한 상황에 처하고 말았다. 자신들이 설교하고 믿었던 모든 것이 완전히 실패로 끝난 것 같았다. 그들도 인간이라 그런 처지를 올곧게 받아들일 수 없었다. 그래서 그들은 새로운 상황에 맞추어 십자가 사건을 실패가 아니라 승리의 이야기로 개작했다. 우선 그들은 그동안 믿어왔고, 마을에도 설파했던 예수의 실제 목적, 즉 유대인들을 위한 새 왕국을 건설하고자 했다는 사실 자체를 부정하고, 이어 예수의 사명을 자신의 죽음으로 온 인류의 구원자가 되는 것으로 재조명했다. 그러한 개작의 결과, 예수의 십자가 사건은 패배의 증거가 아니라 승리의 상징으로 전도되었다. 라이마루스는 이렇게 설명한다.

> 우리는 모든 제자가 예수의 전 생애 동안 그를 세상의 통치자이자 구세주로 생각했다는 점을 기억해야 한다. 그들은 예수의 가르침과 행동이 그

---

74 Reimarus, *Fragments*, § 7, 147; *Von dem Zwecke Jesu und seiner Jünger*, [Part] II, § 7, 147-148.

외의 다른 목적을 가졌다고 생각지 않았다. 이로부터 이끌어 낼 수 있는 결론은 예수가 죽은 이후에야 제자들은 모든 인류의 영적 고통의 구원자라는 교리를 파악했다는 것이다.[75]

그리스도의 사명이 실패했다는 사실을 은폐하기 위해 그들은 둘째 관점에 맞게 이야기를 조작했다. "당시 모든 전도자들은 예수의 가르침과 행적에 관한 내용과 교리를 개작한 다음, 예수가 죽은 지 한참 지나 그것에 대한 설명을 기록했다."[76] 라이마루스는 더 자세히 설명한다.

> 예수의 실제 언행과 행적을 목격한 그들은 예수가 당시의 이스라엘을 구원하길 바랐으며, 그들의 교리 역시 그런 사실에 근거하고 있었다. 하지만 그 희망이 좌절되면서 그들은 곧장 자신들의 전체 교리를 변경하고, 예수를 온 인류를 위해 고통받는 구세주로 개작한 다음 거기에 맞게 모든 사실을 왜곡했다. 이로써 예수는 이전에 그들이 알던 것과는 다른 것을 말하고 약속하게 돼버렸다. [77]

유대인들은 실제 역사를 보여주는 원래의 서사보다 이데올로기적으로 조작된 새로운 서사를 원했다.[78] 하지만 라이마루스가 보기에

---

75 Reimarus, *Fragments*, § 30, 128-129; *Von dem Zwecke Jesu und seiner Jünger*, [Part] I, § 30, 116-117.

76 Reimarus, *Fragments*, § 31, 129; *Von dem Zwecke Jesu und seiner Jünger*, [Part] I, § 31, 117-118.

77 Reimarus, *Fragments*, § 33, 133-134; *Von dem Zwecke Jesu und seiner Jünger*, [Part] I, § 33, 126.

그러한 새 서사에도 원래 서사의 흔적들, 즉 새 서사와 노골적으로 모순되는 내용이 여전히 남아 있었다.

새 서사를 그럴듯하게 만들기 위해 제자들은 예수가 십자가에 못 박힌 후 무덤에 묻혔다가 죽은 자들 가운데서 다시 살아났다는 이야기를 꾸며내야만 했다. 그래서 라이마루스는 부활 이야기를 탐구하는 데 많은 노력을 기울였다. 이후 그는 부활 이야기는 제자들이 자신들의 주장을 뒷받침하려고 지어낸 허구에 불과하다는 결론을 내렸다. 또한 그는 기적 이야기도 그리스도교의 평판이 좋지 않던 초창기에 예수의 신성을 과장하고 싶었던 제자들이 지어낸 허무맹랑한 이야기에 불과하다고 주장했다. 간단히 말해, 복음서의 저자들은 역사적 진실이 아니라 그들의 사회적-정치적 이데올로기를 추구했을 뿐이라는 것이다. 실제로 기적이 일어났다는 증거는 어디에도 없다. 기적은 진실을 왜곡하거나 허구를 창작하는 데 혈안이 된 부패하고 편향적인 사람들의 터무니없는 조작일 뿐이다.

그러한 의도적인 조작 가운데 가장 극심한 것은 예수가 죽은 자들 가운데서 다시 살아났다는 주장이다. 그것은 제자들이 예수의 사명을 모든 인류의 구원자로 개작하고, 거기에 신빙성을 부여하기 위해 퍼뜨린 주장에 불과하다. 새 왕국에서 부와 권력을 누리고자 했던 희망이 예수의 죽음으로 좌절된 후에도 그들은 가난과 불명예가 싫어서 어부와 같은 예전의 직업으로 돌아갈 수 없었다. 그들은 예수운동

---

78 Reimarus, *Fragments,* § 33, 134; *Von dem Zwecke Jesu und seiner Jünger,* [Part] I, § 33, 126-127: "그런 한에서 역사와 교리는 둘 다 근거가 없다. 역사는 사건 자체와 그것에 관한 경험과 회상으로 기록된 것이 아니라 새롭게 개작된 가설이나 새로운 교리에 부합하도록 말해진 것이며, 교리는 그 이후에 작가의 사유에서 생겨난 사실들, 즉 조작되고 날조된 거짓 사실들을 말한 것이기 때문이다."

의 성원이라는 이유로 약간의 구호품을 받는 재정적인 혜택을 누리고 있었기 때문에 예전의 값싼 직업으로 돌아가고 싶지 않았던 것이다. 게다가 그들은 예수를 따르느라 배와 그물 그리고 장비를 모두 버렸던 탓에 다시 돌아가 되돌려달라고 사정할 수도 없었고, 자신들이 감당해야 할 패배감과 수치심도 감당하기 두려웠다. 그들은 영광스러운 새 왕국의 약속을 믿고 모든 것을 버릴 만큼 어리석었다. 그리고 이제 그 약속은 좌절되었다. 따라서 그러한 곤란의 책임은 남의 말에 쉽게 현혹되는 그들의 단순함과 순진함에 있다. 실패의 불명예를 안고 예전의 직업으로 돌아가는 것은 그들에게 끔찍한 일이었을 것이다. 메시아의 최측근으로 누렸던 존경과 위엄을 잃고 질책과 조롱의 대상이 된다는 것은 상상하기조차 어려운 일이었다. 예수의 제자들은 여전히 인간의 타고난 본능에 따라 행동했다. 그들은 세상의 부와 권력을 누리려 했지만 예수의 죽음 이후에 모든 것을 잃게 되었다. 그들의 유일한 해결책은 자신들이 예수의 추종자로 계속 살 수 있도록 예수의 사명과 본성에 관한 이야기를 새롭게 꾸며내는 것이었고, 그 계획의 일부가 곧 지시받은 노선에 따라 예수의 사명에 관한 설명을 개작하는 일이었다.

그 계획의 또 다른 일부는 예수가 죽음에서 부활했다는 이야기를 퍼뜨리는 것이었다. 그것은 예수가 인간보다 위대하고, 신과도 연결되어 있다는 생각을 뒷받침해 주기 때문이다. 신은 정의로운 보상과 처벌을 위해 예수의 영광스러운 재림을 허락한다. 그러한 주장을 하기 위해 그들은 먼저 무덤으로 찾아가 그의 시신을 훔쳐야만 했다. 그래야만 예수가 죽은 자 가운데서 다시 살아났다는 위조가 가능했기 때문이다. 라이마루스는 이렇게 추론한다.

무엇보다도 그들은 예수의 시신을 가능한 한 빨리 치워야 했다. 예수가 부활하여 승천하고, 위대한 권능과 영광으로 속히 재림할 것을 말하려면 그래야 했다. 그 계획은 수행하기는 쉬웠다. 예수는 요셉의 정원에 있는 바위에 묻혀 있었다. 주인과 정원사는 사도들이 밤낮으로 그 무덤을 조문할 수 있도록 허락했다. 그들은 누군가 시신을 몰래 치웠다는 것을 알면서도 모르는 체했다. 통치자나 집정관은 주인과 정원사가 밤에 그런 일을 저질렀을 것이라 고발했지만, 그들은 어디서도 감히 반박할 수 없었다. 간단히 말해, 그런 모든 정황은 사도들이 예수의 시신을 치웠고, 후에 그들이 만든 새 교리에 그 내용을 더했다는 것을 증명한다.[79]

그러나 제자들은 예수가 부활했다는 소식을 곧장 알리지는 않았다. 그러면 당국자들이 분개해서 조사에 착수할 것이기 때문이다. 제자들은 그 말을 하기까지 무려 40일을 기다렸다. 그때쯤이면 아무도 사건을 조사하지 않을 것이며, 시신을 다시 내놓기도 불가능할 것이기 때문이다. 그것은 시신이 부패하도록 시간을 끌어 신원확인을 못 하게 하기 위한 전략이었다.

라이마루스는 복음서마다 빈 무덤을 설명하는 방식이 상당히 다르다고 지적한다. 특히 『마태복음』(*Metthew*)에는 다른 복음서에서 볼 수 없는 몇 가지 세부 내용이 들어 있다. 『마태복음』 28:1 이하를 보면, 마리아와 막달라 마리아가 예수의 시신에 향유를 바르려고 왔을 때만 해도 그 무덤은 여전히 큰 바위로 가로막혀 있었다. 그때 마침 큰 지진이 일어나고, 하얀 천사가 내려와 그 바위를 굴려냈다.

---

79 Reimarus, *Fragments*, § 56, 249-250; *Von dem Zwecke Jesu und seiner Jünger*, [Part] III, § 56, 243-244.

그것을 본 경비병들은 겁에 질렸다. 다른 복음서 저자들의 설명에는[80] 그런 지진이나 천사들의 도움이나 겁에 질린 경비병의 이야기가 나오지 않는다. 거기서는 여인들이 도착했을 때, 무덤 입구를 막고 있던 돌은 이미 치워져 있었다.[81] 라이마루스는 그런 설명의 불일치와 모순이야말로 심각한 의심의 증거라고 결론지었다. 만일 법정에서 한 사건을 두고 여러 증언이 상충한다면, 그것들은 제대로 된 증언으로 인정받지 못할 것이다. 따라서 그렇게 미심쩍은 토대 위에 종교적 믿음을 세우는 것은 부조리한 일이 아닐 수 없다.

라이마루스는 그런 문제를 해결하는 적절한 방법은 더 이상 『성서』의 권위나 사제나 교회의 보증을 신뢰하지 않고 오로지 이성을 통해 그 자료들을 비판적으로 검토하는 것이라고 주장한다. 그것은 계몽주의의 일반적인 정신에 근거한 '자료 비평'의 중요성을 강조한 것이라 할 수 있다. 미심쩍은 주장 앞에서 "직접 경험하지 않은 것에 대한 유일한 합리적 대안은 남아 있는 증언의 일치 여부를 따져보는 것이다."[82] 라이마루스는 심지어 예수의 제자 중에도 그가 죽음에서 부활했다는 생각을 믿지 못하는 이들이 있었다고 지적한다. 그의 제자들도 그런 마당에 "우리에게도 증언들의 일치 여부를 확인하고, 진실 여부를 검증할 권리가 당연히 있어야 하지 않는가?"[83] 그래서 그는 『성서』

80 Mark 16:1ff; Luke 24:1ff; John 20:1ff.

81 Reimarus, *Fragments*, § 18, 170-171; "Funftes Fragment. Ueber die Auferstehungsgeschichte," in *Zur Geschichte und Litteratur. Aus den Schätzen der Herzoglichen Bibliothek zu Wolfenbüttel,* vol. 4, ed. by Gotthold Ephraim Lessing (Braunschweig: im Verlage der Buchhandlung des Furstl. Waysenhauses, 1777), 458.

82 Reimarus, *Fragments*, § 18, 173; "Funftes Fragment. Ueber die Auferstehungsgeschichte," 461.

83 Reimarus, *Fragments*, § 18, 173; "Funftes Fragment. Ueber die Auferstehungsgeschichte," 462.

의 자료들을 더욱 비판적으로 비교해 나간다.

예수의 제자들은 그가 죽은 자 가운데서 살아나 40일이 넘도록 그들과 대화하고, 생활하고, 식사도 나눴다고 전한다. 라이마루스는 그 기간에 대한 제자들의 증언을 매우 상세히 조사하여 거기에도 모순과 불일치가 있다는 것을 찾아냈다.[84] 그는 예수가 부활하여 지낸 기간 동안 오직 최측근의 제자들에게만 나타났다는 점을 의심스럽게 생각했다. 그는 그 기간의 이야기를 입증할 중립적인 증인을 한 번도 만난 적이 없다. 만일 제자들의 증언에 신뢰성을 더하고, 뜻을 함께 할 개종자들이 늘기를 바랐다면, 도리어 예수가 예루살렘의 수많은 군중이나 본디오 빌라도Pontus Pilate나 유대교의 최고의회인 산헤드린Sanhedrin 앞에 나타나는 설정이 더 낫지 않았을까?[85] 그랬다면 수사당국을 수세에 몰아넣을 수도 있었을 테고, 그들의 주장도 입증할 수 있었을 텐데 말이다. 하지만 예수는 오직 제자들에게만 나타났고, 그들 역시 예수가 승천할 때까지 그 사실을 누구에게도 알리지 않았다. 라이마루스가 보기에 그것은 예수가 고백한 사명, 즉 신이 아들을 통해 자신을 계시한다는 사명과 모순되는 것이었다. 신의 계시가 그렇게 은폐되어 있다면, 우리가 어떻게 신을 이해할 수 있겠는가? "그래서 하늘에서 왔나? 신분을 숨기려고? 하늘에서 온 것을 숨기려

84 Reimarus, *Fragments*, § 20, 174; "Funftes Fragment. Ueber die Auferstehungsgeschichte," 462: "네 전도사의 자료를 비교하면서 우리가 맨 처음 알아낸 것은 한 사건에 대한 그들의 이야기가 거의 모든 지점에서 서로 다르고, 각각 다르게 읽힌다는 것이다."

85 Reimarus, *Fragments*, § 32, 199-200; "Funftes Fragment. Ueber die Auferstehungsgeschichte," 493: "만일 예수가 부활한 후에 성전에 있는 백성들이나 예루살렘의 산헤드린 앞에 보이고, 들리고, 만져질 수 있도록 한 번이라도 나타났더라면, 유대민족 전체가 그를 믿게 하는 데 실패하지 않았을 것이다. 만일 그랬더라면, 수천, 아니 수백만 후손들의 영혼은 멸망에서 구원받았을 것이다. 하지만 그들은 아직도 전혀 믿지 못하고 있다."

고?"[86]

라이마루스는 승천에 관한 설명에도 의문을 제기했다. 40일이 지나서 예수가 승천했다는 기록만이 전해지고 있다. 그리고 그것이 그리스도교의 핵심 교리이자 예수의 신성에 대한 또 다른 증명이 되었다. 라이마루스는 네 복음서 가운데 『마가복음』(*Mark*)과 『누가복음』(*Luke*)에만 승천 이야기가 나온다고 지적한다. 하지만 마가와 누가는 열두 제자에 들지도 않았고, 따라서 예수를 직접 본 이들도 아니다. 간단히 말해, 그들의 기록은 직접적인 경험이 아니라 소문에 근거한 억견일 뿐이다. 반대로 직접 목격한 이들로 알려진 마태와 요한은 도리어 예수의 승천에 대해 아무 말도 하지 않았고, 단지 느닷없이 사라졌다고만 전한다.[87]

『성서』에 대한 라이마루스의 비판적 설명은 『성서』 전체와 그것에 근거한 모든 교리의 신뢰성에 심각한 의문을 제기했다. 만일 그 이야기가 이기적인 제자들이 예수의 죽음 이후에 닥친 현실의 재앙을 긍정적으로 위조하고자 꾸며낸 한낱 허구일 뿐이라면, 더 이상 그리스도의 사명이 우리의 죄를 사함으로써 모든 인류를 구원하는 것이라고 말하기는 어려울 것이다. 마찬가지로 그들의 증언이 완전히 모순되거나 의심스러운 것이라면, 더 이상 예수가 죽은 자들 가운데서 살아나 40일 동안 재림하다 승천했다고 주장하기도 어려울 것이다. 만일

86 Reimarus, *Fragments*, § 32, 199; "Funftes Fragment. Ueber die Auferstehungsgeschichte," 492.

87 Reimarus, *Fragments*, § 32, 197; "Funftes Fragment. Ueber die Auferstehungsgeschichte," 490-491: "솔직히 말해서, 예수의 죽음에서 결말까지의 내용은 기록마다 다 다르다. 단지 마태와 요한의 설명만이 일치한다. 그럼에도 불구하고 그 둘은 예수의 승천에 대해 말하지 않는다는 것은 매우 주목할 만하다. 그들의 기록에서 예수는 그냥 아무일 없이 사라졌고, 그가 어떻게 됐는지 모른다. 마치 아무것도 모르거나 그리 중요하게 생각지 않은 것처럼 말이다."

모든 것이 제자들의 자기 이익을 위해 꾸며진 허구일 뿐이라면, 그리스도교의 핵심 교리도 더 이상 유지되기는 어려울 것이다. 계몽주의의 정신은 그것에 더하여 『성서』 본문에 대한 신중한 비평분석을 통해 그리스도교 교리의 진실성에 또다시 의문을 제기했다. 그 결과, 한때 그리스도교 신앙의 핵심으로 여겨졌던 교리에 대한 믿음은 완전히 무너지고 말았다.

라이마루스의 『성서』 비판은 루터교에서 특히 문제가 되었다. 루터는 교회나 교황이나 성직자의 권위를 거부하고, 종교적 믿음의 책임을 오로지 각 개인의 양심에 두었다. 각자는 자신의 『성서』 독해에 근거한 자신의 신앙에 책임을 져야 했다. 따라서 『성서』를 모국어로 번역하고, 가능한 한 널리 보급하는 것이 종교개혁의 가장 중요한 과제였다. 그것을 촉진한 것이 바로 구텐베르크Johannes Gutenberg의 인쇄기 발명이었다. 따라서 『성서』는 이전의 천주교에서보다 루터교에서 훨씬 더 중요한 역할을 차지하게 되었다. 그런 점에서 라이마루스가 초래한 『성서』의 훼손은 그리스도교 자체의 훼손과 다를 바 없었다. 사람들은 『성서』의 진리와 정당성이 무너지면 그리스도교도 함께 무너진다고 생각했다. 따라서 라이마루스의 "단편들"이 큰 논란을 불러일으킨 것도 그리 놀라운 일은 아니다.[88] 당시 수많은 목회자와 신학자는 그것을 그리스도교 자체에 대한 심각한 위협으로 받아들였

---

88 이러한 논쟁과 관련해서는 다음을 참고하라. Henry E. Allison, *Lessing and the Enlightenment: His Philosophy of Religion and its Relation to Eighteenth-Century Thought,* Ann Arbor (MI: University of Michigan Press, 1966), 95-120; Toshimasa Yasukata, *Lessing's Philosophy of Religion and the German Enlightenment* (Oxford: Oxford University Press, 2002), 41-71. Karl Barth, 'Lessing' in his *Protestant Theology in the Nineteenth Century,* trans. by Brian Cozens and John Bowden (London: SCM Press, 2001), 220-251; William Baird, *History of New Testament Research,* vol. 1, *From Deism to Tübingen,* 165-177.

다. 당시 라이마루스의 도전에 대항했던 주요 인물은 슈만Johann Daniel Schumann(1714~1787),[89] 레스Johann Heinrich Ress(1732~ 1803)[90] 그리고 괴체Johann Melchior Goeze(1717~1786)[91]였다.

---

89 [Johann Daniel Schumann], *Ueber die Evidenz der Beweise für die Wahrheit der Christlichen Religion* (Hannover: Im Verlag der Schmidtschen Buchhandlung, 1778).

90 Johann Heinrich Ress, *Die Auferstehungs-Geschichte Jesu Christi gegen einige im vierten Beytrage zu Geschichte und Litteratur aus den Schätzen der herzoglichen Bibliothek zu Wolfenbüttel gemachte neuere Einwendungen vertheidigt* (Braunschweig: Im Verlage der Furstl. Waysenhaus-Buchhandlung, 1777).

91 Johann Melchior Goeze, *Etwas Vorläufiges gegen des Herrn Hofrats Lessings mittelbare und unmittelbare feindselige Angriffe auf unsre allerheiligste Religion, und auf den einigen Lehrgrund derselben, die heilige Schrift* (Hamburg: D. A. Harmsen, 1778).

2장

계몽주의 철학의 종교비판

계몽주의 신학의 종교 비판은 신학과 성서 연구뿐만 아니라 철학에서도 중요한 역할을 했다. 계몽주의 사상가들은 그리스도교 역사의 역할에 의문을 제기했다. 그리스도교가 참되려면, 그리스도교 역사의 모든 순간이 반드시 참되고 검증 가능해야 하는가? 이는 레싱이 라이마루스의 논문을 옹호하면서 제기한 문제였다. 흄David Hume은 전통적인 신 존재 증명들을 면밀히 검토하고, 그것들의 한계를 폭로함으로써 종교적 믿음의 합리성에 의문을 제기했다. 그는 그 문제를 인식론적으로 다루었다. 그가 일반적인 인식론을 발전시키고자 했다면, 칸트는 인식될 수 있는 대상과 그렇지 않은 대상을 분리시키고, 경험 가능한 대상만이 인식 가능하다는 결론을 내렸다. 따라서 그는 이론이성에 근거하여 신을 인식한다는 것은 불가능하다고 주장했다. 우리가 신에 대해 사유하는 모든 것은 형이상학에 합리적으로 근거한 것이 아니다. 이 장에서는 종교에 대한 헤겔의 평가를 이해하는 데 도움이 될 이상의 핵심적인 계몽주의 사상가들의 철학적 종교 비판의 논리를 살펴볼 것이다.

1. 레싱 — 역사의 위기

라이마루스의 단편들이 출간된 이후 수많은 비판이 물밀듯 쏟아졌다. 그것이 익명으로 출판된 것도 문제였지만, 그로 인해 레싱이 그리스도교를 공격하기 위해 그 저작을 썼다는 거짓 소문이 퍼진 것도 문제였다. 그래서 레싱은 그러한 세간의 비판들에 응답하면서 자신의 입장을 분명히 밝혀야겠다고 생각했다. 레싱은 라이마루스의 단편들에 편집자 주석을 달 때부터 그 책의 『성서』 분석은 그리스도교에 어떤 위협도 주지 않는다고 항변했는데, 그것은 이미 그런 비판들을 예상했다는 방증이 아닐 수 없다. 세간의 비판에 응답하는 일련의 논쟁적인 소논문에서 레싱은 자신도 그 저작의 모든 내용에 동의하지는 않지만, 그럼에도 세간의 비판들은 대개 부적절하며, 비판가들의 기우가 지나치다는 뜻을 분명히 밝혔다. 비판가들은 그리스도교의 운명이 『성서』의 진리에 달려있다고 생각하지만 그것은 잘못된 가정이다. 레싱은 이렇게 주장한다.

> 간단히 말해, 문자가 정신은 아니고, 『성서』가 종교는 아니다. 따라서 문자와 『성서』에 대한 비판이 반드시 정신과 종교에 대한 비판은 아니다. 『성서』는 분명 종교에 속하는 것 이상을 포함하고 있다. 그 추가적인 측면에서도 똑같이 오류가 없어야 한다는 것은 그저 하나의 가정일 뿐이다. 또한 종교는 『성서』가 없을 때도 이미 존재하고 있었다. 그리스도교는 전도자와 사도들이 그것을 기록하기 전에도 이미 존재하고 있었다. 그들 중 처음으로 글을 쓴 사람이 등장하기까지도 어느 정도의 시간이 흘렀고, 전체 정경이 확립되기까지도 상당한 시간이 흘렀다. 따라서 종

교의 아무리 많은 부분이 『성서』에 의존한다 하더라도 종교의 모든 진리가 『성서』에 근거한다는 것은 불가능하다.[1]

『성서』는 인간이 기록한 결함을 가진 문서에 불과할 뿐 그리스도교는 『성서』보다 훨씬 더 위대한 것이다. 따라서 그는 흔들리는 믿음을 가진 불확실한 그리스도교인만이 라이마루스의 성서 분석에 위협을 느낄 것이라고 주장했다.

그는 그리스도교에 대한 비판자와 옹호자의 상황을 재미있는 비유로 설명한다. 그는 그리스도교를 다양한 전초기지와 방어선으로 둘러싸인 강력한 요새로 묘사하고, 그리스도교 비판자를 그 요새를 공격하는 적군으로 묘사한다. 그는 이렇게 말한다.

어떤 적군도 아직 요새를 완전히 포위하지 못했다. 아무도 모든 요새를 동시에 공격하지 않았다. 적군은 기껏해야 별 의미 없는 외보만을 공격하고 있다. 공격받는 사람들이 굳이 나서지 않아도 외보가 충분히 잘 막아내고 있다. 그들의 일반적인 격률은 빈틈을 노리는 다른 적이 있든 없든 단일한 공격지점에 집단사격을 가하는 것이다. 내가 말하고자 하는 것은 하나의 증명이 너무 과장되면, 다른 모든 증명이나 자기 자신까지도 피해를 입는다는 것이다. 하나의 못으로 모든 것을 지탱하려 하면, 결

---

1 Lessing, "Editorial Commentary on the 'Fragments' of Reimarus," in *Philosophical and heological Writings*, trans. by H. B. Nisbet (Cambridge: Cambridge University Press, 2005), 63; "Gegensatze des Herausgebers," in *Zur Geschichte und Litteratur. Aus den Schätzen der Herzoglichen Bibliothek zu Wolfenbüttel,* vol. 4, ed. by Gotthold Ephraim Lessing (Braunschweig: Im Verlage der Buchhandlung des Furstl. Waysenhauses, 1777), 495; 또한 "Axioms", in *Philosophical and Theological Writings*, 127; [Lessing], *Axiomata, wenn es deren in dergleichen Dingen gibt?* (Braunschweig: n.p., 1778), 21-22도 참고하라.

국 아무것도 지탱하지 못한다.[2]

레싱의 요점은 분명하다. 요새 주변의 외보까지 모두 방어하기보다 요새 자체를 방어하는 것이 보다 현명한 전략이라는 것이다. 그것은 계몽주의가 종교 비판가들에 맞서는 일반적인 방식이다. 종교 비판가들을 응대하는 계몽주의의 일반적인 방식이다. 그 전략은 문제의 핵심을 방어하는 데 별 도움이 되지 않는 그리스도교의 교리들이나 다양한 측면, 즉 요새 주변의 불필요한 외보는 과감히 포기하라고 가르친다. 달리 말해, 이는 포기해도 핵심이 훼손되지 않는 것이 무엇인지를 식별하려면, 먼저 핵심이 무엇인지를 선택하거나 선별해야 한다는 뜻이기도 하다. 레싱은 그리스도교인들이 굳이 『성서』의 세세한 진리까지 모두 싸안으려 분투할 필요는 없다고 주장한다. 그리스도교의 진리는 지극히 의심스런 내용에 기대지 않고도 얼마든지 유지될 수 있기 때문이다.

레싱은 자신의 논문 "성령과 권능에 대한 증명"(On the Proof of the Spirit and of Power)[3]에서 고대인들은 그리스도교의 진리를 증명하는 기적을 봐야만 믿는 경향이 있었다고 주장한다. 하지만 기적이

---

2 Lessing, "Editorial Commentary on the 'Fragments' of Reimarus," in *Philosophical and Theological Writings,* 64; 'Gegensatze des Herausgebers,' 497.

3 이 논문의 제목과 관련하여 레싱은 『고린도전서』 2:3-5를 언급한다. 거기서 바울은 이렇게 말한다: "내가 너희 가운데 거할 때에 약하고 두려워하고 심히 떨었노라. 내 말과 내 전도함이 설득력 있는 지혜의 말로 하지 아니하고 다만 성령의 나타나심과 능력으로 하여 너희 믿음이 사람의 지혜에 있지 아니하고 다만 하나님의 권능에 있게 하려 하였노라." 여기서 핵심은 '성령'과 '권능'이다. 고대에는 성령과 권능, 즉 기적이나 성취된 예언 등이 사람들에게 설득력을 가졌으나 이제는 더 이상 기적이 일어나지 않으므로 그런 권능도 사라졌다. 이와 관련해서는 다음을 참고하라. Lessing, "On the Proof of the Spirit and of Power," in *Philosophical and Theological Writings,* 84; [Lessing], *Ueber den Beweis des Geistes und der Kraft* (Braunschweig: n.p., 1777), 5.

일어나지 않은 지 수십 세기가 지난 오늘을 살아가는 우리가 고대의 선조처럼 믿기를 바라는 것은 불합리한 것이다. 우리는 기적을 직접 목격한 증인이 아니라 그것에 관한 역사적 기록의 전수인일 뿐이다. 역사적 기록은 결코 기적의 목격과 같은 설득력을 갖지 못한다. 오늘날의 그리스도교는 우리 시대에 맞는 새로운 믿음의 형식을 내놓아야 한다.

그 논문에서 레싱은 모든 역사적 설명의 신뢰성에 일반적인 의문을 제기한다. 과거로부터 전수된 모든 역사적 기록에는 의심의 여지가 많다. 그는 알렉산더 대왕의 사례를 든다. "우리는 아시아 전역을 단기간에 정복한 알렉산더라는 사람이 실존했다고 믿는다. 하지만 과연 그런 믿음에 무엇과도 바꿀 수 없는 위대하고 불변적인 것을 거는 사람이 있을까?"[4] 고대 그리스 역사 전문가들은 알렉산더 군대의 구체적인 군인 숫자라든가 정확한 전투 날짜나 장소를 두고 논쟁을 벌일 수는 있겠지만, 그러한 진리에 자신의 영원한 구원은 고사하고 전 재산이라도 걸 사람은 아무도 없을 것이다. 역사적 진리는 언제나 의심의 여지가 많다. 그래서 레싱은 그것을 '우연한 역사적 진리들'[5]이라 불렀다. 간단히 말해, 역사적 진리는 결코 완벽히 증명될 수 없다. 기적에 관한 역사적 기록을 역사적 진리로 믿는다고 해서 더 많은 것을 알게 되거나 더 확실하게 증명되는 것은 아무것도 없다.

레싱은 또 다른 논문에서 고대 로마의 역사가들과 복음서의 저자

---

4 Lessing, "On the Proof of the Spirit and of Power," in *Philosophical and Theological Writings*, 86; *Ueber den Beweis des Geistes und der Kraft*, 10.

5 Lessing, "On the Proof of the Spirit and of Power," in *Philosophical and Theological Writings*, 85; *Ueber den Beweis des Geistes und der Kraft*, 9.

들을 비교한다. 그는 동일한 사건을 기술할 때도 이교도 저자들의 설명은 언제나 모순되거나 불일치한다고 지적한다. 하지만 그렇다고 해서 우리는 그 사건이 일어나지 않았다거나 그런 모순이 나쁜 것이라거나 그들이 기만적인 역사가라고 단정하지는 않는다. 다음으로 레싱은 그들을 복음서의 저자들과 비교한다. "우리는 리비우스Titus Livius Patavinus, 디오니시우스Dionysius of Halicarnassus, 폴리비오스Polybius, 타키투스Tacitus와 같은 로마 역사가들의 설명에는 사사건건 시비하지 않으면서, 왜 복음서 저자들(마태, 마가, 누가, 요한)에게는 그렇게 엄격하게 따져 묻는가?"[6] 이는 역사적 진리에 대한 비현실적 기준을 마련해 놓고는 복음서들이 거기에 부합하지 않으니 결격하다고 믿는 라이마루스를 비판하는 대목이다. 하지만 보다 냉정한 역사학자들은 역사적 자료들 사이에는 결코 완벽한 조화나 투명한 진실이 있을 수 없다는 점을 과감히 인정한다. 역사연구의 본질은 언제나 어느 정도의 불확실성을 감안하는 것이다. 헤겔도 그 점을 인정하고, 레싱이 말하는 역사적 인식의 한계에 동의한다.[7] 헤겔에 따르면, 그리스도교의 진리는 단순한 경험적 진리가 아니라 고도의 이성적 진리다.

라이마루스를 비판하던 사람들조차 그의 순진한 역사관을 암묵적으로 받아들이고, 그 기준으로 『성서』를 변호했다는 것은 참으로 모순적인 일이 아닐 수 없다. 그가 전제한 역사적 진리의 기준은 지나치게 엄격해서 거기에 들려는 사람들은 무조건 실패할 수밖에 없다는 것이 라이마루스에 대한 레싱의 입장이다. 그는 간단히 이렇게 말한

---

6 Lessing, "A Rejoinder," in *Philosophical and Theological Writings,* 100; [Lessing], *Eine Duplik* (Braunschweig: In der Buchhandlung des Furstl. Waisenhauses, 1778), 17.

7 Hegel, *LPR,* vol. 3, 330-331; *VPR,* Part 3, 253-254.

다. "나는 전제는 받아들이지만 결론은 거부한다."[8] 정리하면, 레싱은 『성서』에는 다양한 모순과 불일치가 있다는 라이마루스의 지적은 수용하지만, 그래서 『성서』 자체가 무가치하다는 그의 결론까지 허용하지는 않는다. 레싱은 라이마루스가 역사적 기록에 우리의 믿음을 내맡기는 것은 현명한 태도가 아니라는 점만큼은 정확히 보여주었다고 평가한다. 역사적 기록에는 언제나 의심의 여지가 남아 있게 마련이다. 레싱은 복음서에 기록된 역사적 진리를 있는 그대로 받아들이는 것은 잘못된 변호의 방식이라고 거부했지만, 그것이 그리스도교 자체를 비판하는 것은 아니었다. 도리어 그는 보다 적합한 변호의 방식을 찾고자 했을 뿐이다. 그래서 레싱은 이렇게 말한다. "우리는 특정한 근거를 의심하는 사람을 그것 자체를 의심하는 사람으로 여겨서는 안 된다."[9]

이후에 레싱은 역사적 진리 주장의 한계를 밝히는 유명한 논문을 공식적으로 발표했다. 그 논문은 그리스도교의 본질이 어디에 있는지, 그 본질은 어떻게 변호되어야 하는지에 대한 자신의 관점을 최초로 선언한 것이었다. 그는 이렇게 말한다. "우연적인 역사적 진리는 결코 필연적인 이성적 진리의 근거가 될 수 없다."[10] 여기서 레싱은 라이프니츠Gottfried Wilhelm Leibniz가 구별했던 '사실의 진리'와 '이성의 진리' 개념을 차용하고 있다.[11] 라이프니츠에 따르면, 한편에는 우리

8 Lessing, "A Rejoinder," in *Philosophical and Theological Writings*, 99; Eine Duplik, 13.

9 Lessing, "Axioms," in *Philosophical and Theological Writings*, 122; *Axiomata, wenn es deren in dergleichen Dingen gibt?*, 8.

10 Lessing, "On the Proof of the Spirit and of Power," in *Philosophical and Theological Writings*, 85; *Ueber den Beweis des Geistes und der Kraft*, 9.

11 이와 관련해서는 Yasukata, *Lessing's Philosophy of Religion and the German Enlightenment*,

가 지각하는 세계에 관한 경험적 진리들이 있다. 이를테면 "매트 위에 고양이가 있다"는 진리는 사실일 수도 있고, 아닐 수도 있다는 점에서 필연적인 진리가 아니다. 고양이가 매트 위에 있다거나 없다는 주장에는 어떠한 논리적 모순도 발생하지 않는다. 따라서 그 진리는 우연적인 것이다. 다른 한편에는 논리학, 수학, 기하학과 같은 이성적인 진리도 있다. 그러한 진리는 어떠한 역사적 상황과도 무관하게 언제나 참이다. 2+3이 어떤 날에는 5가 되고, 어떤 날에는 6이 되는 경우란 있을 수 없다. 이어서 레싱은 그렇게 구별된 '사실의 진리'를 또다시 '역사적 진리'와 구별한다. 전쟁이나 혁명은 주어진 시간과 장소에서 일어났을 수도 있고, 일어나지 않았을 수도 있다. 레싱이 보기에 그것은 그리스도교에서 그리 중요하지 않은 측면, 즉 정확성에 대한 논쟁과 비판이 언제든지 가능한 역사적 차원이다. 하지만 또 다른 측면도 있다. 그것은 레싱이 말하는 그리스도교의 진정한 본질이 존재하는 곳이다. 그리스도교는 이성적인 진리, 즉 그 자체로 참이고, 더 이상 논쟁이나 정당화가 필요치 않은 명제도 포함하고 있다. 레싱은 역사적인 진리와 이성적인 진리 사이에는 언제나 간극이 존재할 수밖에 없다고 주장한다. 우리는 역사적인 진리를 통해서는 결코 이성적인 진리에 이를 수 없다. 역사적인 진리 논증에는 언제나 비약하지 않을 수 없는 간극이 존재한다.[12] 레싱은 그 간극을 이렇게 표현한다. "그것

60-62를 참고하라.

12 Lessing, "On the Proof of the Spirit and of Power," in *Philosophical and Theological Writings,* 87; *Ueber den Beweis des Geistes und der Kraft,* 13. 이것이 키에르케고어(Søren Kierkegaard)가 사용한 '신앙의 도약'(The leap of faith)이라는 개념의 원천이다. 이와 관련해서는 다음을 참고하라. Curtis L. Thompson, "Gotthold Ephraim Lessing: Appropriating the Testimony of a Theological Naturalist," in *Kierkegaard and the Renaissance and Modern*

은 아무리 자주, 아무리 성실히 노력해도 결코 건널 수 없는 넓고도 험악한 고랑이다."[13]

역사적 변신론에 대한 레싱의 비판은 타당해 보이지만, 그의 주장에는 직관에 반하는 부분이 있다. 예수의 가르침이 수학적 진리의 필연성을 수반해야 한다는 생각이 그것이다. 하지만 레싱은 그렇게 말한다. 그는 예수의 가르침을 반복해서 수학에 비유한다. "누군가가 명백한 거짓 증명을 통해 위대하고 유용한 수학적 진리를 발견했다고 가정해 보자. […] 그러면 나는 그 진리를 부정해야 하는가? 아니면 사용하길 거부해야 하는가?"[14] 그는 예수의 가르침이 수학적 진리가 참인 것과 같은 방식으로 참이라고 주장한다. 예수의 가르침과 관련한 세부적인 역사적 사건에 대해서는 그 진실성을 물을 수 없다는 점에서 진리와 무관한 것이다. 다른 저술에서 레싱은 자신을 비판한 괴체와의 대화를 상상한다. 그는 괴체가 자신을 비판한 글에 자신의 발언을 삽입하는 방식으로 내용을 전개한다. 괴체가 핵심적으로 비판한 것은 그리스도교의 '내적인 진리', 즉 그리스도교는 역사적 상황과 무관한 이성적 진리에 기초하고 있다는 레싱의 주장이다. 그 대화는 괴체의 질문으로 시작된다. "우리는 그리스도교의 내적인 진리에 대한 인식을 어디서 구해야 합니까?"[15] 레싱은 대답한다. "그 자체에서입니다.

Traditions, Tome I, *Philosophy,* ed. by Jon Stewart (Aldershot: Ashgate, 2009) (*Kierkegaard Research: Sources, Reception and Resources*, vol. 5), 77-112; 특히 91-97을 참고하라.

13 Lessing, "On the Proof of the Spirit and of Power," in *Philosophical and Theological Writings*, 87; *Ueber den Beweis des Geistes und der Kraft*, 13.

14 Lessing, "On the Proof of the Spirit and of Power," in *Philosophical and Theological Writings*, 88; *Ueber den Beweis des Geistes und der Kraft*, 15-16.

15 Lessing, "Axioms," in *Philosophical and Theological Writings,* 140; *Axiomata, wenn es deren in dergleichen Dingen gibt?*, 58.

그래서 '내적인 진리'라고 부르는 것이지요. 내적인 진리는 어떠한 외적인 입증도 필요치 않은 진리입니다."[16] 괴체는 그 대답에다 '기록된 전통이나 전도자와 사도의 기록에서 얻은 진리는 제외'[17]라는 수식어를 덧붙이고 싶어 한다. 그 대답의 과정에서 레싱은 또다시 수학과 기하학의 비유를 든다. "수학과 기하학에서 우리는 무엇을 배워야 합니까? 내적인 진리입니까? 아니면 그 진리에 대한 역사적 인식입니까? 역사적 인식은 마치 기하학적 정리가 참인 것이 기하학적 증명 때문이 아니라 유클리드가 그것을 증명했기 때문이라고 주장하는 것처럼 엉뚱해 보입니다."[18] 이는 예수가 영원한 이성의 진리에 도달했고, 그것을 가르쳤으며, 이후로 모든 인류가 그것을 보편적으로 깨닫게 되었다는 말처럼 들린다. 그러한 이성적 진리는 더 이상 정당화될 필요도 없고, 역사적 비판에도 흔들리지 않는 진리라는 것이다.

레싱은 예수의 윤리적 가르침을 염두에 두고 있는 것 같다. 예컨대 "네 이웃을 사랑하라"는 명령은 보편적으로 참된 윤리법칙이다. 그 법칙은 역사적으로 특정한 시공간에 살았던 예수의 생각일 수도 있고, 다른 시공간에 살았던 다른 사람의 생각일 수도 있다. 누가, 언제, 어디서 생각했는가와 같은 역사적 문제는 그러한 윤리적 명령과 같은 이성적 진리와는 아무런 상관이 없다. 누가 언제 혹은 처음 말했는가와 무관하게 그 명령은 그 자체로 참된 것이다. 여기서 우리는 그리스

---

16 Lessing, "Axioms," in *Philosophical and Theological Writings,* 140; Axiomata, *wenn es deren in dergleichen Dingen gibt?*, 58.

17 Lessing, "Axioms," in *Philosophical and Theological Writings,* 140; *Axiomata, wenn es deren in dergleichen Dingen gibt?*, 58.

18 Lessing, "Axioms," in *Philosophical and Theological Writings,* 140; *Axiomata, wenn es deren in dergleichen Dingen gibt?*, 58.

도교의 내용이 상당히 축소되었음을 보게 된다. 계몽주의를 대표하는 다른 주요 사상가와 마찬가지로 레싱도 그리스도교를 단순한 윤리적 차원으로 환원한 것처럼 보인다.

헤겔이 좋아했던 희곡 중 하나인 레싱의 명작 『현자 나탄』(Nathan Der Weise)[19]은 라이마루스의 저작을 둘러싼 논쟁이 시작된 직후 그 논쟁의 일환으로 집필된 것이다. 그 작품은 개별 국가, 개별 민족, 개별 종교의 구성원과는 대비되는 '인간'(Mensch)이라는 단어를 반복해서 강조한다. 그것은 개별 종교나 특수한 교리를 초월한 보편적인 인간의 종교가 있다는 것을 의미한다. 그러한 종교의 윤리적 차원은 나탄이 술탄 살라딘Sultan Saladin에게 들려주는 반지의 비유에서 분명히 드러난다. 그 이야기의 전말은 이렇다. 신비한 힘을 가진 마법의 반지가 있는데, 그것을 낀 사람이 그 힘을 믿으면 그는 신과 인간의 사랑을 받게 된다.[20] 그 반지를 갖고 있던 아버지는 죽음이 임박하자

19 헤겔은 어린 시절 레싱의 『현자 나탄』을 꼼꼼히 읽은 학생이었고, 종교 관련 초기 저술들에서부터 그 작품을 자주 언급하고 있다. 이와 관련해서는 다음을 참고하라. *TE*, 37-39; *TJ*, 10-12. *TE*, 45; *TJ*, 17. *TE*, 62; *TJ*, 33. *TE*, 64; *TJ*, 34. *TE*, 91; *TJ*, 60. *TE*, 129; *TJ*, 100. *ETW*, 92; *TJ*, 170. *ETW*, 107; *TJ*, 183. *ETW*, 116; *TJ*, 190. *ETW*, 150n; *TJ*, 218n. *Aesthetics*, vol. 1, 392; *Jub.*, vol. 12, 519-520. *Aesthetics*, vol. 2, 1012; *Jub.*, vol. 14, 289. 이와 관련해서는 *Aesthetics*, vol. 2, 1180; *Jub.*, vol. 14, 509도 참고하라. "레싱은 나탄을 통해 협소한 종교적 정통설에 맞서 자신의 도덕적 신앙을 정당화하고자 했다." 그는 튀빙겐대학의 신학생 시절에 쓴 그리스-로마 고전문학에 대한 연구를 찬양하는 글에서도 그 저작을 인용하고 있다. 이와 관련해서는 "Uber einige Vorteile, welche uns die Lekture der alten klassischen griechischen und romischen Schriftsteller gewahrt," *Dokumente*, 169; Terry Pinkard, *Hegel: A Biography* (Cambridge: Cambridge University Press, 2000), 14-15를 참고하라.

20 Lessing, *Nathan the Wise with Related Documents,* trans. and ed. by Ronald Schlecter (Boston and New York: Bedford/St. Martin's, 2004), 71; Nathan der Weise. Ein Dramatisches Gedicht in fünf Aufzügen ([Berlin]: n.p., 1779), 143. 그 에피소드에 관한 헤겔의 언급과 관련해서는 Aesthetics, vol. 1, 392; Jub., vol. 12, 519-520을 참고하라. "레싱이 『현자 나탄』에서 들었던 세 개의 반지 비유는 보카치오(Giovanni Boccaccio)의 잘 알려진 이야기에서 그대로 가져온 것이

그것을 자식에게 물려주기로 했다. 하지만 아버지는 그것을 세 명의 아들 가운데 누구에게 줘야 할지 몰라 똑같은 반지를 두 개 더 만들었다. 새로 만든 반지들은 너무 완벽해서 무엇이 진짜인지 그조차 가려낼 수 없을 정도였다. 그는 세 개의 반지를 아들들에게 하나씩 나눠주고 세상을 떠났다. 그것을 받은 세 아들은 어느 것이 진짜인지를 두고 다투기 시작했다. 모두들 자신의 반지가 진짜고 나머지는 가짜라고 우겨댔다. 결국 그들은 재판을 받기 위해 법정에까지 서게 되었다. 하지만 판사조차 어떤 것이 진짜인지 가려낼 방도가 없어 도무지 판결을 내릴 수 없었다. 그때 불현듯 좋은 생각이 떠올랐다. "잠깐! 진짜 반지는 그것을 낀 사람이 신과 인간의 사랑을 받는 기적의 힘을 갖고 있다고 그랬지? 그래 바로 그게 답이야!"[21] 하지만 세 아들은 여전히 서로 싸우고, 말다툼을 벌였던 탓에 판사는 당장 그 주인을 알아볼 수 없었다. 그래서 그는 세 아들에게 이렇게 말했다. "다들 돌아가서 도덕적으로 의로운 삶을 살아가시오!" 그것이야말로 자신의 반지를 진짜로 입증하는 최고의 증거이기 때문이다.

그 이야기에 나오는 세 개의 반지는 역사적으로 끊임없이 갈등했던 세 유일신교, 즉 유대교와 그리스도교와 이슬람교를 상징한다. 각각의 종교에는 자신의 종교만이 옳다고 믿는 신자들이 있다. 하지만 그러한 분쟁을 판결할 학문적인 증명이란 존재하지 않는다. 각각의

다. 『현자 나탄』에서 그 비유는 지극히 평범해 보이지만, 사실 그것은 크게 세 종교, 즉 유대교, 이슬람교, 그리스도교의 차이와 각각의 진리를 상징한다." 헤겔은 세 개의 반지 이야기의 근원이 보카치오(Giovanni Boccaccio)의 『데카메론』(The Decameron, Day 1, Tale 3)이라고 말한다. 이와 관련해서는 The Decameron of Giovanni Boccaccio, trans. by Richard Aldington (New York: Dell, 1962), 59-61을 참고하라.

21 Lessing, *Nathan the Wise with Related Documents*, 73; *Nathan der Weise*, 148.

종교는 역사적으로 저마다의 주장을 내세웠지만, 그것은 확정되거나 거부될 수 있는 명제가 아니다. 반지의 비유에 따르면, 최고의 종교는 신자들에게 최고의 윤리적 선행과 덕행을 수행케 하는 종교다. 마법의 반지를 결정하는 기준은 오로지 개인의 선행일 뿐이다. 레싱은 반지의 비유를 들어 세 종교를 결정적으로 구분하는 교리의 차이를 상쇄시키고자 했다. 참된 종교를 증명하는 데 중요한 것은 교리가 아니라 윤리적 선행이기 때문이다. 레싱도 볼테르와 마찬가지로 각각의 전통 종교를 초월한 보편적인 믿음의 형태를 강구하는 듯하다. 우리는 예언자나 도덕 교사나 종교 전통 등을 통해서도 신을 숭배할 수 있다. 하지만 정작 중요한 것은 그런 교리들이 아니라 윤리적 선행이다.

또 다른 대목에서 술탄은 그의 여동생 지타[Sittah]와 대화한다. 그녀는 그리스도의 윤리적 가르침과 행위를 스스로 살지는 않으면서 고작 그리스도교로 개종하거나 그리스도를 숭배하는 것에 만족하는 그리스도교인들을 비판한다. 그녀는 이렇게 말한다.

> 그리스도교인들은 자신들이 단지 인간이라는 데서가 아니라 그리스도교인이라는 데서 자부심을 느낀다. 그들은 그리스도가 준 것들, 인간성을 미신적으로 표현한 것들까지도 사랑한다. 그것이 인간적인 것이라서가 아니라 그리스도가 가르치고 살았던 것이기 때문이다. […] 그리스도의 이름만을 만방에 알려야 하고, 선량한 사람들의 이름은 숨겨야 한다. 그들은 (선행이 아니라) 단지 이름만을 소중하게 생각하기 때문이다.[22]

22 Lessing, *Nathan the Wise with Related Documents*, 46; *Nathan der Weise*, 67.

그녀가 말하고자 하는 바는 그리스도교인들은 그리스도가 그 행위를 했다는 사실보다 공정하고 정의로운 행위 자체에 주목해야 한다는 것이다. 도덕적인 사람들도 많고, 윤리교사들도 많은데 그리스도교인들은 왜 그리스도만 도덕적 행위를 할 수 있다고 생각하는가? 그들은 그리스도가 도덕적 행위를 했다는 역사적 사실보다 도덕적 행위 자체의 위대함을 찬양해야 한다. 중요한 것은 그 행위를 한 사람의 이름(그리스도)이 아니라 그 행위나 도덕법칙 자체여야 한다. 헤겔은 베른시기의 저술 "민족종교와 그리스도교에 관한 단편들"(Fragmente über Volksreligion und Christentum)과 "그리스도교의 실정성"(Die Positivität der christlichen Religion)에서 레싱의 그 구절을 언급하고 있다.[23]

레싱은 이성적 진리와 윤리적 차원에만 주목한 나머지 그리스도의 신성이나 부활 및 여타의 핵심 교리를 모조리 폐기해 버림으로써 자기 견해의 긍정적인 측면조차 제대로 보여주지 못했다. 그리스도교 가운데 특정한 '이성적 진리'만을 믿는다는 것은 달리 말해, 반대자들이 목숨 걸고 지키고 싶어 하는 수많은 핵심 교리를 모조리 폐기한다는 뜻이기 때문이다.

당시에 헤겔은 레싱과 괴체의 논쟁을 익히 알고 있었다. 그는 레싱의 편에서 괴체를 비판했다.[24] 헤겔은 『성서』가 아무리 중요하다 해도 그것은 직접적으로 이해될 수 있는 것이 아니므로 반드시 해석이 뒤따라야 한다고 주장한다.[25] 『성서』의 구절들은 맥락에 따라 다양하

23 Hegel, "Bern Fragments", in *TE*, 91; *TJ*, 60; "The Positivity of the Christian Religion", in *ETW*, 72; *TJ*, 156. *ETW*, 175; *TJ*, 145.

24 Hegel, *LPR*, vol. 3, 258, note 29; *VPR*, Part 3, 185n.

게 해석될 수 있으므로 그것을 단순히 인용하는 것만으로는 논쟁에서 이길 수 없다. 그런 점에서 레싱은 헤겔의 전략을 선취한 것으로도 볼 수 있다. 그 역시 그리스도교의 전체적인 진리와 무관한 세부적인 역사적 기록들은 과감하게 무시해 버린다. 헤겔은 『역사철학』의 한 대목에서 그러한 레싱의 견해에 동조하고 있다.

> 당신은 그리스도를 어떤 방식으로 해석해도 좋다. 그것이 주석적 방식이든, 비평적 방식이든, 역사적 방식이든 상관없이 그리스도교의 교리가 어떻게 공의회에 의해 확립되었는지, 어떤 주교들의 관심과 열정으로 그리스도교 교리가 보급되었는지, 또한 그리스도교 교리들은 어떤 교구에서 생겨난 것인지를 그대로 증명하면 된다. 하지만 한 가지는 물어야 한다. "즉자대자적인 진리의 개념은 무엇인가?"[26]

또한 헤겔과 레싱은 둘 다 그리스도교의 진리는 보편적이고도 개념적 증명이 가능한 이성적 진리에서 구해져야 한다고 주장한다. 다만 둘의 차이가 있다면, 역사적 진리와 이성적 진리의 관계를 서로 달리 본다는 점이다. 그리스도교를 수호하기 위한 레싱의 전략은 우연적인 '역사적 차원'과 필연적인 '이성적 차원'을 근본적으로 구분

---

25 Hegel, *LPR*, vol. 3, 258; *VPR*, Part 3, 185.

26 *Hegel, Phil. of Hist.*, 325-326; *Jub.*, vol. 11, 417-418. 이와 관련해서는 *Phil. of Hist.*, 331; *Jub.*, vol. 11, 424도 참고하라. "어떤 것이 어디서 유래했는지는 전혀 중요하지 않다. 유일한 질문은 이것이다. 즉자대자적인(절대적인) 진리인가? [...] 그리스도교의 교리가 정확히 『성서』의 어디에 있는가를 운운하는 것은 그리 중요한 문제가 아니다. 그럼에도 성서주석가들이나 근대의 신학자들은 온통 그런 문제에만 매달리고 있다. '문자는 죽이고, 성령은 살린다.' 그들은 그렇게 말하면서도, 정작 **성령**을 **이해**함으로써 감정을 저버리고 있다." 이와 관련해서는 *LPR*, vol. 1, 167; *VPR*, Part 1, 77. *LPR*, vol. 3, 260; *VPR*, Part 3, 187도 참고하라.

하는 것이다. 하지만 헤겔은 '이성적 차원'을 역사발전의 한 부분으로 이해한다. 그 역시 세부적인 역사적 기록은 우연적인 것이며, 끝없는 논쟁의 대상이라는 데는 동의하지만 그것이 역사의 전반적인 발전 과정을 개념적 관점에서 바라보는 철학의 탐구 대상은 아니라고 본다. 따라서 헤겔도 레싱처럼 라이마루스가 제기한 문제에 전혀 위협을 느끼지 않는다. 그런 내용은 역사가들이 탐구하는 경험적 자료일 뿐이다. 종교사의 정점이라 할 그리스도교의 진리는 그런 것에 결코 흔들리지 않는다. 또 하나의 차이라면, 헤겔은 자신의 접근법이 그리스도교의 핵심 교리를 수호할 것이라고 생각했지만 레싱은 많은 동시대인과 마찬가지로 그리스도교의 핵심 교리를 수용 불가능한 것으로 폐기해 버렸다는 점이다.

라이마루스를 직접 언급하지는 않지만 헤겔은 자신이 '이성 신학'이라 불렀던 성서주석의 한 형태를 노골적으로 비판한다. 라이마루스와 더불어 당시 가장 영향력 있던 합리주의 신학자로는 바움가르텐 Siegmund Jakob Baumgarten(1706~1757), 제믈러Johann Salomo Se mler(1725~1791), 뢰르 Johann Friedrich Röhr(1777~1848), 베크샤이더Julius August Ludwig Wegscheider(1771~1849), 파울루스Heinrich Eberhard Gottlob Paulus(1761~1851)를 들 수 있다. 헤겔은 『종교철학』에서 그런 합리주의 신학자들과 그들이 주도한 '이성 신학'으로 알려진 새로운 성서주석 운동에 대해 이렇게 말한다. "교리에 대한 이성적 이해를 추구하는 소위 '이성 신학'이 등장했다. 하지만 그것은 교회가 확립해 놓은 교리체계에 대립하는 것이다. 이성 신학은 부분적으로는 교회 자체의 행위였고, 부분적으로는 교회에 대립하는 사유의 행위였다."[27] 헤겔이 '이성 신학'이라 부른 것은 『성서』 본문을 꼼꼼히 분석하면서 그리스도의 부활, 승천, 재림과 같은 그리스도교의 핵심 교리를 폐기해 나갔던 라이마루스의 방법론을 가리킨다. 로젠크란츠Karl Rosenkranz는 헤겔이 베른에 머물던 시절, 라이마루스의 "단편들"은 그의 사상을 형성하는 중요한 배경이 되었다고 전한다.[28] 그 논쟁이 일어난 지 십 년밖에 안 된 시점에 헤겔은 튀빙겐 신학대학에 다니고 있었으니 그도 그것을 몰랐을 리가 없다.

헤겔은 그러한 이성 신학의 성서주석은 지극히 우연적이고 주관적인 것에 불과하다고 비판한다. 그것은 핵심 교리에 담긴 사변적인 진리는 보지 못하고, 다만 교리들을 부정하는 작업만을 이어간다. 헤겔은 그러한 이성 신학을 자의적인 논증에 불과하다고 비판하면서 거기서 벗어나기 위해서는 반드시 사변적인 이성 작업이 필요하다고 주장했다.[29] 이성 신학은 구체적인 경험적 증거를 통해 역사적 사건의 진리를 발견하는 방식이다. 하지만 그것은 구체적인 역사적 사건에 지나치게 집착한 나머지 더 큰 개념적 그림을 보지 못한다. 그리스도교의 본질은 구체적으로 경험할 수 있는 어떤 사물이나 사건이 아니다. 그것은 이념이다. 경험적인 사건이 우연적인 것이라면, 이념은 '보편적인 것'이며, 그의 사변 논리에 따르면 '필연적인 것'이다. 레싱

---

27 Hegel, *LPR*, vol. 1, 122-3; *VPR*, Part 1, 39. 합리주의 성서주석에 대한 헤겔의 비판과 관련해서는 다음의 서평을 참고하라. "*Aphorismen über Nichtwissen und absolutes Wissen im Verhältnisse zur christlichen Glaubenserkenntniss. —Ein Beitrag zum Verständnisse der Philosophie unserer Zeit*. Von Carl Friederich G…l. —Berlin, bei E. Franklin. 1829," *Jahrbücher für wissenschaftliche Kritik*, 1829, nos 99-102, 789-816; nos 105-106, 833-835, see 816-817. in *Vermischte Schriften*, vols 1-2, ed. by Friedrich Forster and Ludwig Boumann, vols 16-17 (1834-1835) in *Hegel's Werke*, vol. 17, 111-148, 144-145; In *Jub.*, vol. 20, 276-313, see 309-310; "Review of K. F. Goschel's Aphorisms," in *MW*, 401-429, 특히 425-426을 참고하라.

28 이와 관련해서는 Karl Rosenkranz, *Georg Wilhelm Friedrich Hegel's Leben* (Berlin: Duncker und Humblot, 1844), 50을 참고하라.

29 Hegel, *LPR*, vol. 1, 167; *VPR*, Part 1, 76-77.

과 마찬가지로 헤겔도 그런 우연적인 것들은 그리스교의 토대가 되기에 궁핍할 수밖에 없다고 생각한다.

물론 이성 신학도 당시의 성서 연구 분야에서는 혁명적이고 혁신적인 운동이었다. 하지만 이성 신학에 대한 헤겔의 반응은 마치 라이마루스를 비판한 이들에 대한 레싱의 반응과도 같았다. 레싱은 『성서』도 인간이 쓴 책이라는 점에서 인간의 다른 산물들처럼 오류가 있을 수밖에 없으며, 따라서 믿음을 오로지 『성서』에만 내맡기는 것은 부적절하다고 주장했다. 『성서』가 그리스도교의 본질 자체는 아니므로 『성서』를 최종심급으로 삼는 것은 부당한 것이다. 그리스도교는 기록된 설명 그 이상이다. 그것은 이념이다. 이것이 헤겔의 생각이다. 『성서』에 관한 문헌학적 연구의 결과들은 대체로 그리스도교의 실제적인 진리와는 별 상관이 없다. 성서 연구는 언제나 역사적 사건의 세세한 경험에 몰두하지만 그리스도교의 진리는 그 모든 우연적인 사건을 초월해 있기 때문이다.

2. 흄 — 신 존재 증명 비판

계몽주의 시대의 일반적인 경향은 그리스도교의 다양한 측면이나 교리에 대한 비판에 몰두하는 것이었다. 예컨대 볼테르나 라이마루스의 저작은 자연종교에 은근히 동조하고 있다. 앞선 장에서도 언급했듯이, 당시의 많은 사상가는 그리스도교에서 터무니없거나 유해한 요소를 폐기하고 싶어 했지만 그렇다고 해서 최고 존재 자체를 궁극적으로 의심한 것은 아니었다. 계몽주의를 특징짓는 그러한 믿음은 흄 이전까지만 해도 의심의 여지없이 받아들여졌던 가정이었다. 앞서 언급했듯이, 많은 계몽주의 사상가들은 '시계공'(watchmaker)으로서의 신 개념이야말로 가장 타당하고 직관적이라고 생각했다. 그들은 자신들을 둘러싼 우주의 질서를 관찰하면서 그것은 결코 저절로 생겨난 것이 아니라고 결론지었다. 우리는 벽돌이나 나무나 유리나 모르타르를 땅에 던질 수는 있지만, 그렇다고 해서 저절로 집이 지어지는 것은 아니다. 집을 지으려면 설계자가 필요하다. 이처럼 우주를 구성하고 조직한 어떤 탁월한 설계자도 분명 존재하게 마련이다. 18세기에는 그러한 설계 논증이 널리 수용되었다.

흄은 『자연종교에 관한 대화』(*Dialogues Concerning Natural Religion*, 이 책은 흄이 세상을 떠난 후 1779년에 출판되었다)에서 자연종교를 옹호하는 클리안테스Cleanthes의 입을 빌려 그러한 설계 논증을 두 방식으로 설명한다. 클리안테스는 계몽주의의 일반적인 진보의 정신을 대변하는 가상 인물로서 보수적이고 종교적인 성격의 데이미Demea나 회의주의적인 비판가 필로Philo와는 대비되는 입장을 펼친다. 제2부와 제3부에서 클리안테스는 서로 다른 두 공식으로 설계 논증(목적론적 증명)을 설명한다.[30] 그는 계몽주의를 주도한 여느 사상가와 마찬가지로 자신이 무지와 미신을 철저히 논박했으며, 자신의 견해만이 자연과학과 경험주의에 근거한 것이라고 믿는다. 그는 세계에 대한 경험적 관찰이

---

30 Hume, "Dialogues Concerning Natural Religion," in *Dialogues and Natural History of Religion*, ed. by J. C. A. Gaskin (Oxford: Oxford University Press, 1993), 45, 56; *Dialogues Concerning Natural Religion* ([no place or publisher listed], 1779), 25, 43. 흄의 『자연종교에 관한 대화』와 관련해서는 다음을 참고하라. David O'Connor, *Hume on Religion* (London and New York: Routledge, 2001); J. C. A. Gaskin, *Hume's Philosophy of Religion* (London: Macmillan, 1978); Stanley Tweyman, *Scepticism and Belief in Hume's Dialogues Concerning Natural Religion* (Dordrecht: Kluwer, 1986).

야말로 신에 관한 자신의 결론을 뒷받침하는 가장 명확한 증거라고 굳게 확신한다. 그는 대화자들에게 이렇게 말한다. "세계를 둘러보십시오. 세계의 전체와 모든 부분을 주의 깊게 관찰해 보십시오. 망원경과 현미경의 시대에 사는 우리는 과학의 경험적 관찰의 원리를 통해 신의 증거를 발견할 수 있습니다."[31] 클리안테스는 과학이 사용하는 일종의 귀납법에 근거하여 자신의 논증을 펼쳐나간다. 간단히 말해, 귀납법이란 동일한 조건하에서 매번 동일한 결과를 관찰하게 되면, 다음에는 결과를 보지 않고도 동일한 결과를 직관적으로 추론하게 되는 사고원리를 말한다. 마치 번개를 보고 천둥이라는 결과를 추론하듯이 말이다. 우리가 집을 보면서 그 집의 설계자나 건축가를 추론하듯이 우주의 질서를 보면서 우주의 최고 설계자, 즉 신을 추론하게 된다는 것이 그의 논리다.

필로는 귀납법에서는 사례들이 최대한 동일해야 하는데, 그 두 사례는 너무 달라서 참된 사례가 될 수 없다고 주장하면서 클리안테스의 설계 논증을 철저히 반박한다. 간단히 말해, 그가 사용한 방법은 진정한 과학이 아니라 사이비 과학이라는 것이다. 이와는 반대로 필로는 제7부와 제8부에서 우주의 기원과 발전에 관한 자연주의적 설명을 펼친다. 그는 그 주제가 갖는 난해한 본성과 인간 경험과의 거리를 고려할 때, 자신의 설명도 궁극적으로는 결함이 있을 수밖에 없음을 겸허히 인정한다. 하지만 그렇다고 해서 신의 개입을 호소하지는 않겠다는 것이 그의 핵심 주장이다. 우주와 자연은 스스로 발전하는 것이므로 그것을 굳이 다른 수단으로 설명할 필요가 없다는 것이다.

---

31 Hume, *Dialogues Concerning Natural Religion*, 45; *Dialogues* (1779), 25.

제9부에서는 데이마가 우주론적 증명을 주장하고, 클리아테스가 그것을 반박한다.[32] 데이마는 만물은 자기 이외의 다른 원인을 갖는다고 추론한다. 달리 말해, 자기원인이란 존재하지 않으므로 우주 자체도 분명 어떤 원인에 의해 발생했다는 것이다. 원인들의 원인을 추적하다 보면 우리는 결국 모든 것이 그것으로부터 생겨나는 제1원인을 만나게 된다는 논리다. 그러한 데이마의 주장에 대해서 회의적이고 논리적인 필로가 아니라 데이마의 동료이자 유신론자인 클리안테스가 반박하게 하는 설정 자체가 이해되지는 않지만, 어쨌든 그는 데이마의 접근법을 집요하게 공격한다. 먼저 클리안테스는 어떤 사실이나 경험적 진리는 선험적으로, 즉 필연적으로 증명될 수 없다고 주장한다.[33] 모든 존재는 그것이 우주에 존재하지 않을 수도 있다는 점에서 언제나 우연적인 것이다. 여기에는 어떠한 모순도 없다. 특정한 누군가가 존재하지 않거나 신이 존재하지 않는다는 생각에는 개념적인 모순이 없다. 그런데 왜 데이마는 물리적 우주를 단순히 제1원인으로 간주하지도 않고, 그것을 필연적인 존재라고도 말하지 않는가? 클리안테스의 요점은 신을 우주의 원인으로 간주한다고 해서 더 설명되는 것은 아무것도 없다는 것이다.[34] 그는 필로가 자신에게 제기했던 반론을 데이마에게 그대로 돌려주고 있다. 신을 제1원인으로 추론하는 데이마의 논증(우주론적 증명)은 흄의 대화편에서도 잘 통하지 않는다.

그 저작의 마지막 주제는 제10부와 제11부에서 논의되고 있는 '악'의 문제다. 그것은 신 존재에 대한 반론이라 볼 수 있다. 그런 맥락에

32 Hume, *Dialogues Concerning Natural Religion*, 90-91; *Dialogues* (1779), 91-92.

33 Hume, *Dialogues Concerning Natural Religion*, 91; *Dialogues* (1779), 92.

34 Hume, *Dialogues Concerning Natural Religion*, 92; *Dialogues* (1779), 93-94.

서 그 문제를 제기하는 사람은 필로이고, 그것에 반대하는 사람은 클리안테스인데, 그 반론은 참으로 황당한 수준이다. 필로는 자비롭고, 자애롭고, 정의로운 신이 만일 전능하여 원한다면 얼마든지 상황을 바꿀 수 있다면 세상에는 왜 그렇게 끔찍한 고통과 악이 존재하느냐고 묻는다. 만일 그렇다면 신의 두 속성 가운데 하나는 포기되어야 한다. "신은 악을 막고 싶었지만 그럴 수 없었다? 그렇다면 신은 전능하지 않다. 신은 악을 막을 수 있었지만 원하지 않았다? 그렇다면 신은 정의롭지 않다."[35] 클리안테스는 세상에는 그렇게 끔찍한 고통과 악이 존재하지 않는다고 반박하지만 그것은 터무니없는 소리다. 대화상에서도 그 주장은 상식과 경험에 맞지 않는 헛소리 취급을 당한다.

흄은 마지막 부분을 필로가 별다른 이유 없이 항복을 선언하고, 자신의 비판을 철회하는 장면으로 매듭짓지만, 그렇다고 피해나 충격이 무마되지는 않는다. 신 존재 증명에 대한 필로의 반박은 대부분의 독자들을 사로잡았을 것이다. 신 존재 증명에 대한 이신론자들과 흄의 비판은 그리스도교뿐만 아니라 모든 종교의 권위를 무너뜨렸다. 필로의 입을 빌은 흄의 비판은 추상적인 최고 존재라는 신 개념을 와해시켰다. 그의 논의는 이신론의 신 개념으로 전통적인 신 개념을 거부하고자 했던 당시 계몽주의 사상가들보다 한 걸음 더 나아간 것이었다. 그는 진정한 과학의 관점에서 보면, 이신론의 신 개념도 수용 불가능한 주장에 불과하다는 점을 증명했다. 흄은 신의 존재에 관한 인식과 관련하여 과연 종교적 믿음이 이성을 통해 뒷받침될

35 Hume, *Dialogues Concerning Natural Religion*, 100; *Dialogues* (1779), 106.

수 있는지를 규명하고자 했으나 결국 부정적인 결론에 이르고 말았다. 칸트 역시 흄의 비판에 대체로 공감했지만, 그의 모든 결론을 받아들일 수 없어 그 과제를 계속 이어갔다.

헤겔은 어린 시절부터 흄의 저작들을 읽었다. 학창 시절에는 이후의 연구를 위해 그의 저작을 발췌해 두기도 했다.[36] 헤겔은 초기 저술인 『믿음과 지식』(*Glauben und Wissen*)에서도 흄을 몇 차례 언급하고 있으며,[37] 장년기 저작인 『철학백과』에서도 그의 인식론을 다루고 있다.[38] 또한 하만의 저작에 대한 서평에서도 하만이 흄에 관해 썼던 책을 언급하고 있으며,[39] 『역사철학』에서는 아예 흄 부분을 따로 마련하기도 했다.[40] 거기서 그는 흄의 저작을 두 권 정도 언급하지만, 지금의 『자연종교에 관한 대화』는 빠져 있다. 하지만 헤겔은 다른 저작을 통해서도 흄의 종교관을 매우 깊이 이해하고 있다. 그는 이렇게 설명한다. "흄은 […] 자신의 회의주의를 자유와 필연의 개념과 원리로, 그리고 신 존재 증명으로까지 밀고 나갔다."[41] 또한 그는 흄의 입장을 이렇게 요약한다. "영혼 불멸, 신, 자연 등의 문제들이 형이상학적으로 확증되고 공언되었다는 주장에는 아무런 실재적인 근거가 없다. 사람들이 증명의 근거로 삼는 추론들은 기껏해야 주관적으로 형성된 개념에 불과하기 때문이다."[42] 헤겔은 흄을 인식론적

---

36 이와 관련해서는 Rosenkranz, *Georg Wilhelm Friedrich Hegel's Leben,* 14; 47을 참고하라.

37 Hegel, *Faith & Knowledge,* 69, 99-100, 137, 154; *Jub.*, vol. 1, 297; 330-331; 374; 393.

38 Hegel, *EL*, § 39, § 40, § 47, § 50, § 53; *Jub.*, vol. 8, 122, 123, 137, 145, 152.

39 Hegel, *Hamann*, 49, 50n; *Jub.*, vol. 20, 268, 270n.

40 Hegel, *Hist. of Phil.*, vol. 3, 369-375; *Jub.*, vol. 19, 493-500.

41 Hegel, *Hist. of Phil.*, vol. 3, 374; *Jub.*, vol. 19, 499.

42 Hegel, *Hist. of Phil.*, vol. 3, 374; *Jub.*, vol. 19, 499.

회의론자로 보기 때문에 그에 대한 분석 역시 인식론에 초점을 맞추고 있다. 그는 『철학사』에서도 흄의 역할을 칸트 철학의 길을 예비하는 것으로 규정하고 있다.[43] 헤겔은 그러한 인식론적 회의주의를 당시 종교적 타락의 한 사례로 보고, 그것의 철학적 가치를 제대로 인정하지 않는다. 특히 흄은 비이성적인 정념과 욕망에만 주목한 나머지 인간 이성과 인식의 유의미한 토대를 제대로 보지 못했다. 물론 헤겔은 칸트에 대해서도 비판적이었지만, 그럼에도 불구하고 흄을 넘어서서 새로운 종교의 토대를 발견하고자 했던 그의 시도만큼은 높게 평가한다. 칸트가 마련한 그 토대는 흄이 제기한 회의주의에도 와해되지 않으며, 우리의 직관에도 아주 잘 들어맞는다.

3. 칸트 — 이성의 한계와 종교의 도덕적 토대

칸트에게 결정적인 영향을 준 것은 흄의 딜레마였다. "우리의 모든 인식은 경험에서 비롯하는 것이지만 우리는 신이나 창조 등과 관련해서는 아무런 경험도 없다." 흄의 입장은 『자연종교에 관한 대화』에서

---

43 Hegel, *Hist. of Phil.*, vol. 3, 369; *Jub.*, vol. 19, 493: "우리는 (칸트를 다루기 전에) 그에 앞선 흄의 회의주의부터 설명해야 한다. 흄의 회의주의는 우리가 알고 있는 것보다 역사적으로 훨씬 더 중요한 위치를 차지한다. 칸트도 흄을 자기 철학의 출발점으로 삼았다는 것이 그것을 증명한다." *Hist. of Phil.*, vol. 3, 374; *Jub.*, vol. 19, 498-499: "따라서 흄은 자신이 필연성이라 불렀던 그러한 보편성은 객관적으로 존재하는 것이 아니라 그저 주관적인 것에 불과하다고 선언했다. 왜냐하면 습관이란 고작해야 주관적 보편성에 불과하기 때문이다. 이는 경험을 인식의 근원으로 간주하는 이들에게 매우 중요하고 예리한 통찰을 준다. 그리고 바로 그 지점에서 칸트의 반성철학이 시작된다." *Hist. of Phil.*, vol. 3, 375; *Jub.*, vol. 19, 500: "독일 철학에서 […] 우리는 칸트의 철학이 흄의 철학과 어떤 점에서 다른가를 반드시 인식해야 한다."

클리아테스를 비판하는 필로의 입장과 같다. "우리의 관념은 경험을 초월할 수 없습니다. 우리는 신의 속성과 작용을 감각적으로 경험할 수 없습니다. 굳이 결론을 말해주지 않아도 당신은 스스로 추론할 수 있을 것입니다."[44] 칸트는 흄이 내린 암묵적인 결론, 즉 모든 인식은 외부의 경험에서 비롯하는 것이므로 우리는 신에 관한 어떠한 인식도 가질 수 없다는 결론을 받아들일 수밖에 없었다.

칸트는 종교 문제와 관련한 대부분의 논란은 인간 이성의 한계를 초월한 종교적 대상에 관한 근거 없는 주장들의 난립에서 비롯한다고 생각했다. 다시 말해 사람들은 인간의 인식능력이 다가갈 수 없는 영역의 것을 인식했다거나 입증했다고 주장한다는 것이다. 칸트는 그것이 매우 자연스러운 사유 방식임을 인정하면서도 그것을 사유의 오류로 지적한다. 그는 과거의 모든 형이상학 체계의 문제는 인간 인식능력의 한계를 무시하고, 이성이 형이상학의 대상에 다가갈 수 있다는 무비판적인 가정에 근거한 것이라고 확신했다. 그래서 그는 인간 이성의 능력을 비판적으로 검토하여 그 한계를 명백히 입증하고자 했다. 그래야만 우리가 무엇을 알 수 있고, 무엇을 알 수 없는지 확정할 수 있기 때문이다. 그는 표상으로 주어진 것만이 인식의 대상이 될 수 있다고 주장했다. 반대로 표상이 불가능한 것은 인식될 수도 없고, 우리와 영원히 단절되어 있는 것이다. 이에 따르면, 표상이 불가능한 신, 영혼 불멸, 자유와 같은 형이상학의 대상들은 경험의 영역을 초월해 있으므로 증명될 수가 없다.[45] 그가 말하는 이성비판의

44 Hume, *Dialogues Concerning Natural Religion*, 44-45; *Dialogues* (1779), 24.

45 Kant, *Critique of Pure Reason*, trans. by Paul Guyer and Allen W. Wood (New York and Cambridge: Cambridge University Press, 1998), 116-117; Kant, *Kritik der reinen Vernunft*

요점은 "믿음의 여지를 남겨두기 위해 인식을 부정하는 것"[46]이다. 인간 이성의 한계를 알면, 우리는 이성의 한계를 넘어선 것은 무엇이며, 종교적 믿음의 적절한 대상이 무엇인지를 올바로 구별할 수 있다.

그러한 접근법을 통해 칸트는 현상과 본질, 표상과 사물 자체를 구분하는 이원론을 정립했다. 현상과 표상은 경험 가능한 대상이므로 인식될 수 있지만, 후자는 경험 불가능한 사유의 대상일 뿐이다. 우리는 인간의 지각 방식과 무관하게 존재하는 사물 자체에 대해서는 사유할 수는 있지만 인식할 수는 없다. 칸트의 도식에 따르면, 신은 본질, 즉 사물 자체의 영역에 속한다. 따라서 감각적인 경험을 통해 신을 인식하려는 모든 시도는 결국 실패할 수밖에 없다. 왜냐하면 그것은 언제나 경험을 초월해 있고, 인식할 수 없는 어떤 것을 상정하기 때문이다. 칸트는 신이란 감각경험의 대상이 아니므로 형이상학의 관점으로는 인식될 수 없다고 주장했다. 그는 신을 경험의 가능 영역을 넘어선 인식 불가능한 대상으로 증명함으로써 그것을 인간 정신이 다가갈 수 없는 미지의 초월적 영역에 정립했다.[47]

(Riga: Johann Friedrich Hartknoch, 1781, 2nd ed. 1787), B xxix-xxx. 종교에 관한 칸트의 설명과 관련해서는 다음을 참고하라. Peter Byrne, *Kant on God* (Aldershot: Ashgate, 2007); Gordon E. Michalson, *Kant and the Problem of God* (Oxford: Blackwell, 1999); Chris L. Firestone, *Kant and Theology at the Boundaries of Reason*, (Aldershot: Ashgate, 2009); Allen W. Wood, *Kant's Rational Theology* (Ithaca and London: Cornell University Press, 1978); Allen W. Wood, *Kant's Moral Religion* (Ithaca and London: Cornell University Press, 1970). Norman Kemp Smith, *Commentary to Kant's Critique of Pure Reason* (Atlantic Highlands: Humanities Press International, 1992 [1918]), 522-542; Karl Barth, *'Kant' in his Protestant Theology in the Nineteenth Century*, trans. by Brian Cozens and John Bowden (London: SCM Press, 2001), 252-298; James M. Byrne, *Religion and the Enlightenment: From Descartes to Kant, Louisville* (KY: Westminster John Knox Press, 1997), 203-234.

46 Kant, *Critique of Pure Reason*, 117; *Kritik der reinen Vernunft*, B xxx.

47 Hegel, *LPR*, vol. 1, 88; *VPR*, Part 1, 7.

칸트도 흄과 마찬가지로 전통적인 신 존재 증명을 분석하고 비판하는 데 몰두했다. 모든 신 존재 증명은 사유의 오류에 불과하다는 것이 그의 결론이다. 칸트는 특히 전통적인 신 존재 증명의 세 방식인 존재론적 증명, 우주론적 증명, 물리신학적 증명(설계 논증 혹은 목적론적 증명)을 집중적으로 분석한다.[48] 헤겔은 칸트의 신 존재 증명 비판에 각별한 관심이 있었다.[49] 칸트는 신 존재 증명의 세 방식을 면밀히 검토하고, 각각의 경우에 이성의 한계를 초월하는 사유의 오류가 어떻게 발생하는지를 증명한다. 존재론적 증명이 오직 신 개념에만 근거하여 선험적인 방식으로 결론을 증명하는 것이라면, 우주론적 증명과 물리신학적 증명은 나름대로 경험에 근거한 증명을 시도한다는 점에서 근대의 경험과학에 보다 근접한 방식이라 할 수 있다. 세 증명 방식이 서로 다른 접근법을 취하고는 있지만 그럼에도 모든 증명은 실패하고 만다. 순전한 사변의 힘으로 감성 세계를 초월하려는 이성의 모든 시도는 한낱 헛된 날갯짓에 불과하다.[50] 그러한 세 증명

48 Kant, *Critique of Pure Reason,* 495-524; *Kritik der reinen Vernunft,* A 584/B612-A630/B658. 또한 다음도 참고하라. Kant, *Lectures on the Philosophical Doctrine of Religion in Religion and Rational Theology,* ed. and trans. by Allen W. Wood and George di Giovanni (Cambridge and New York: Cambridge University Press, 1996), 358-405; *Vorlesungen über die philosophische Religionslehre in Kants gesammelte Schriften,* vols 1-29, (Part 1, Werke, vols 1.9 [1902-1923], Part 2, *Briefwechsel,* vols 10-13 [1900-1922], Part 3, *Handschriftlicher Nachlass,* vols 14-23 [1911-1955], Part 4, *Vorlesungen,* vols 24-29 [1966ff.]), ed. by the Royal Prussian Academy of Sciences (Berlin: Georg Reimer and Walter de Gruyter, 1900ff.), vol. 28, 993-1126.

49 이와 관련해서는 다음을 참고하라. *Hegel's lecture course on this subject: Lectures on the Proofs of the Existence of God,* ed. and trans. by Peter C. Hodgson (Oxford: Clarendon Press 2007) *(Vorlesungen über die Beweise Daseyn Gottes and Zum kosmologischen Gottesbeweis, ed. by Walter Jaeschke,* in *Gesammelte Werke,* vol. 18, *Vorlesungsmanuskripte II (1816-1831)* (Hamburg: Felix Meiner, 1995). 또한 다음도 참고하라. *Hist. of Phil.*, vol. 3, 452-427; *Jub.*, vol. 19, 583-588. *LPR*, vol. 3, 67-73; *VPR*, Part 3, 6-12. *LPR*, vol. 3, 173-184; *VPR*, Part 3, 108-119. *LPR*, vol. 3, 351-7; *VPR*, Part 3, 271-276. *EL*, § 51; *Jub.*, vol. 8, 149-151.

방식에 부합하는 신학의 세 분과(존재신학, 우주신학, 물리신학)는 신의 개념에 나름의 통찰을 주기는 하지만 신의 실제 존재에 대해서는 아무것도 증명하지 못한다. 따라서 칸트는 신에 관한 인식은 불가능하다는 결론(신 인식 불가론)을 내린다. 그는 간단히 이렇게 말한다. "내가 주장하는 바는 신학을 위해 사변이성을 사용하려는 모든 시도들은 아무런 결실도 없고, 그것들의 내적 본성상 아무것도 얻을 수 없다는 것, 즉 이성의 자연적인 사용원리를 통해서는 어떤 신학도 할 수 없다는 것이다."[51]

물론 이는 부정적인 결론이지만, 이성에 대한 비판적 검토를 통해 인간 인식의 오류가 어떻게 발생하는지 그리고 인간 인식능력의 한계가 어디까지인지를 규명했다는 점에서 그 중요성을 부인할 수 없다. 이로 인해 이제 우리는 결코 증명될 수 없는 형이상학적 대상을 증명하겠노라는 그럴듯한 주장에 더 이상 현혹되지 않게 되었다.[52] 칸트는 신의 존재나 또 다른 형이상학의 개념을 증명하려는 열광적이고도 그릇된 시도를 경계하고 통제하는 데 자신이 결정적인 공헌을 했다고 자부했다.

그러한 급진적인 결론은 종교 회의주의나 종교 비판으로 보이기도 한다. 그래서 칸트는 그런 것이 아니라는 설명을 덧붙이고 있다. 만일 신의 존재가 증명될 수 없다면, "우리는 신에 대한 인식을 포기해야 하는가? 전혀 아니다. 신의 존재는 인식되지는 않지만 우리에게는

---

50 Kant, *Critique of Pure Reason*, 563; *Kritik der reinen Vernunft*, A 591/B 619.

51 Kant, *Critique of Pure Reason*, 586; *Kritik der reinen Vernunft*, A 636/B 664.

52 Kant, *Critique of Pure Reason*, 588; *Kritik der reinen Vernunft*, A 640/B 668: "그런 온갖 불충분성에도 불구하고, 초월적 신학은 여전히 이성의 소극적 사용을 지속하고 있으며, 순수 이념만을 다룰 때는 우리의 이성을 끊임없이 검열한다."

여전히 위대한 영역, 즉 신이 존재한다는 믿음 혹은 신앙의 영역이 열려있기 때문이다."[53] 언뜻 보면, 이는 불합리한 주장처럼 보인다. 왜냐하면 칸트가 도달한 부정적인 결론은 전통적인 신 개념을 보존하려는 사람들의 뜻을 부정하는 것처럼 보이기 때문이다. 직관적으로 이해되지는 않지만, 요점은 신의 존재에 대한 개념적 증명만이 전부는 아니라는 것이다. 그는 그것과는 다른 접근법을 내놓는다.

칸트는 두 종류의 이성이 있다고 주장한다. '사변(이론)이성'과 '실천이성'이 그것이다. 『순수이성비판』(*Kritik der reinen Vernunft*)에서 그는 사변(이론)이성을 다루었고, 그것은 부정적인 결론으로 끝났다. 하지만 그가 아직 논의하지 않은 또 다른 선택지, 즉 실천이성의 영역이 남아 있다. 사변이성에서 실천이성으로 이행하면서 그의 부정적인 결론도 긍정적으로 전도되기 시작한다. 간단히 말해, 그러한 신앙의 토대는 이론이성이 아니라 실천이성의 영역, 즉 윤리학에서 마련된다는 것이다. 그는 이렇게 설명한다.

> 우리는 그러한 신앙을 도덕원칙들로부터 **선험적으로** 도출할 것이다. 그러므로 우리가 그러한 사변적인 증명들을 의심하고, 이미 가정된 신 존재 증명을 문제 삼는다고 해도, 그것 때문에 신에 대한 믿음이 훼손되지는 않을 것이다. 도리어 우리는 실천적인 증명을 위한 길을 마련할 것이다. 우리는 인간 이성의 그릇된 가정들을 내려놓고, 가장 확실한 방법으로 신의 존재를 증명할 것이다. 즉 우리는 도덕원칙들로부터 생겨나는 신에 대한 믿음을 모든 종교의 원리로 받아들일 것이다.[54]

---

53 Kant, *Lectures on the Philosophical Doctrine of Religion in Religion and Rational Theology*, 355; *Vorlesungen über die philosophische Religionslehre*, 1010.

전통적인 신 존재 증명에 대한 칸트의 비판을 두려워할 필요는 없다. 왜냐하면 그것은 신앙을 훼손하거나 종교를 위협하려는 취지가 아니라 다만 신 존재 증명에 신앙을 내맡기는 것은 옳지 않다는 것을 보여주려는 긍정적인 취지이기 때문이다. 그러한 칸트의 접근법은 라이마루스의 "단편들"에 대한 레싱의 변호를 연상시킨다. 그는 라이마루스의 "단편들"에 담긴 『성서』에 대한 비판적 주장들, 즉 사람들이 불안해하거나 불쾌해했던 주장들을 진리로 받아들이길 원하면서도 동시에 그리스도교의 진정한 옹호가가 되고자 했다. 이처럼 칸트도 신 존재 증명의 문제와 관련해서는 비판가와 회의론자의 편에 서고자 했지만, 동시에 실천이성의 영역에서는 종교를 정당화하고자 했다.

이론이성은 회의론자와의 전투에서 패배했지만, 종교는 실천이성의 영역에서 구제될 수 있다.[55] 칸트는 종교의 도덕적 토대로서의 실천이성을 계몽주의 시대의 종교 비판을 극복하는 견고한 토대라고 설명한다. 실천이성은 전통적인 신 존재 증명들에 근거하지 않기 때문에 회의론자들의 비판으로부터도 안전하다. 도덕적 유신론자는

---

54 Kant, *Lectures on the Philosophical Doctrine of Religion in Religion and Rational Theology*, 355; *Vorlesungen über die philosophische Religionslehre*, 1010.

55 Kant, *Lectures on the Philosophical Doctrine of Religion in Religion and Rational Theology*, 355-356; *Vorlesungen über die philosophische Religionslehre*, 1010-1011: "도덕적 유신론(도덕신학)은 사변적인 신 존재 증명들을 단계적으로 추적하면서 그 불충분성을 밝혔다는 점에서는 비판적이다. 실제로 도덕적 유신론은 사변이성이 자명하게 확실한 방법으로 신의 존재를 증명하는 것은 절대로 불가능하다고 주장한다. 그럼에도 불구하고 그는 신의 존재를 확신했고, 의심의 여지없는 확고한 신앙을 실천적인 토대 위에 세웠다. 실천적인 토대는 결코 흔들리지 않으며, 모든 인간이 연합하여 그것을 훼손하려 해도 결코 무너지지 않는다. 그것은 도덕적인 인간이 쫓겨날 염려 없는 피난처를 구할 수 있는 요새다. 따라서 그 토대 위에 세워진 그의 신앙은 수학적 증명처럼 확고하다. 그 토대는 순수이성을 통해 선험적으로 인식되는 모든 의무의 체계인 도덕이다."

도리어 신 존재 증명에 대한 비판의 타당성과 정당성에 환호할 것이다. 칸트의 신학은 신 존재 증명의 진리에 의존하지 않기 때문에 그러한 비판에도 흔들리지 않는다.[56] 달리 말해, 그의 접근법은 비판을 통해 부정될 수 있는 이론적 인식에 근거하지 않으므로 비판으로부터도 면제될 수 있다.

신에 대한 믿음을 구제하려는 칸트의 시도는 '실천이성의 요청'이라는 그의 학설을 통해 가장 잘 이해될 수 있다.[57] 그는 신, 영혼 불멸, 자유는 이성을 통해 인식되거나 증명될 수 있는 대상은 아니지만, 그럼에도 불구하고 도덕에 대한 믿음을 위해 반드시 '요청'되어야 한다고 주장한다. 간단히 말해, 도덕이 성립하기 위해서는 그런 형이상학적 대상들이 반드시 전제되어야 한다는 것이다. 따라서 이론철학의 영역에서 패배했던 것이 실천철학의 영역에서는 승리를 거두게 된다.

자유의 요청과 관련하여, 도덕이 성립하기 위해서 우리는 반드시 자유로워야 한다. 도덕적으로 옳은 것을 결정하기 위해서는 이성을 사용할 수 있어야 하고, 그러한 확신에 따라 행동하기 위해서는 의지를 사용할 수 있어야 한다. 만일 우리가 자연의 인과관계망(자연필연성)

---

56 *Kant, Lectures on the Philosophical Doctrine of Religion in Religion and Rational Theology*, 357; *Vorlesungen über die philosophische Religionslehre*, 1012: "이를 통해 그는 회의론적 무신론자들의 모든 공격을 불식시켰다. 그에게는 어떤 사변적인 신 존재 증명도 불필요했기 때문이다. 그는 그것을 분명하게 확신한다. 그렇지 않으면, 그는 자기 존재의 본성에 토대를 두고 있는 필연적인 도덕법칙들을 거부해야 하기 때문이다."

57 Kant, *Critique of Practical Reason*, trans. by Lewis White Beck (Indianapolis: Bobbs-Merrill, 1956), 126ff.; *Kritik der practischen Vernunft* (Riga: Johann Friedrich Hartknoch, 1788), 219ff. 또한 다음도 참고하라. *Critique of Pure Reason*, 673; *Kritik der reinen Vernunft*, A 798/B 826: "사변적인 이성의 초월적인 사용이 지향하는 궁극적인 대상은 다음 세 가지다. 의지의 자유, 영혼 불멸, 신의 존재."

에 완전히 사로잡혀 있다면, 우리는 자신의 행위를 자유롭게 결정할 수 없다. 만일 그렇다면 우리는 직접적인 충동과 경향성에 따라 기계적으로 행동하는 동물과 다르지 않을 것이다. 자유의 요청은 "감각세계로부터의 독립과 예지계의 법칙(자유 자체의 법칙)을 통한 인간 의지의 결정 능력에 대한 필연적인 전제로부터 생겨난다."[58] 도덕이 성립하려면 우리가 그러한 자연적인 영향들로부터 벗어날 수 있고, 정념과 충동의 요구와는 독립적으로 선을 의욕할 수 있어야 한다. 만일 우리가 도덕적으로 자유롭게 행동할 수 없다면, 그 행위에는 어떠한 보상과 처벌도 귀속될 수 없다. 그러한 의미에서 우리는 동물들을 도덕적으로 칭찬하거나 비난하지 않는다. 인식론은 자연필연성에 구속된 감각세계에 대한 경험을 다룬다. 우리가 경험하는 세계는 그러한 인과관계에서 자유롭지 않다. 하지만 자유는 오로지 사유할 수만 있는 이념의 영역, 즉 인과관계에 종속된 감각경험을 통해서는 결코 확증될 수 없는 '예지계'에 속한다. 따라서 그러한 초월적 자유는 비록 증명될 수는 없다 하더라도 도덕적 행위의 성립을 위해 반드시 요청되어야 하는 것이다.

인간의 영혼 불멸과 밀접하게 연관된 신 존재의 요청[59]도 도덕의 요구에 따른 것이다. 인간 행위의 목적은 행복이다. 도덕적 세계가 성립하려면, 도덕과 행복의 일치, 즉 도덕법칙에 따른 행위를 통해 우리가 최고로 여기는 행복에 이를 수 있다는 믿음이 필요하다. 유한한 인간으로서 우리는 도덕과 행복이 일치하는 세계를 건설할 수

58 Kant, *Critique of Practical Reason*, 137; *Kritik der practischen Vernunft*, 238-239.

59 Kant, *Critique of Practical Reason*, 128-136; *Kritik der practischen Vernunft*, 223-237.

없다는 것을 알기 때문에 그런 세계를 창조하고 통치하는 존재로서의 신을 요청할 수밖에 없다. 따라서 우리는 도덕과 행복이 완전한 조화를 이루는 세계를 창조하는 최고 존재가 있다고 믿어야 한다. 정리하면, 신 존재의 요청은 도덕과 행복의 일치를 의미하는 '최고선'(Das höchste Gut)의 개념에서 생겨난 것이다.[60] 그는 『순수이성비판』에서 이렇게 설명한다. "도덕적으로 완전한 의지가 최고의 축복과 결합되어 있는 것, 즉 도덕성과 그러한 예지계의 이상이 정확히 일치하는 것을 나는 '최고선의 이념'(Das Ideal des höchsten Guts)이라 부른다."[61] 도덕과 행복의 일치를 주관하는 어떤 행위자가 반드시 존재해야 한다. 칸트는 이렇게 설명한다. "따라서 의무들 혹은 도덕성은 자명하고 확실한 것이다. 왜냐하면 그것은 나의 이성을 통해 내 앞에 정립된 것이기 때문이다. 하지만 신이나 내세가 존재하지 않는다면, 이성적인 인간이 그러한 의무에 따라 행동해야 할 동기는 사라져 버린다."[62] 도덕적 행위의 동기는 유덕한 행위를 보상해 주는 존재가 반드시 있다는 믿음이다.[63] 그러한 실체가 존재하지 않는다면, 도덕적 동기는 성립될 수 없다. 도덕법칙들을 이해하지만 그것을 준수하도록 동기를 부여하는 신이 존재하지 않는다면, 어느 누구도 도덕적 행위에

---

60 Kant, *Critique of Practical Reason*, 128ff; *Kritik der practischen Vernunft*, 223ff.

61 Kant, *Critique of Pure Reason*, 680; *Kritik der reinen Vernunft*, A 810/B 838.

62 Kant, *Lectures on the Philosophical Doctrine of Religion in Religion and Rational Theology*, 407; *Vorlesungen über die philosophische Religionslehre*, 1073.

63 이것은 칸트에게 있어서 모호하고 논쟁적인 지점이다. 『순수이성비판』을 쓸 당시에 그는 도덕성과 영원한 행복에 대한 약속(신이 보증하는 최고선)을 윤리적 행위의 핵심 동기로 삼았다. 하지만 이후에 그는 그것이 순수한 의지, 즉 선 자체에 대한 의지(선의지)를 부정한다는 것을 깨닫고, 그러한 갈등을 해결하기 위해 자신의 견해를 수정했다. 하지만 그 시도가 얼마나 성공적이었는지는 불확실하다.

수반되는 고난(우리의 충동에 반하는 일)을 감당하지 않을 것이다.[64] 신이 없으면, 도덕법칙은 아무런 구속력도 갖지 못하는 '머릿속의 공허한 환상'[65]에 그치고 만다. 그래서 칸트는 신의 존재를 가정하지 않는 사람은 도덕적으로 타락할 수밖에 없다고 생각했다.[66] 신의 존재를 요청하지 않으면서도 의미 있는 도덕관을 유지하기란 불가능하다. 신 존재 증명에 대한 비판에서도 살폈듯이, 감각세계에서는 신을 경험할 수 없기 때문에 우리는 신의 존재를 인식할 수는 없다. 하지만 도덕적 관점에서 볼 때, 우리는 신의 존재를 요청할 수밖에 없다. 그렇지 않으면 도덕이 성립하지 않기 때문이다.

셋째이자 마지막 요청은 신 존재의 요청과 직접적으로 연관된 영혼 불멸 혹은 내세의 요청이다.[67] 이성적이고 공명정대한 도덕원칙들에 근거하여 우주를 창조한 신이 존재한다는 전제와 더불어 우리는 그러한 신이 이성적인 행위자의 행동에 부합하는 보상 체계를 제공한다고도 가정해야 한다. 칸트는 인간의 도덕적 행위에 동기를 부여하기 위해서는 영혼 불멸의 약속도 반드시 필요하다고 주장했다. 인간은 보편적인 이성의 법칙에 따라 행동해야 하기 때문이다.

---

64 Kant, *Critique of Pure Reason*, 681; *Kritik der reinen Vernunft*, A 813/B 841: "신이 존재하지 않는다면 [⋯] 고귀한 도덕 개념은 그저 찬사와 감탄의 대상일 뿐 결의와 실천의 동기가 되지는 못할 것이다."

65 Kant, *Critique of Pure Reason*, 680; *Kritik der reinen Vernunft*, A 811/B 839.

66 Kant, *Lectures on the Philosophical Doctrine of Religion in Religion and Rational Theology*, 407; *Vorlesungen über die philosophische Religionslehre*, 1072: "그런 행복을 줄 수 있는 존재가 없다면, 나는 왜 도덕성을 통한 행복의 가치를 추구해야 하는가? 신이 없다면, 나는 몽상가가 되거나 악인이 되고 말 것이다. 나는 나의 본성과 그것의 영원한 도덕법칙들도 모두 부인해야 할 것이다. 나는 이성적인 인간이기를 그만둬야 할 것이다. 그러므로 신의 존재는 [⋯] **나의 본성에서 비롯한 불변의 법칙들을 위한 필연적인 요청**이다."

67 Kant, *Critique of Practical Reason*, 126-128; *Kritik der practischen Vernunft*, 219-223.

만일 영원하고 직접적인 자연법칙들에 따라 행동하여 행복할 자격을 갖춘 사람이 실제로 행복을 누릴 수 있는 곳에서는 어떤 희망도 필요치 않을 것이다. 만일 그의 선한 행위에 복의 상태가 따라오지 않는다면, 도덕성과 본성의 흐름 사이에 모순이 발생할 것이다.68

우리가 사는 세계에서는 도덕적으로 의로운 사람들이 언제나 보상을 받는 것도 아니고, 도덕적으로 사악한 사람들이 언제나 처벌을 받는 것도 아니다. 따라서 그러한 보상과 처벌은 현세에서 이루어지는 것이 아니라는 가정이 필요하다.

따라서 이성과 도덕법칙에 따라 세계를 다스리는 존재가 반드시 있어야 하고, 앞으로 다가올 내세에서는 자신의 본성에 충실하고, 도덕적 행위를 통해 행복할 자격을 갖춘 사람이 실제로 행복할 수 있는 상태를 마련해 놓은 존재가 있어야 한다. 그렇지 않으면, 이성적인 존재로서의 내가 수행해야만 하는 모든 필연적인 의무들이 객관적인 실재성을 상실해 버릴 것이다.69

주변 세계에서 경험적으로 그 증거를 보지 못했다 하더라도 우리

---

68 Kant, *Lectures on the Philosophical Doctrine of Religion in Religion and Rational Theology*, 406; *Vorlesungen über die philosophische Religionslehre*, 1072.

69 Kant, *Lectures on the Philosophical Doctrine of Religion in Religion and Rational Theology*, 407; *Vorlesungen über die philosophische Religionslehre*, 1072. 또한 *Critique of Pure Reason*, 680; *Kritik der reinen Vernunft*, A 811/B 839도 참고하라: "우리는 이제 이성을 통해 우리가 그런 세계, 즉 예지적인 도덕적 세계에 속해 있다고 표상해야 하기 때문에 이 감성세계에서 우리가 행한 행동의 결과라 할 저 도덕적인 세계를 내세로 가정해야 한다. 즉 감성세계는 우리에게 도덕과 행복을 연결시켜 주지 않기 때문에 우리는 내세를 가정해야만 한다."

는 도덕적 의무의 수행을 보상해 주는 그런 행복의 상태가 존재한다고 가정해야만 한다.

칸트는 『실천이성비판』(*Kritik der praktischen Vernunft*)에서 영혼 불멸이 필수적으로 전제되어야 하는 또 다른 이유를 증명한다. 도덕이 우리에게 실행할 수 없는 것을 요구한다고 생각하는 것은 불합리하다. '해야 한다'(당위)는 도덕적 명령이 성립하기 위해서는 '할 수 있다'(가능)는 전제가 필요하다. 도덕적 행위자의 목적은 자신의 자연적 욕망을 제거하고 오로지 선에 따라 행동하는 것이다. 하지만 우리는 감각 세계에 살아가는 육체적 존재이기 때문에 세속적인 실존 안에서 그러한 도덕적 완전함의 상태에 이르기란 불가능하다.[70] 도덕적 수행을 통해 그러한 상태로 끊임없이 나아가고자 하지만 그것은 우리가 사는 경험 세계에서는 결코 완수될 수 없는 목적이다. 따라서 도덕적 발전을 도모하고 완수하려면 경험 세계를 넘어선 또 다른 세계가 존재해야만 한다는 결론이 도출된다. 그는 이렇게 설명한다. "그러한 무한한 도덕적 향상은 […] 동일한 이성적 존재의 무한하게 지속되는 실존과 인격을 전제할 때만 가능하다. 그것을 '영혼 불멸'이라 부른다."[71] 따라서 영혼 불멸의 요청은 도덕법칙의 완수를 위한 실천적인 전제에서 비롯한 것이다.[72] 우리는 세속적인 경험 세계의 영역을 넘어서 도덕적 향상의 노력을 지속할 수 있는 또 다른 영역이 존재한다고 가정해야 한다. 그것은 죽음을 초월하여 계속해서 존재한다는 확신이

---

70 Kant, *Critique of Practical Reason*, 126; *Kritik der practischen Vernunft*, 220: "도덕법칙과 의지의 완전한 일치는 감각의 세계에 존재하는 어떠한 이성적 존재도 이룰 수 없는 완전한 신성함이다."

71 Kant, *Critique of Practical Reason*, 127; *Kritik der practischen Vernunft*, 220.

72 Kant, *Critique of Practical Reason*, 137; *Kritik der practischen Vernunft*, 238.

다. 그래서 개인의 영혼 불멸이 도덕의 조건으로 요청되는 것이다.

칸트가 주장한 세 요청은 다소 모호하다. 특히 그가 비판한 사변이성과 비교해 볼 때, 그러한 요청이 갖는 인식론적 지위가 무엇인지 분명치 않다. 그는 간단히 이렇게만 설명한다.

> 도덕신학의 결론에서 반드시 기억해야 할 것은 신, 인간 의지의 자유, 도덕적 세계라는 도덕신앙이라는 세 조건이다. 그 조건들은 우리를 감각세계의 외부이자 모든 경험을 초월한 사유의 영역으로 인도한다. 우리는 오로지 그 사유의 영역에서만 실천적인 관점에서 무언가를 가정하고 믿을 수 있을 뿐, 그 외의 사변적 근거는 없다.[73]

이것이 바로 도덕과 관련하여 필연적으로 요청되는 세 조건이다. 하지만 그 조건들이 이론이성에 부합하는 방식으로 확립된 것은 아니다. 그것은 '교리의 입증'이 아니라 '도덕적 요청'의 문제다.[74] 그러한 요청들은 '인식'의 문제나 '증명'의 사안이 아니라 모든 이성적 존재가 받아들여야만 하는 가정이다. 칸트는 이렇게 말한다. "도덕신앙은 우리를 비이성적인 실천(ad absurdum parcticum)에 빠져들지 않도록 보호해주는 하나의 실천적 요청이다. 비이성적인 논리(absurdum logicum)가 모순적인 판단을 뜻한다면, 비이성적인 실천(absurdum practicum)은 도덕법칙을 부정하여 악인이 되는 모순적인 행위를 뜻한다."[75] 그러

73 Kant, *Lectures on the Philosophical Doctrine of Religion in Religion and Rational Theology*, 421; *Vorlesungen über die philosophische Religionslehre*, 1091.

74 Kant, *Lectures on the Philosophical Doctrine of Religion in Religion and Rational Theology*, 421; *Vorlesungen über die philosophische Religionslehre*, 1091.

75 Kant, *Lectures on the Philosophical Doctrine of Religion in Religion and Rational*

한 요청들을 진리로 받아들이지 않는 사람들은 결국 모순에 빠지고 만다. 그들은 도덕의 세계를 이해할 수 없다. 모순의 고통에 빠져 있는 회의론자도 도덕을 상실하지 않으려면 그러한 추론을 받아들여야만 한다.

전통주의자들은 신 존재 증명에 대한 회의주의자들의 비판에 맞서 칸트가 내놓은 해법에 그리 만족하지 않았다. 칸트는 종교를 단지 도덕의 후원자나 보증인쯤으로 여김으로써 종교에 관한 인식의 체계 혹은 인식 가능성의 토대를 부정했기 때문이다. 그래서 그는 종교 당국의 표적이 되었고, 그의 저작 『이성의 한계 안에서의 종교』(*Die Religion innerhalb der Grenzen der bloßen Vernunft*)도 종교적 전통을 위협하는 금서가 되고 말았다. 전통주의자들은 도덕도 그리스도교에서 중요한 지위를 차지하기는 하지만 그것만이 전부는 아니라고 생각했다. 칸트의 노력은 계몽주의 시대에 발생한 이성과 종교의 분열을 화해시키려는 시도로 평가될 수 있다.

칸트는 강조점을 전통적인 교리에서 도덕으로 옮겼다는 점에서 볼테르나 레싱처럼 계몽주의 운동의 계열을 주도했다고 볼 수 있다. 계몽주의의 치명적인 비판들에 직면하여 그리스도교의 구체적인 교리들은 점차 설 자리를 잃게 되었다. 더욱이 볼테르와 같은 사상가들은 종교전쟁과 종교분쟁의 핵심 근원을 종파와 교파를 구별하는 개별 교리로 보고, 종교갈등을 해소하기 위해서는 강조점을 개별 교리의 진실성 문제에서 인간의 도덕성을 향상시키는 종교의 실천적 능력으로 옮겨야 한다고 생각했다. 레싱이 『현자 나탄』에서 들었던 반지의

Theology, 415; *Vorlesungen über die philosophische Religionslehre*, 1083.

비유처럼 종교의 진리는 추상적이거나 이론적인 방식이 아니라 사람들을 도덕적으로 보다 향상시키는 실천적인 방식이 되어야 한다. 칸트 역시 그러한 견해에 깊이 동조하고 있다.

> 이성은 그런 인식(이를테면 신에 관한 인식)에 어떤 관심을 갖고 있는가? 그것은 사변적인 관심이 아니라 실천적인 관심이다. 신은 우리가 사유하기에는 너무나 숭고한 대상이다. 사실 사변적인 사유는 오류에 빠질 수 있다. 하지만 도덕은 자신을 강조하기 위해 신의 관념을 요구한다. 따라서 신은 우리를 더 유식하게 만들기보다 더 훌륭하고, 더 현명하고, 더 정직하게 만들어야 한다.[76]

교리와 관련해 보자면, 칸트는 그리스도교를 단순히 신의 존재와 영혼 불멸에 대한 믿음으로 환원해 버림으로써 성육화, 계시, 삼위일체와 같은 핵심 교리를 모조리 폐기해 버리는 결과를 낳고 말았다. 하지만 그리스도교를 고작 그 두 교리로 환원해 버리면, 다른 종교들과 구별되는 그리스도교만의 고유한 특징은 사라져 버리고 만다. 왜냐하면 이슬람교를 비롯한 다른 종교들도 최소한 그 두 교리 정도는 공유하고 있기 때문이다.

칸트가 내놓은 해법은 그의 비판적 기획에 동조한 많은 사상가에게 논란의 여지를 남겼다. 많은 이들은 칸트를 신에 관한 형이상학적 사유의 무익함을 결정적으로 증명한 사상가로만 이해할 뿐 실천이성의 요청을 통해 그러한 상황을 구제하고, 불가지론의 결론을 극복하려

---

76 Kant, *Lectures on the Philosophical Doctrine of Religion in Religion and Rational Theology*, 343; *Vorlesungen über die philosophische Religionslehre*, 996.

했던 시도는 그리 만족스럽게 보지 않는다. 왜냐하면 그것은 기껏해야 신을 도덕원칙으로, 더 나쁘게 말하면, 한낱 도덕원칙을 위한 전제로 환원해 버렸기 때문이다. 칸트가 『철학적 종교론 (강의)』(*Vorlesungen über die philosophische Religionslehre*)에서 자신의 핵심 개념들을 규정하는 대목에서도 그 점은 분명하게 드러난다. 그는 신학이란 '최고 존재에 대한 우리의 인식 체계'[77]라는 명확한 규정으로 논의를 시작한다. 하지만 곧이어 '종교 일반'이란 "도덕, 즉 선한 성향과 최고 존재를 기쁘게 하는 행동 과정에 신학을 적용하는 것"[78]이라고 규정한다. 이는 종교가 궁극적으로 윤리의 문제라는 것을 뜻한다. 칸트는 그러한 규정을 아무 문제가 없다는 듯이 직관적으로 제시했다. 그러나 전통주의자들은 종교에도 윤리적 측면이 있기는 하지만 그것이 전부가 아니라는 이유로 그의 주장을 비판했다.

칸트는 자신이 종교를 최소한으로 축소시켰다는 것을 스스로도 인정한다. 그는 신학에 대한 최소한의 규정만으로 『철학적 종교론』을 시작한다. 그는 이성이 보증하는 한계를 초월하여 신에 관한 주장을 남발할 때 갖가지 문제가 발생한다는 것을 알기에 최소한의 방식으로 시작하여 확실하게 인식할 수 있는 것만을 탐구하고자 했다. 그것은 불안정한 토대 위에 많은 것을 세우는 것보다 적지만 확실한 토대에서 출발하는 것이 더 낫다는 판단에 따른 것이다. 칸트가 말하는 최소한의 신학은 "신에 대한 개념을 갖는 것은 가능하며, 그것이 오성의

---

77 Kant, *Lectures on the Philosophical Doctrine of Religion in Religion and Rational Theology*, 342; *Vorlesungen über die philosophische Religionslehre*, 995.

78 Kant, *Lectures on the Philosophical Doctrine of Religion in Religion and Rational Theology*, 344; *Vorlesungen über die philosophische Religionslehre*, 997.

법칙과도 모순되지 않는다는 것을 확증하는 것이며, […] 오로지 그것만이 종교가 항구적으로 존재할 수 있는 유일한 토대임을 보여주는 것이다."[79] 유신론자가 신의 존재를 증명할 수 없듯이 무신론자도 신의 존재를 반증할 수 없다.[80] 인식론적인 문제에만 집중하는 것은 어느 쪽에도 도움이 되지 않는다. 대신 칸트는 윤리에 주목함으로써 종교적 신자의 편을 들고자 했다. 그들은 도덕을 이해하기 위해 정의로운 신의 개념을 요청해야만 한다. 그들은 신에 대한 믿음을 이론이성의 증명에 두지도 않으며, 신 존재의 진리를 확립했다고 확신하지도 않는다. 다만 신의 존재를 필연적인 요청으로 정립할 뿐이다.

4. 헤겔의 칸트 비판

헤겔은 칸트의 철학이 논의의 중심이 되던 시기에 철학과 신학을 배웠다. 당시 칸트의 종교 이해가 그에게 지대한 영향을 미쳤다는 데는 의심의 여지가 없다. 헤겔의 초기 신학 저술들을 모아둔 『청년 헤겔의 신학논집』은 근본적으로 칸트의 정신에 기반하고 있다. 종교 문제와 관련하여 청년 헤겔은 칸트로부터 지대한 영향을 받았지만, 이후에는 그의 접근법을 비판하기 시작했다.[81] 그는 『믿음과 지식』

79 Kant, *Lectures on the Philosophical Doctrine of Religion in Religion and Rational Theology*, 345; *Vorlesungen über die philosophische Religionslehre*, 998.

80 Kant, *Lectures on the Philosophical Doctrine of Religion in Religion and Rational Theology*, 369; *Vorlesungen über die philosophische Religionslehre*, 1026.

81 칸트의 종교철학에 대한 헤겔의 견해와 관련해서는 Walter Jaeschke, *Reason in Religion: The Foundations of Hegel's Philosophy of Religion*, trans. by J. Michael Stewart and Peter C.

(1802~1803)[82] 'A' 부분에서 '칸트 철학'(Kantische Philosophie)을 다루고 있으며, 『정신현상학』(1807), '이성'(Die Vernunft) 장의 'C. b. 법칙 제정하는 이성'(Die gesetzgebende Vernunft)과 'C. c. 법칙 검증하는 이성'(Die gesetzprüfende Vernunft)에서도 칸트의 윤리학을 다루고 있다.[83] 또한 『철학백과』 제2판(1827)에서는 칸트 부분을 더 풍부하게 확장하고 있을 뿐만 아니라[84] 『역사철학』(1822)에서도 칸트 철학을 폭넓게 분석하고 있다.[85]

헤겔은 칸트의 철학이 표상이론이나 인간 정신의 필연적 구조에 대해서는 심오한 통찰을 주었다고 인정하지만 종교와 관련한 결론에는 비판적 태도를 취한다. 헤겔은 표상의 개념을 경험적으로 지각된 실체들뿐만 아니라 사유와 인식의 모든 형식, 즉 의식의 모든 대상으로 확장했다. 그는 사태를 그렇게 보아야 신에 대한 표상과 개념을 가질 수 있다고 주장했다. 실제로 모든 국가와 민족은 신에 대한 전통적인 믿음을 갖고 있다. 그 신들은 분석될 수도 있고, 이해될 수도 있다. 그런 의미에서 신이란 우리가 다가갈 수 없는 초월적 영역에 있다거나 우리는 결코 신을 인식할 수 없다고 주장하는 것은 부당하

Hodgson (Berkeley and Los Angeles: University of California Press, 1990), 11ff. See Pinkard, (Hegel: A Biography), 33-38을 참고하라.

82 Hegel, "Glauben und Wissen oder die Reflexionsphilosophie der Subjektivitat, in der Vollstandigkeit ihrer Formen, als Kantische, Jacobische und Fichtesche Philosophie," *Kritisches Journal der Philosophie*, vol. 2, no. 1 (1802), 1-188; *Vermischte Schriften*, vols 1-2, ed. by Friedrich Forster and Ludwig Boumann, vols 16-17 (1834-1835) in *Hegel's Werke*, vol. 16, 3-157; In *Jub.*, vol. 1, 277-433; *Faith and Knowledge*, trans. by Walter Cerf and H. S. Harris (Albany: State University of New York Press, 1977).

83 Hegel, *PhS*, 252-262; *Jub.*, vol. 2, 322-334.

84 Hegel, *EL*, §§ 40-60; *Jub.*, vol. 8, 123-163.

85 Hegel, *Hist. of Phil.*, vol. 3, 423-478; *Jub.*, vol. 19, 551-611.

다. 반대로 집단적인 인간 정신은 신에 관한 서사와 관념으로 가득 차 있다. 바로 그것을 이해하는 것이 철학자의 과제다.[86]

헤겔은 수많은 계몽주의 종교 비판가가 도달한 결론, 즉 신 인식 불가론의 책임을 칸트에게 돌린다. 인간은 경험 가능한 대상이나 표상만을 인식할 수 있다는 칸트의 인식론에 따르면, 신은 사유될 수는 있지만 경험될 수는 없는 대상, 즉 초월적인 본질의 영역에 속하는 대상이다. 신은 인간의 모든 인식과 활동으로부터 분리되어 있다. "정신은 […] 오로지 현상이나 유한한 대상과만 관계할 수 있다"[87]는 주장을 헤겔은 인간비하의 마지막 단계로 간주한다. 그것은 자연과학적 진리에 대한 계몽주의자들의 확고한 믿음에 불과하다. 그들에게 참된 것은 오로지 감각을 통해 인식될 수 있는 것, 즉 경험적으로 지각되는 것뿐이다. 신은 감각적인 지각의 대상이 아니기 때문에 결국 이신론의 신 개념처럼 공허하고 추상적인 것이 돼버리고 만다. 그들에게 신은 인식 불가능한 대상을 가리키는 '기호'나 '약칭'에 불과하다.[88] 하지만 헤겔은 그러한 편견은 그리스도교의 근본 교리인 '계시'와 모순된다고 지적한다. 신은 인간들이 알 수 있도록 자신을 계시한다. 헤겔은 이렇게 주장한다. "종교는 인간의 영광과 구원은 신을 인식하는 데

86 어떤 이들은 신에 관한 이야기나 관념을 이해하는 것을 신학자의 임무라고 주장할 수도 있다. 하지만 헤겔은 종교도 시간의 흐름에 따라 역사적으로 발전하는 인간 문화의 일부이기 때문에 그것은 역사, 정치학, 철학 등과 같은 다양한 문화 영역의 발전과 중첩되어 있으며, 따라서 그것들을 인식하는 데는 신학자나 종교학자 이상의 전문성이 필요하다고 주장한다. 그러한 작업을 수행하기 위해서는 문화 영역 전반에 나타나는 정신의 운동을 파악하고, 그 안에서 종교적인 현상을 이해할 능력이 필요하다.

87 Hegel, *MW*, 345; *Jub.*, vol. 20, 15.

88 "규정적인 특성, 술어, 속성을 모조리 박탈당한 신, 인식의 영역 밖으로 쫓겨난 신, 아무 내용도 없는 추상적이고 공허한 신, 그것이야말로 원자론적 철학의 공허함이다." Hegel, *MW*, 344; *Jub.*, vol. 20, 14.

있고, 종교의 역할은 인간에게 그러한 인식을 전파하고 인식되지 않은 신의 본질을 계시하는 데 있다고 선포한다. 이에 따르면, 칸트의 철학은 종교와 가장 극심한 대립을 이룬다고 하겠다."[89]

헤겔은 칸트 철학의 결정적인 한계 중 하나는 사유와 존재를 절대적으로 분리시킨 것이라고 주장한다. 그것은 존재론적 증명에 대한 칸트의 비판에서 가장 잘 나타난다. 존재론적 증명은 가장 완전한 존재라는 신의 본성으로부터 신의 존재를 증명하는 방식이다. 만일 다른 모든 면에서 완전하지만 존재하지 않는다면, 그것은 불완전한 것이며, 따라서 우리는 모든 면에서 완전한 다른 존재를 상상하게 된다. 그 존재는 신보다 더 높은 존재겠지만 그것은 개념상 명백한 모순이다. 따라서 신이 가장 완전한 존재라면, 반드시 존재해야 한다. 하지만 칸트가 보기에 그러한 증명은 사태를 혼란시킬 뿐이다. 왜냐하면 '존재'라는 것은 추가적인 정보를 부가하는 실재적인 술어가 아니기 때문이다. 그는 머릿속의 백 탈러(Taler)와 주머니 속 백 탈러의 비유를 들어 설명한다.[90] 개념상으로 둘은 다르지 않다. 주머니 속의 백 탈러는 머릿속의 백 탈러보다 더 큰 돈이 아니다. 개념적 상으로 둘은 같다. 하지만 주머니 속 백 탈러는 경험적 검증이 가능하고, 머릿속의 백 탈러는 경험적 검증이 불능하다는 점에서 둘은 다르다.

---

89 Hegel, *MW*, 345; *Jub.*, vol. 20, 15. 또한 다음도 참고하라. Hegel, "Aphorismen über Nichtwissen und absolutes Wissen im Verhältnisse zur christlichen Glaubenserkenntniss. —Ein Beitrag zum Verständnisse der Philosophie unserer Zeit. Von Carl Friederich G [···] l. —Berlin, bei E. Franklin. 1829," *Jahrbücher für wissenschaftliche Kritik,* 1829, nos 99-102, 789-816; nos 105-106, 833-835; 797; *Vermischte Schriften,* vols 1-2, ed. by Friedrich Forster and Ludwig Boumann, vols 16-17 (1834-1835) in *Hegel's Werke,* vol. 17, 111-148, 121; "Review of K. F. Goschel's Aphorisms," in *MW*, 401-429, 410; *Jub.*, vol. 20, 276-313, 286.

90 Kant, *Critique of Pure Reason*, 567; *Kritik der reinen Vernunft*, A 599/B 627.

헤겔도 실제로 존재하는 것과 상상 속에 존재하는 것의 차이를 인정한다. 하지만 처음부터 사유와 존재를 그렇게 분리시켜 놓으면, 그 둘의 관계인 진리를 인식할 수 없다고 주장한다. 진리를 인식하기 위해서는 개념과 그것이 세계 속에 실현된 것 사이의 유동적인 관계를 인식해야 한다. 물론 상상만으로 백 탈러를 벌 수는 없지만, 그렇다고 그 개념이 실현될 수 없는 것은 아니다. 우리는 개념을 실현할 수도 있고, 실제로 실현하고도 있다.

> 우리는 실제로 존재하는 백 탈러만을 소유할 수 있다. 만일 백 탈러를 가지고 싶다면, 우리는 그것을 얻기 위해 일해야 한다. 상상에만 머물러서는 안 되고, 그것을 현실화해야 한다. 주관적인 측면은 궁극적인 것도 절대적인 것도 아니다. 단순히 주관적이기만 한 것은 진리가 아니다.[91]

여기서 헤겔은 개념 혹은 보편자는 현실화된다는 자신의 진리론을 암묵적으로 도입하고 있다. 단순히 추상적으로만 머무는 것은 공허한 진리에 불과하다. 진리는 사유라는 보편적인 측면과 감각의 세계에서 현실화되는 특수한 측면을 모두 포괄하는 역동적인 운동이다. 진리가 추상적으로만 머물고 현실화되지 못한다면, 그것은 거짓되고 공허한 진리에 불과하다. "모든 행위는 주관적인 관념을 버리고 자신을 객관적인 현실로 만들기를 목표한다. 칸트 철학보다 어리석은 것은 없다. 배가 고프면 우리는 음식을 상상만 하는 것이 아니라 배고픔을 채우기 위한 활동을 시작한다. 모든 행위는 아직 개념은 아니지

---

91 Hegel, *Hist. of Phil.*, vol. 3, 453; *Jub.*, vol. 19, 584. 또한 Hegel, *EL*, § 51; *Jub.*, vol. 8, 149-151도 참고하라.

만 그래도 주관성에서는 벗어난 개념이다."[92] 따라서 현실화되는 것이야말로 사유의 진정한 본성이다.[93] 칸트 철학처럼 그저 일면적인 추상만을 주장하는 것은 오해다. 신학적 관점에서 보면, 헤겔은 그리스도가 구체적인 시공간에 계시된(현실화된) 신이라는 그리스도교의 개념을 염두에 두고 있는 듯하다. 그러한 맥락에서 그는 세계 속에 실현되지 않은 추상적인 신 개념에 머물러 있는 유대교와 이슬람교를 비판한다.

헤겔은 칸트의 영혼 불멸 개념도 이와 동일한 문제를 안고 있다고 생각한다. 칸트는 우리가 현세에서는 감각적인 욕망과 경향성을 완전히 버릴 수 없기 때문에 도덕적 성품의 완성은 영원한 미래에서 구해질 수밖에 없으며, 그것이 영혼 불멸이 요청되는 이유이자 논리라고 주장한다. 하지만 그것은 도덕적 행위가 현세에서는 결코 실현될 수 없다는 고백에 불과하다는 점에서 헤겔은 칸트의 윤리 개념을 비판한다.

> 완성된 도덕성은 초월적인 영역에 남아 있어야 한다. 왜냐하면 도덕성은 특수의지와 보편의지의 차이를 전제하기 때문이다. 그것은 보편적인 것을 통해 감각적인 것을 통제하려는 투쟁이다. 그것은 감각적 의지가 보편적인 것과 아직 합일하지 못한 경우에 발생한다. 따라서 도덕적 의지의 목표는 무한한 과정을 통해서만 완수될 수 있다. 이와 관련하여 칸트는 도덕적 주체의 무한한 진보를 위해 영혼 불멸을 요청했다. 왜냐하면

92 Hegel, *Hist. of Phil.*, vol. 3, 453-454; *Jub.*, vol. 19, 585.

93 Hegel, *Hist. of Phil.*, vol. 3, 454; *Jub.*, vol. 19, 585: "필연성에 대한 사유는 개념이 주관적으로 머물러 있지 않다는 것을 뜻한다. 주관적인 것은 부정되면서 객관적인 것으로 드러난다."

도덕성 자체는 불완전하므로 무한히 향상되어야 하기 때문이다.[94]

헤겔은 결코 완성될 수 없는 그러한 도덕성 개념을 불합리하다고 생각했다. 예를 들어, 어린아이의 경우에는 의지가 충동과 경향성에 지배되지만, 보편적인 것과의 합일을 위한 교육과 양육을 통해 의지는 점차 도야된다. 도덕성이 감각적인 것과 아무 상관이 없다는 주장은 도덕성이 전혀 현실성이 없다는 주장과 같다. 왜냐하면 도덕성이 존재하기 위해서는 그것이 감각적인 것, 즉 특수성의 영역에 존재해야 하기 때문이다. 도덕의 완전성을 요구하는 것은 도덕성의 현실성을 위해 감각적인 것을 필요로 하는 도덕의 실재성을 제거하는 것이다.[95] 또다시 칸트는 불필요하게 보편적인 것(사유)과 특수한 것(존재)을 근원적으로 분리시켰다. 그가 최고선, 즉 도덕적 행위들이 현실에서는 아니더라도 결국은 보상을 받게 된다는 희망을 보증하는 신의 존재를 요청할 때도 이와 동일한 문제가 발생한다.[96] 그러한 신이나 공의公議의 개념은 오로지 추상적인 영역에만 존재하는 것이다. 그것들은 현실 세계에서 인식되거나 실현되지도 않는다는 점에서 객관적인 진리가 아니라 주관적인 견해일 뿐이다.[97]

궁극적으로 칸트의 신 개념은 선善 개념과 마찬가지로 추상적이다. 그것은 현실 너머로 이양되면서 동시에 최고의 것으로 선포된다.

---

94 Hegel, *Hist. of Phil.*, vol. 3, 461; *Jub.*, vol. 19, 593.

95 이와 관련해서는 Hegel, *Hist. of Phil.*, vol. 3, 463; *Jub.*, vol. 19, 595를 참고하라: "감성으로 인한 도덕의 불완전함을 설명하는 대목에서 영혼 불멸이 요청된다. 하지만 도덕적 자기의식에는 감성이 포함되어 있다. 도덕적 완전함이란 실로 도덕성 자체를 파괴하는 것이다."

96 이와 관련해서는 Hegel, *Hist. of Phil.*, vol. 3, 462; *Jub.*, vol. 19, 594를 참고하라.

97 Hegel, *Hist. of Phil.*, vol. 3, 463; *Jub.*, vol. 19, 595.

하지만 헤겔이 보기에 현실화될 수 없는 것은 최고의 진리가 아니라 실로 가장 빈곤하고 곤궁한 진리에 불과하다. 진리의 보편적인 요소는 특수성의 영역에서 구체적으로 실현되어야 한다. 그 단계가 없다면 우리는 계속해서 고정된 이원론에 머물 수밖에 없고, 신과도 영원히 단절될 수밖에 없다. 헤겔이 그리스도교의 이념과 모순된다고 여기는 신 개념, 즉 신에 대해서는 아무것도 알 수 없다는 개념이 바로 그것이다. 헤겔은 그 점을 말하고자 아덴(아테네) 사람들을 개종시키고자 했던 바울의 시도를 언급한다.[98] 바울은 인식할 수 없는 신을 섬기는 아덴 사람들에게 신은 계시되었으므로 우리는 신을 인식할 수 있다고 설명한다(행 17:16-34). 그것이 그리스도교의 신 개념이다. 칸트의 요청된 신은 그리스인들이 말하는 알 수 없는 신에 더 가깝다.

5. 헤겔과 계몽주의

헤겔의 『종교철학』은 계몽주의 시대에 등장한 다양한 이론에 대한 비판적 응답으로 볼 수 있다. 실제로 그는 『종교철학』의 결론부에서 계몽주의를 자신이 반박하고자 하는 근대적 사유의 지배적 경향 중 하나라고 분명히 밝히고 있다.[99] 계몽주의 시대에 그리스도교 교리에 대한 다양한 비판이 봇물처럼 쏟아지면서 과학과 비판이성의 공격에 취약한 전통 교리에서 벗어나려는 일반적인 움직임이 일어났다.

98 Hegel, *Hist. of Phil.*, vol. 3, 475; *Jub.*, vol. 19, 608. 또한 Hegel, *EL*, § 73; *Jub.*, vol. 8, 179를 참고하라.

99 Hegel, *LPR*, vol. 3, 343; *VPR*, Part 3, 265.

하지만 종교를 마치 자연과학의 관찰 대상처럼 탐구하는 계몽주의는 종교의 개념을 제대로 이해할 수 없다. 종교는 구체적인 경험의 대상이 아니라 다양한 신 개념에 관한 것이다. 계몽주의는 자신의 방법론과 진리 기준을 적용하여 종교의 한계를 폭로했지만, 헤겔이 보기에 그것은 종교에 대한 전적인 오해에 불과했다.

계몽주의의 종교 비판은 막아낼 도리가 없었고, 그것은 볼테르가 주장했듯이 종교적 분쟁의 원인이 되기도 했다. 그 결과 전통적인 형태의 그리스도교는 대부분 폐기되었고, 자연종교가 그 자리를 대신하게 되었다. 자연종교는 계몽주의의 공격으로부터 방어해야 할 교리가 훨씬 적고, 최소한 표면적으로 볼 때는 과학이나 이성과도 잘 어울릴 수 있었기 때문이다. 볼테르와 레싱을 비롯한 계몽주의 사상가들은 사람들이 자신들만의 특수한 종교적 믿음을 포기하고 다양한 종교를 포괄하는 보다 일반적인 신 개념에 동의할 때, 비로소 종교적 관용도 이루어질 수 있다고 생각했다. 따라서 그들이 원했던 목표는 소수점 이하 자릿수를 반올림하여 서로 다른 종파의 신자들이 결국 동일한 신을 숭배하고 있다는 사실을 깨닫게 하는 것이었다.[100] 하지만 그 결과는 종교 내용의 고갈이었다. 종교적 교리가 줄줄이 폐기되면서 종교의 내용은 갈수록 빈곤해졌다. 헤겔은 계몽주의가 종교의 내용을 말살하는 문제를 분명하게 지적하고 있다.[101]

---

100 그러한 일반적인 추세에 반대의 목소리를 낸 유일한 사람은 멘델스존(Moses Mendelssohn, 1729~1786)이다. 그는 자신의 저작 『예루살렘』(*Jerusalem*, 1783)에서 진정한 종교적 관용은 차이를 완화하는 것이 아니라 도리어 그것을 강조하고 존중하는 것이라고 주장했다. 이와 관련해서는 다음을 참고하라. Moses Mendelssohn, *Jerusalem: oder über religiöse Macht und Judentum* (Berlin: Friedrich Maurer, 1783); *Jerusalem, or, On Religious Power and Judaism,* trans. by Allan Arkush (Hanover: University Press of New England, 1983).

하지만 볼테르의 생각처럼 교리상의 차이를 제거하는 것은 종교를 무해하게 만들기는커녕 새로운 형태의 광신주의를 낳을 뿐이었다. 보편적으로 승인된 진리가 없는 상황에서 권위와 권력을 마음대로 부릴 수 있게 된 개인은 자의적인 종교적 진리를 내세우는가 하면 그것을 무력으로 강제하기도 했다. 프랑스혁명 시기에는 반反천주교 정서의 일환으로 1793년 11월 10일에 '이성의 여신'을 새로운 숭배의 대상으로 삼는다는 공식적 선언이 발표되기도 했다.[102] 새로운 숭배를 위한 축하 행사가 노트르담에서 열리는 동안 그리스도교 교회들은 약탈을 당했고, 종교적 형상들은 모독을 당했다. 모모로Antoine-François Momoro(1756~1794), 에베르Jacques Hébert(1757~1794), 쇼메떼Pierre-Gaspard Chaumette(1763-1794), 푸셰Joseph Fouché(1759~1820)와 같은 혁명가들이 주도한 그 운동은 세부적인 교리 체계를 만들지 않기 위해 주의를 기울였다. 그들은 신과 불멸성에 관한 전통적인 종교적 믿음을 거부하는 부정적인 방식을 취했다. 그것은 분명 계몽주의의 이상, 즉 과학과 이성에 대한 단순하고 모호한 숭배에 불과했다.

하지만 그 운동은 오래가지 못했다. 로베스피에르Maximilien Robespierre(1758~1794)는 권력을 잡자마자 그들을 박해하고 주동자들을 단두대로 보내기 시작했다. 대신 그는 새로운 최고 존재에 대한 숭배를 국교로 선포했다. 그것은 추상적인 신 개념과 영혼 불멸 개념이 사회 안정

---

101 Hegel, *LPR*, vol. 3, 346; *VPR*, Part 3, 268: "계몽주의는 부정, 제한, 한계 같은 것밖에 모르기 때문에 종교적 내용에 절대적인 부정을 행할 수밖에 없다." *LPR*, vol. 3, 347; *VPR*, Part 3, 269: "계몽주의는 종교적 내용에는 더 이상 관여하지 않기 때문에 의식적이고 체계적인 사유로서의 철학이 공상과 변덕과 사유의 우연성을 제한하는 것을 매우 못마땅하게 생각한다."

102 이와 관련해서는 Francois-Alphonse Aulard, *Le culte de la raison et le culte de l'Être supréme* (1793-1794), *Essai historique* (Paris: Felix Alcan, 1892)를 참고하라.

을 보존하는 데 필수적이라고 믿었던 이신론적 종교였다. 이성의 여신을 숭배했던 이들이 일으켰던 폭력은 인간이 부도덕한 행위에 대한 신의 형벌을 두려워하지 않는다면 어떤 짓까지 할 수 있는지를 여실히 보여주었다. 로베스피에르는 최고 존재에 대한 숭배를 공개적으로 성대히 기념했지만 그것 역시 오래 가지는 못했다. 로베스페에르가 권좌에서 쫓겨나 단두대로 보내졌을 때, 최고 존재에 대한 숭배도 그와 함께 사라져 버렸다.

헤겔이 보기에 그러한 일련의 사건은 종교가 자신의 내용을 포기하고 주관적인 측면으로 달아날 때 일어나는 전형적인 과정이었다. 그러한 내용의 공백은 언제나 그렇듯이 자신들만이 진리를 소유하고 있다고 주장하는 일부 광신적인 집단들이 채워나갈 것이다. 그것이 바로 계몽주의의 여파로 발생하고 '낭만주의'에서 더욱 심화된 종교적 위험의 전형이다.

3장

낭만주의 주관성으로의 후퇴

종교에 관한 헤겔의 사유와 연관된 두 번째 지적 경향은 낭만주의다. 흔히 낭만주의는 계몽주의에 대한 비판적 반동으로 이해되지만, 여러 면에서 계몽주의의 자연스러운 연속으로도 이해될 수 있다. 헤겔이 하이델베르크에 머물던 당시에 그곳의 낭만주의 운동이 절정을 이뤘던 것처럼, 예나에 머물던 당시에도 그곳의 낭만주의 운동은 절정을 이루고 있었다. 그래서 그는 독일 낭만주의의 유명한 인사들을 개인적으로도 잘 알고 있었다. 그는 자신의 다양한 저작에서 낭만주의 운동의 다양한 측면을 비판하고 있다. 예를 들어 『정신현상학』의 '불행한 의식'(Das unglückliche Bewußtsein), '덕과 세계운행'(Die Tugend und der Weltlauf), '아름다운 영혼'(Die schöne Seele), '정신적인 동물의 왕국'(Die geistige Tierreich)이 그 부분들에 해당한다.[1] 또한 『법철학』(*Grundlinien der Philosophie des Rechts*)의 §140에서는 낭만주의에서 비롯한 다양한 주관성의 형태를 유형학적으로 분석하고 있으며,[2] 『철학사』(*Vorlesungen über die Geschichte der Philosophie*)에서는 독

1 이와 관련해서는 다음을 참고하라. '이성' 장의 "B. 자기 자신을 통한 이성적 자기의식의 실현"(Die Verwirklichung des vernünftigen Selbstbewußtseins durch sich selbst), "C. 스스로에게 그 자체 즉자대자적으로 실재하는 개체성"(Die Individualität, welche sich and und für sich reell ist) (*PhS*, 211-262; *Jub.*, vol. 2, 271-334), '정신'(Der Geist) 장의 "C. 자기를 확신하는 정신. 도덕성"(Der seiner selbst gewisse Geist. Die Moralität) (*PhS*, 364-409; *Jub.*, vol. 2, 459-516).

2 Hegel, *PR*, § 140, 170-184; *Jub.*, vol. 7, 205-223.

일 낭만주의 운동의 주요 인사들을 직접 다루기도 한다.[3] 하지만 낭만주의를 가장 풍부하게 비판하는 곳은 단연 『미학』(*Ästhetik*)의 낭만주의 예술 형태를 다루는 대목일 것이다. 또한 그는 졸거Karl Wilhelm Ferdinand Solger(1780~1819)의 유작에 대한 서평에서도 낭만주의의 다양한 경향을 분석하고 있다.[4] 그는 낭만주의자들의 오류나 한계를 논할 때, 구체적인 대상은 밝히지 않고 다만 일반적 특징만을 다루기 때문에 그가 표적으로 삼은 핵심 저작이 무엇인지 대목마다 일일이 열거하기는 어렵지만, 앞으로 다룰 쟁점이나 인물들이 대략 그 주요 대상이라 할 수 있다.

'낭만주의'라는 용어는 다양한 방식으로 사용되고, 다양한 측면의 운동을 가리킨다는 점을 유념해야 한다.[5] 여기서는 주로 헤겔이 비판의 표적으로 삼았던 입장들의 분파를 의미한다. 구체적으로 그는 낭만주의자들을 상대주의자나 주관주의자로 간주한다. 왜냐하면 그들은 개인의 독자성만을 지나치게 강조하면서 외부 영역의 진리를 부정하기 때문이다. 그런 경향은 계몽주의의 종교 비판에 대한 일종의 대응 전략으로서 그들은 이제 자아의 내면적 영역으로 빠져들기 시작했다.

---

3 Hegel, *Hist. of Phil.*, vol. 3, 506-512; *Jub.*, vol. 19, 641-646.

4 Hegel, *Über Solger's nachgelassene Schriften und Briefwechsel*. Herausgegeben von Ludwig Tieck und Friedrich von Raumer. Erster Band 780 S. mit Vorr. XVI S. Zweiter Band 784 S. Leipzig, 1826," *Jahrbücher für wissenschaftliche Kritik*, Erster Artikel (March 1828), nos 51-52, 403-416, nos 53-54, 417-428; Zweiter Artikel (June 1828), nos 105-106, 838-848, nos 107-108, 849-864, nos 109-110, 865-870; *Vermischte Schriften*, I-II, ed. by Friedrich Forster and Ludwig Boumann (Berlin: Duncker und Humblot, 1834-1835), vols 16-17 in *Hegel's Werke, Vollständige Ausgabe*, vols 1-18 (Berlin: Duncker und Humblot, 1832-1845), vol. 16 (1834), 436-506; In *Jub.* vol. 20, 132-202; *MW*, 354-400.

5 Paul Tillich, *Perspectives on 19th and 20th Century Protestant Theology*, ed. by Carl Braaten (London: SCM Press, 1967), 76-90.

1. 루소 — 양심과 순수한 마음

신앙과 주관성에 관한 낭만주의적 관점의 선구적 형태는 루소Jean Jacques Rousseau(1712~1778)의 저작에서 찾을 수 있다. 그가 『에밀』(*Émile ou de l'éducation*, 1762)의 제4부 '도덕과 종교교육'에서 사부아Savoyard 신부의 입을 빌려 말한 종교관은 헤겔이 당시의 종교 문화에서 발견한 전형적인 문제점을 고스란히 담고 있다.[6] 루소는 종교 비판자들에 맞서 종교를 옹호하고자 그 부분(제4부 도덕과 종교교육)을 썼지만 파리 당국은 그 내용에 격분하여 출판금지 명령을 내렸는가 하면, 그것을 공개적으로 불태워버리기도 했다. 그는 예상치 못한 상황에 상당한 충격을 받았고, 한순간에 체포를 피해 달아나는 도망자 신세가 되고 말았다. 그 저작은 천주교와 개신교 신자들 사이에서도 커다란 공분을 일으켰고, 그래서 그는 결국 흄이 있는 영국으로 도피할 수밖에 없었다. 그가 내놓은 해법은 당시의 종교 위기를 해소하기는커녕 도리어 증폭시키는 것처럼 보였다.

맨 처음 헤겔 전기를 썼던 로젠크란츠Karl Resenkranz는 헤겔이 학생 시절부터 루소의 저작을 읽었고, 그중에도 특히 『고백론』(*Confessions*)에 깊은 관심을 가졌다고 전한다.[7] 이후에 그는 튀빙겐대학의 친구들과 루소의 정치적 견해와 프랑스혁명의 정신을 열렬히 추종했

6 헤겔은 『역사철학』에서도 루소의 『에밀』을 언급하고 있다. Hegel, *Hist. of Phil.*, vol. 3, 387; *Jub.*, vol. 19, 513. 루소의 종교관에 관한 이차문헌으로는 Karl Barth, "Rousseau," in *Protestant Theology in the Nineteenth Century*, trans. by Brian Cozens and John Bowden (London: SCM Press, 2001), 160-219를 참고하라.

7 Karl Rosenkranz, *Georg Wilhelm Friedrich Hegel's Leben* (Berlin: Duncker und Humblot, 1844), 13.

으며,[8] 그로 인해 보수적인 아버지와 갈등을 빚기도 했다.[9] 당시의 친구들 중 한 명은 헤겔이 추상적인 형이상학에는 별다른 관심이 없었고, 그가 진정으로 숭배한 영웅은 루소였다고 전하면서 그의 저작 『에밀』을 언급하고 있다.[10] 당시에 헤겔은 제네바극장 설립과 관련한 루소의 서한을 발췌하기도 했는데,[11] 그것은 후에 『정신현상학』의 '아름다운 영혼'을 설명하는 데도 큰 영감을 주었다. 예나시기에 썼던 "금언집"에서도 그는 『에밀』을 언급하고 있다.[12] 이처럼 청년 헤겔은 루소의 품에서 자랐다 해도 과언이 아니다. 이후 『철학백과』에서는 『사회계약론』(*Du contrat social, ou Principes de droit politique*)도 언급하고 있는데,[13] 그는 개인 서재에 그 초판을 소장하고 있었다.[14] 또한 그는 『법철학』에서도 『에밀』을 다루고 있으며,[15] 하만의 저작에 대한 서평에서도 루소를 언급하고 있다.[16] 그렇듯 헤겔에게 있어서 루소는 평생의 관심사였다.

루소는 『학문과 예술에 대하여』(*Discours sur les sciences et les arts,*

---

8 Rosenkranz, *Georg Wilhelm Friedrich Hegel's Leben*, 28, 33, 34. 또한 H. S. Harris, *Hegel's Development*, vol. 1, Toward the Sunlight 1770-1801 (Oxford: Clarendon Press, 1972), 85도 참고하라.

9 Rosenkranz, *Georg Wilhelm Friedrich Hegel's Leben*, 33.

10 *Hegel in Berichten seiner Zeitgenossen*, ed. by Gunther Nicolin (Hamburg: Felix Meiner, 1970).

11 Hegel, "Rousseau a M. D'Alembert," *Dokumente*, 174-175; 이 책의 편집자 주석(446)도 참고하라.

12 Hegel, "Aphorisms from the Wastebook," *MW*, 246; *Dokumente*, 356-357.

13 Hegel, *EL*, § 163, Addition 1; *Jub.*, vol. 8, 360.

14 Jean-Jacques Rousseau, *Du contrat social, ou Principes du droit politique* (Amsterdam: Marc-Michel Rey, 1762) (*Hegel's Library*, 1189).

15 Hegel, *PR*, § 153, Addition; *Jub.*, vol. 7, 235. 또한 *PR*, § 258; *Jub.*, vol. 7, 330도 참고하라.

16 Hegel, *Hamann*, 5; *Jub.*, vol. 20, 206.

1750), 『인간불평등 기원론』(*Discours sur l'origine et les fondements de l'inégalité parmi les hommes*, 1754), 『사회계약론』과 같은 저작의 일부에서 인간의 원초적 조건에 관한 자신의 견해를 펼친다. 홉스는 자연상태를 '만인 대 만인의 투쟁'(Bellum omnium contra omnes)이라는 부정적인 상황으로 그렸지만,[17] 루소는 국가와 정치적 집단이 형성되기 이전을 평화롭고 고요한 상태로 그렸다. 당시 대부분의 이론가는 문화와 사회가 인간을 야만 상태로부터 고양시켰다는 견해를 미화하는 데 급급했지만, 루소는 도리어 그것을 인간 타락의 과정으로 묘사했다. 문화와 사회는 사람들을 진리나 덕이나 계몽으로 인도하기는커녕 도리어 탐욕이나 시기나 욕심 등의 악덕으로 몰아세웠다는 것이다. 문명화된 삶은 우리의 진정한 본성을 왜곡하고, 원래의 평온한 상태를 파괴했다. 인간은 자연적인 원초적 조건에서는 고결했으나 인간 문화의 발전은 그러한 조건을 갈수록 악화시켰다. 그러한 근본 견해는 그의 종교관에도 그대로 반영되어 있다. 그는 제도화된 종교를 모든 인간의 마음속에 있는 진정한 종교적 근본 감정에 위배되는 인위적이고, 부차적이고, 부패한 것으로 간주했다. 루소에 따르면 자연상태의 인간은 교회나 조직화된 교리 없이도 신과의 품격 있는 고귀한 관계를 이어갔다.

『에밀』에서 사부아 신부는 학문 형식을 갖춘 철학과 신학을 모조리 거부한다. 그런 학습된 논쟁은 어떠한 결론도 내리지 못하는 한낱 궤변에 불과하다는 것이다. 그것들은 교만하고 타락한 근대 문화의

17 Hobbes, *Leviathan*, ed. by C. B. MacPherson (Harmondsworth: Penguin, 1968), Part 1, Chapter 13, 185. 또한 *De Cive or The Citizen*, ed. by Sterling P. Lamprecht (New York: Appelton-Century-Crofts, 1949), Preface, 13도 참고하라.

산물이다. 그는 참된 종교적 믿음이 고작해야 수년 간의 연구 결과에 근거한다는 것은 터무니없는 일이라고 주장한다. 만일 그렇다면, 양심적인 모든 개인은 진리를 찾기 위해 평생 다양한 종교만을 연구해야 할 것이다. 하지만 그것은 있을 수 없는 일이다.[18] 하지만 어떠한 신도 신자에게 그런 것을 요구하지는 않는다. 왜냐하면 사람들은 저마다 지적인 성향이 다르게 마련인데, 지적 재능이 있거나 그런 연구를 할 만한 사람만 신의 사랑을 받는다는 것은 이치에 맞지 않기 때문이다. 사부아 신부는 이렇게 주장한다. "신은 결코 그런 지옥과 같은 학습의 고통을 요구하지 않으리라고 나는 확신한다. 그래서 나는 모든 책을 덮었다."[19] 책은 신과 종교의 본성에 대해 아무것도 가르쳐주지 않는다. 신을 알기 위해서 우리는 자신의 마음만 들여다보면 된다.[20] 그런 검증은 자연상태의 사람들에게도 가능했다. 학습의 기회나 세련된 논증을 모른다는 것이 그들에게는 축복이었다.

사부아 신부는 책이나 학문적인 논증으로 신을 알 수 있다는 생각

18 Rousseau, *Emile or On Education,* trans. by Barbara Foxley (NuVision Publications, 2007), 283; *Émile, ou de l'éducation,* vols 1-4 (Amsterdam: Jean Neaulme, 1762), vol. 3, 160-161: "만일 참된 종교가 하나뿐이고, 모든 사람이 오로지 그것만을 따라야 하는 저주의 고통에 빠져있다면, 그는 모든 나라를 샅샅이 여행하면서 각 종교를 일일이 연구하고, 검증하고, 비교하는 데 평생을 바쳐야 할 것이다. 누구도 인간의 첫째 의무에서 면제되지 않는다. 즉 누구도 타인의 판단에 의존할 권리가 없다. 매일의 수고로 벌어먹는 장인, 글을 읽지 못하는 쟁기질하는 소년, 연약하고 소심한 처녀, 침대 밖을 나설 수 없는 병자 등 누구도 예외 없이 전 세계를 여행하며 연구하고, 사유하고, 논증해야 한다. 그렇다면 더 이상 한 군데 머물러 정착할 수 있는 국가도 존재하지 않을 것이다. 전 세계는 다양한 종교를 확인하고, 비교하고, 조사하기 위해 엄청난 시간과 수고를 들이는 순례자들로 붐비게 될 것이다."

19 Rousseau, *Emile or On Education,* 284; *Émile, ou de l'éducation,* vol. 3, 163.

20 Rousseau, *Emile or On Education,* 262; *Émile, ou de l'éducation,* vol. 3, 90: "여전히 같은 방법을 따르지만, 나는 그러한 규칙들을 더 높은 철학 원리로부터 구하지 않는다. 나는 그것들을 내 마음 깊은 곳에서 발견한다. 인간은 본성상 마음속의 규칙들을 추적할 수 있다."

과 더불어 계시를 통해 신에게 다가갈 수 있다는 개념도 거부한다. "신의 본성에 관한 가장 위대한 관념은 오로지 이성에서 나온다. 자연의 장관을 보라. 내면의 목소리에 귀를 기울이라. 신은 우리의 눈에, 우리의 양심에, 우리의 이성에 이미 모든 것을 말하지 않았는가? 더 이상 무엇을 더 말할 수 있는가?"[21] 그는 계시에 대한 주장이야말로 모든 종교 분쟁의 원인이라고 생각한다.[22] 신에게 다가갈 수 있는 길이 책도 계시도 아니라면, 그 길은 도대체 어디에 있는가? 사부아 신부는 우리 주변의 세계나 자연과의 직접적인 관계가 바로 그 길이라고 가르친다. "우주의 관찰을 통해 스스로 얻게 되는 모든 것이 나에게는 유일한 신학이다."[23] 신은 모든 인간에게 양심, 즉 내면의 목소리 혹은 내면의 빛을 부여했다. 우리는 오로지 그것만을 따라야 하며, 그러면 필연적으로 신을 인식할 수 있다. 루소는 모든 사람이 자신의 양심과 상의하거나 양심의 인도를 받으면, 신이 바라는 것과 동일한 결과에 이를 수 있다는 급진적인 주장을 펼쳤다.

그래서 사부아 신부는 서로 다른 종교나 종파 사이의 모든 분쟁은 쓸모없다는 결론을 내린다. 모든 종교는 진리를 담고 있으며, 모든 신자는 경건한 개인이 될 수 있기 때문이다.[24]

---

21 Rousseau, *Emile or On Education*, 272; *Émile, ou de l'éducation*, vol. 3, 122-123.

22 Rousseau, *Emile or On Education*, 272; *Émile, ou de l'éducation*, vol. 3, 123: "계시는 신에게 인간이 가진 정념들을 부여함으로써 신을 하찮게 만든다. 특수한 교리들은 최고 존재의 이념에 빛을 비추기는커녕 도리어 그것을 더 혼란스럽게 만들고, 최고 존재의 이념을 고귀하게 하기는커녕 도리어 그것을 더 저속하게 만든다. 계시는 전능한 신을 둘러싼 상상할 수 없는 신비에 부조리한 모순을 부여하고, 인간을 교만하고, 편협하고, 잔인하게 만든다. 달리 말해, 계시는 이 땅에 평화 대신 불과 칼을 내린다."

23 Rousseau, *Emile or On Education*, 274; *Émile, ou de l'éducation*, vol. 3, 129.

24 Rousseau, *Emile or On Education*, 284; *Émile, ou de l'éducation*, vol. 3, 163: "내가 무인도에

> 모든 개별 종교는 공공 예배를 통해 신에게 경의를 표하는 건전한 제도다. 모든 제도는 국가, 정부, 국민의 천재성 혹은 주어진 시공간에서 보다 선호되는 원인에 따른 나름의 이성을 가지고 있다. 신을 제대로 숭배하기만 한다면, 모든 종교는 다 똑같다. 진정한 예배는 마음의 예배다. 모두가 신실한 마음으로 예배한다면, 신은 그 어떤 경의도 뿌리치지 않는다.[25]

이에 따르면, 모든 종교는 모든 개인이 접근할 수 있는 단일한 보편종교로 환원된다. 종교마다 외적인 제식이나 교리는 다를 수 있지만 그것은 중요한 것이 아니다. 정작 중요한 것은 개인의 신실한 믿음이다.

사부아 신부는 개별 종교의 실제 내용은 무의미하다고 주장한다. 그는 젊은 친구 에밀에게 특정한 종교를 배우기보다 순수한 마음을 가지라고 당부한다. "덧붙여 네가 어떤 결정을 내리든 종교의 진정한 의무는 인간이 만든 제도와는 무관하다는 것, 의로운 마음이야말로 진정한 신의 사원이라는 것, 무엇보다도 신을 사랑하고, 이웃을 네 몸 같이 사랑하는 것이 모든 나라와 모든 종파의 온전한 율법이라는 것을 기억해야 한다."[26] 이는 종교의 내용을 제거하고 믿음의 형식에만 몰두하는 태도다. 하지만 헤겔은 그러한 견해의 심각성을 깨닫고

태어났다고 가정해 보자. 내가 나 말고 다른 사람을 본 적이 없다고 가정해 보자. 옛날에 세상의 외딴곳에서 무슨 일이 있었는지 들어보지 못했다고 가정해 보자. 그러나 내가 나의 이성을 사용하고, 또 그것을 도야한다면, 그리고 신이 부여한 타고난 능력들을 올바로 사용한다면, 나는 스스로 신을 알고 사랑하며, 신의 일을 사랑하고, 신이 뜻하는 바를 원하고, 신이 기뻐하도록 나의 사명을 완수하는 법을 배울 수 있다. 누구도 나에게 그 이상을 가르칠 수 없다."

25 Rousseau, *Emile or On Education*, 285; *Émile, ou de l'éducation*, vol. 3, 169-170.

26 Rousseau, *Emile or On Education*, 288-289; *Émile, ou de l'éducation*, vol. 3, 180-181.

있었다. 루소는 모든 인간이 자기 내면의 빛을 따르기만 한다면, 누구나 동일한 결론에 도달할 것이라고 주장했지만, 실제로는 정반대의 상대주의만을 초래하고 말았다.

사부아 신부에게 중요한 것은 신실한 마음이다.[27] 그는 이렇게 주장한다. "나는 내가 바라는 것을 오로지 나 자신과만 상의하면 된다. 내가 옳다고 느끼면 옳은 것이요, 내가 틀렸다고 느끼면 틀린 것이다."[28] 이에 따르면, 옳고 그름은 사물이나 세상에 관한 객관적인 사실이 아니라 순수한 마음과 선한 의지에 따라 결정된다. 사부아 신부는 신조에 대한 설명을 이렇게 시작한다. "만일 내가 틀린다 하더라도 나는 정직하게 틀린 것이므로 나의 실수는 죄가 아니다."[29] 이는 어떤 누구도 자발적으로 혹은 의식적으로 악을 행하지 않는다는 소크라테스의 교리를 연상케 한다. 루소는 우리가 완전히 그릇된 것에도 신실한 마음을 가질 수 있고, 그러한 확신이 얼마나 큰 고통과 불의를 초래하는지 전혀 생각지 못한 것 같다.

루소는 모든 종교가 공통적이라는 핵심을 제시함으로써 종교적 관용을 긍정한다고 생각했을 것이다. 그의 종교적 무차별주의는 모든 종교가 똑같이 선하고 참되다고 주장하는 것 같다. 하지만 그는 원죄, 계시, 삼위일체 등 그리스도교의 개별 교리를 거부함으로써 생겨날 분노까지는 차마 예상치 못했다. 그러한 교리는 한 종교를 다른 종교와 구별하는 중요한 기준이다. 사부아 신부가 개별 교리를 무시한

---

27 Rousseau, *Emile or On Education*, 272; *Émile, ou de l'éducation*, vol. 3, 124: "종교의 외적인 형식을 종교 자체와 혼동하지 말자. 신이 요구하는 예배는 마음의 예배이니 마음만 신실하다면 모든 종교는 다 똑같다."

28 Rousseau, *Emile or On Education*, 262; *Émile, ou de l'éducation*, vol. 3, 90.

29 Rousseau, *Emile or On Education*, 241; *Émile, ou de l'éducation*, vol. 3, 20.

것은 그리스도교 자체를 무시한 것이나 다름없다. 그것은 종교 비판가들을 달래기 위해 너무 많은 것을 포기한 것이다. 그러한 주장은 종교, 특히 그리스도교를 옹호하는 논리로는 받아들여지기 어렵다. 그리스도교의 교리 내용을 모두 포기하면서 그리스도교를 주장할 수는 없는 노릇이다. 종교적 신자들에게 자신의 마음과 양심을 따르라고 명령하는 것만으로는 그리스도교의 옹호 논리를 구성할 수 없다. 루소는 명시적으로는 유대교와 이슬람교를 그리스도교의 경쟁자로 언급하면서도 결국에는 그 두 종교도 모두 참되고 선하다는 결론에 이르고 말았다. 헤겔이 보기에 자신의 마음을 따르라는 그러한 견해는 구체적인 진리를 결정할 때 아무런 도움도 되지 않는다. 그것은 진리 결정의 문제를 궁극적으로 개별 신자들의 손아귀에 내맡김으로써 결국 광신주의의 위험을 초래하게 된다. 루소는 자신의 원리가 다양한 종교의 통합을 이뤄낼 것이라고 기대했지만 거기에는 아무런 교리의 내용도 없기 때문에 도리어 그것과는 정반대의 결과, 즉 주관주의와 상대주의와 독단주의만이 난립하는 역설적인 결과를 낳고 말았다.

2. 야코비 ─ 논증적 인식과 직접적 확신

계몽주의 이후(낭만주의)의 또 다른 중요한 인물은 야코비Friedrich Heinrich Jacobi(1743~1819)다. 그는 칸트와 동시대인이었고, 헤겔은 여러 면에서 그를 또 다른 칸트로 보았다. 헤겔이 야코비를 비판할 때 가장 자주 언급하는 저작은 『스피노자 학설』(*Concerning the Doctrine of Spinoza in Letters to Herr Moses Mendelssohn*)이다.[30] 그 저작은 독일 철학의 발전사에서 소위 '범신론 논쟁'[31]을 불러일으킨 중요한 장章을 차지한다. 1780년 7월 야코비는 레싱을 만나기 위해 자신의 고향 뒤셀도르프에서 볼펜뷔텔로 떠났다. "볼펜뷔텔의 단편들"과 관련한 논쟁을 다룬 레싱의 최근 저작에 관심이 컸기 때문이다. 레싱은 야코비와의 대화 중에 스피노자의 철학을 극찬했다. 1781년에 레싱이 세상을 떠난 후 1783년에 야코비는 레싱의 친구인 철학자 멘델스존Moses Mendelssohn(1729~1786)과 서신을 주고받았다. 그는 당시 레싱의 인물과 사상을 기리는 책을 기획하고 있었다. 멘델스존은 레싱이 스스로를 '스피노자주의자'라고 말했다는 야코비의 주장을 경계했다. 당시 스피노자의 범신론 철학은 일반적으로 자연주의의 한 형태로 간주되었고, 자연주의는 또한 무신론과 거의 동의어로 사용되고 있었기 때문에 그것은 매우 위험한 표현이었다. 레싱의 종교적 견해와 관련한 앞선

---

30 F. H. Jacobi, *Ueber die Lehre des Spinoza in Briefen an den Herrn Moses Mendelssohn* (Breslau: Gottl. Lowe, 1785, 2nd ed. 1789); *Concerning the Doctrine of Spinoza in Letters to Herr Moses Mendelssohn in Jacobi, The Main Philosophical Writings and the Novel Allwill,* trans. by George di Giovanni (Montreal et al.: McGill-Queen's University Press, 2009), 173-251. 헤겔은 다음의 선집을 사용했다. *Jacobi's Werke,* vols 1-6 (Leipzig: Gerhard Fleischer, 1812-1825). (이와 관련해서는 헤겔의 개인 서재, 127-129번을 참고하라. 이 책은 야코비의 선집 6권 가운데 3권만 언급하고 있다.) 헤겔은 『철학사』에서 야코비를 설명할 때, 그 판본을 언급하고 인용한다(*Hist. of Phil.*, vol. 3, 410-423; *Jub.*, vol. 19, 535-551). 헤겔은 『하이델베르크 문학연감』(*Heidelbergische Jahrbücher der Litteratur,* vol. 10, Part 1 [January-June], nos 1-2, 1817, 1-32)에도 그 판본의 제3권에 대한 서평을 썼다. 이와 관련해서는 Hegel, *EL,* § 62; *Jub.*, vol. 8, 165도 참고하라.

31 이와 관련해서는 다음을 참고하라. Frederick C. Beiser, *The Fate of Reason: German Philosophy from Kant to Fichte* (Cambridge and London: Harvard University Press, 1987), 61-92; Gerard Vallee, "Introduction: The Spinoza Conversations between Lessing and Jacobi," in *The Spinoza Conversations between Lessing and Jacobi,* trans. by Gerard Vallee et al., Lanham (New York, London: University Press of America, 1988), 1-62; Toshimasa Yasukata, *Lessing's Philosophy of Religion and the German Enlightenment* (Oxford: Oxford University Press, 2002), 117-139.

논쟁을 감안할 때, 그것은 매우 도발적인 발언이었다. 야코비의 주장에 당황한 멘델스존은 레싱의 말을 좀 더 정확하게 알려달라고 부탁했다. 회신에서 야코비는 그 상황을 이렇게 설명했다.

> 제가 밀린 편지를 쓰느라 분주할 때, 레싱이 제 방으로 왔습니다. 기다리는 동안 보라고 저는 서류 가방에 있던 여러 자료를 건넸습니다. 그것들을 보고 돌려주면서 그는 다른 읽을거리는 없냐고 물었습니다. "물론 또 있지요." 나는 말했습니다. "여기 시가 있습니다. […] "당신은 한꺼번에 너무 많은 공격을 받았어요. 한 번에 조금씩 받는 게 좋을 텐데요."[32]

여기서 야코비가 말한 '너무 많은 공격'은 레싱이 라이마루스의 "단편들"을 출판하면서 당했던 비판을 가리킨다. 그가 레싱에게 읽으라고 주었던 시는 그가 불쾌해할지도 모를 괴테Johann Wolfgang von Goethe의 〈프로메테우스〉(Prometheus)였다.[33] 그 시에서 그리스의 영웅 프로메테우스는 신들의 왕인 제우스Zeus를 비난하는 인물로 그려져 있다. 프로메테우스는 제우스에게 도전하면서 신들에게 도움이나 위안을 구하는 종교적 신자들을 무지하고, 순진하고, 유치한 인간으로 묘사한다. 프로메테우스도 한때는 신들을 믿었지만 이제는 자신이 자율적

32 Jacobi, *Concerning the Doctrine of Spinoza*, 185; *Ueber die Lehre des Spinoza* (1785), 11.

33 *Goethe's Werke. Vollständige Ausgabe letzter Hand*, vols 1-55 (Stuttgart and Tübingen: J. G. Cotta'sche Buchhandlung, 1828-1833), vol. 2 (1828), 79-80; Goethe, *Selected Poems*, ed. by Christopher Middleton, vol. 1, in *Goethe: The Collected Works*, vols 1-12 (Princeton: Princeton University Press, 1994-1995), 27-31. 야코비가 『스피노자 학설』에서 그 시를 발표한 시점은 괴테가 그 시를 공식적으로 발표하기도 전이다. 야코비는 괴테의 허락 없이 그 시를 자신의 책에 실었다.

이며, 자신의 모든 업적은 신의 도움이 아닌 자기 노력의 결실임을 깨닫게 되었다. 그 시는 신들도 인간처럼 운명에 굴복하는 나약하고 궁상맞은 무리로 묘사하고 있다.

레싱은 그 시를 읽고 야코비에게 되돌려주며 말했다. "저는 불쾌하지 않습니다."[34] 놀란 야코비에게 그는 이어 이렇게 말한다. "그 시의 관점과 저의 관점은 같습니다. […] 저는 더 이상 정통적인 신 개념을 믿지 않습니다. 도무지 받아들이기 어렵더군요. Ἓν καὶ Πᾶν(헨 카이 판)! 이제 저는 아무것도 모릅니다. 그것이 이 시의 방향이기도 하고. 그래서 저는 이 시를 정말 좋아한답니다."[35] 레싱은 범신론적인 신 개념, 즉 신은 자연 전체를 포괄하는 일자라는 관점을 전하기 위해 헨 카이 판, 즉 '하나이자 전체'라는 그리스어 구호를 읊조렸다. 간단히 말해, 그는 괴테의 시가 스피노자의 범신론적 입장을 보여준다고 해석했던 것이다. 야코비는 괴테의 시와 스피노자의 범신론을 연결한 레싱의 견해를 반신반의하면서도 결국은 그가 스피노자에 동의한다는 결론을 내렸다. 놀라는 야코비에게 레싱은 되풀이하여 그것이 바로 자신이 옹호하는 입장이며, 따라서 자신을 스피노자주의자라고 부르는 데도 반대하지 않는다고 밝혔다. 그런 점에서 괴테의 시는 앞으로 다룰 범신론의 본성과 의미에 관한 전체 논의에도 중요한 단서가 된다고 할 수 있다.

야코비는 1785년에 자신의 서신을 모아 『스피노자 학설』(*Ueber die Lehre des Spinoza*)이라는 제목으로 출간했다. 거기서 그는 레싱이

34 Jacobi, *Concerning the Doctrine of Spinoza*, 187; *Ueber die Lehre des Spinoza* (1785), 12.
35 Jacobi, *Concerning the Doctrine of Spinoza*, 187; *Ueber die Lehre des Spinoza* (1785), 12.

자신을 스피노자주의자라고 선언한 사실을 밝혔다. 이로써 추문은 시작되었다. 스피노자의 범신론은 신과 세계를 동의어로 간주한다는 점에서 초월적인 인격신을 거부한다.[36] 신은 자연을 넘어선 존재나 초월적인 존재가 아니라 자연의 내재적인 영역 전체다. 하지만 그것이 사실이라면, 신의 개념은 단순한 자연법칙들과 물리적 실체의 총합으로 환원되어 버리고 만다. 그것은 사람들이 기도를 하거나 소망을 말할 수 있는 전통적인 신 개념, 즉 우리를 사랑하고 보살펴주는 자기의식적인 실체로서의 신 개념이 아니다.

『스피노자 학설』에서 야코비는 스피노자의 학설과 그 결론에 대하여 레싱과 합의를 이루어가는 과정을 그리고 있다. 야코비는 스피노자 학설의 출발점은 "무에서는 아무것도 생겨나지 않는다"는 명제라고 주장한다.[37] 존재하는 모든 것에는 앞선 원인이 존재한다. 우주를 비롯한 만물이 무로부터 창조되었다는 생각은 완전히 불합리하다. 그렇다면 무한한 것과 유한한 것, 초월적인 것과 내재적인 것 사이의 이행을 설명할 수 없다. 따라서 스피노자에게 신 혹은 세계의 제1원인은 원인과 결과라는 거대한 보편적 체계의 바깥에 존재하는 것이 아니라 그 체계의 내부에 존재해야 한다. 나아가 레싱이 동의한 야코비의 견해에 따르면, 정신이 물질에 주는 인과적 영향을 설명할 수

---

36 Jacobi, *Concerning the Doctrine of Spinoza*, 199; *Ueber die Lehre des Spinoza* (1785), 41-42: "스피노자의 신은 만물의 현실성 혹은 존재하는 만물에 내재하는 순수원리다. 그것은 개별성을 갖지 않는 절대적 무한자다. 그러한 신의 통일성은 무차별적 동일성에 근거하지만 일종의 다수성도 배제하지는 않는다. 신을 단순히 초월적 통일성으로만 생각하면, 신성은 아무런 현실성도 가질 수 없다. 왜냐하면 현실성은 오로지 특정한 개별자들 속에서만 표현되기 때문이다."

37 Jacobi, *Concerning the Doctrine of Spinoza*, 187-188; *Ueber die Lehre des Spinoza* (1785), 14.

없다는 것은 결국 신에게는 이성과 의지가 없다는 것, 즉 신은 인격적인 실체가 아니라는 것을 의미한다. 이는 레싱이 앞선 논쟁에서 취했던 입장과 일치한다. 하지만 그것을 그렇게 직설적으로 말했다는 것은 굉장히 도발적인 사건이었다.

이어지는 논의에서 야코비는 스피노자를 비판하면서 레싱을 간접적으로 공격하지만, 레싱은 흔들림 없이 스피노자를 옹호한다. 그 대화에서 야코비의 입장, 즉 스피노자는 훨씬 더 광범위한 문제, 즉 계몽주의의 종교 비판에서 비롯한 세속적이고, 과학적이고, 합리적인 세계관을 논하기 위한 단서일 뿐이라는 사실이 드러난다. 스피노자는 야코비가 비판하는 근대적 세계관의 대변인일 뿐이다. 야코비는 우주를 인과관계, 즉 내재적인 닫힌 체계로 간주하는 모든 철학에 반대한다. 왜냐하면 그것은 의미 있는 신 개념을 모조리 배제하고 오로지 인과적인 결정론만을 내세우기 때문이다. 신이 세상의 인과관계에 종속된다고 말하는 것은 모순적이다. 신은 자유롭다. 따라서 신은 그런 식으로 규정될 수 없다. 마찬가지로 만물이 기계적인 인과관계에 종속되어 있다면 자유의지란 존재할 수 없으며, 우리의 모든 행동은 앞선 원인에 의해 결정될 수밖에 없다. 그런 논리에 따르면, 우리가 스스로의 결정과 의지에 따라 행동한다는 것은 단순한 착각에 불과하다.[38]

야코비에 따르면, 그런 사유는 자유의지에 관한 우리의 직관을

---

38 Jacobi, *Concerning the Doctrine of Spinoza,* 189; *Ueber die Lehre des Spinoza* (1785), 19: "우리는 분노, 사랑, 자비, 이성적 결정에 따라 행동했다고 생각한다. 하지만 그것은 단순한 착각이다! 모든 경우에 우리를 근본적으로 움직이는 것은 우리가 전혀 알지 못하는 어떤 것, 즉 감정과 사유와는 전혀 무관한 어떤 것이다."

제대로 설명할 수 없을 뿐만 아니라 인간의 모든 행위를 숙명론으로 환원해버리는 결과를 초래하게 된다. 우리는 자유롭게 행동한다고 생각하지만, 문제는 (칸트가 말했듯이) 그것을 어떻게 경험 세계 안에서 증명할 수 있는가 하는 것이다. 우리는 인과관계의 거대한 연결망으로 이뤄진 경험 세계의 지극히 작은 일부에 불과하기 때문이다. 야코비는 모든 것을 합리적으로 설명하려는 그러한 기획은 결국 모순에 처할 수밖에 없다고 비판한다. 물론 어떤 철학 체계가 부분적으로는 그럴듯한 설명을 제공하기도 하지만 체계의 근본 원리를 확장하거나 그것으로 모든 것을 설명하려 들 때 난관에 빠지는 경우가 많다. 체계의 근본 원리에 위배되는 경우가 발생하거나 합리적인 설명의 한계를 드러내는 사례가 속출하기 때문이다. 야코비는 이렇게 설명한다.

> 나는 스피노자를 좋아한다. 그는 다른 철학자들과 달리 나에게 도무지 설명할 수 없는 것이 존재한다는 철저한 확신을 주었다. 우리는 그러한 것을 외면하지 말고 있는 그대로 받아들여야 한다. '최종원인'이라는 개념보다 나에게 더 친숙한 것은 없다. 나는 사유하는 대로 행동하는 것이지 행동하는 대로 사유하는 것이 아니라는 것보다 더한 확신은 없다. 따라서 아직 완전히 해명되지 않은 사유와 행위의 근원을 가정해야만 한다.[39]

야코비는 지적인 행위자가 설정한 어떤 목적이나 목표를 의미하는 아리스토텔레스의 '목적인'(final causa) 개념을 도입한다. 우리가

39 Jacobi, *Concerning the Doctrine of Spinoza,* 193; *Ueber die Lehre des Spinoza* (1785), 29.

어떤 행동을 할 때 목적이나 목표를 염두에 둔다는 것은 매우 자연스러운 생각이다. 생각하고, 계획한 다음, 거기에 맞게 행동한다는 것이 자유의지의 기본 개념이다. 야코비는 그것을 이렇게 표현한다. "나는 생각하는 대로 행동한다." 또 다른 결정 모델에서도 나는 여전히 자기 의식적이고 지성적인 행위자다. 하지만 나의 행동이 단지 앞선 원인들의 필연적인 결과에 불과하다면, 나는 내 행동의 주체가 아니다. 그 경우 나의 지성은 행동을 관찰하는 것에 불과하다. 야코비는 그것을 이렇게 말한다. "나는 [⋯] 행동하는 대로 생각한다."

하지만 우리는 그러한 자유의지의 직관을 설명할 수 없다는 것을 알고 있다. 야코비에 따르면, 철학자들은 모든 것을 남김없이 설명해야 한다는 지나친 강박이 있다. 그래서 칸트처럼 인간의 인식능력으로 인식할 수 있는 것과 인식할 수 없는 것을 엄밀하게 구별하는 것을 최우선의 목적으로 삼는다. 그것은 "인식할 수 없는 것을 설명하려는 것이 아니라 그것의 경계를 인식하고, 그것이 인식할 수 없는 영역임을 인정하자"[40]는 것이다. 일단 그 경계가 설정되면, 우리는 인식의 한계를 초월한 것에 대한 설명의 시도는 단념해야 한다. 그런 것은 그저 받아들이면 될 뿐 심각한 위협이나 해결해야 할 문제로 여길 필요는 없다. 철학자의 궁극적인 목적은 그러한 설명 자체가 아니다. 그것은 제한적이고 부차적인 것에 불과하다. 야코비는 이렇게 말한다. "내가 생각하기에 과학자들의 최고 임무는 존재를 드러내고 밝히는 것이다. [⋯] 설명은 그것을 위한 수단이고, 목적에 이르는 길이다. 하지만 그것은 부차적인 것일 뿐 궁극적인 목적이 아니다. 존재의

40 Jacobi, *Concerning the Doctrine of Spinoza*, 194; *Ueber die Lehre des Spinoza* (1785), 30-31.

궁극 목적은 설명될 수 없는 것, 분석될 수 없는 것, 직접적인 것, 단순한 것이다."[41] 과학적 사고를 가진 사람은 아직 충분히 이해되거나 설명되지 않은 모든 것을 끊임없이 설명하려는 자연스러운 충동을 가지고 있다. 그러한 합리주의자들에게 가장 어려운 일은 무언가에 관해 설명하려는 시도를 단념하고, 그것을 신비로 남겨두는 것이다.

야코비에게 있어서 합리적이고 과학적인 설명은 단지 부차적인 인식에 불과하다. 하지만 신이나 자유의지 등을 논할 때 사용되는 보다 고차적인 인식도 있다. 철학적인 설명에 지나치게 집착하면 그러한 고차적인 인식을 망각하게 된다.[42] 야코비에 따르면, 그러한 인식이 곧 '신앙'이라 불리는 직접적인 확신이다. 신앙은 논증적이고 이성적인 모든 설명 방식의 토대가 되는 최고의 인식 형태다. 그것은 신 존재 증명을 통해 입증되기 전에도 이미 존재하는 것이며, 태어날 때부터 이미 가지고 있는 확신이다.[43] 루소의 발자취를 따르면, 우리는 자신과 자신의 몸에 대한 직접적 인식을 가지고 있다. 우리는 몸을 통해 우리 외부의 사물, 즉 세계에 실재하는 사물을 인식한다.[44] 그것

---

41 Jacobi, *Concerning the Doctrine of Spinoza,* 194; *Ueber die Lehre des Spinoza* (1785), 31-32.

42 Jacobi, *Concerning the Doctrine of Spinoza,* 194-195; *Ueber die Lehre des Spinoza* (1785), 32.

43 Jacobi, *Concerning the Doctrine of Spinoza,* 230; *Ueber die Lehre des Spinoza* (1785), 162: "우리는 모두 사회에서 태어나 사회에서 살아야 하듯이, 신앙 안에서 태어나 신앙 안에서 살아야 한다. Totum parte prius esse necesse est. 그러한 확신이 없다면, 어떻게 그것을 위해 노력할 수 있으며, 그러한 확신을 주는 존재가 없다면, 어떻게 그것을 인식할 수 있겠는가? 이것은 곧 직접적인 확신의 개념으로 이어진다. 직접적인 확신은 어떠한 증명도 필요치 않고, 모든 증명을 절대적으로 배제하며, 존재와 단적으로 일치하는 표상 자체다. 증명을 통한 확신은 간접적인 확신이다." 이에 대한 헤겔의 비판과 관련해서는 *LPR*, vol. 1, 159-165; *VPR*, Part 1, 70-75를 참고하라.

44 Jacobi, *Concerning the Doctrine of Spinoza,* 231; *Ueber die Lehre des Spinoza* (1785), 163.

은 우리가 믿을 수밖에 없는 '자연의 계시'[45]다. 자유의지나 외부 세계에 대한 믿음은 어떠한 증명이나 설명도 필요치 않은 경험적 사실이다. 그러한 확신은 이성이 아니라 신앙에서 생겨난다. 그에 비하면 신 존재 증명이나 과학적 설명에 근거한 확신은 매우 궁핍하다. 과연 그러한 직접적인 확신을 의심하는 사람이 있을까? 어떤 철학자나 과학자도 자신이 존재하지 않는다거나 세계에 외부 대상이 존재하지 않는다고는 생각지 않는다. 물론 과학적 이성의 도구로 증명될 수는 없지만 말이다. 만일 합리주의의 전통에 따라 그런 근본적인 것까지 철저히 의심한다면, 세상에서 살아가거나 활동하는 것은 불가능할 것이다. 야코비에 따르면 보다 합당한 태도는 직접적인 확신을 증명될 수 없는 것으로 그저 받아들이고, 그것에 의지하며 살아가는 것이다. 하지만 합리주의자들에게는 그것이 가장 어려운 일이다.

야코비는 이제 그리스도교 신앙의 문제로 넘어간다. 그는 자신이나 외부 세계의 존재에 대한 직접적인 확신이나 믿음이 그리스도교 신앙과는 다르다는 것을 기꺼이 인정한다. 전자는 보편적이거나 영원한 진리에 관한 것이고, 후자는 개별적이고 유한한 인간에 관한 것이다.[46] 그는 이렇게 설명한다. "그리스도교는 신자들에게 자신의 존재를 고양시키고, 더 고귀한 삶으로 나아가게 하며, 그러한 삶을 통해 더 고귀한 의식으로, 그러한 의식을 통해 더 고귀한 인식으로 나아갈 수 있는 자질을 갖게 해 준다."[47] 신에 대한 인식은 그리스도교인으로서의 삶을 살아냄으로써 얻게 되는 것이며, 그것은 '그 어떤 이성보다

---

45 Jacobi, *Concerning the Doctrine of Spinoza*, 231; *Ueber die Lehre des Spinoza* (1785), 164.

46 Jacobi, *Concerning the Doctrine of Spinoza*, 231; *Ueber die Lehre des Spinoza* (1785), 164.

47 Jacobi, *Concerning the Doctrine of Spinoza*, 231; *Ueber die Lehre des Spinoza* (1785), 164.

도 고귀한 것'[48]이다. 세상에 태어나고 그 속에 살아가면서 주변 세계에 대한 직접적인 확신을 얻는 것처럼, 우리는 개념과 증명과 논증이 아니라 세계 속의 일상적인 삶과 행동을 통해 직접적으로 신에게 다가간다. 그래서 야코비는 이렇게 말한다. "신앙이 인간의 모든 인식과 행위의 요소다."[49]

야코비는 개인의 직접적인 삶과 행동에 주목한다. 그것은 다른 모든 것의 배경을 이루는 직접적인 인식의 영역이다. 반면에 합리주의적 사유에서 비롯한 모든 것은 단지 부차적이고 사후적인 것이다. 그것은 근원적인 현상을 이해하려는 궁핍한 시도일 뿐이며, 근원적인 것의 기준에도 부합할 수 없다.

> 곤궁함에 빠져 사변이 되어버린 이성, 달리 말해, 타락한 이성은 그러한 실천적인 길을 찬양할 수도 없고, 용납할 수도 없다. 이성은 스스로 벌어먹을 손과 발도 없으면서 구걸하기를 부끄러워한다. 그래서 이성은 관조적 이해가 사라진 후에 진리, 즉 종교와 종교의 선善을 찾기 위해 동분서주해야 한다. 마치 도덕성이 이미 사라진 덕의 경향성을 찾아 헤매는 것처럼, 마치 법이 공적인 정신과 더 나은 관습들을 찾아 헤매는 것처럼 말이다.[50]

도덕성에 관한 철학 이론은 언제나 사후적으로, 즉 세상에서 실제로 일어난 덕행 이후에 등장한다. 이와 마찬가지로 법률도 민족을

---

48 Jacobi, *Concerning the Doctrine of Spinoza*, 231; *Ueber die Lehre des Spinoza* (1785), 165.
49 Jacobi, *Concerning the Doctrine of Spinoza*, 234; *Ueber die Lehre des Spinoza* (1785), 172.
50 Jacobi, *Concerning the Doctrine of Spinoza*, 232; *Ueber die Lehre des Spinoza* (1785), 166.

지배하는 관습에 따라 사후에 만들어진다. 이처럼 종교에 관한 철학 이론도 사후에 만들어지며, 그러한 의미에서 세상의 직접적인 존재와 행위의 밑바탕에 놓인 종교적 진리를 제대로 파악하지 못한다. 가장 근본적이고 중요한 것은 경험과 행위가 일어나는 근원적인 영역이다. 모든 설명과 기술은 사후에 이루어지는 부차적인 것일 뿐이다. 계몽주의는 합리적인 설명을 제공하는 데 맹목적으로 집착한 나머지 부차적인 것을 근원적인 것으로 호도해 버렸다. 하지만 그것은 오해다. 직접적인 확신이 논증적인 합리성보다 근원적이다. 야코비는 스피노자와 달리 자신은 인격신을 믿는다고 분명히 밝히면서[51] 신이 우리의 모든 인식과 통찰의 근원이라고 주장한다. 인간이 신의 형상으로 만들어졌다는 사실이 그 진리를 가르쳐준다.[52] 그러한 견해를 고수하면서 그는 논증적인 합리성과 직접적인 확신의 차이를 설명하기 위한 하나의 비유를 든다. 그는 신과 인간의 관계를 부모와 자식의 관계에 빗대어 설명한다.

> 당신의 자녀나 친구의 자녀를 보라. 그들은 아버지의 마음을 헤아리지 못해도 권위에 순종한다. 만일 그들이 고집을 부리거나 순종하지 않으면, 그들은 결코 그 권위를 내면화하지 못할 것이다. 그들은 아버지 자체를 아직은 진정으로 알지 못할 것이다. 만일 그들이 순종적이라면, 아버지의 마음과 내면적인 생명이 그들에게 서서히 전해질 것이다. 그들의 지성이 깨어나면, 그들은 아버지를 알게 될 것이다. 만일 그들의 삶이

---

51 Jacobi, *Concerning the Doctrine of Spinoza*, 189; *Ueber die Lehre des Spinoza* (1785), 17: "나는 지성적이고 인격적인 세계의 원인을 믿는다."

52 Jacobi, *Concerning the Doctrine of Spinoza*, 242; *Ueber die Lehre des Spinoza* (1785), 193.

가르쳐준 살아있는 인식이 없었더라면, 그 어떤 교육적인 예술이나 교훈도 그것을 가르쳐주지 못할 것이다. 만사에 있어서, 인간 이해는 그렇듯 간접적으로만 이루어진다.[53]

신에게 순종하고 올바른 그리스도교인의 삶을 살아가면서 우리는 신의 마음을 알게 된다. 그러한 직접적이고 살아있는 경험에 비하면 공식적인 모든 교육은 언제나 부차적인 것에 불과하다. 앞서 다룬 대부분의 사상가는 이성의 힘을 찬미했지만, 야코비는 그것을 제한적이고 부차적인 것으로 이해한다. 그는 계몽주의가 이성을 통해 편견과 미신을 극복하겠다는 약속을 제대로 완수하지 못했다고 생각한다. 계몽주의는 고작해야 자연과 인과관계로 모든 것을 설명하는 세속적 세계관을 가르쳤을 뿐이다. 그것은 과학적 이성이 다가갈 수 없는 초월적인 영역을 부정한다. 그러한 관점에도 신의 자리가 남아 있다면, 그것은 자연에 내재하는 신, 즉 자연과 동의어라 할 수 있는 스피노자의 범신론적 신일 것이다. 야코비에 따르면, 그러한 세계관은 모든 사람에게 유효하고, 명백하고, 직접적인 진리를 부정함으로써 결국 모순에 빠지고 만다. 과학은 모든 것을 이성적으로 검증하거나 증명하고자 하기 때문에 모든 사람이 직관적으로 알게 되는 직접적인 확신조차도 받아들일 수 없는 것이다. 이렇듯 야코비는 계몽주의적 이성이 제기한 비판을 충분히 고려하면서도 인격신에 대한 믿음의 가능성을 열어두는 상식적인 견해를 주장했다.

---

53 Jacobi, *Concerning the Doctrine of Spinoza*, 245; *Ueber die Lehre des Spinoza* (1785), 201-202.

3. 헤겔의 야코비 비판

헤겔은 튀빙겐대학을 다닐 무렵,[54] 학생들 사이에서 논란이 되었던 야코비의 『스피노자 학설』과 그의 다른 저작들을 읽었다. 그는 초기 논문인 『믿음과 지식』[55]에서 그 저작을 직접 언급하면서 야코비의 철학을 혹독하게 비판했으며, 『정신현상학』 'IV. 정신'(Der Geist) 장의 '양심, 아름다운 영혼, 악과 그것의 용서'(Das Gewissen, Die schöne Seele, Das Böse und seine Verzeihung)[56]에서도 그를 비판의 표적으로 삼았다. 하지만 1817년에 쓴 『야코비 전집』 제3권에 대한 서평[57]에서는 그러

54 Rosenkranz, *Georg Wilhelm Friedrich Hegel's Leben*, 40. 또한 다음도 참고하라. H. S. Harris, *Hegel's Development*, vol. 1, *Toward the Sunlight* 1770-1801, 98; Terry Pinkard, *Hegel: A Biography* (Cambridge: Cambridge University Press, 2000), 30-33.

55 Hegel, "Glauben und Wissen oder die Reflexionsphilosophie der Subjektivitat, in der Vollstandigkeit ihrer Formen, als Kantische, Jacobische und Fichtesche Philosophie," *Kritisches Journal der Philosophie*, vol. 2, no. 1 (1802), 1-188; *Vermischte Schriften*, vols 1-2, ed. by Friedrich Forster and Ludwig Boumann, vols 16-17 (1834-1835) in *Hegel's Werke*, vol. 16, 3-157; In *Jub.*, vol. 1, 277-433. *Faith and Knowledge*, trans. by Walter Cerf and H. S. Harris (Albany: State University of New York Press, 1977); Pierre Bruggen, "La Critique de Jacobi par Hegel dans 'Foi et Savoir'," *Archives de Philosophie*, vol. 30, 1967, 187-198. 헤겔과 야코비의 연관과 관련해서는 다음을 참고하라. Gerhard Hohn, "F. H. Jacobi et G. W. F. Hegel ou la naissance du nihilisme et la renaissance du 'Logos'," *Revue de Métaphysique et de Morale*, vol. 75, no. 2, 1970, 129-150; Gilbert Kirscher, "Hegel et la philosophie de F. H. Jacobi," in *Hegel-Tage Urbino 1965. Vorträge*, ed. by Hans-Georg Gadamer (Bonn: Bouvier, 1969) (*Hegel-Studien, Beiheft* 4), 181-191.

56 Hegel, *PhS*, 383-409; *Jub.*, vol. 2, 484-516. 이와 관련해서는 Gustav Falke, "Hegel und Jacobi. Ein methodisches Beispiel zur Interpretation der *Phänomenologie des Geistes*," *Hegel-Studien*, vol. 22, 1987, 129-142를 참고하라.

57 Hegel, "Friedrich Heinrich Jacobi's Werke. Dritter Band. Leipzig, bey Gerhard Fleischer d. Jung., 1816. XXXVI und 568 S.," *Heidelbergische Jahrbücher der Litteratur*, vol. 10, Part 1 (January-June), nos 1-2, 1817, 1-32; *Vermischte Schriften*, vols 1-2, ed. by Friedrich Forster and Ludwig Boumann, vols 16-17 (1834-1835) in *Hegel's Werke*, vol. 17, 3-37; In *Jub.*, vol. 6, 313-347. "Review: *Friedrich Heinrich Jacobi's Works*, Volume III," in Hegel, *Heidelberg*

한 비판적인 관점이 다소 긍정적인 분석으로 돌아섰다. 헤겔은 1827년에 출간된 『철학백과』 제2판의 제1부 논리학(Wissen- schaft der Logik)의 도입부인 '예비개념'(Vorbegriff)의 'C. 객관성에 대한 사유의 셋째 입장. 직접적 인식'(Dritte Stellung des Gedankens zur Ob- jektivität. Das unmittelbare Wissen) §§ 61-78에서도 야코비의 입장을 다루고 있다.[58] 그는 로스Karl Johann Friedrich Roth(1780~1852)가 일곱 권으로 편집한 『하만전집』에 대한 서평과[59] 괴셸Karl Friedrich Göschel(1781~1861)의 『무지와 절대지에 관한 잠언』(*Aphorismen über Nich- twissen und absolutes Wissen*)에 대한 서평(1829)에서도 야코비를 언급하고 있으며,[60] 『철학사』에서도 그를 간단히 분석하고 있고,[61] 마지막으로 1824년과 1827년 『종교철학』의 '직접적 인식'(Das unmittelbare Wissen) 부분에서도 야코비의 입장을

Writings, trans. and ed. by Brady Bowman and Allen Speight (Cambridge: Cambridge University Press, 2009), 3-31. 이와 관련해서는 Pinkard, *Hegel: A Biography*, 384-388을 참고하라.

58 Hegel, *EL*, §§ 61-78; *Jub.*, vol. 8, 164-184.

59 Hegel, "*Hamanns Schriften*. Herausgegeben von Friedrich Roth. VII Th. Berlin, bei Reimer 1821-1825," *Jahrbücher für wissenschaftliche Kritik*, 1828, Erster Artikel (October), vol. II, nos 77-78, 620-624, nos 79-80, 625-640; Zweiter Artikel (December), vol. II, nos 107-108, 859-864, nos 109-110, 865-880, nos 111-112, 881-896, nos 113-114, 897-900; *Vermischte Schriften*, vols 1-2, ed. by Friedrich Forster and Ludwig Boumann, vols 16-17 (1834-1835) in *Hegel's Werke*, vol. 17, 138-110. In *Jub.*, vol. 20, 203-275; *Hegel on Hamann*, trans. by Lise Marie Anderson (Evanston: Northwestern University Press, 2008), 1-53.

60 Hegel, "*Aphorismen über Nichtwissen und absolutes Wissen im Verhältnisse zur christlichen Glaubenserkenntniss. —Ein Beitrag zum Verständnisse der Philosophie unserer Zeit*. Von Carl Friederich G....l. —Berlin, bei E. Franklin. 1829," *Jahrbücher für wissenschaftliche Kritik*, 1829, nos 99-102, 789-816; nos 105-106, 833-835; *Vermischte Schriften*, vols 1-2, ed. by Friedrich Forster and Ludwig Boumann, vols 16-17 (1834-1835) in *Hegel's Werke*, vol. 17, 111-148; In *Jub.*, vol. 20, 276-213. "Review of K. F. Goschel's Aphorisms," in *MW*, 401-429.

61 Hegel, *Hist. of Phil.*, vol. 3, 410-423; *Jub.*, vol. 19, 535-551.

다루고 있다.[62] 헤겔은 야코비를 개인적으로 잘 알고 있었다. 그 둘은 1812년에 뉘른베르크에서 처음 만났고, 1815년에 헤겔이 뮌헨을 방문했을 때도 다시 만났다.[63] 야코비와의 직접적인 만남이 그의 사상에 대한 초기의 비판적 견해를 전면 수정하게 된 결정적인 계기가 되었을 것이다.

헤겔은 인간의 인식을 직접적 인식과 매개된 인식으로 나눈 야코비의 구분에 반대한다. 첫째로 그는 신에 대한 우리의 인식이 직접적이라는 생각에 의문을 제기한다. 어린아이들이나 '자연적인 인간'의 신 개념은 야코비가 옹호한 신 개념과는 거리가 멀다. 우리는 신을 사유의 대상이라 할 보편적인 것으로 이해하지만, 자연적인 인간은 감각적으로 지각되는 특수한 것에만 관심을 갖는다. 그들은 감각적인 직접적 대상을 초월할 수 없고, 그 이상을 이해할 수 없기 때문이다. "자연적 조건, 즉 자신의 욕구에 머물러 있는 직접적인 인간은 그러한 보편자를 인식하지 못한다. 어린아이나 에스키모인은 신에 대해 아무것도 모른다. 그들의 신 인식은 진정한 인식이 아니다. 이집트인들은 신을 소나 고양이라고 인식하며, 인도인들도 비슷한 양상을 띤다."[64] 헤겔이 든 사례는 신에 대한 직접적인 인식이 무엇인지 야코비보다 훨씬 더 분명하게 보여준다. 야코비는 사람들의 직관에 부합하는 자연스러운 신 개념을 말하고자 했으나 실제로는 그것과 전혀 다른

---

62 Hegel, *LPR*, vol. 1, 261-268; *VPR*, Part 1, 168-268. *LPR*, vol. 1, 385-389; *VPR*, Part 1, 281-285. 또한 다음도 참고하라. *LPR*, vol. 1, 234-237; *VPR*, Part 1, 143-147. *LPR*, vol. 2, 575; *VPR*, Part 2, 471.

63 Brady Bowman and Allen Speight, "Introduction," in Hegel, *Heidelberg Writings,* trans. and ed. by Brady Bowman and Allen Speight (Cambridge: Cambridge University Press, 2009), xi-xii.

64 Hegel, *Hist. of Phil.*, vol. 3, 420; *Jub.*, vol. 19, 549.

것을 내세웠을 뿐이다. 신 개념은 교육을 통해 점진적으로 개발되는 것이지 직접적으로 주어지는 것이 아니다.

헤겔은 직접적 인식과 매개된 인식의 구분은 조금만 엄밀히 검사하면 곧장 폐기될 구분이라고 주장한다.[65] 우리가 직접적 인식이라고 생각하는 것도 분명히 드러나진 않지만 언제나 다른 인식과 매개되어 있다. 그는 이렇게 주장한다. "모든 생명은 자기 내적인 과정이며, 그것은 매개되어 있다. 정신적인 생명의 경우는 더욱 그러하다."[66] 그러한 의미에서 사유나 경험의 개별 요소를 분리시키고, 그것들이 직접적이라거나 다른 것과 절대적으로 분리되어 있다고 생각하는 것은 부당하다. 헤겔은 직접적인 인식으로 보이는 것도 언제나 다른 것에 의존하거나 다른 것과 매개되어 있음을 증명하기 위해 다음과 같은 사례를 든다.

> 예를 들어 나는 아메리카 대륙을 직접적으로 인식하고 있다고 생각하지만 그러한 인식도 매우 복잡하게 매개되어 있다. 만일 내가 아메리카에 서서 그 대륙을 바라보고 있다면, 나는 맨 처음 그곳을 여행했을 것이고, 콜럼버스는 맨 처음 대륙을 탐험하거나 선박들을 만들었을 것이다. 그러한 모든 발견과 발명이 직접적으로 아메리카 대륙에 속한다. 우리가 직접적으로 인식하는 것도 결론적으로는 무한히 많은 매개의 산물이다. 마찬가지로 직각삼각형을 볼 때, 나는 두 변의 제곱이 빗변의 제곱과 같다는 것을 안다. 나는 그것을 직접적으로 안다고 생각하지만 사실 나는 그

65 이와 관련해서는 *LPR*, vol. 1, 172-173; *VPR*, Part 1, 81-82를 참고하라.

66 Hegel, *Hist. of Phil.*, vol. 3, 421; *Jub.*, vol. 19, 549-550.

> 것을 배웠고, 증명의 매개를 통해 그것을 확신하는 것이다. 그렇듯 직접적인 인식도 언제나 전방위적으로 매개되어 있다.[67]

이와 마찬가지로 신의 개념에 관한 실제 내용도 실은 우리의 문화, 양육, 교육을 통해 오랫동안 배워서 아는 것인데도 그것을 직접적인 인식이라고 생각하는 것은 그릇된 것이다. 절대적으로 직접적인 것이란 존재하지 않는다. 직접성과 매개는 상호적으로 관계하는 변증법적 개념이다.

나아가 야코비와 같은 견해는 결국 주관주의라는 위험한 사유를 초래하게 된다. 만일 모든 개인이 신에게 직접적으로 다가갈 수 있다면, 신의 본질 규정은 개인의 손아귀에 내맡겨지고 만다. 왜냐하면 신이 직접적인 것이라면, 신을 인식하기 위해 다른 사람들과 논의할 필요가 없기 때문이다. 각 개인은 자신의 관점으로 무장한 모나드로 작용한다. "직접적인 인식이 허용된다면, 모든 사람은 자신만을 책임지면 된다. 이 사람의 인식과 저 사람의 인식이 서로 다르면, 결국 모든 인식이 정당화되는 지경을 맞게 된다. 하지만 그것은 법이나 종교에 위배된다."[68] 헤겔은 야코비뿐만 아니라 슐라이어마허나 당시의 낭만주의자들이 공통적으로 그러한 주관주의의 경향을 공유하고 있었다고 주장한다. 물론 개인의 가치를 존중하고, 개인에게 진리의 동의권을 주는 것이 근대세계의 원리이긴 하지만, 그렇다고 진리 자체가 주관적인 사유나 개별적인 동의로 결정되는 것은 아니다.

---

67 Hegel, *Hist. of Phil.*, vol. 3, 422; *Jub.*, vol. 19, 549.

68 Hegel, *Hist. of Phil.*, vol. 3, 421; *Jub.*, vol. 19, 547.

야코비는 계몽주의적 이성을 비판했지만 신 문제에 있어서는 그것과 동일한 결론에 이르고 말았다. 그는 우리가 신의 존재를 직접적으로 인식할 수 있다고 말했지만, 사실 우리는 신의 본질이나 속성 등에 관해 아무것도 알지 못한다. 그런 것을 인식하기 위해서는 신을 유한한 인과적 인식의 영역으로 끌어들여야 하기 때문이다. 직접적인 인식은 신을 초월적인 추상으로 여기는 태도다. 헤겔은 이렇게 설명한다. "따라서 '나를 초월해 있는 것' 혹은 '막연한 초월'과 같은 신에 대한 무규정적인 개념만이 남게 되었다. 그것은 최고 존재란 단지 궁극적인 것이라는 계몽주의의 주장과 같은 결론이 아닐 수 없다."[69] 헤겔이 보기에 야코비는 신의 개념을 공허하게 만들고, 교리학의 핵심 개념을 폐기해 버린 또 한 명의 사상가에 불과했다.

레싱의 범신론 주장은 역사적 맥락에서도 매우 중요하다. 독일의 낭만주의자들은 대체로 스피노자의 범신론에 매료되었는데, 레싱은 그들을 대표하는 선구적인 인물이었기 때문이다. 낭만주의자들은 신이 자연이나 모든 인간에 내재한다는 범신론적 견해에 크게 공감했으며, 그것이 당시 독일철학에서 스피노자 르네상스를 일으킨 중요한 요인이었다.[70] 그뿐만 아니라 19세기 초 독일 세계는 고대 인도의 철학과 종교를 접하기 시작하면서 당시의 많은 학자가 스피노자의 범신론과 힌두교의 교리가 가족 유사성을 띤다고 생각하기도 했다. 얼핏 보면 레싱과 스피노자의 관계에 관한 논의가 불필요하고 무의미

69 Hegel, *Hist. of Phil.*, vol. 3, 422; *Jub.*, vol. 19, 548.

70 이와 관련해서는 다음을 참고하라. *Spinoza and German Idealism*, ed. by Eckart Forster and Yitzhak Y. Melamed (Cambridge: Cambridge University Press, 2012); F. C. Copleston, "Pantheism in Spinoza and the German Idealists," *Philosophy*, vol. 21, no. 78 (1946), 42-56.

해 보이기도 하지만 그 논의는 실로 이후 수십 년 동안 독일의 다양한 지성 영역을 주도하는 데 중요한 역할을 했다.

4. 슐라이어마허 — 직관과 직접적 감정

슐라이어마허Friedrich Daniel Ernst Schleiermacher(1768~1834)는 헤겔 당시를 지배한 또 한 명의 중요한 인물이다. 그 역시 계몽주의 사상가들의 종교 비판을 정확히 알고 있었고, 자신의 저작 『종교론: 종교를 멸시하는 교양인들을 위한 강연』(*Über die Religion: Reden an die Gebildeten unter ihren Verächtern*, 1799)[71]에서도 그 문제를 직접 다루고 있다. 그 저작은 베를린에서 독일 낭만주의의 대표자들과 나눈 토론 내용을 바탕으로 계몽주의의 비판에 맞서 종교를 옹호하고자 집필된 것이다. 프리드리히 슐레겔Friedrich von Schlegel(1772~1829)과 아우구스트 슐레겔August Wilhelm von Schlegel(1767~1845)에게 영감을 받은 슐라이어마허는 감정과 정서를 강조하는 낭만주의의 경향에서 그가 평생 골몰했던 종교

71 Schleiermacher, *Über die Religion. Reden an die Gebildeten unter ihren Verächtern* (Berlin: Johann Friedrich Unger, 1799). 영어번역판: *On Religion: Speeches to its Cultured Despisers,* trans. by Richard Crouter (New York: Cambridge University Press, 1988). 슐라이어마허와 관련한 이차문헌으로는 다음을 참고하라. Karl Barth, *'Schleiermacher' in his Protestant Theology in the Nineteenth Century,* 411-459. Richard Crouter, *Friedrich Schleiermacher: Between Enlightenment and Romanticism* (Cambridge: Cambridge University Press, 2005); Jack Forstman, *A Romantic Triangle: Schleiermacher and Early German Romanticism,* Missoula (MT: Scholars Press, 1977); B. A. Gerrish, *A Prince of the Church: Schleiermacher and the Beginnings of Modern Theology* (Philadelphia: Fortress Press, 1984); Martin Redeker, *Friedrich Schleiermacher: Life and Thought,* trans. by John Wallhauser (Philadelphia: Fortress Press, 1973).

의 옹호 가능성을 발견했다.

계몽주의 사상가들에게 종교적 믿음의 합리성을 논하고자 했던 것은 슐라이어마허의 가장 큰 실수였다. 그런 식의 논의는 항상 실패할 수밖에 없다. 종교는 자연과학적 증명 방식의 엄격한 요구 사항에는 결코 부합할 수 없기 때문이다. 그래서 슐라이어마허는 종교적 믿음의 합리성을 옹호하는 새로운 논의 방식을 도입했다. 종교는 이성이나 합리성과 연관된 것이 아니라 직관(Anschauung)이나 감정과 연관된 것이라고 그는 주장했다. 그 한마디로 슐라이어마허는 종교와 과학의 일반적인 논쟁을 중단시켰다. 종교적 감정은 과학이 비판할 수 있는 대상이 아니다. 종교는 과학적 기준에 따라 조사되고, 비교되고, 양화되고, 수용 혹은 거부될 수 있는 그런 외적인 대상이 아니다. 도리어 종교는 그런 비판들이 공격할 수 없는 내적인 대상(인간의 심정)이다.

"둘째 강연: 종교의 본질에 대하여"에서 슐라이어마허는 종교가 형이상학이나 도덕과 종종 혼동되고 있다고 주장한다. 물론 "그 두 학문도 종교와 마찬가지로 보편자나 그것과 인간의 관계를 대상으로 삼지만"72 그렇다고 해서 형이상학이나 도덕이 종교는 아니다. 그래서 그는 그 두 영역의 고유한 과제와 역할을 구분하여 설명한다. 먼저 형이상학은 "우주를 여러 단계로 분류하고, 존재의 근거를 추적하고, 현실적 존재의 필연성을 연역하면서 세계의 실재와 그 원리를 도출한다."73 신, 영혼 불멸, 인간 자유의 문제도 세계에 관한 일반적인 물음

72 Schleiermacher, *On Religion*, 19; *Über die Religion*, 41.

73 Schleiermacher, *On Religion*, 20; *Über die Religion*, 42.

이라는 점에서 우리는 간혹 형이상학과 종교를 동일시하기도 한다. 하지만 종교는 형이상학, 신, 영혼 불멸, 인간 자유 등의 개념과는 근본적으로 다른 것이다. 진정으로 종교적인 것에 비하면 그런 개념들은 부차적인 것에 불과하다. 또한 도덕은 "인간의 본성이나 보편자와 인간의 관계로부터 의무의 체계를 발전시킨다. 도덕은 절대적인 권위를 통해 인간의 행동을 명령하거나 금지한다."[74] 신으로부터 도덕적 명령이 나온다는 점에서 우리는 간혹 도덕과 종교를 동일시하기도 한다. 칸트가 지적했듯이 도덕에서 중요한 것은 도덕적 세계를 지배하는 신의 공의가 존재한다는 믿음이기 때문이다. 하지만 슐라이어마허는 그것도 종교에서는 부차적인 것에 불과하다고 주장한다. 그는 이렇게 결론짓는다.

> 종교가 자신만의 고유한 영역을 마련하기 위해서는 다른 영역에 속하는 모든 주장을 거부하고, 종교에 강요되어 왔던 모든 것을 폐기해야 한다. 종교는 본성상 형이상학처럼 우주를 규명하고 설명하기를 바라지 않는다. 종교는 도덕처럼 자유의 힘과 인간의 자유로운 신적 선택을 통해 세계를 계속해서 발전시키고 완성하기를 바라지 않는다. 종교의 본질은 사유도 아니고 행위도 아니다. 그것은 직관과 감정이다.[75]

여기서 슐라이어마허는 '직관과 감정'이 종교의 근본 능력이라는 자신의 유명한 주장을 도입하여 형이상학이나 도덕과는 구별되는

74 Schleiermacher, *On Religion*, 20; *Über die Religion*, 43.

75 Schleiermacher, *On Religion*, 22; *Über die Religion*, 50.

종교만의 고유한 영역을 개척하고 있다.

그는 칸트가 분류한 이론이성(형이상학)과 실천이성(윤리학)의 구분을 그대로 반복한다. 앞서 살폈듯이 칸트는 신이나 영혼 불멸 등에 관한 물음은 경험의 가능 영역을 초월한 것이기 때문에 이론이성에서는 다뤄질 수 없고, 이성의 또 다른 영역인 실천이성에서 다뤄져야 한다고 주장했다. 슐라이어마허는 그러한 칸트의 구분은 수용하지만 이론이성에서 실천이성으로 나아가는 그의 노선은 따르지 않는다. 그는 종교가 그 둘 중 한 영역에서 다뤄질 수 있다는 입장을 부정하고 그것과는 다른 제3의 영역을 개척한다.

> 따라서 종교는 사변이성의 영역은 물론 실천이성의 영역에서도 완전히 벗어나야만 자신의 고유한 영역과 특성을 주장할 수 있다. 종교가 그 두 영역 옆에 자신의 자리를 따로 마련해야만 공통의 근거가 완벽하게 마련되고, 그러한 차원에 의해 인간의 본성도 완성될 수 있다. 종교는 사변이나 실천과는 본성적으로 대립하는 필연적이고 불가결한 제3의 것으로 나타나며, 그것은 이론이성과 실천이성에 못지않은 가치와 탁월함을 갖는다.[76]

칸트와 대조적으로 슐라이어마허는 종교적 대상의 문제를 해결하는 제3의 영역이 존재한다고 주장한다. 그에 따르면 직접적인 직관과 감정이야말로 우리를 종교적인 것으로 인도하는 영역이다.

하지만 그가 말하는 '감정'은 우연히 생겨나는 변덕스러운 기분이

---

76 Schleiermacher, *On Religion*, 23; *Über die Religion*, 52.

나 주관적인 사유를 의미하지 않는다. 그는 세계에 존재하는 개별 사물이 우리의 감각기관에 영향을 주는 방식을 구체적으로 설명한다.

> 우주는 끊임없는 활동으로 존재하며, 매 순간 우리에게 계시된다. 우주가 산출하는 모든 형식, 삶의 충만함에 따라 개별적으로 현존하는 모든 존재자, 우주의 충만하고 풍성한 품에서 흘러나오는 모든 사건, 이것이 우리에게 주어지는 우주의 계시다. 따라서 모든 개별자를 전체의 부분으로 받아들이고, 모든 유한자를 무한자의 표현으로 받아들이는 것이 곧 종교다. 77

이것이 바로 그가 '우주에 대한 직관'[78]이라 부르는 것이다. 슐라이어마허는 종교를 매우 특이하게 규정한다. 종교에서는 감정이 중요한 역할을 한다고 인정하는 사람들이 많기는 하지만 슐라이어마허의 주장은 그보다 훨씬 더 급진적이다. 그는 우주와 그것의 대상들에 관한 지각이 종교를 구성한다고 말한다. 종교를 신이나 영혼 불멸 그리고 그 외의 핵심 교리와 연관시키는 데 익숙한 이들에게는 그의 주장이 직관적으로 와닿지 않을 것이다. 하지만 슐라이어마허는 도리어 그런 것들을 부차적인 것으로 여긴다. 게다가 우주에 대한 직접적 경험은 주로 우주와 그것의 대상에 대한 지각, 달리 말해, 그것이 우리의 감각에 미치는 영향과 관련한 것이며, 따라서 원리상 철저히 세속적인 것으로 보이기 때문에 그의 주장은 더욱 충격적으로 다가온다.

---

77 Schleiermacher, *On Religion*, 25; *Über die Religion*, 56.

78 Schleiermacher, *On Religion*, 24; *Über die Religion*, 55.

하지만 슐라이어마허는 그러한 우주와의 근본적이고 원초적인 관계야말로 우리가 이해하는 종교의 기초라고 주장한다. 그는 경험의 일차적인 개별적 측면을 중시할 뿐 그것을 사유나 관념으로 발전시키는 것을 허락지 않는다. 종교는 일차적인 경험에 관한 것이다. 만일 그것을 넘어 개념과 이론을 반성하거나 발전시키기 시작하면, 그것은 이미 종교의 영역을 벗어난 것이다.[79] 감각적 지각의 특성은 특수성이다. 각각의 지각은 나름대로 유일하고 특수하다. 반대로 사유와 관념의 특성은 보편성이다. 진眞이나 선善과 같은 관념은 일반적인 개념이지 구체적 사물이 아니다. 그러한 의미에서 그는 종교란 다양하고 특수한 세계에 대한 근원적 경험을 확고하게 고수하는 것이라고 주장한다. 우리는 근원적인 경험에만 집중하고, 그것을 설명하거나 이론화하거나 범주화하려는 충동은 뿌리쳐야 한다. 왜냐하면 그렇게 하자마자 우리는 종교의 영역에서 벗어나기 때문이다.

슐라이어마허가 보기에 그러한 견해의 중요한 이점은 종교적 관용을 이룰 수 있다는 것이다. 그는 이렇게 설명한다.

> 모든 사람은 자신의 종교가 단지 전체의 일부일 뿐이며, 자신에게 종교적 영향을 준 동일한 대상에 대해 자신처럼 경건한 사람이라도 자신과

79 Schleiermacher, *On Religion*, 26; *Über die Religion*, 58: "직관은 항상 어떤 개별적인 것, 구별된 것, 직접적인 지각이며, 늘 그러한 것들로 존재할 뿐 그 외의 어떤 것도 아니다. 그것들을 결합하거나 전체로 통합하는 것은 감각의 작업이 아니라 추상적인 사유의 작업이다. 직접적인 경험이 종교의 진리다. 종교는 우주의 존재와 행위에 대한 직접적인 경험, 즉 개별적인 직관과 감정에 머물러 있다. 모든 직관과 감정은 다른 것과 연관되거나 그것에 종속되지 않고, 그 자체로 존재한다. 종교는 연역이나 귀납을 모른다. 그런 것들은 종교와 관련한 것들 가운데 종교의 본성에 가장 어긋나는 것이다. 우리가 근원적이고 최초의 것이라고 부를 수 있는 개별적인 사실이나 행위뿐만 아니라 종교 가운데 있는 모든 것은 직접적으로 진리이며, 그 자체로 진리다."

> 전혀 다른 견해를 가질 수 있다는 사실, 그리고 자신은 전혀 가지고 있지 않은 직관과 감정이 종교의 다른 요소들에서 흘러나온다는 사실을 의식해야 한다.[80]

자신의 종교적 감정에 대한 자각은 타인의 종교적 감정도 민감하게 받아들이고, 그것이 자신의 감정과 다를지라도 존중하는 자세를 갖게 한다. 그러한 의미에서 슐라이어마허도 종교를 명분으로 행해진 온갖 박해와 학살을 중단해야 한다는 볼테르를 비롯한 계몽주의 비판가들의 견해에 동조한다고 볼 수 있다. 또한 동시에 종교는 직접적인 감정과 관련한 것이지 사유(예: 교리 논쟁)나 행위(예: 전쟁, 박해 등)와 관련한 것이 아니기 때문에 그런 것은 종교 자체와 아무런 상관이 없다고 비판할 수도 있다. "종교에서 사람들은 무엇 때문에 논쟁을 벌이고, 편을 가르고, 전쟁을 일으켰는가? 그것은 도덕과 관련한 것일 수도 있고, 형이상학과 관련한 것일 수도 있고, 그 둘과 무관한 것일 수도 있다."[81] 만일 계몽주의가 그러한 박해의 책임을 종교에 묻는다면, 그것은 비판의 표적을 잘못 겨냥한 것이다. 계몽주의는 종교의 개념을 잘못 설정해 놓고서 그것을 비판하거나 단죄한다. 하지만 계몽주의의 근원적인 종교 규정 자체가 이미 근본적인 오해에 근거하고 있다.

『종교론』과 『기독교신앙』(*Der christliche Glauben* , 1821~1822)[82]의

80 Schleiermacher, *On Religion,* 27; *Über die Religion,* 62-63.

81 Schleiermacher, *On Religion,* 28; *Über die Religion,* 63.

82 Schleiermacher, *Der christliche Glaube nach den Grundsätzen der evangelischen Kirche im Zusammenhange,* vols 1-2 (Berlin: G. Reimer, 1821-1822); *The Christian Faith,* trans. by H. R. Macintosh and J. S. Stewart (Edinburgh: T. & T. Clark, 1999)(이 영어번역판은 내용도

출간 사이에 그의 신앙론에 결정적인 영향을 준 정치적 사건이 발생했다. 프로이센에서 종교 분쟁이 일어날 가능성을 우려한 빌헬름 3세Fredrick Wilhelm III(1770~1840)는 루터파 교회와 칼뱅파 교회를 통합하는 일련의 칙령을 발표했다. 1817년 프로이센 연합교회의 창설로 그러한 통합은 완성되었다. 슐라이어마허는 국왕의 개혁 계획을 열렬히 옹호했으며, 자신의 신학에도 그 내용의 일부를 실었다. 『기독교신앙』은 루터파와 칼뱅파의 신앙고백 사이에서 교리 논쟁을 일으킬만한 내용은 일절 삼가고, 두 교파의 차이를 완화하면서 모두가 만족할 수 있는 이론만을 제시하고 있다. '절대적인 의존의 감정'(Das Gefühl der absoluten Abhängigkeit)이라는 신앙 교리는 루터파와 칼뱅파가 모두 동의할만한 것이었기 때문에 당시의 칙령에도 완벽하게 들어맞았다.[83] 그 교리의 진정한 강점은 종교의 본질을 사유나 교리에 선행하는 보다 근원적인 곳에 위치시킨다는 것이다. 감정은 모든 반성과 성찰에 선행하고, 모든 인간에게 공통적이라는 점에서 모든 종교의 신앙고백을 자신의 원리 안에 포괄할 수 있다.

슐라이어마허의 『기독교신앙』은 『종교론』이 끝난 지점에서 출발하여 종교나 신앙의 문제를 계속해서 논의해 들어간다. 거기서는 '신앙'이라는 단어가 '경건'으로 대체되고 있는데, 이는 신앙이 인식이나 행위의 문제가 아니라는 뜻을 담고 있다. 신앙은 제3의 것, 즉

확장되고, 영향력도 컸던 제2판을 옮긴 것이다). *Der christliche Glaube nach den Grundsätzen der evangelischen Kirche im Zusammenhange*, vols 1-2 (Berlin: G. Reimer, 1830-1831)(이 책에서 사용하는 각주의 서지 정보도 제2판의 것이다).

83 그것은 『기독교신앙』의 도입부에 있는 § 3에 분명하게 나타나 있다. "**모든 교회적 친교의 기초**를 이루는 경건은 [⋯] 인식이나 행위가 아니라 감정, 즉 직접적 자기의식의 변화에 있다." Schleiermacher, The Christian Faith, § 3, 5; *Der christliche Glaube*, vol. 1, § 3, 7.

'감정'의 문제다.[84] 슐라이어마허는 '감정'을 직접적인 자기의식의 근본형식이라고 설명하는데, 그것은 보다 구체적으로 '절대적인 의존의 감정'으로까지 발전해 간다.[85] 그는 인간의 자기의식에는 서로 다른 두 요소(차원)가 존재한다고 주장한다. 우리는 자신을 하나의 통일체로 인식하기도 하고, 지각, 관념, 행위 등 변화하는 다수의 규정으로 인식하기도 한다. 그 가운데 후자는 자기의식의 능동적인 측면, 즉 스스로 산출하는 측면이다. 거기서 우리는 자유의 감정을 갖게 된다. 반대로 전자는 자기의식의 수동적인 측면이다. 그것은 "모든 자기의식이 전제하는 자아 이외의 요소, 즉 특수한 규정의 근원이자 그것 없이는 자기의식이 존재할 수 없는 요소를 전제한다."[86] 이를 통해 우리는 자신을 부분적으로만 규정할 수 있을 뿐 우리를 초월한 더 위대한 것에 의존하고 있음을 깨닫게 된다.

자유와 의존이라는 두 가지 감정을 저울질할 때, 우리는 자아의 능동적인 측면이 우리가 통제할 수 없는 수많은 것에 의존하고 있음을 깨닫게 된다. 따라서 자유의 감정은 제한적이다. "절대적인 자유의 감정 같은 것은 존재하지 않는다."[87] 반면 의존의 감정은 절대적이다. 존재나 의식이 미리 주어져 있지 않다면, 우리는 세상에서 행동할 수 없다. 하지만 그것은 통제할 수 없는 것이다. 그는 이렇게 말한다.

하지만 우리의 모든 행위를 수반하고, […] 따라서 우리의 전체 실존을

---

84 Schleiermacher, *The Christian Faith,* § 3, 5-12; *Der christliche Glaube,* vol. 1, § 3, 7-16.
85 Schleiermacher, *The Christian Faith,* § 4, 12-18; *Der christliche Glaube,* vol. 1, § 4, 16-24.
86 Schleiermacher, *The Christian Faith,* § 4, 13; *Der christliche Glaube,* vol. 1, § 4, 17.
87 Schleiermacher, *The Christian Faith,* § 4, 15; *Der christliche Glaube,* vol. 1, § 4, 20-21.

수반하며, 절대적인 자유를 부정하는 자기의식은 엄밀히 말해 절대적인 의존의 의식이다. 왜냐하면 우리가 절대적인 자유의 감정을 느껴야 할 대상이 전적으로 우리 자신에게서 유래하듯이 우리의 자발적인 행위 전체는 우리 외부의 근원에서 유래하기 때문이다.[88]

슐라이어마허에 따르면, 모든 인간은 더 높은 힘에 의존하고 있다는 심오하고도 근원적인 감각을 가지고 있다. 우리는 병들고, 고통받고, 죽는다. 삶의 과정에는 우리가 통제할 수 없는 많은 일이 일어난다. 그것은 우리의 존재가 우연하다는 심오한 감각을 불러일으킨다. 우리는 언제든 쓰러져 죽을 수 있다는 것을 안다. 그것이 절대적 의존의 감정이 생겨나는 근원이다.

슐라이어마허는 그러한 '절대적인 의존의 감정'의 근원을 '신'이라고 부른다. 그는 이렇게 주장한다. "그러한 자기의식이 의미하는바, 수동적이고 능동적인 실존의 근원이 바로 '신'이다. […] 그것이 신이라는 단어의 원래 의미다."[89] 그러한 의미에서 그는 절대적인 의존의 감정 자체가 신을 의식하고 신과 관계 맺는 것이라고 주장한다. 그의 견해에 따르면, 그러한 감정은 절대적으로 근본적이고도 보편적인 인간 경험이다. 하지만 그러한 경험은 신에 관한 어떠한 사전 인식도 요구하지 않는다. 그것은 신과의 피할 수 없는 관계를 나타내는 예지적 느낌이다. 그렇듯 인간은 신에 대한 직접적인 자기의식을 가지고 있다. 슐라이어마허는 신과 감정이 동의어라는 점을 선뜻 인정한다.

88 Schleiermacher, *The Christian Faith,* § 4, 16; *Der christliche Glaube,* vol. 1, § 4, 21-22.
89 Schleiermacher, *The Christian Faith,* § 4, 16; *Der christliche Glaube,* vol. 1, § 4, 22.

"애초에 신은 그러한 감정을 공동으로 결정하는 자며, 우리가 그러한 [절대적인 의존의] 상태에 있다는 것을 일깨워주는 자다. 그 이상의 내용은 그렇게 근본적으로 주어진 것으로부터 서서히 구해지는 것이다."[90] 여기서 슐라이어마허는 헤겔이 비판한 것처럼 근원적인 감정에는 아무런 내용이 없고, 따라서 신도 아무런 내용이 없다는 것을 인정하는 듯하다.

『기독교신앙』에서 슐라이어마허는 절대적인 의존의 감정이라는 기본 전제로부터 그리스도교의 핵심 교리를 도출하고자 한다. 종교를 감정에 호소하는 것은 계몽주의의 비판을 피하기 위한 시도였다. 신앙이 인간 의식에 깊숙이 뿌리내린 원초적 감정이라면, 그것은 계몽주의 비판가들이 만끽하던 과학적인 반박에서 벗어날 수 있기 때문이다. 하지만 과연 그러한 감정이 그리스도교의 핵심 교리를 제대로 보존할 수 있을까? 슐라이어마허는 감정과 교리의 조화를 위해 각고의 노력을 바쳤으나 헤겔은 그것을 실패한 전략으로 평가한다.

5. 헤겔의 슐라이어마허 비판

헤겔과 슐라이어마허는 베를린대학에 함께 재직하며 서로 알던 사이였다. 그래서 그 둘의 관계는 더욱 복잡해졌다.[91] 헤겔은 『종교철

---

90 Schleiermacher, *The Christian Faith*, § 4, 17; *Der christliche Glaube*, vol. 1, § 4, 23.

91 슐라이어마허의 신학에 관한 헤겔의 견해와 관련해서는 다음을 참고하라. Crouter, *Friedrich Schleiermacher: Between Enlightenment and Romanticism*, 70-97; Hermann Glockner, "Hegel und Schleiermacher im Kampf um Religionsphilosophie und Glaubenslehre," in his *Beiträge zum Verständnis und zur Kritik Hegels sowie zur Umgestaltung seiner*

학』에서 슐라이어마허의 견해를 다루는 데 많은 부분을 할애하고 있다.[92] 그는 슐라이어마허의 견해를 매우 다각적으로 비판한다. 첫째로 슐라이어마허는 영원한 것이 아니라 일시적인 것에 호소한다. 우리는 우발적으로 생겨나는 매우 다양한 감정을 가지고 있다. 하지만 신에 대한 믿음은 그렇게 덧없고, 하찮고, 사소한 것에 근거할 수 없다. 헤겔에 따르면, 신에 대한 믿음은 인간의 가장 낮은 단계의 능력(감정)이 아니라 가장 높은 단계의 능력(이성)에 근거해야 한다. 헤겔은 하이델베르크 출신의 제자 힌리히스Hermann Friedrich Wilhelm Hinrichs(1794~1861)의 저작 『종교』(*Die Religion im inneren Verhältnisse zur Wissenschaft*)의 '서문'[93]을 써주었는데, 거기서 그는 이렇게 말한다. "만일 종교가 그런 의존의 감정에 불과한 것이라면, 개야말로 최고의 그리스도교도가 아니겠는가! 개는 최고의 의존감을 가지고 있으며, 주로 그러한 감정으로 살아가니 말이다."[94] 개는 이성적인 능력 없이 다만 직접적인 식욕이나 자연적인 충동으로 살아간다. 그 말의 요점은 오로지 인간만이 종교를 갖는다는 것이다. 종교적 믿음을 활성화하는 인식능력은 분명

Geisteswelt (Bonn: Bouvier, 1965)(*Hegel-Studien,* Beiheft 2), 246-271; Jeffrey Hoover, "The Origin of the Conflict between Hegel and Schleiermacher at Berlin," *The Owl of Minerva,* vol. 20, no. 1 (1988), 69-79; Philip M. Merklinger, *Philosophy, Theology, and Hegel's Berlin Philosophy of Religion, 1821-1827* (Albany: State University of New York Press, 1993), 43-90. 또한 다음도 참고하라. David D. Possen, "Martensen's Theonomic Enterprise: An Advance beyond Hegel?" in *Hans Lassen Martensen: Theologian, Philosopher and Social Critic,* ed. by Jon Stewart (Copenhagen: Museum Tusculanum Press, 2012)(*Danish Golden Age Studies,* vol. 6), 239-270; Peter C. Hodgson, *Hegel and Christian Theology: A Reading of the Lectures on the Philosophy of Religion* (Oxford: Oxford University Press, 2005), 108-111.

92 이와 관련해서는 *LPR*, vol. 1, 390-396; *VPR*, Part 1, 285-291을 참고하라.

93 Hermann Friedrich Wilhelm Hinrichs, *Die Religion im inneren Verhältnisse zur Wissenschaft* (Heidelberg: Karl Groos, 1822). 헤겔이 쓴 '서문'은 i-xxviii에 실려 있다.

94 Hegel, *MW*, 347-348; *Jub.*, vol. 20, 19.

인간만의 고유한 능력이다. 신앙을 감정으로 이해하는 것은 개념을 평가절하하거나 최저수준으로 격하하는 것이다. 개에 대한 언급은 그저 논쟁적인 농담이 아니라 인간 정신의 본성에 관한 그의 확신에서 나온 것이다. 오로지 인간만이 종교와 문화를 갖는다. 따라서 그것을 가능케 하는 것은 인간만의 고유한 능력임에 틀림없다.[95] 실제로 슐라이어마허는 "개는 언제나 직접적으로 감정의 영역에 존재하고, 이성에 의해 희석되거나 손상되지 않는다는 점에서 개야말로 가장 훌륭한 그리스도교도가 될 것이다"라고 주장했다. 헤겔은 그 구절을 그대로 가져왔던 것이다. 힌리히스의 저작 '서문'에서 헤겔은 그러한 순수한 감정의 개념을 비판한다. 우리의 복잡한 인식 과정에는 감정과 사유가 서로 연관되어 있기 때문에 사유의 내용이 없는 순수한 감정을 감별해 내기란 불가능하다. 나아가 헤겔은 종교적 신자의 심정에서 감정이 수행하는 역할을 부정하지는 않지만, 종교를 오로지 감정으로 환원하려는 시도는 결국 모순에 빠질 수밖에 없는 부적절한 방식이라고 비판한다. 종교의 진정한 목적은 그러한 감정과 사변적 진리를 통합하여 사변적 진리가 어떻게 종교적 감정을 옹호할 수 있는지를 보여주는 것이다. 사변은 감정과 달리 엄격한 이성적 필연성을 통해 영원한 진리를 증명할 수 있다. 우리는 인간적인 품위와 가치를 가진 그리스도교 개념을 원한다. 하지만 그러한 개념은 결코 감정에 기초할 수 없다.

헤겔은 진정한 신앙이란 외부의 객관적인 교리를 인정하는 것이라고 주장한다. 그는 자신의 신앙관을 이렇게 설명한다.

95 Hegel, *EL*, § 2; *Jub.*, vol. 8, 42-43.

> 신앙이란 […] 교리 내용의 본성은 건드리지 않은 채 자기 확신만을 추구하는 주관적인 믿음도 아니고, 인간의 가장 내밀한 자아와 소통하지 않고 다만 기계적으로 암송하고 외우는 신조도 아니다. […] 신앙은 […] 그 둘의 통일이다.[96]

변증법을 중시하는 헤겔은 신앙을 객관적인 측면과 주관적인 측면을 모두 포괄하는 것으로 이해한다. 첫째로 신앙은 동의에 기초한 객관적인 내용, 즉 교리를 가져야 한다. 교리는 고대 세계의 원리이자 전통적인 믿음 체계의 원리다. 하지만 교리는 개별성을 인정하지 않고 개인들에게 체계를 강압하는 문제가 있다. 둘째로 신앙은 개별 신자의 동의를 얻어야 한다. 그것은 개인의 의사결정권을 인정하고 존중하는 근대 세계의 원리다. 신앙을 올바로 이해하기 위해서는 그 두 요소가 모두 필요하다. 어느 한쪽만을 절대적으로 주장하면 오해에 빠지고 만다. 전통적인 믿음은 개인의 동의 없이 독단적으로 진리를 선포한다는 문제가 있고, 슐라이어마허가 희생양이 된 근대의 개념은 이성적인 내용과는 무관한 개인의 주관적인 진리만을 내세운다는 문제가 있다. 헤겔의 목적은 적절한 교육과 인간 정신의 도야를 통해 그 두 측면을 통합하는 것이다. 개인이 일반적인 교리에 담긴 합리성을 깨닫고, 그것에 자유롭게 동의할 때 비로소 그 두 측면의 갈등도 사라질 수 있다. 헤겔은 믿음의 내용을 제거하고, 감정이나 주관적 확신의 진리만을 강조하는 것은 종교의 위기를 극복하는 적절한 대안이 될 수 없다고 주장한다.

---

96 Hegel, *MW*, 338; *Jub.*, vol. 20, 4.

둘째로 헤겔은 야코비와 슐라이어마허의 견해는 일종의 상대주의를 초래한다고 생각한다. 그들은 각 개인의 심정을 진리의 장소로 삼기 때문에 신에 대한 진리나 인식의 객관적 기준이 있을 수 없다. 슐라이어마허는 신을 단순한 감정으로 환원해 버렸고, 야코비는 신을 직접적 인식으로 환원해 버렸다. 그 두 경우에 진리는 모두 주관적인 것이다.[97] 그러한 인식은 직접적인 것이기 때문에 각 개인에게만 특별하고 대체될 수 없는 가치를 가질 뿐이다.

> 그러한 일반적인 표상이 이제는 일반적인 원리가 되었다. 그것은 가장 고귀한 종교적 내용은 정신 자체라 할 수 있는 인간에게 드러난다는 것, 정신은 **그러한 나 자신의 정신**에 계시된다는 것, 신앙은 나의 가장 내밀한 자아에 뿌리를 두고 있다는 것, 나의 가장 내밀한 자아는 신앙과 분리될 수 없다는 것을 의미한다.[98]

하지만 그렇게 되면 외부의 객관적인 진리나 기준은 사라지고, 주관적인 비합리성의 형태들만 난립하게 된다. 슐라이어마허는 종교적 관용에 관한 자신의 견해를 부각시키고 싶어했지만, 실제로는 주관적 비합리성의 혐의만 받고 말았다. 야코비나 슐라이어마허는 종교의 참된 본성을 왜곡하거나 혼란시키는 '체계에 대한 집착'에 저항하고자 했다.[99] 철학이든 신학이든 체계는 언제나 어떤 근본 원리에 기초하고 있다. 체계는 그러한 근본 원리에 따라 모든 것을 조직하

97 Hegel, *LPR*, vol. 1, 159-160; *VPR*, Part 1, 70-71.

98 Hegel, *LPR*, vol. 1, 160; *VPR*, Part 1, 70.

99 Schleiermacher, *On Religion*, 28; *Über die Religion*, 6.

고, 거기에 모순되는 것은 가급적 제거하고자 한다. 이와 반대로 슐라이어마허는 무한히 다양하고 특수한 종교적 감정에는 어떠한 모순도 존재하지 않는다고, 모든 종교적 감정은 모순 없이 서로 평화롭게 공존할 수 있다고 주장했다.[100] 하지만 헤겔은 신앙에 객관적 내용이 없으면, 개인이 그 공백을 제멋대로 채우게 된다고 생각했다. 그는 이렇게 설명한다.

> 더 나아가 감정이 내용을 결정하는 원리가 되면, 해야 할 일은 개인이 어떤 감정을 가져야 하는지를 그저 개인에게 내맡기는 것뿐이다. 거기서는 절대적인 불확실성, 즉 자신의 기쁨만을 생각하고, 종교, 의무, 권리, 훌륭하고 고귀한 것의 진리를 자신의 신탁에 두고자 하는 변덕과 경향성이 진리의 기준과 권위가 된다.[101]

모든 것을 자신의 변덕과 자의로 결정할 수 있게 된 개인은 종교적 경건함의 비호 아래 위선적인 행세를 서슴지 않음으로써 결국 '자만'과 '독단'에 빠져들게 된다.[102]

셋째로 그러한 견해는 주관적 경향을 지나치게 강조하여 교회를

---

100 Schleiermacher, *On Religion, 28; Über die Religion,* 64: "체계에 대한 집착은 낯선 것을 거부한다. 그것이 참으로 생각해 볼 만하고, 참된 것이라 하더라도 말이다. 왜냐하면 낯선 것은 자신의 잘 짜인 대열을 망칠 수 있고, 자신의 자리를 요구함으로써 아름다운 연관들을 교란시킬 수 있기 때문이다. 체계에 대한 집착에는 모순의 여지가 있다. 체계는 모순과 싸우고, 그것을 억제해야 한다. 특수자가 다시 개별자나 유한자와 연결되는 한, 하나는 자신의 존재를 통해 다른 하나를 파괴할 수 있다. 하지만 무한자 가운데서는 모든 유한자가 서로 방해받지 않고 서로 공존한다. 거기서는 모든 것이 하나며, 모든 것이 진리다."

101 Hegel, *MW*, 348-9; *Jub.*, vol. 20, 21.

102 Hegel, *MW*, 349; *Jub.*, vol. 20, 21-22.

비롯한 조직화된 모든 종교 형태를 부정하게 된다. 그들에게 교회는 개별적 진리를 강제적으로 억압하는 기관일 뿐이다.

> 종교적 신앙은 직접적인 직관 혹은 결코 외부에서 주어지지 않는 내 안의 인식이라는 규정이 오늘날 일반적인 원리가 되었다. 그것은 결과적으로 모든 외적인 진리와 권위를 완전히 폐기해 버린다. 나에게 타당한 것은 오로지 내 정신의 확증일 뿐이다. 분명 자극은 외부에서 오지만 그런 외적인 근원은 중요하지 않다. 내가 믿는 것은 내 정신의 증언이기 때문이다.[103]

결과적으로 슐라이어마허의 견해는 교회를 참다운 경건에 반하는 부패하고 억압적인 세력으로 간주했던 계몽주의 종교 비판가들의 견해와 다르지 않다. 그의 신학적 목적 중 하나가 교회의 토대를 확립하고, 서로 다른 개신교의 신앙고백을 통합하는 것이었다는 점을 고려하면, 이는 참으로 모순되는 결과가 아닐 수 없다. 안타깝지만 주관성은 개인마다 다르기 때문에 그것은 신앙의 안정적인 토대가 될 수 없다.

슐라이어마허는 계몽주의의 종교 비판에서 벗어날 길을 찾고자 했지만, 헤겔이 보기에 그것은 질병 자체보다 훨씬 더 심각한 수준의 처방이었다. 종교를 감정이나 직관으로 환원하는 방식으로는 종교를 구제할 수 없다. 도리어 그것은 의미 있는 신앙고백의 종말을 고할 뿐이다. 헤겔에 따르면, 종교 혹은 그리스도교를 제대로 수호하려면

---

103 Hegel, *LPR*, vol. 1, 160-161; *VPR*, Part 1, 70-71.

전통적인 교리와 신조를 굳건히 고수하고, 그것들을 제1의 방어선으로 삼아야 한다. 처음부터 계몽주의의 추종자들에게 굴복하고 들어가면 전투는 이미 패배한 것이다. 그들과의 전투에서 승리하려면 그리스도교의 구체적인 내용을 고수하면서 그것의 진리를 주장해야 한다.[104]

6. 낭만주의자들과 주관성의 다양한 형태

헤겔은 슐라이어마허의 노선을 따르는 낭만주의의 다양한 형태도 비판했다. 그는 슐라이어마허를 비판하기 위해 그의 견해를 프리드리히 폰 슐레겔의 견해와 연관시키기도 했다.[105] 헤겔은 『역사철학』에서 슐라이어마허와 프리드리히 폰 슐레겔을 주관주의와 상대주의 운동을 주도한 피히테의 추종자로 분류했다.[106] 슐라이어마허와 마찬가지로 낭만주의자들은 이성을 거부하고, 감정을 종교적 믿음의 능력으로 내세웠다. 또한 칸트의 전통에 따라 이성이나 오성으로는 신에게 다가갈 수 없다고 생각하면서 직접적 감정이야말로 믿음을 가능케 하는 능력이라고 주장했다.

하지만 감정은 결국 상대주의로 빠져들 수밖에 없다는 점에서 헤겔은 그러한 견해를 비판했다. 그들은 개인의 심정을 진리의 장소로

104 Hegel, *MW*, 350; *Jub.*, vol. 20, 23: "하지만 지금 우리에게 필요한 것은 종교와 철학이 진리에 대한 실제적인 객관적 내용을 수호하는 것이다."

105 Hegel, *MW*, 349; *Jub.*, vol. 20, 22. *PR*, § 140(f); *Jub.*, vol. 7, 217-219.

106 Hegel, *Hist. of Phil.*, vol. 3, 506-510; *Jub.*, vol. 19, 641-645.

삼기 때문에 신에 대한 진리나 인식의 객관적 기준이 있을 수 없으며, 그러한 인식은 직접적이기 때문에 개인에게만 특수하고 대체할 수 없는 가치를 가질 뿐이다. 헤겔에 따르면, 근대 세계의 핵심적인 특징은 '개인'과 '양심의 동의'다. 고대 문화의 도덕과 법률과 관습은 개인을 중요하게 여기지 않았다. 그것은 철권으로 통치되는 확고한 객관적 영역이었다. 확립된 관습이나 법률이 명령하는 것이라면(예컨대 아버지의 직업을 물려받거나 가족이 선택한 사람과 결혼하는 것 등), 개인은 자신의 바람이나 욕망과 무관하게 그것을 따라야 했다. 개인은 중요하지 않았다. 근대 세계가 개인의 가치를 존중한 것은 정신의 발전사에서 위대한 혁신이었다. 오늘날 우리는 종교적 믿음에도 개인의 동의가 필요하다고 생각한다. 개인의 양심에 반하는 강요나 강제는 용납되지 않는다. 이제 개인들은 기존의 법률, 관습, 믿음을 스스로 평가해 합리적인 경우에만 그것에 동의한다. 이는 개인이 따라야 할 객관적 내용이 개인 외부에 존재한다는 것을 의미한다. 이때 개인은 그 내용이 합리적이고, 자신의 이성적 의지와 일치할 때에만 그것에 동의한다. 그리고 그것만을 객관적인 것으로 인정한다. 우리는 교육이나 훈련을 통해 그러한 객관적 영역의 진리와 합리성을 보게 되고, 그러한 것을 스스로 반성하고 성찰할 나이가 되면 동의하고 따르게 된다. 개인의 의사결정권을 존중한다는 것은 그러한 의미에서다. 하지만 낭만주의자들이 말하는 개별성과 양심의 개념은 이와는 전혀 다른 차원이다. 그들은 관습과 윤리라는 기존의 객관적 영역을 인정하지 않는다. 아이러니하게도 그들은 객관적 영역을 하찮게 여기면서 개인의 의지와 자유로운 선택만을 중시한다. 하지만 그러한 태도는 내용의 공허함과 무분별한 자의성을 초래하게 마련이다. 그들은 외부의 객관적 영역에서 진리를 구하는 것이 아니라 자신을 진리와 객관성의 기준으로 삼는다. 헤겔이 보기에 그것은 근대 세계의 주관적 자유의 원리를 완전히 왜곡한 것이다. 양심이나 동의라는 것은 특정한 내용을 가진 구체적 대상과 관련해서만 성립한다. 내용과 무관한 동의 자체가 핵심이 되면 수많은 모순이 발생할 수밖에 없다.

헤겔이 베를린대학에 취임한 직후, 그러한 문제가 불거지기 시작했다. 당시 독일에서는 학생시위가 갈수록 격렬해졌고, 1817년 바르트부르크 축제에서는 시위가 거의 절정에 이르렀기 때문에 프로이센 당국도 긴장의 끈을 놓지 못했다. 그곳에 모인 학생들은 독일연합과 입헌군주제 그리고 민주주의를 부르짖었다. 학생운동이 급물살을 타면서 일부 학생들은 급진 세력을 형성했는데, 당국은 그들이 혁명운동의 대표자가 될까 봐 잔뜩 졸여있었다. 그 학생들 중 한 명이 잔트Karl Ludwig Sand(1795~1820)였다. 그는 낭만주의 사상에 경도되어 자신의 신념과 확신을 위해서라면 폭력도 서슴지 않았다. 그러던 중 그는 시위 학생이 러시아의 첩자이자 배신자로 지목했던 수구적인 작가 코제부August von Kotzebue를 살해하고 말았다. 그 사건은 독일 전역의 정치 당국을 고도로 긴장시켰고, 그 결과 급진적 정서의 확산을 막기 위한 새로운 억압 조치가 시행되었다. 독일의 여러 주에서 모인 대표자들은 학생회와 학생정치단체를 해체하기 위해 '칼스바트 법령'을 발표하면서 대학에 대한 엄격한 검열과 통제를 촉구했다. 베를린대학에 함께 재직하던 신학자 데 베테Wilhelm de Wette는 학생들의 편에 섰다는 이유로 파면을 당했다.[107] 그는 과거 하이델베르크에서도 잔트를

107 이와 관련해서는 다음을 참고하라. John Rogerson, *W. M. L. de Wette, Founder of Modern Biblical Criticism: An Intellectual Biography* (Sheffield: Sheffield Academic Press, 1992),

만난 적이 있고, 그가 살인을 저지른 후에는 잔트의 어머니에게 조의문을 보내기도 했다. 데 베테는 그 서한에서 잔트의 살인은 선한 의도에 대한 확신에서 비롯한 것이라며 그의 살인을 두둔하기까지 했다.[108] 그 서한이 당국에 발각되어 결국 그는 베를린대학의 교수직을 박탈당했다. 코제부의 죽음은 학자들 사이에 커다란 논란을 불러일으키기도 했다. 결국 그 사건은 1820년에 잔트에 대한 유죄판결과 사형 집행으로 마무리되었다.[109] 이후 잔트의 사상과 동기를 밝혀주는 사건들에 관한 다양한 문헌이 출판되었다.[110] 광신주의적인 잔트와

149-159; Max Lenz, *Geschichte der Königlichen Friedrich-Wilhelms-Universität zu Berlin,* vols 1-4 (Halle: Verlag der Buchhandlung des Waisenshauses, 1910-1918), vol. 2.1, 34-83.

108 이와 관련해서는 Rogerson, *W. M. L. de Wette, Founder of Modern Biblical Criticism: An Intellectual Biography,* 153-155를 참고하라.

109 이와 관련해서는 다음을 참고하라. Henrich Steffens, *Über Kotzebue's Ermördung* (Breslau: Joseph Max, 1819); Johann Friedrich Gottlieb Lehmann, *Beleuchtung einiger Urtheile über Kotzebue's Ermördung* (Bartenstein in Ostpreußen: Werner, 1819); Hartwig von Hundt-Radowsky, *Kotzebue's Ermördung in Hinsicht ihrer Ursachen und ihrer wahrscheinlichen literarischen Folgen für Deutschland* (Berlin: Neue Berlinische Buchhandlung, 1819); Ludwig de Marees, *Ueber Kotzebue's Ermördung und deren Veranlassung. Mit einigen Bemerkungen über Deutschlands Universitäts- und Gemein-Wesen* (Deßau: Christian Georg Ackermann, 1819); Friedrich Wilhelm Carove, *Ueber die Ermordung Kotzebue's* (Eisenach: Johann Friedrich Barecke, 1819); Carl Nicolai, *Authentischer Bericht über die Ermordung des Kaiserlich-Russischen Staatsraths Herrn August von Kotzebue; nebst vielen interessanten Notizen über ihn und über Carl Sand, den Meuchelmörder* (Mannheim: n.p., 1819); Anonymous, *Die wichtigsten Lebensmomente Karl Ludwig Sand's aus Wunsiedel* (Nurnberg: in der Rasperschen Kunst und Buchhandlung, 1819); Anonymous, *Nachtrag zu den wichtigsten Lebensmomenten Karl Ludwig Sand's aus Wunsiedel mit der vollständigen Erzählung seiner Hinrichtung am 20. Mai 1820* (Nurnberg: in der Rasperschen Kunst- und Buchhandlung, 1820).

110 이와 관련해서는 다음을 참고하라. Karl Levin von Hohnhorst (ed.), *Vollständige Uebersicht der gegen Carl Ludwig Sand wegen Meuchelmordes verübt an dem K[aiserlich].*

그의 추종자들은 옳은 일을 한다는 확신이 살인마저도 정당화해 주리라 믿었다.

헤겔도 당시의 모든 사람처럼 두려움과 혐오감을 느끼면서 그 사건을 목도했다.[111] 거기서 그는 내용을 무시하고 형식에만 집중하는 낭만주의의 부조리를 보았다. 잔트의 살인 행위는 누가 보더라도 불법적이고 부도덕한 것이었지만, 일각에서는 그의 신념 형식이 살인이라는 불의마저도 상쇄시켜 준다고 주장하기도 했다. 하지만 헤겔은 그 사건을 내용이 무시될 때 발생할 수 있는 부조리의 단면으로 평가했다. 구체적인 내용의 공백은 그렇듯 광신적인 범죄와 행위로 채워지게 마련이다. 헤겔은 내용 자체는 언제나 이성적이어야 하며, 내용과 형식이 균형을 이룰 때 비로소 이성적인 행위가 가능하다고 생각했다.

헤겔은 『법철학』 '서문'에서 당시의 학생운동을 비판하고 있으며,[112] 제2부 '도덕성'(Moralität)의 제3장 '선과 양심'(Das Gute und das Gewissen)의 마지막 부분인 §140에서는 낭만주의적 사고방식을 매우 구체적으로 비판하고 있다. 거기서 그는 낭만주의의 다양한 형태들을

Russischen Staatsrath v. Kotzebue geführten Untersuchung. Aus den Originalakten (Stuttgart and Tübingen: in der J. G. Cotta'schen Buchhandlung, 1820); Robert Wesselhoft (ed.), *Carl Ludwig Sand, dargestellt durch seine Tagebücher und Briefe von einigen seiner Freunde* (Altenburg: Christian Hahn, 1821); Anonymous, *Noch acht Beitraege zur Geschichte August von Kotzebues und C. L. Sands. Aus öffentlichen Nachrichten zusammengestellt* (Muhlhausen: im Verlag der typographische Societat, 1821); Friedrich Cramer (ed.), *Acten-Auszüge aus dem Untersuchungs-Process über Carl Ludwig Sand; nebst anderen Materialien zur Beurtheilung desselben und August von Kotzebue* (Altenburg, Leipzig: im Verlag des literarischen Comptoirs, 1821).

111 이와 관련해서는 Adriaan Theodoor Peperzak, *Philosophy and Politics: A Commentary on the Preface to Hegel's Philosophy of Right* (Dordrecht: Martinus Nijhoff, 1987), 15-31을 참고하라.

112 Hegel, *PR* Preface, 15-16; *Jub.*, vol. 7, 26-28.

두루 다루면서 그 유형을 오름차순으로 배열하고 있는데, 그 분석에는 『정신현상학』의 'C. (AA) 이성'(Die Vernunft) 장과 '(BB) 정신'(Der Geist) 장에서 비판적으로 탐구한 자료의 일부가 재구성되어 있다.

1) 죄의식을 가진 행위(Das Handeln mit bösem Gewissen)

윤리적 의사결정은 사적인 욕망과 도덕적 선의 관계 속에서 이루어진다. 욕망은 특수하거나 일시적인 것을 의미하고, 선은 보편적인 것을 의미한다. 만일 우리가 보편적인 것을 저버리고 개별적인 것을 택한다면, 그것은 부도덕한 것이다. 주관주의의 첫째 단계는 보편적인 선을 알면서도 특수한 것에 의지하거나 행동하는 것이다. 헤겔은 그것을 세 단계로 구분한다. "㉠ 참된 보편자에 관한 인식. 이는 권리와 의무에 관한 감정적인 인식이나 그 이상의 앎을 갖춘 인식이다. ㉡ 보편적인 것에 대립하는 특수한 것을 의지하는 것. ㉢ 두 요소를 비교하는 인식으로서의 의욕. 그중 특수한 것을 의식적으로 의지하는 것이 악이다."[113] 그러한 형태의 주관주의는 개인이 죄의식을 가지고 행동한다는 점에서 부도덕한 행위뿐만 아니라 주체 외부의 진리도 함께 인정하고 있다. 개인은 무엇이 선인지 알고 있으며, 그것을 부정하지도 않는다. 다만 그는 자신의 자의적인 욕망에 굴복했을 뿐이다. 그는 자신이 알고 있는 보편적인 것과 내적인 모순에 빠져 있는 상태다.

---

113 Hegel, *PR*, § 140(a); *Jub.*, vol. 7, 205.

2) 위선. 악한 행위를 다른 사람들에게 선이라고 말하는 것(Die Heuchelei. Das Böse zunächst für andere als gut zu behaupten)

이는 첫째 단계의 내적 모순을 자각하고 있으면서도 자신의 부도덕한 행동을 타인들에게 선이라고 주장하는 단계다. 따라서 위선의 첫째 조건은 죄의식을 가지고 행동하는 것, 즉 보편적인 것을 알고 있으면서 특수한 것을 행동하는 것이며, 둘째 조건은 그 행동이 선이 아니라는 것을 알면서도 타인에게 그것을 선이라고 주장하는 것이다. 그러한 의미에서 위선은 자신의 부도덕한 본성에 거짓말과 속임수까지 더하는 파렴치한 단계라 할 수 있다. 헤겔은 이렇게 설명한다.

> 위선은 자신의 악을 **타인들에게 선이라고** 주장하며, 자기는 외면적으로 선하고, 양심적이고, 경건하다는 등의 거짓된 형식적 규정을 달고 다닌다. 이는 그야말로 **타인들에** 대한 기만이다. 그 밖에도 악인은 어쩌다 자기가 행한 선행이나 경건함을 내세우며, **그럴싸한 이유를 대거나 자기만이 인정할 수 있는 방식으로** 자신의 악을 정당화하기도 한다. 그러한 이유들을 대며, 그는 자기 마음대로 악을 선으로 전도시킨다.[114]

둘째 단계는 논리적으로 첫째 단계의 다음이다. 내적 모순에 빠져 죄의식을 갖는 것은 불편한 일이다. 타인들이 그 사실을 알면 당혹감과 수치심까지 떠안아야 한다. 타인들의 도덕적 비난은 우리가 무시했던 도덕적인 선을 계속해서 상기시킴으로써 죄의식을 배가시킨다.

---

114 Hegel, *PR*, § 140(b); *Jub.*, vol. 7, 207.

그러한 도덕적 비난을 피하기 위해 우리는 아무 잘못도 하지 않은 것처럼 자신을 변호한다. 우리는 이런 말을 자주 듣는다. "여러분도 제 입장이라면 그렇게 했을 것입니다" 혹은 "저 아닌 누구라도 그렇게 했을 것입니다." 다들 그렇게 했으리라는 호소는 자신이 진정으로 보편적인 것에 따라 행동했다는 의미를 담고 있다. 이와 더불어 헤겔은 비판받는 행동은 숨기고, 옳은 행동을 한 다른 경우를 언급하는 '교란전술'도 지적한다. 만일 우리가 옳은 행동을 한 다른 경우로 비판가들의 동의를 구하다 보면, 그들은 현재의 문제행동을 잊어버리게 된다. 둘째 단계는 논리적으로 첫째 단계에 의존한다. 왜냐하면 위선은 죄의식의 고통에서 비롯하므로 죄의식이 있어야 위선도 가능하기 때문이다. 위선은 최초의 도덕적 위반과 내적인 모순에 거짓말까지 더하는 더 나쁜 형태의 악이다.

3) 개연론(Die Probabilismus)

셋째 단계는 악한 행동을 선이라고 말하는 위선의 구체적인 형태다. 이는 우리의 행동에 수많은 반대와 비판이 있다 하더라도 선한 이유가 있으면 그 행동은 선한 것이며, 선한 이유에 따라 행동했다면 악한 행동에도 책임질 필요가 없다고 여기는 단계다. 헤겔은 이렇게 설명한다.

> 만일 의식이 어떤 행동에 대하여 어떤 선한 이유를 찾을 수만 있다면, 그 행동은 타당한 것으로 받아들여지고, 선한 양심에 따라 행해질 수 있다는 원칙이다. 비록 그 이유가 한 신학자의 **권위**에 불과한 경우라 하더라

도, 그리고 다른 신학자들이 그와는 전혀 다르게 판단한다는 것을 알고 있다 하더라도 말이다.[115]

개연론은 다양한 선악의 경중을 따지지 않고 모든 도덕론을 동등하게 여긴다. 자신의 행동을 정당화해 줄 단 하나의 권위라도 찾을 수 있다면 어떤 행위도 정당화될 수 있다. 하지만 거기에도 여전히 객관성의 흔적은 남아 있다. "아무리 훌륭한 이유라도 항상 그것과 등가적인 또 다른 이유가 있음을 인정"하면서 "그중 하나를 결정적인 이유로 가정"하기 때문이다.[116] 헤겔에 따르면, 이는 "주관성이 행위의 결정요인이라는 것을 자각하지 못한 채 여전히 […] 객관적인 것을 결정요인이라고 주장하는 것이다."[117] 그들은 타인들과 마찬가지로 보편적인 것이 진리라는 데 동의하면서도 자의적인 권위를 주장한다는 점에서 보편적인 것에 대한 기준이 매우 불분명하며, 그럴듯한 이유를 제공하는 권위에 대한 자신의 믿음을 객관성으로 포장한다는 점에서 자신의 견해가 주관적이라는 것을 인정하지도 않는다. 그러한 의미에서 개연론도 위선의 한 형태라 할 수 있다.

4) 선의지(Der gute Wille)

선의지란 선의 실제 내용이나 그 결과와는 무관하게 오직 선 자체를 의욕하는 것이 도덕이라는 입장이다. 이 단계에 대한 헤겔의 비판

---

115 Hegel, *PR*, § 140(c); *Jub.*, vol. 7, 207.

116 Hegel, *PR*, § 140(c); *Jub.*, vol. 7, 207-208.

117 Hegel, *PR*, § 140(c); *Jub.*, vol. 7, 208.

은 보편적인 도덕법칙에 대한 존경에서 비롯한 행위만이 선하다는 칸트의 도덕 이론을 겨냥하고 있다.[118] 도덕은 행위자가 자신의 의지에 어떤 구체적인 내용을 부여해야 한다는 모순을 안고 있다. 예컨대 누군가가 선한 의도를 내세우며 의심스럽고, 부도덕하고, 불법적인 행위를 할 때, 그러한 추상적인 도덕은 무의미해지고 만다. 만일 행위의 긍정적인 의도만이 중요하다면, 절도와 살인을 비롯한 모든 범죄는 정당화될 수 있다. 만일 모두가 추상적인 선에 의욕을 가진다면, 세상에 악한 행위란 존재하지 않을 것이다. 그런 관점에서는 최악의 범죄마저도 의도가 좋았다는 주장으로 정당화될 수 있다. 따라서 헤겔은 "목적이 수단을 성스럽게 한다"(der Zweck heiligt die Mittel)는 구호를 비판한다. 선의지가 갖는 난점은 개별적인 의지나 행위를 어떻게 보편적인 것과 일치시키는가 하는 것이다. 칸트가 행위자의 의도와 참된 도덕법칙의 일치 여부를 결정하기 위해 다양한 검증 절차를 마련하고자 했던 것도 이 때문이다. 하지만 그러한 검증 절차는 언제나 불완전할 수밖에 없다는 것이 헤겔 비판의 핵심이다. 왜냐하면 도덕법칙은 본성상 추상적일 수밖에 없기 때문에 세상에서 일어나는 구체적인 행위, 즉 본성상 특수하고 구체적이라 복잡성을 띨 수밖에 없는 행위에는 결코 명백하게 적용될 수 없기 때문이다. 달리 말해, 선험적으로 주어진 추상적인 법칙과 원리에서는 다양한 행위, 심지어 모순되는 행위까지도 도출될 수 있다는 것이다.

---

118 이와 관련해서는 다음을 참고하라. Sally S. Sedgwick, "Hegel's Critique of the Subjective Idealism of Kant's Ethics," *Journal of the History of Philosophy*, vol. 26 (1988), 89-105; Kenneth R. Westphal, "Hegel's Critique of Kant's Moral World View," *Philosophical Topics*, vol. 19 (1991), 133-176; David Hoy, "Hegel's Critique of Kantian Morality," *History of Philosophy Quarterly*, vol. 6 (1989), 207-232.

5) 마음의 법칙(Das Gesetz des Herzens)

주관성의 다음 단계는 윤리적 행위의 본성이 행위자의 확신에 따라 결정되는 것이다. 달리 말해, 행위자가 자신의 행위가 참되고 의롭다고 확신하면, 그 행위는 참되고 의롭다는 것이다. 여기에도 우리가 의욕하는 실제적인 내용이 추상적이고 완전히 무규정적이라는 문제가 있다. 유일한 기준은 자신이 옳은 일을 하고 있다는 확신뿐이다. '위선'과 달리 이 단계는 윤리적 영역에서 어떠한 객관적인 것도 인정하지 않는다. 그렇듯 자신의 행위나 확신에 대립하는 보편자가 존재하지 않으면 아무런 죄의식도 생겨나지 않는다. 개인의 외부에는 실제적인 진리가 존재하지 않으므로 우리가 추구해야 할 유일한 것은 주관적인 확신뿐이다. 우리는 모든 것을 주관적으로 확신할 수 있다. 하지만 헤겔은 그러한 주관적인 의지로부터는 그 어떤 의무구속력도 마련될 수 없다고 비판한다. 그것은 오로지 객관적이고 보편적인 것으로부터만 구해질 수 있기 때문이다.

이는 앞선 '선의지'의 단계보다 발전된 주관주의다. 선의지에 관한 칸트의 학설은 추상적이고 보편적인 선과 특수한 행위 사이의 연관을 제대로 보여주지 못하고, 다만 우리는 선의지를 가지고 행동해야 한다는 견해로 끝난다. 그의 학설은 정언명령, 즉 특수한 행위와 보편적인 것의 일치 여부와 관련한 인식론적 한계를 인정하면서도 보편적인 것이 존재한다는 주장을 끝까지 고수한다. 현 단계에서는 넷째 단계(선의지)의 주관주의가 해체된다. 외적인 선의 존재를 인정하지 않고 주관적인 의지만을 중시한다는 점에서 이는 앞선 단계보다 더 급진적이다. 처음 네 단계의 주관주의는 도덕성의 영역에 존재하는 보편적인 것의 존재를 인정한다. 따라서 구체적으로 의지하는 행위가 보편적인 것과 일치하지 않으면, 그 견해의 모순을 지적할 수 있다. 하지만 현 단계에서는 상대주의를 공식적으로 수용하기 때문에 어떠한 모순도 발생하지 않는다. 헤겔이 『정신현상학』에서 '마음의 법칙'이라고 불렀던 것이 바로 이 단계의 주관성이다.[119] 그는 『종교철학』에서도 그러한 견해를 비판한다.[120]

부분적으로 그 비판은 데 베테처럼 잔트의 편에서 학생운동에 동조하다 교수직을 박탈당한 프리스Jacob Friedrich Fries를 겨냥하고 있다.[121] 선이라는 명분으로 코제부를 살해했던 잔트야말로 '마음의 법칙'의 단적인 사례가 아닐 수 없다. 그는 선한 의도가 명백한 범죄마저도 상쇄시켜 주리라고 믿었다. 그것은 선한 행위를 위해서는 선한 의지가 필요하다는 주장이 얼마나 부조리한지를 증명한다. 이 단계의 특이점은 객관적으로 승인된 선이 개인의 의도와 의지로 대체되었다는 것이다. 그것이 다음 단계의 주관주의다.

6) 아이러니(Ironie)

여기서 헤겔은 주로 프리드리히 폰 슐레겔Friedrich von Schulegel과 졸거

---

119 이와 관련해서는 'C. (AA) 이성' 장의 "B. b. 마음의 법칙과 자만의 광기"(Das Gesetz des Herzen und der Wahnsinn des Eigendünkels) 부분을 참고하라(*PhS*, 221-228; *Jub.*, vol. 2, 283-292).

120 이와 관련해서는 *LPR*, vol. 1, 390-396; *VPR*, Part 1, 285-291을 참고하라.

121 이와 관련해서는 다음을 참고하라. Terry Pinkard, *German Philosophy 1760~1860: The Legacy of Idealism* (Cambridge: Cambridge University Press, 2002), 199-211; Willem van Dooren, "Hegel und Fries," *Kantstudien*, vol. 61 (1970), 217-226; Jacques D'Hondt, *Hegel in his Time: Berlin 1818~1831*, trans. by John Burbidge with Nelson Roland and Judith Levasseur, Peterborough (Ontario: Broadview, 1988), 83-99.

Ferdinand Solger를 비판하고 있다.[122] 그에 따르면 '아이러니'야말로 주관주의의 형태들 가운데 가장 사악하고, 치명적인 것이다. 아이러니는 자기 내부에 진리를 보유하고 있다는 자기의식적인 인식과 개인적인 확신을 동시에 지녔다는 점에서 앞선 단계와 구분된다. 헤겔은 이렇게 설명한다. "자신을 최종심급으로 여기는 주관성의 정점은 앞선 단계에서도 암묵적으로 드러났듯이 스스로를 진리와 법과 의무의 결정권자로 인식하는 단계다."[123] 현 단계에서 개인은 아이러니하게도 기존의 모든 관습, 윤리, 법률, 전통 등을 비판하고 멀리한다. 거기에는 부르주아 문화와 가치에 대한 낭만주의자들의 비판 정신이 담겨 있다. 아이러니한 사람은 자신의 마음이야말로 진리나 정의의 유일한 장소라고 생각한다. 따라서 그는 자신의 상황과 기분에 따라 윤리적인 견해와 법칙을 제멋대로 창조하고 변경한다. 주관주의의 처음 네 단계는 수치심이라든가 자신의 행동을 세상에 정당화해야 할 필요성이라도 느꼈다. 그들은 그나마 윤리의 객관적인 영역을 암묵적으로 인정했던 것이다. 하지만 아이러니한 사람은 일반적으로 받아들여지는 윤리적 규칙과 기준을 노골적으로 그리고 공공연하게 거부한다. 그는 오만하게도 자신의 자의적인 변덕과 견해를 관습, 전통, 법적 권위보다 우위에 둔다. 아이러니한 태도는 보편적인 도덕원칙을 부정한다는 점에서 앞선 단계인 '마음의 법칙'의 상대주의와 같다. 차이가 있다면 '마음의 법칙'은 최소한 내적 일관성을 갖춘 급진적인 개인주의 도덕 체계라도 지켜가지만, 아이러니한 태도는 모든 도덕 체계를

122 이와 관련해서는 Paul Tillich, *Perspectives on 19th and 20th Century Protestant Theology*, 89-90을 참고하라.

123 Hegel, *PR*, § 140(f); *Jub.*, vol. 7, 217-219.

거부하고, 자신의 변덕에 따라 도덕을 수시로 바꾼다는 것이다. 헤겔은 『정신현상학』에서 그런 주관성을 '아름다운 영혼'(Die schöne Seele)이라 불렀다.[124] 이후 키에르케고어[Søren Kierkegaard]도 자신의 저작 『아이러니의 개념』(*Der Begriff der Ironie*)에서 슐레겔이 사용한 아이러니 개념을 비판하는데, 그 논리는 헤겔의 분석과 매우 흡사하다.[125]

헤겔은 『법철학』에서 아이러니 개념을 도덕과 관련하여 설명했지만, 앞서 살폈듯이 종교적 믿음의 문제에 있어서도 동일한 문제가 발생한다. 도덕에서나 종교에서나 아이러니의 개념은 자기 외부의 모든 진리를 부정하는 태도와 관련이 있다. 개인의 발전과 독자성을 억압하는 모든 교리를 거부하고, 교회를 비롯한 모든 제도를 배척하는 것이 그것이다. 낭만주의자들은 그렇듯 모든 형태의 권위를 거부한다. 하지만 그런 것을 억압적으로만 보는 것은 착각이다. 외부 세계의 권위도 그 내용이 이성적일 때만 참된 가치와 타당성을 가지며, 그럴

124 이와 관련해서는 『정신현상학』 '(BB) 정신' 장의 "C. c. 양심, 아름다운 영혼, 악과 그것의 용서"(Das Gewissen. Die schöne Seele, das Böse und seine Verzeihung) 부분을 참고하라(*PhS*, 383-409; *Jub.*, vol. 2, 484-516). J. Y. Calvez, "L'age d'or. Essai sur le destin de la 'belle ame' chez Novalis et Hegel," *Études Germaniques*, vol. 9 (1954), 112-127; Daniel O. Dahlstrom, "Die schone Seele bei Schiller und Hegel," *Hegel-Jahrbuch* (1991), 147-156; Emanuel Hirsch, "Die Beisetzung der Romantiker in Hegels Phänomenologie. Ein Kommentar zu dem Abschnitte uber die Moralitat," *Deutsche Vierteljahresschrift für Literaturwissenschaft*, vol. 2 (1924), 510-532 (*Materialien zu Hegels Phänomenologie des Geistes*, ed. by Hans Friedrich Fulda and Dieter Henrich, Frankfurt am Main: Suhrkamp, 1973, 245-275). Karlheinz Well, *Die schöne Seele und ihre sittliche Wirklichkeit* (Frankfurt am Main and Bern: Peter Lang, 1986).

125 이와 관련해서는 *Søren Kierkegaard, The Concept of Irony*, trans. by Howard V. Hong and Edna H. Hong (Princeton: Princeton University Press, 1989), 286-301을 참고하라. 또한 다음도 참고하라: Jon Stewart, *Søren Kierkegaard: Subjectivity, Irony and the Crisis of Modernity* (Oxford: Oxford University Press, 2015); K. Brian Soderquist, *The Isolated Self: Truth and Untruth in Søren Kierkegaard's "On the Concept of Irony"* (Copenhagen: C. A. Reitzel, 2007)(Danish Golden Age Studies, vol. 1).

때만 개인의 동의를 구할 수 있다. 헤겔은 이상에서 언급한 다양한 주관성의 형태가 당시 사회를 지배하고 있다고 생각했다. 그가 윤리와 종교 영역에 나타난 주관성의 형태를 비판한 것도 바로 그런 이유에서였다.

7. 헤겔의 『종교철학』과 낭만주의

전통적인 종교적 교리와 신조에 대한 계몽주의의 거부가 낭만주의의 주관주의가 등장하는 조건을 마련했다. 『종교철학』의 마지막 대목에서 헤겔은 앞서 낭만주의라는 일반 항목 아래 특징지었던 종교적 주관주의와 상대주의를 설명하고 있다.[126] 그 내용은 계몽주의에 대한 설명 바로 뒤에 나온다. 그는 계몽주의와 낭만주의를 근대적 사유의 문제적 경향으로 비판한다. 종교에는 더 이상 의미 있는 내용이 존재하지 않았고, 우리가 인식할 수 없는 추상적이고 초월적인 신만이 존재했기 때문에 신자들은 그 공백을 자신들의 직관으로 채울 수밖에 없었는지도 모른다.[127] 그로 인해 과거에는 객관적으로 승인되었던 교리가 이제 한낱 주관적인 입장과 견해로 대체되었고, 양심, 심정, 감정, 내면 등과 관련한 다양한 낭만주의 이론이 생겨나게 되었다.

---

126 Hegel, *LPR*, vol. 3, 343-344; *VPR*, Part 3, 266-267. 거기서 헤겔은 '경건주의'(Pietismus)라는 용어를 사용하는데, 내용을 보면 그 용어가 일상적인 의미보다 훨씬 넓은 의미로 쓰이고 있다.

127 Hegel, *LPR*, vol. 3, 345; *VPR*, Part 3, 267-268: "계몽주의적 오성과 경건주의는 종교의 모든 내용을 휘발시켜 버린다. 순전히 주관적인 관점은 어떠한 내용도 인정하지 않고, 따라서 어떠한 진리도 인정하지 않는다."

헤겔 『종교철학』의 목적 중 하나는 바로 그런 상황에 대한 해법을 내놓는 것이었다. 그는 시간을 되돌려 전통적인 믿음으로 회귀할 수는 없지만, 그 시대가 주관주의나 상대주의의 수렁에 빠지지 않으려면 종교의 객관적인 내용을 반드시 복원해야 한다고 생각했다. 그가 다양한 세계 종교와 대비되는 그리스도교만의 고유하고 특수한 점을 탐구하게 된 것도 바로 그런 이유에서였다. 당시 다양한 아시아 관련 연구 분야의 발전은 그가 다양한 종교의 내용을 이해하는 데 풍부한 자료를 제공하기도 했다. 베를린대학에서 『종교철학』을 강의할 무렵, 그는 그 자료들을 충분히 활용하여 종교적 사유에 있어서 내용의 중요성을 보여주는 세계 종교의 발전에 관한 치밀한 서사를 구성했다.[128] 그는 각 종교에 대한 설명의 서두에서 해당 종교를 특징짓는 구체적인 신 개념을 규정하고 있는데, 이는 다양한 신 개념이 연구되거나 비교될 수 있다는 뜻이기도 하다. 각각의 종교는 저마다의 풍부한 내용이 담긴 신 관념을 가지고 있다. 우리는 종교적 예술이나 다양한 경전을 통해 그 내용을 접할 수 있다. 신에 관해서는 아무것도 알 수 없다고 말하는 것은 어불성설이다. 세계의 다양한 민족이 저마다 신을 어떻게 생각했는가를 인식하려면 그들의 다양한 신 개념을 살펴보면 된다. 그리스도교 역시 그 전통에 친숙한 사람이라면 누구나 쉽게 접할 수 있는 자신만의 내용을 갖고 있다. 헤겔의 목적은 철학적 시각으로 그 내용을 분석하여 거기에 담긴 철학적 진리를 밝혀내는 것이다.

---

128 이와 관련해서는 다음을 참고하라. Jon Stewart, *Hegel's Interpretation of the Religions of the World: The Logic of the Gods* (Oxford: Oxford University Press, 2018); *Hegel's Philosophy of the Historical Religions*, ed. by Bart Labuschagne and Timo Slootweg (Leiden and Boston: Brill, 2012).

4장

헤겔의 접근과 방법

헤겔은 계몽주의와 낭만주의의 견해에 대응하기 위하여 종교에 관한 자신만의 접근법을 개발했다. 그는 그 두 운동의 다양한 측면이 종교의 진리를 훼손한다고 비판했다. 이 장에서는 그 비판적 직관을 살펴볼 것이다. 여기서 중요한 것은 당시에 그가 심각한 오류라 생각한 것은 무엇이며, 그것을 어떻게 교정하고자 했는가를 이해하는 것이다. 또한 우리는 종교라는 방대하고 복합적인 문화현상을 이해하기 위해 그가 사용한 방법론도 살펴볼 필요가 있다. 여기서는 그중에서도 그가 그리스도교를 옹호하기 위해 제안한 방법을 중점적으로 탐구해 볼 것이다.

1. 계몽주의 비판 — 신에 대한 무지

계몽주의의 추종자들은 종교를 비판적 이성의 능력으로 검토하여 미신을 뿌리 뽑고자 했다. 그들에게 인식은 세계에 대한 경험적인 탐구의 결과였다. 하지만 그런 방식으로는 신의 존재를 증명할 수 없다. 그나마 계몽주의적 사유에 가장 근접한 방식은 우주 창조자의 존재를 경험적으로 증명하는 듯한 '시계공' 논증이었다. 하지만 그것 역시 신에 대해서 그 이상 말할 수 있는 것은 없었다. 그 결과 신은 존재하지만 인식할 수 없다는 견해가 학자들 사이에서 일반적인 상식이 되어버렸고, 신을 인식할 수 있다는 모든 주장은 오류 추리의 결과로 치부되고 말았다.

헤겔은 경험과학의 발전과 그것이 이룬 인식의 성과에 대한 확고한 자부심을 그 시대의 주된 특징으로 간주했다. 이를테면 인간의 감각경험에 거대한 새 영역을 열어주었던 현미경이나 망원경의 발견이 바로 그런 자부심의 근거였을 것이다. 하지만 새로운 경험적 인식의 풍요로움에도 불구하고 신에 대해서는 아무것도 알 수 없다는 주장 역시 그들에게는 똑같은 자부심의 근거였다. 헤겔은 그러한 모순된 상황을 이렇게 표현한다.

> 모든 학문의 범위가 경계 없이 넓어져 가면서 유한한 것에 대한 인식이 확장되면 확장될수록, 그리고 인식의 모든 영역이 자신의 범위를 넓혀 가면 넓혀갈수록 신에 대한 인식은 점점 더 좁아지고 있다. 한때는 모든 학문이 신에 관한 학문일 때도 있었다. 오늘날에는 만유와 만사, 심지어는 무한한 물질적 대상에 대해서는 알려고 하면서도 정작 신에 대해서는 어떤 것도 알려고 하지 않는다.[1]

헤겔은 신 인식 불가론(회의주의)을 주도한 철학 이론들과 경험적 근거만을 유일한 증명으로 간주하는 경험주의적 관점의 불행한 결합이 그러한 결과를 초래했다고 생각한다. 신에 대해서는 아무것도 알 수 없다는 견해는 계몽주의 시대에 유행하던 회의주의적 경향의

---

1 Hegel, *LPR*, vol. 1, 86-87; *VPR*, Part 1, 6.

특징이었고, 그것은 심지어 그 시대의 비판 정신에 정통해 있다는 자부심의 표시기도 했다. 헤겔은 이렇게 설명한다. "우리 시대에는 신에 대해 아무것도 모른다는 것이 더 이상 걱정거리가 되지 않는다. 그것은 골칫거리가 아니라 도리어 최고의 직관으로 간주된다."[2] 그래서 계몽주의의 옹호자들은 종교적 신자들을 순진하고, 무지하고, 미신적인 사람들로 멸시했다.

하지만 헤겔이 보기에 그러한 계몽주의적 관점은 혼란스러울 뿐만 아니라 그리스도교의 이념에도 어긋나는 것 같았다. 그리스도교는 도리어 우리에게 신을 인식하라고 명령한다. 그런 점에서 그는 자신의 철학이야말로 그리스도교의 이념과 완벽히 일치한다고 생각했다. "그리스도교가 (모든 종교와 마찬가지로) 최고의 계명으로 선포하는 '너는 신을 알아야 한다'는 절대적 명령이 오늘날에는 한낱 어리석은 망령이 되고 말았다."[3] 신에 대한 무지를 선언했던 당시의 일반적 견해는 "그리스도교의 전반적인 속성에 완전히 반하는 것이다. 그리스도교에 따르면, 우리는 신의 속성과 본질을 인식해야 하고, 그러한 인식을 최고의 것으로 존중해야 한다."[4] 그는 그 근거로 『마태복음』 5:48을 언급한다. "하늘에 계신 네 아버지의 온전하심과 같이 너 또한

---

2 Hegel, *LPR*, vol. 1, 87; *VPR*, Part 1, 6.

3 Hegel, *LPR*, vol. 1, 87; *VPR*, Part 1, 6.

4 Hegel, *LPR*, vol. 1, 88; *VPR*, Part 1, 7. 헤겔은 『역사철학』에서도 이 문제를 다루고 있다. 거기서 그는 이렇게 주장한다. "나는 오늘 신에 대한 인식의 가능성이라는 핵심 주제를 중점적으로 다루었다. 하지만 세상 사람들은 신에 대한 인식에 더 이상 관심 갖지 않을 뿐만 아니라 신을 인식할 수 없다는 학설만을 받아들이고 있다. 하지만 그러한 견해는 『성서』가 최고의 의무로 명령한 것, 즉 우리는 신을 사랑할 뿐만 아니라 인식해야 한다는 것, 달리 말해, 성령은 우리를 진리로 인도하고, 모든 것을 인식하게 하고, 신의 본질을 통찰하게 한다는 계명을 직접적으로 위반하는 것이다." *Phil. of Hist.*, 14; *Jub.*, vol. 11, 40-41.

온전하여라."[5] 신이 인식하듯이 인간도 인식해야 한다.

헤겔이 당시의 지배적 견해에 반대할 수밖에 없었던 핵심 근거는 그리스도교의 결정적인 특성이 '계시'라는 데 있다. 신은 인간에게 자신을 계시했다. 그럼에도 불구하고 신을 인식할 수 없다고 주장하는 것은 헤겔이 보기에 이해하기 힘든 일이었다.[6] 신은 우리가 인식할 수 있도록 자신을 분명하게 계시했다.

> 그리스도교에서 신은 계시되었다. 신은 자신이 어떤 존재인지를 보여주고자 우리에게 나타났다. 그는 더 이상 은폐되어 있는 비밀스러운 존재가 아니다. 신에 대한 인식의 가능성은 그러한 인식을 의무로 만든다. 신은 자신의 자녀들이 편협한 영혼이나 공허한 머리로 살아가길 원치 않는다. 신의 자녀들은 자신에 대한 인식에는 곤궁하나 신에 대한 인식에는 풍요로운 자들이며, 그러한 신에 대한 인식만을 고귀한 자산으로 여기는 자들이다.[7]

헤겔은 『종교철학』에서 다양한 세계 종교에 나타난 계시와 은폐의 형태를 추적한다. 신이 그리스도를 통해 자신을 계시했다는 것이야말로 그리스도교만의 유일하고도 본질적인 특성일 것이다. 신은 은폐되어 있거나 계시되지 않기를 바라지 않는다.[8] '계시'야말로 신이 인식

---

5 Hegel, *LPR*, vol. 1, 88; *VPR*, Part 1, 7.

6 이는 헤겔의 칸트 비판과 관련하여 매우 중요한 부분이다. 이와 관련해서는 앞선 2장의 '4. 칸트에 대한 헤겔의 비판' 부분을 참고하라.

7 Hegel, *Phil. of Hist.*, 15; *Jub.*, vol. 11, 41.

8 이와 관련해서는 Hegel, *LPR*, vol. 3, 246; *VPR*, Part 3, 175를 참고하라: "철학은 신을 본질적으로 구체적이며, 정신적이며, 시기하지 않고, 소통하는 보편자로 인식한다. 심지어 빛조차도 자신과 소통

될 수 있다는 가장 확실한 근거다. 그리스도의 생애와 가르침을 통해 신이 충분히 계시되었다는 것을 알면서도 신에 대해서는 아무것도 알 수 없다고 말하는 것은 모순이다.

하지만 문제는 거기서 그치지 않는다. 당시 계몽주의의 종교 비판으로 인해 그리스도교의 전통적인 교리나 교설은 온통 희석되거나 적과되었으며, 다른 의도와 목적을 위해 모조리 폐기되었다. 그들의 눈에는 개별 교리에 대한 믿음이 터무니없어 보였다. 그들은 교리에 대한 경험적 근거를 집요하게 추궁함으로써 결국 교리들을 불합리한 미신으로 만들어 버렸다. 헤겔은 당시의 신학자들에게 그러한 세태의 막중한 책임을 물었다. 그들은 과학이라는 매혹적인 주술에 현혹되어 교리들을 하나씩 폐기해 나갔고, 과학의 비판에도 군말 없이 복종했다.

> 최근의 신학에는 초기 교회의 신앙고백 체계에 담긴 교리들 가운데 극소수만이 생명을 부지하고 있고, 과거에 교리가 갖던 중요성도 최소한만 유지되고 있으며, 그렇다고 그 자리가 다른 교리로 대신 채워져 있는 것도 아니다. 과거에는 신앙의 교리를 본질적인 것으로 여겨졌으나 이제는 교리에 대한 광범위하고 보편적인 무관심이 대중의 일반적인 종교성을 물들였다는 것이 더 이상 새삼스럽지도 않은 지경에 이르렀다.[9]

한다. 신을 인식할 수 없다고 말하는 자는 신을 시기하는 존재라고 말하는 자며, 신을 말하기 위해 진지하게 노력하지 않는 자다."

9 Hegel, *LPR*, vol. 1, 156; *VPR*, Part 1, 66-67. *LPR*, vol. 1, 157; *VPR*, Part 1, 67: "가장 중요한 교리들, 예를 들어 삼위일체에 대한 신앙이나 『구약』과 『신약』에 나오는 기적 이야기들은 더 이상 관심거리가 되지 않는다." 또한 다음도 참고하라. *Phil. of Mind*, § 445, Addition; *Jub.*, vol. 10, 312: "신을 인식할 수 없다고 선언한 신학자들도 실은 신에 관한 주석적, 비판적, 역사적 연구와 같은 힘든 과정을

계속해서 그는 당시에 불신되었던 교리의 사례로 삼위일체, 몸의 부활, 그리스도의 신성, 영생의 구원 등을 들고 있다.

그는 신학의 주제가 순수한 역사적 연구의 대상으로 전락한 세태야말로 전통적인 교리가 더 이상 설득력을 갖지 못한다는 명백한 증거라고 주장한다.[10] 물론 신학교나 신학과 학생들은 공의회라든가 거기서 일어난 논쟁을 성실하게 연구한다. 하지만 그것은 옛날 방식이다. 그러한 주제는 더 이상 종교적 믿음의 대상도 아닐뿐더러 현재와는 무관한 한낱 과거지사에 불과하다. 만일 그것이 신학의 유일한 과제라면, 그것은 역사적인 세부 지식과 같은 유한한 것에만 매달리면서 정작 신에게는 아무런 관심도 갖지 않는 자기모순적인 한심함이 아닐 수 없다. 신학자들은 공의회에 관한 세세한 지식으로 자신의 과시하지만 정작 신에 대해서는 아무 것도 알지 못한다. 그러한 의미에서 헤겔은 당시의 신학이 자신의 본분을 망각했거나 포기했다고 비판한다.

계몽주의의 종교 비판으로 종교의 내용은 축소되고 말았다. 이제 신이라든가 핵심 교리의 내용은 인식할 수 없는 대상이 되어버렸다. 헤겔은 참다운 종교의 개념을 다루는 대목에서 자신이 생각하는 진정한 철학과 계몽주의의 차이를 이렇게 비교하고 있다.

> 철학과 계몽주의는 […] 대립한다. 철학은 내용에 무관심한 태도에 반대

견디면서 신학을 다양하고 구체적인 학문으로 확장했다. 하지만 그런 연구들은 외면적인 것에 대한 인식에 불과하다. 그들은 자신들의 나약한 정신으로는 신학적인 주제들의 실제적인 내용을 다룰 수 없다고 제쳐버림으로써 결국 신에 대한 인식을 포기해 버렸기 때문이다. 앞서도 말했듯이 외면적인 것에 대한 인식만으로는 신학적인 주제들의 실제적이고 구체적인 본성을 제대로 파악할 수 없다."

10 Hegel, *LPR*, vol. 1, 128; *VPR*, Part 1, 44. *LPR*, vol. 1, 158; *VPR*, Part 1, 68.

한다. 철학은 단순한 의견, 진리를 포기하는 나태함, 내용의 의도를 묻지 않는 관점에 반대한다. 철학의 목적은 진리를 인식하는 것, 즉 절대적인 진리로서의 신을 인식하는 것이다. […] 오성의 허영심으로 가득 찬 계몽주의야말로 철학에게는 불구대천의 원수다. 철학이 그리스도교의 이성적 내용이나 성령의 증언, 즉 종교에 깃든 가장 포괄적인 의미의 진리를 증명할 때, 계몽주의는 매우 괴로워한다.[11]

계몽주의가 종교의 내용을 폐기함으로써 종교를 공허하게 만든다면, 철학은 종교의 내용에 담긴 이성적인 요소를 파악함으로써 종교를 이해하고자 한다. 논란의 여지가 있겠지만, 헤겔은 신학자들의 손에서 방치되고 내버려진 종교를 구제하는 것이 철학자의 역할이라고 주장한다. 철학이야말로 신에 대한 인식과 전통적인 교리를 복원하여 종교를 재차 확고한 기반 위에 세울 수 있다는 것이다. 철학은 타락의 슬픔에 빠져 있는 종교를 구제할 수 있다. 이를 위해서는 역설적으로 종교를 표면적으로만 옹호하는 신학자들의 손아귀로부터 도리어 종교를 구해내야 한다. "철학은 여러 신학 체계의 공격에 맞서 종교의 영역을 수호해야 할 의무가 있다."[12] 이는 많은 신학자들을 공분케 할 매우 도발적인 주장이다. 하지만 헤겔은 폐기된 교리들을 복원하려는 자신의 기획이 실은 신학 자체를 위한 것임을 분명히 밝히고 있다.

11 Hegel, *LPR*, vol. 3, 246-247; *VPR*, Part 3, 175.

12 Hegel, *Phil. of Hist.*, 15; *Jub.*, vol. 11, 41.

2. 낭만주의 비판 – 사유와 감정의 분리

신은 경험적 근거나 과학적 추론으로 증명될 수 없다는 계몽주의자들의 주장을 받아들인 낭만주의자들은 이제 신이나 종교와 관련한 모든 것을 주관성과 내면성 그리고 감정의 영역으로 환원하기 시작했다. 종교는 객관적인 영역에서 외면적으로 증명될 수 없기 때문에 주관적인 영역에서 내면적으로 증명되어야 한다고 생각했던 것이다. 그로 인해 종교에 관한 논의나 신의 존재에 관한 찬반논쟁은 객관적이거나 논증적으로 증명될 수 없는 심정의 문제라는 견해가 생겨나게 되었고, 그것은 오늘날까지도 지배적인 전통으로 이어지고 있다. 이제 사유와 감정은 근본적으로 분리되었다. 과학과 논증적 합리성의 영역은 객관적인 사물들과 관련된 사유의 영역에 속하고, 종교의 영역은 감정 혹은 내면적인 주관성의 영역에 속한다. 헤겔은 그러한 분리를 당시의 사유가 낳은 또 다른 불행으로 특징짓는다.

변증법적 사상가인 헤겔은 사유와 감정의 근원적인 분리에 반대한다. 처음에 그는 사유가 다양한 인간 활동 영역의 중심이라는 관념론적 주장을 펼친다. 예술, 과학, 법체계, 정부와 같은 영역은 모두 집단적인 인간 정신의 산물이다. 그러한 영역들은 서로 다른 장소와 맥락에서 수 세기에 걸쳐 발전한 것이며, 그 과정에서 서로 다른 특성과 형태를 띠게 된 것이다. 종교도 그런 인간 문화의 한 측면이다. 다른 정신 영역과 마찬가지로 종교도 시간의 흐름에 따라 다양한 민족과 장소에서 발전한 것이며, 따라서 그것도 다른 정신 영역과 마찬가지로 연구와 인식의 대상이 될 수 있다. 인간을 특징짓는 것은 정신이며, 인간 삶의 모든 영역에는 정신이 반영되어 있다. "인간은 의식을 가지고 있는 한에서, 다시 말해 인간이 사유한다는 사실과 인간이 정신이라는 사실을 통해서 비로소 참된 인간이 된다. 정신은 학문, 예술, 정치적 이해, 인간의 자유나 의지와 연관된 관계 등과 같은 다양한 표상과 관념을 산출한다."[13]

철학은 사유와 연관되고, 종교는 감정이나 직접적 인식과 같은 특수한 기능과 연관된다는 견해를 헤겔은 곧장 거부한다. 『철학백과』에서 그는 이렇게 말한다.

> 감정과 사유를 서로 대립하는 것으로 분리시키고, 사유가 감정, 특히 종교적 감정을 훼손하고, 왜곡하고, 심지어 완전히 파괴한다는 식으로, 그리고 종교나 종교성은 본질적으로 사유에 근거를 두지 않는다는 식으로 그것을 적대시하는 것이야말로 우리 시대의 가장 극심한 편견이다.[14]

낭만주의자들은 감정을 개인의 가장 중요한 요소로 간주한다. 하지만 헤겔은 이성(사유)과 믿음(감정)을 분리시키는 그들의 견해를 이렇게 비판한다.

> (사유와 감정을) 그렇게 분리시키는 것은 오로지 인간만이 종교를 가지고, 하등동물은 종교를 비롯한 어떠한 법과 도덕도 가지지 않는다는 사실을 망각한 것이다. […] 오로지 인간만이 종교나 법 그리고 인륜적 삶을 영위할 수 있다. 왜냐하면 인간만이 사유를 갖고 있기 때문이다. 따라서

13 Hegel, *LPR*, vol. 1, 113-114; *VPR*, Part 1, 31.

14 Hegel, *EL*, § 2; *Jub.*, vol. 8, 42.

> 넓은 의미에서 이성적 **사유는** 감정과 믿음 혹은 표상의 영역을 배제하지 않는다. 달리 말해, 사유의 활동과 산물은 그러한 영역들에 **현존하고,** 거기에 **포함되어** 있다.[15]

종교는 인간에게만 고유한 것이다. 이로부터 종교에는 인간만의 고유한 인식능력, 즉 사유가 담겨 있다는 결론이 도출된다. 우리는 여기서 감정을 종교적 신앙의 기관으로 삼았던 슐라이어마허에 대한 헤겔의 잘 알려진 비판을 떠올릴 수 있다. 또한 그것은 우리의 일상적인 인식 방식과는 다른 직접적인 인식을 내세웠던 야코비의 견해에 대한 헤겔의 비판과도 연관이 있다.

종교나 법이나 윤리가 본질적으로 사유와 연관된 것이라고 하면, 사람들은 흔히 그러한 영역들에는 항상 의식적인 반성이 작용하고 있다는 뜻으로 오해하기도 한다. 하지만 그 말의 참뜻은 그런 영역에는 특수한 개인의 반성과는 무관하게 언제나 필연적인 로고스, 즉 이성이 존재한다는 것이다. 한 민족의 정신에는 종교의 풍부한 내용이 담겨 있다. 헤겔은 독일의 민요, 민담, 동화 등에는 독일 민족의 문화유산이 담겨 있다고 여기고, 그것을 연구하여 독일의 민족정신을 되살리고자 했던 낭만주의자들의 시도에는 적극적으로 동조하지만 종교적

---

15 Hegel, *EL*, § 2; *Jub.*, vol. 8, 42-43. 신앙과 인식의 분리에 대한 헤겔의 비판과 관련해서는 다음을 참고하라. Hegel, "*Aphorismen über Nichtwissen und absolutes Wissen im Verhältnisse zur christlichen Glaubenserkenntniss. —Ein Beitrag zum Verständnisse der Philosophie unserer Zeit*. Von Carl Friederich G··l.—Berlin, bei E. Franklin. 1829," *Jahrbücher für wissenschaftliche Kritik* (1829), nos 99-102, 789-816; nos 105-106, 833-835; 813-814; *Vermischte Schriften,* vols 1-2, ed. by Friedrich Forster and Ludwig Boumann, vols 16-17 (1834~1835) in *Hegel's Werke,* vol. 17, 111-148, 141-142; "Review of K. F. Goschel's Aphorisms," in *MW*, 401-429, 423ff.; *Jub.*, vol. 20, 276-313, 306-307.

내용을 주관성의 영역으로 환원하고자 했던 그들의 시도에는 격렬하게 반대한다.

3. 종교 내용의 문제

낭만주의는 감정을 강조함으로써 신앙의 구체적 내용을 부정하는 결과를 초래하고 말았다. 그것은 낭만주의와 계몽주의의 공통점이기도 하다. 계몽주의의 옹호자들은 과학이 종교의 핵심 교리를 폐기하고, 회의주의나 불가지론으로 나아가게 된 책임을 자기방어력을 상실한 종교의 무능으로 돌렸다. 개인과 감정에 초점을 두는 낭만주의는 종교의 객관적인 내용을 폐기하고, 모든 것을 개인의 감정, 내면성, 주관성으로 환원했다. 하지만 감정은 어떠한 내용과도 관계할 수 없다는 점에서 그리스도교 신앙과 접목될 수 없다. 헤겔은 1830년에 출간된 『철학백과』 제3판의 '서문'에서 우리가 감정을 척도로 삼으면, 신앙의 관계는 순전히 형식적인 관계로 전락하고 만다고 주장한다. 그는 그런 그릇된 개념을 가진 이들을 이렇게 비판한다.

> 그들은 신앙과는 무관한 외적인 문제들로 꽤 오랫동안 바쁘게 지내고 있다. 그들은 신앙 자체의 기본적인 의미와 지성적인 내용을 완전히 무시하면서도 주 예수 그리스도의 이름으로 살아간다. 그들은 그리스도교 신앙의 토대인 교리에 대한 정교한 설명을 경멸한다. 교리에 대한 정신적이고도 성찰적인 학문의 확장은 그리스도교를 배타적으로 소유하고 있는 [···] 정신성을 결여하고 헛된 확신에만 의존하는 이들의 오만함을 금

지하거나 제거해 버리기 때문이다.[16]

종교가 의미를 가지려면, 분명 모든 사람이 다가갈 수 있는 구체적인 내용을 갖추어야 한다. 종교는 타인을 배제하는 특정한 개인의 사적이고 배타적인 영역이 되어서는 안 된다.

헤겔은 종교 일반의 사례를 들기도 하지만 주로 그리스도교의 사례를 든다. 그리스도교가 구체적인 종교가 되려면, 명확한 내용이 있어야 한다. 그 내용은 객관적으로 다가갈 수 있는 신 개념이나 교리를 통해 마련된다. 만일 그러한 내용이 없다면, 그리스도교에 대한 표면적인 믿음은 결국 모든 종교에 대한 믿음이 되고 만다. 헤겔은 야코비를 비롯한 당시 몇몇 독일 낭만주의자들의 그릇된 '철학적' 견해를 비판하면서 이렇게 설명한다.

> 그리스도교 신앙은 교회의 권위를 포함하고 있지만 그러한 철학적 관점(낭만주의)의 신앙은 단지 자신의 주관적 계시만을 권위로 삼는다. 더욱이 그리스도교 신앙은 내적으로 풍부한 객관적 내용, 즉 교리와 인식의 체계를 가지고 있지만 그러한 [철학적 관점의] 신앙은 내적으로 아무런 내용이 없기 때문에 달라이 라마, 황소, 유인원 등도 신이 될 수 있고, 자기 자신을 신 일반, 즉 "최고의 본질"로 삼을 수도 있다.[17]

이는 종교와 내용이 무관하지 않다는 것을 분명히 보여준다. 엄밀

---

16 Hegel, *EL*, 20; *Jub.*, vol. 8, 27.

17 Hegel, *EL*, § 63; *Jub.*, vol. 8, 168.

히 말해, 개별 종교를 규정하고, 그것을 다른 종교와 구분하는 것은 종교의 내용이다. 단순히 믿는다는 말만으로는 자신의 신앙고백을 온전히 규정할 수 없다. 종교의 내용이야말로 믿음이 인식의 문제라는 것을 보여주는 명백한 증거다. 자신의 믿음과 다른 믿음을 구별하려면, 자신이 믿는 종교의 내용을 반드시 알고 있어야 한다.

내용의 결여는 또 다른 문제로 이어진다. 앞서 슐라이어마허에 대한 헤겔의 비판에서 살폈듯이,[18] 신이 인식될 수 없거나 외부에서 구체적인 내용이 주어지지 않으면 그 내용은 불가피하게 내부에서, 즉 한 개인에게만 고유한 주관적인 개념으로 채워질 수밖에 없다. 하지만 그러한 개별 내용을 모두 허용하는 것은 위험천만한 일이다. 헤겔은 이렇게 설명한다.

> 신의 존재가 우리의 인식을 초월해 있고, 모든 인간적인 것의 외부에 있다면, 우리는 우리가 상상하는 만큼 자유롭게 방황할 수 있는 편리한 자격을 갖게 된다. 우리는 신과 진리를 인식해야 하는 의무로부터 해방된다. 다른 한편으로 그러한 그릇된 입장에서는 종교의 내용을 제멋대로 특징짓는 허영심과 이기주의가 정당화되기도 한다. 신에 대한 인식을 멀리하는 경건한 겸허함은 그로 인해 얼마나 많은 자의와 헛된 노력이 창궐하게 되는지 제대로 목도하게 될 것이다.[19]

행동을 결정하거나 제한하는 구체적인 내용이 없으면, 전혀 터무

18 이와 관련해서는 3장의 '5. 슐라이어마허에 대한 헤겔의 비판'을 참고하라.

19 Hegel, *Phil. of Hist.*, 14; *Jub.*, vol. 11, 41.

니없는 것을 믿는다거나 종교를 빙자하여 극단적인 행동까지 불사하는 종교적 광신주의가 생겨나게 마련이다.[20] 따라서 그러한 광신주의의 세력을 억제하려면, 보편적으로 승인된 객관적인 내용이 반드시 있어야 한다.

세계 종교에 관한 헤겔의 논의는 학자들을 오랫동안 당혹케 했다. 그는 세계 종교를 상세히 분석할 필요가 있다고 말했지만, 대부분의 철학자는 그러한 종교들에 대해 아는 것이 거의 없었고, 또한 왜 그래야 하는지도 이해하지 못했다. 그 대답은 내용의 문제에 있다. 앞서 말했듯이 헤겔은 종교의 내용을 종교의 본질로 간주했으며, 그 내용의 역사적 발전 과정을 증명하려면, 세계 종교의 구체적인 내용을 반드시 검토해야 한다고 생각했다. 다양한 믿음의 내용을 정확히 구분해야만 그것들에 반영된 인간의 정신이 어떻게 인간의 자유를 향해 점진적으로 발전해 왔는지를 확인할 수 있기 때문이다. 각각의 세계 종교는 나름의 고유하고 특수한 일련의 믿음과 실천, 즉 자신만의 내용을 가지고 있다. 따라서 헤겔은 각각의 종교가 지닌 고유하고, 특수하고, 구분되는 특성을 분석하여 그것들을 구별하고자 했다. 그가 그러한 분석을 시도한 것은 당시 계몽주의와 낭만주의의 종교적 운동이 초래한 내용의 결여에 대한 불만 때문이었다.

20 헤겔은 『법철학』에서 객관적인 것과 보편적인 것을 무시하고, 자신의 자의적인 특수성을 우선시하는 것을 악으로 규정한다. 이와 관련해서는 *PR*, § 139; *Jub.*, vol. 7, 200-204를 참고하라.

4. 철학과 종교의 관계 — 개념과 표상

사유와 감정을 근원적으로 분리한 낭만주의자들로 인해 철학과 종교 사이에는 메울 수 없는 간극이 발생했다. 특히 철학은 합리성의 영역에 속하고, 종교는 내면성, 주관성, 감정의 영역에 속한다는 그릇된 규정 탓에 철학과 종교가 서로 무관한 것으로 여겨졌다. 하지만 헤겔은 그 둘의 관계를 다르게 바라본다.[21] 그도 종교에 있어서 감정의 역할이 중요하다는 점은 인정하지만 거기에는 철학적 인식으로 파악되는 이성적 요소도 있으므로 철학과 종교를 근원적으로 분리시켜서는 안 된다고 주장한다. 실로 철학과 종교에는 몇 가지 중요한 공통점이 있다.

잘 알려져 있듯이 헤겔은 종교와 철학이 동일한 주제를 다룬다고 주장했다. 『종교철학』의 도입부에서 그는 이렇게 설명한다. "철학의 내용과 필요와 관심은 종교의 그것과 전적으로 동일하다. 철학과 종교의 대상은 영원한 진리인 신이며, 오로지 신과 신에 대한 설명에 몰두한다."[22] 이와 유사하게 『철학백과』의 도입부에서도 그는 이렇게 말한다. "철학은 애초에 종교와 동일한 대상을 갖는다. 철학과

21 철학과 종교의 관계에 대한 자세한 설명과 관련해서는 다음을 참고하라. *LPR*, vol. 1, 115-121; *VPR*, Part 1, 33-38. *LPR*, vol. 1, 151-154; *VPR*, Part 1, 62-65. *Hist. of Phil.*, vol. 1, 60-92; *Jub.*, vol. 17, 92-125; Stephen Rocker, *Hegel's Rational Religion: The Validity of Hegel's Argument for the Identity in Content of Absolute Religion and Absolute Philosophy* (Madison and Teaneck: Farleigh Dickinsen University Press, London: Associated University Presses, 1995); Quentin Lauer, "Hegel on the Identity of Content in Religion and Philosophy," in *Hegel and the Philosophy of Religion*, ed. by Darrel E. Christensen (The Hague: Martinus Nijhoff, 1970), 261-278.

22 Hegel, *LPR*, vol. 1, 152; *VPR*, Part 1, 63.

종교는 둘 다 신을, 오로지 신만을 진리라고 주장한다는 점에서 최고의 진리를 대상으로 삼는다고 할 수 있다. 또한 그 둘은 유한자의 영역, 즉 자연과 인간 정신 그리고 그 둘의 관계를 다루고, 그 둘의 진리인 신과의 관계를 다룬다."[23] 또한 『종교철학』에서 그는 훨씬 더 급진적으로 철학과 종교가 결국은 하나라고 표현한다. "철학은 곧 종교다. 종교와 철학은 그 자체가 신에 대한 예배다. 하지만 그 둘은 자신만의 고유한 방식으로 신에게 예배한다."[24]

철학과 종교는 둘 다 무한자에 관한 절대적 진리를 이해하고자 한다. 철학과 종교는 둘 다 자신들의 진리가 궁극적이거나 최종적이지 않다는 주장에 만족하지 않을 것이다. 물론 철학은 진리를 표현하기 위해 종교적 언어를 사용하지는 않지만 그럼에도 불구하고 종교와 마찬가지로 절대적인 진리의 획득에 몰두한다. 절대적인 진리는 유일하다. 철학의 진리와 종교의 진리를 나누는 것은 부당하다. 헤겔은 종교도 인식의 한 형태라는 점에서 철학과 동일하다고 한결같이 주장할 뿐만 아니라 종교를 철학에서 분리시키거나 고립시키는 모든 시도

---

23 Hegel, *EL*, § 1; Jub., vol. 8, 41. *PhS*, 479; *Jub.*, vol. 2, 602: "전체로서의 정신 자체와 그 내부에 자기-구별된 계기들은 표상적 사유의 영역에 속하며, 객관성의 형태로 존재한다. 그러한 표상적 사유의 **내용**은 절대정신이다." *PR*, § 270; *Jub.*, vol. 7, 349: "종교의 내용은 절대적인 진리이며, 그것은 가장 높은 능력과 관련이 있다." *EL*, § 45, Addition; *Jub.*, vol. 8, 135-136: "절대적 관념론은 사실상 철학의 전유물로 보기 어렵다. 왜냐하면 그것은 모든 종교적 의식의 토대를 이루기 때문이다. 종교 역시 존재하는 만유, 즉 우리 앞에 놓인 세상을 신이 창조하고, 다스리는 것으로 여기기 때문이다." 이와 관련해서는 다음을 참고하라. *PhS*, 488; *Jub.*, vol. 2, 614: "종교의 내용은 정신의 본질을 학문보다 먼저 선포하지만 종교에 대한 참된 인식은 오로지 학문(철학)을 통해서만 가능하다." *Hist. of Phil.*, vol. 1, 79; *Jub.*, vol. 17, 111: "따라서 종교는 철학과 공통된 내용을 갖되 단지 그 형식만 다를 뿐이다. 무엇보다 중요한 것은 개념의 형식이 종교의 내용을 파악할 수 있을 만큼 완벽해야 한다는 것이다."

24 Hegel, *LPR*, vol. 1, 153; *VPR*, Part 1, 64-65. 이와 관련해서는 *Phil. of Mind*, § 573; *Jub.*, vol. 10, 458-474도 참고하라.

에 반대한다.

철학과 종교는 동일한 내용을 다루지만 그것을 이해하는 방식은 서로 다르다.[25] 종교는 모든 민족에서 발견되는 공동의 문화유산이다. 그것은 아주 어린 시절부터 학습되어 문화적 정체성의 일부를 형성한다. 종교는 가족관계나 사회관계처럼 우리에게 가장 친숙하고 직접적인 영역이다. 많은 사람이 종교를 가지고 있지만 거기에는 교육이나 학식과 같은 자격 요건이 없다. 반대로 철학은 숙달되기까지 오랜 훈련과 독서가 필요한 전문 분야다. 철학이 주제에 접근하는 방식은 결코 직접적이지 않다. 철학은 심오한 숙고와 성찰을 필요로 한다. 또한 철학도 한 민족의 문화유산이기는 하지만 그것은 종교처럼 어린 시절부터 주입되지는 않는다.

따라서 일반 신자와 훈련된 철학자가 종교에 접근하는 방식은 분명 다르다. 헤겔에 따르면, 종교는 '표상'(Vorstellung)을 사용하는 인식능력이다. 일반 신자가 전통적인 교리나 실천에 접근하는 방식은 추상적인 개념이나 관념이 아니라 종교적인 이야기와 그림들이다. 여기서 헤겔은 호메로스(Homer), 헤시오도스(Hesiod), 히브리성서, 『라마야나』(Ramayana)의 기록처럼 다양한 종교에서 발견되는 신에 관한 서사나 시를 염두에 두고 있다. 하지만 우리는 신을 인간의 모습으로 표현한 르네상스 시대의 유명한 회화들이나 제우스Zeus나 아폴로Apollo를 묘사한 그리스 시대의 조각과 벽화를 떠올려 볼 수도 있다.

반대로 철학은 종교를 매우 다른 방식으로 이해한다. 철학적 사유는 개념을 사용한다.[26] 철학자는 사물의 외면을 꿰뚫고 들어가 그

---

25 Hegel, *LPR*, vol. 1, 153; *VPR*, Part 1, 64-65.

안에 숨겨진 심오하고도 불변하는 진리를 통찰한다. 자연과학, 사회과학, 예술 등 인간 경험의 모든 분야에서 훈련되지 않은 눈은 불변하는 것, 즉 현상 이면의 진정한 내적 작용을 파악할 수 없다. 하지만 훈련된 눈은 무엇을 찾아야 하는지를 알고, 대상 영역의 무관한 측면과 중요한 측면을 구별할 수 있다. 철학자는 추상적인 개념을 통해 사유하는 방법과 인간의 다양한 실존 영역 안에서 진리를 인식하는 방법을 배운다. 그래서 철학자는 종교적인 서사나 신화에 현혹되거나 매료되지 않고, 그것들의 내적인 의미를 통찰한다. 헤겔에 따르면, 그러한 내적인 의미야말로 종교에서 우연하고 비본질적인 부분에 대비되는 필연적이고 본질적인 측면을 이룬다. 그러한 의미에서 철학자의 신과 일반 신자의 신은 매우 다른 종류의 신이다.

헤겔에 따르면, 종교와 철학은 그렇듯 서로 다른 접근과 방법을 취하지만, 그렇다고 서로 다른 대상을 다루거나 서로 다른 진리를 소유하는 것은 아니다. 반대로 종교와 철학은 동일한 대상을 다루지만, 다만 진리를 표현하는 방식이 다를 뿐이다. 과학에 비유하자면, 우리는 세계의 사물을 말할 때 일상 언어를 사용하지만, 과학자는 동일한 것을 말할 때도 훨씬 정교한 전문 용어를 사용한다. 일반인과 과학자의 이해 방식은 다르다. 우리는 불이 따뜻하다고 말하지만, 현학적인 과학자는 화학반응으로 인해 혈액원자가 더 빨리 이동해서 따뜻한 느낌이 드는 것이라고 말할 것이다. 이는 동일한 이해를 표현

26 종교와 철학의 인식능력 차이에 관한 헤겔의 설명과 관련해서는 *LPR*, vol. 1, 404-406; *VPR*, Part 1, 299-301을 참고하라. 헤겔이 구분한 표상적 인식과 개념적 인식의 차이에 관한 연구는 매우 많지만 대표적으로 Peter C. Hodgson, *Hegel and Christian Theology: A Reading of the Lectures on the Philosophy of Religion* (Oxford: Oxford University Press, 2005), 111-115를 참고하라.

하는 서로 다른 설명 방식이다. 과학자에게는 후자가 훨씬 더 정확하고 정교한 설명이지만 일반인들은 전혀 알지도 못하고, 알고 싶지도 않은 것이다. 결국 진리는 종교와 철학에서 모두 포착되고 있으며, 일반 신자와 철학자는 자신의 능력 안에서 최선을 다해 진리를 파악하고 있다. 철학과 종교가 연속성을 갖는다는 것은 바로 그런 의미에서다.

5. 종교에서 이성을 찾는 목적

헤겔은 종교를 미신이라고 비난했던 계몽주의를 비판한다. 계몽주의 사상가들은 종교에 담긴 보다 심오한 철학적 진리를 보지 못하기 때문이다. 계몽주의는 감각세계에만 매달려 종교의 영역에서 작용하는 이성이나 로고스(logos)를 파악하지 못하고, 그릇된 근거를 통해 종교를 부정적으로만 판단한다. 그들에 따르면, 종교는 과학에 근거하지도 않고, 과학을 통해 입증될 수도 없는 비이성적이고 불합리한 것이다.

그러한 견해는 현대를 지배하는 세속적 견해와도 크게 다르지 않다. 그러한 관점에서 보면, 다른 세계의 종교적 전통이나 신념 및 제의는 자의적이고, 비이성적이며, 특별한 동기도 없어 보인다. 고대 문화의 종교적 서사를 읽을 때면, 과거에 그들이 믿었던 것들이 너무나 불합리해 놀라기도 한다. 종교 분야는 어떠한 이성적 이해나 설명도 거부하는 것 같다. 헤겔은 바로 그 점을 문제 삼는다. 그는 『종교철학』에서 다른 종교를 불합리하다고 여기는 경향을 비판한다. "우리는 흔히 그런 종교는 무의미하고 비이성적일 뿐이라고 말하곤 한다.

하지만 그러한 종교적 형식의 필연성과 진리 그리고 이성과 맺는 연관을 인식하는 것은 그저 무의미하다고 선언하는 것보다 훨씬 어려운 일이다."[27] 종교는 인간 정신작용의 한 측면을 이루고 있다. 따라서 깊이 숨겨져 있어 식별하기는 어렵지만 거기에는 분명 인간 정신의 합리성이 담겨 있게 마련이다. 인간 이성의 산물에는 언제나 인간 이성이 깃들어 있다.

헤겔의 『역사철학』과 『종교철학』은 유럽중심주의, 민족중심주의, 인종중심주의라는 비난을 자주 받는다. 그리스도교와 서구 문화의 발전에 대한 그의 찬사를 보면 그것도 그럴만하다. 같은 맥락에서 그는 자신의 체계에 부합하지 않는 다른 종교의 요소를 비이성적인 것으로 폄하한다는 비난도 자주 받는다. 하지만 사실 헤겔은 당시 유럽인들의 편견에 맞서 비유럽 종교들을 옹호하고자 했던 인물이다. 그는 비유럽 종교들을 그저 무의미한 미신으로 취급해서는 안 된다고 주장했다. 그 종교들에도 그리스도교와 같은 나름의 진리와 인간 정신의 합리성이 담겨 있지만 다만 친숙하지 않아 알아보지 못할 뿐이라는 것이다. 그런 의미에서 모든 종교 형태를 어리석은 미신으로 취급했던 계몽주의자들보다는 헤겔이 훨씬 진보적이라 할 수 있다.

그는 비록 낯설고 이질적으로 보이더라도 다른 종교를 연구하는 것이 중요하다고 생각했다. 물론 그것들이 그가 설명하는 종교적 의식의 발전단계에서 궁극적이고 참된 정점을 이루지는 않지만, 그렇다고 해서 무가치하거나 무의미한 것은 아니다. 도리어 그 종교들은 신 개념의 점진적인 발전 과정에서 각기 나름의 고유하고 유의미한

---

27 Hegel, *LPR*, vol. 2, 570; *VPR*, Part 2, 467.

역할을 수행한다. 언뜻 보면 비합리적으로 보이는 다른 종교들의 신화나 서사에도 나름의 이성이 담겨 있다. 그것을 발굴하고 이해하는 것이 『종교철학』의 한 과제이기도 하다. 헤겔은 다양한 세계 종교의 고대 경전에 나타난 오래된 신화나 서사를 해석하고, 그 의미를 철학적으로 분석한다.

그가 생각하는 진정한 철학의 정신은 다른 종교들이 우리와 다른 신 관념이나 예배 형식을 갖고 있다고 해서 무시하거나 조롱하지 않는 것이다. 계몽주의는 모든 전통 종교을 미신으로 비판하고, 이신론만을 유일한 이성 종교로 받아들였다. 진정한 철학자라면 분별할 수 있을 종교의 이성적 본성을 그들은 제대로 이해하지 못했던 것이다. 헤겔은 『종교철학』의 목적은 "종교의 이성적 내용을 보여주는 것"[28]이라고 분명히 밝히고 있다. 이와 유사하게 이렇게도 주장한다. "따라서 우리는 마치 철학처럼 종교도 이성적으로 인식하고 이해해야 한다. 그것이야말로 자기-계시하는 이성의 작업이자 이성의 최고 형태이기 때문이다."[29] 종교는 세계 종교의 발전 과정 속에서 역사적으로 전개되는 이성적인 내용을 가지고 있다.

6. 객관성에 대한 규정 — 내적 기준

헤겔은 신이 인간의 지각과 인식의 범위를 넘어선 초험적(trans-

28 Hegel, *LPR*, vol. 3, 247; *VPR*, Part 3, 175.

29 Hegel, *Hist. of Phil.*, vol. 1, 62; *Jub.*, vol. 17, 93-94.

zendent) 실체라는 이신론의 결론에 반대한다. 그러한 신 개념은 단순한 추상에 불과하다. 그는 인간 정신이 다가갈 수 있는 범위를 넘어선 초험적인 대상이나 실체를 정립하려는 모든 시도에 반대한다. 『정신현상학』 '서론'(Einleitung)에서 그가 말하는 진리의 내적 기준을 살펴보면, 그의 접근법을 충분히 이해할 수 있다.

칸트의 인식론에 따르면, 감각적 직관(공간과 시간)과 오성의 범주로 구성된 인간의 인식 장치는 대상의 표상을 생성하기 위해 함께 작업한다. 그렇게 받아들인 세계에 대한 초기 정보는 우리의 경험을 통해 논리 정연한 실재로 가공된다. 하지만 칸트는 사물에 대한 표상 외에 사물 자체(Ding an sich)는 우리가 인식할 수 없다고 반복해서 말한다. 달리 말해, 우리는 세계를 지각하고 특징짓는 우리의 필연적인 방식을 벗어날 수 없으므로 인식 장치의 매개와 독립된 사물 자체는 결코 인식할 수 없다는 것이다. 여기서 칸트 철학의 수용과정에서 논란의 중심이 된 '표상'과 '사물 자체'의 구별이 등장한다.

헤겔은 칸트가 제시한 인식 모델에 불만을 느끼고, 사물 자체의 개념을 집요하게 공격한다. 그는 『철학백과』에서 이렇게 말한다.

> 사물 자체란 […] 대상에 대한 의식이나 감성적 측면 그리고 구체적 사유에서 벗어난 대상을 의미한다. 모든 표상, 감정, 규정적 사유를 부정하고 남은 "다른 세계"로 표현되는 완전한 추상이나 전적인 공허함을 보는 것은 쉽다. 하지만 사유가 순수한 추상으로 나아갈 때 발생하는 그러한 침전물도 실은 사유의 산물이라는 것을 아는 데는 많은 통찰이 필요치 않다.[30]

칸트는 사물 자체를 인식할 수 없다고 주장하지만 헤겔은 사물 자체도 사유의 산물이라고 지적한다. 그것은 표상의 반대말이거나 부정적 타자일 뿐이다. 사물 자체는 우리의 인식 장치의 규정으로부터 사실상 불가능하지만 따로 분리시킨 상상의 대상일 뿐이다.

헤겔은 『정신현상학』 '서론'의 방법론적 논의에서 보다 만족스러운 개념을 발전시키고자 칸트의 견해를 비판적으로 재사유한다. 칸트는 '인식'을 '개념'이라고 부르고, 본질이나 '진리'를 '대상'이라고 부른다. 그 경우 "검증은 개념과 대상의 일치 여부를 확인하는 것"이다.[31] 하지만 칸트는 사물 자체는 인식할 수 없으므로 사물 자체와 표상의 비교도 불가능하다고 말한다. 하지만 그런 인식 모델에는 의문이 제기될 수밖에 없다. 우리는 자신의 표상이 주변 세계의 대상을 올바로 반영하고 있는지 알고 싶어 하기 때문이다. 하지만 칸트의 관점에서는 그러한 비교 자체가 불가능하다는 점에서 그의 인식론은 회의주의에 불과하다는 비판을 피할 수 없었다.

그 문제를 푸는 열쇠는 헤겔이 사용하는 핵심 용어인 '개념'(Begriff)에 있다. 현재의 맥락에서 그 용어는 단지 사물이 무엇인지에 대한 일반적 개념을 의미한다. 인간 정신은 암묵적으로 언제나 개념을 사용하고, 그것과 자신이 지각한 세계를 비교한다. 우리는 진리에 대한 개념을 가지고 있으며, 그것과 일상적인 진리 주장을 비교한다. 예를 들어 미술관에서 작품을 감상할 때, 우리는 미의 개념과 작품을 비교한다. 그 경우에 우리는 자신의 개념과 사실적 경험을 끊임없이 되비추며,

---

30 Hegel, *EL*, § 44; *Jub.*, vol. 8, 133.

31 Hegel, *PhS*, 53; *Jub.* vol. 2, 76.

그 둘을 비교하고 대조한다. 만일 그 둘이 일치하지 않으면, 우리는 진리라고 주장하는 특정한 진술이나 심미적이라고 주장하는 특정한 작품을 거부한다. 인간은 삶의 모든 영역에서 항상 그런 종류의 평가를 내리며 산다.

칸트의 문제는 개념, 즉 사물 자체 혹은 진리의 기준이 초험적이어서 우리가 인식할 수 없다고 주장하는 데 있다. 하지만 그것은 그가 설정한 인식 장치의 한 특징일 뿐 실제로 그러한 비교는 끊임없이 이루어지고 있다. 헤겔은 개념과 대상이라는 두 요소가 실은 모두 의식의 대상이라는 점을 밝히기 위해 그의 설명을 재구성한다. 헤겔은 이렇게 말한다. "한편으로 대상의 본질 혹은 사물 자체를 개념이라고 부르고, 다른 한편으로 개념 자체도 그것이 타자에 대해 존재한다는 의미에서 대상으로 이해한다면, 진리의 검증은 대상과 개념의 일치 여부를 확인하는 것으로 이루어진다."[32] 그것은 우리가 가진 개념 혹은 추상적인 사유(예: 진리, 아름다움, 신실함 등)와 우리가 경험 세계에서 지각하는 구체적 대상 사이의 비교다. 그 둘은 따로 분리된 것이 아니라 둘 다 의식의 대상이다. 대상은 그 자체로도 존재하고(즉자존재, An-sich-sein), '타자에 대해서도' 존재한다(대타존재, Für-ein-aderes-sein)는 의미에서 서로 다른 두 관점으로 이해될 수 있다. 전자는 우리에게 의미 있는 정보를 제공하지 않지만, 후자는 언제나 그것을 평가하는 인간 인식능력의 맥락에 도입되거나 파악될 수 있다. 우리는 그저 인식할 수 없다고 선언하는 데 그칠 것이 아니라 그러한 비교를 통해 참다운 인식으로 나아가야 한다.

---

32 Hegel, *PhS*, 53; *Jub*. vol. 2, 76.

헤겔이 사용하는 용어들은 매우 복잡하고 난해하지만, 그의 설명은 사실 매우 직관적이고 이해하기도 쉽다. 그가 말하는 인간 정신의 운동은 우리에게 매우 친숙하다. 왜냐하면 우리는 언제나 지각과 개념을 비교하면서 자신의 평가를 수정하며 살아가기 때문이다. 『정신현상학』 '서론'에서 말하는 '의식의 내적 기준'이란 그러한 비교되는 두 요소가 모두 의식의 대상이라는 것을 뜻한다. 간단히 말해, 의식의 외부나 의식을 초월한 초험적 요소란 존재하지 않는다는 것이다. 그는 이렇게 말한다. "전체적인 검증을 통해 반드시 기억해야 할 본질적인 점은 개념과 대상 혹은 대타존재와 즉자존재라는 두 계기가 실은 그것을 검증하는 우리의 인식 내부에 속해 있다는 사실이다."[33] 의식의 외부에는 어떤 것도 존재하지 않는다.

헤겔이 『정신현상학』에서 설명한 방법론은 그의 『종교철학』과도 연관이 있다.[34] 다양한 세계 종교를 살펴보면, 모두가 상당히 다른 자신만의 신들 혹은 여신들을 가지고 있다. 그러한 다양한 신 개념은 마치 하나의 종교가 생겨나서 발전하고 소멸하는 것처럼 시간의 흐름에 따라 계속해서 변화하고 발전한다. 헤겔은 다양한 세계 종교를 하나의 신 개념이 발전하는 과정상에 나타나는 다양한 계기로 이해한다. 달리 말해, 그것들이 어떤 일반적인 인식론적 원리에 지배된다고 보는 것이다. 우리는 신을 대자적인 것으로도, 대타적인 것으로도 생각할 수 있지만 사실 그 모두는 의식에 대해 존재하는 것이다. 그런 점에서 신이란 인간의 사유에서 생겨난 사상 혹은 개념이다. 신을

33 Hegel, *PhS*, 53; *Jub.* vol. 2, 76.

34 이와 관련해서는 Jon Stewart, "Hegel's Philosophy of Religion as a Phenomenology," *Filozofia*, vol. 75, no. 5 (2020), 386-400을 참고하라.

마치 특별한 지위를 가진 것처럼 혹은 의식을 초월하여 존재하는 것처럼 상상하는 것은 부당하다. 이것이 헤겔 관념론의 근본 전제다.

신 개념도 진리나 아름다움의 개념처럼 그저 한 개념일 뿐이다. 철학의 임무는 바로 그 개념을 탐구하는 것이다. 그러한 의미에서 직관적으로 이해되지는 않지만 다양한 세계 종교는 결국 하나의 신 개념이 발전하는 과정상의 다양한 계기라고 말하는 것이다. 신 개념은 모든 종교에서 두루 작용하고 있다. 따라서 신 개념은 다양한 세계 종교를 자신의 특정한 단계로 삼으면서 역동적으로 발전해 나가는 것으로 분석될 수 있다.

다양한 민족의 신화와 서사에는 신에 대한 그들의 지각과 인식에 관한 풍부한 정보가 담겨 있다. 일반적인 신 개념과 구체적인 경험을 비교하기 위해서는 반드시 그 자료들을 연구해야 한다. 신도 의식의 대상이라는 점에서 다른 대상들처럼 비교되고 검토될 수 있다. 신은 초월적인 영역에 머물러 있는 추상적인 타자가 아니다. 여기서 중요한 것은 '계시' 개념이다. 신은 계시를 통해 자신을 보여주기 때문이다. 우리는 그러한 계시와 개념을 비교하면서 그 둘의 일치 여부를 확인할 수 있다. 이 장에서 설명한 헤겔의 방법론은 그가 왜 세계 종교를 상세히 분석해야 한다고 생각했는지를 분명하게 밝혀준다. 우리는 역사에 등장한 다양한 신 개념을 탐구하고, 그러한 신 개념과 계시된 신의 현상을 비교해 볼 필요가 있다. 그 둘은 모두 의식의 대상이라는 점에서 종교의 객관적 영역에 관한 철학적 분석에도 유익한 정보를 줄 것이다.

7. 믿음과 지식

믿음과 지식에 관한 헤겔의 설명은 그가 말하고자 하는 더 큰 서사, 즉 다양한 시대를 거쳐나가는 자유의 발전 과정과도 밀접한 연관이 있다. 그 설명은 고대의 이교들에서부터 시작된다. 그의 해석에 따르면, 고대 민족들은 자신들의 문화(종교)와 직접적인 관계 속에 살았기 때문에 조상으로부터 물려받은 종교적 믿음에 의문을 제기할 생각조차 하지 않았다. 헤겔은 그 본보기로 그리스종교를 든다. 그리스인들은 과거에 확립된 문화적 유산과 조화로운 관계를 유지하며 살았다. 헤겔이 즐겨 드는 대표적인 사례는 소포클레스Sophocles의 비극 『안티고네Antigone』다. 신들의 법칙은 "어제오늘의 것이 아니라 영원한 것이며, 그것이 어디서 왔는지는 아무도 모른다."[35] 진리는 단순한 사실로서 외부의 공적 영역에 존재한다고 생각되었고, 거기에는 어떠한 주관적 요소도 허락되지 않았다. 그러한 의미에서 믿음과 지식 사이에는 아무런 차이가 없었다. 당시에는 믿음이 선택사항이 아니었기 때문에 그것을 믿음이라 부를 수 있을지도 의문이다.

헤겔의 설명에 따르면, 진리와의 관계에는 필연적으로 주관적인 요소가 존재한다는 관념, 즉 주관적인 자유의 원리가 도입되면서 그러한 상황은 달라지기 시작했다. 고대 그리스에 그러한 관념을 최초로 도입한 사람이 바로 소크라테스Socrate다. 그는 전통적인 아테네 사회의 진리를 진지한 이성적 분석 없이 맹목적으로 받아들이기를 거부하고, 비판적인 검증을 통해 살아남은 진리만을 받아들이고자

35 Hegel, *PhS*, 261; *Jub.*, vol. 2, 333. *Phil. of Hist.*, 38; *Jub.*, vol. 11, 70.

했다. 이로써 최초로 주관적 차원이 등장했고, 개인의 동의가 진리 주장에 중요한 조건이 되었다. 사실 자체가 진리가 아니라 개인이 그것을 진리로 인정하고 동의했기 때문에 진리인 것이다.

소크라테스가 말한 주관성 혹은 내면성의 원리는 그리스도교의 발전에도 큰 영향을 미쳤다. 이제는 직접성에 기초한 과거의 전통문화에서는 찾아볼 수 없었던 이성과 믿음의 분리가 생겨나게 되었고, 그로 인해 반성을 통해 특정한 진리 주장을 의심하고 거부할 가능성도 생겨나게 되었다. 그 점이 그리스도교와 이전 종교들의 차이이다.

> '믿음'이라는 표현은 그리스도교에만 국한된다. 우리는 그리스와 이집트의 믿음 혹은 제우스Zeus나 아피스Apis에 대해서는 믿음을 말하지 않는다. 믿음은 내면적인 확신, 즉 의견, 생각, 신념, 의지와는 구별되는 가장 심오하고 견고한 확신을 표현한다. 가장 심오하고 추상적인 내면성이 사유 자체를 구성한다. 사유를 통해 생겨난 그러한 믿음의 모순이야말로 정신의 심연에서 일어나는 분열들 가운데 가장 고통스러운 것이다.[36]

그리스도교에 담긴 내면성과 자유의 개념이 근대 주관성의 원리를 탄생시켰다. 그리스도교에서 개인들은 자신이 진리에 참여하고 있음을 깨닫고 있다. 그리스도교는 소크라테스가 도입한 주관성의 요소를 받아들이고, 그것을 더욱 발전시켰다.[37]

중세 시대에는 믿음과 이성 사이의 근원적인 분열이 점차 해소되

---

36 Hegel, *LPE*, 39; *VBG*, 230.

37 Hegel, *Hist. of Phil.*, vol. 3, 3; *Jub.*, vol. 19, 100: "개인은 자신 안에 거하는 신의 정신, 이른바 은총과의 통일을 스스로 이룰 자격을 얻었다." *LHP*, vol. 3, 18; *VGP*, vol. 3, 2.

었다. 그 둘의 조화에 대한 근본적인 신념이 생겨났다. 사람들은 자신의 믿음을 인식하기 위하여 신학과 다양한 학문을 탐구하기 시작했다. "중세 시대의 신학은 그리스도교에 대한 학문적 인식이 본질적으로 철학적 인식과 연관되어 있다고 생각했다."[38] 하지만 근대에 들어 믿음과 이성의 조화는 또다시 분열되었다. 계몽주의 신학이 진리나 신은 인식될 수 없다고 주장함으로써 믿음과 인식은 완전히 결별하게 되었다. 낭만주의는 무능해진 과학적 인식과는 대조적으로 믿음을 직접적 인식이나 감정으로 환원해 버렸다. 그래서 헤겔은 상대주의와 회의주의에 대한 자신의 비판을 당시의 종교 상황에도 그대로 적용했다. 그의 『종교철학』은 계몽주의와 낭만주의의 그런 오해를 교정하고, 그리스도교의 전통 교리를 복원하기를 목표한다. 그는 그 목표를 이루는 유일한 방법은 다양한 세계 종교를 분석하는 것이라고 생각했다.

38 Hegel, *LPE*, 39; *VBG*, 230.

5장

그리스도교 이전의 신 개념: 유대교와 그리스-로마의 다신교

『종교철학』의 제2부 '유한한 종교'(Die bestimmte Religion)에서는 다양한 세계 종교에 대한 분석이 이뤄지고 있다. 유한한 종교의 첫 단계는 자연의 대상을 신으로 섬기는 자연종교다. 거기서 헤겔은 힌두교와 조로아스터교 그리고 이집트의 다신교를 분석한다. 다음 단계는 신의 개념을 자기의식적인 실체로 간주하는 '정신종교'다. 거기서 그는 유대교와 그리스-로마의 다신교를 분석한다. 정신종교가 그나마 그리스도교와 가까웠기 때문에 그는 먼저 정신종교가 왜 자연종교보다 우월한지, 그럼에도 불구하고 그것은 왜 절대종교에 이르지 못했는지를 설명한다. 그 핵심은 정신종교의 내용, 특히 그들의 신 개념에 있다. 그리스도교가 역사적으로 유대교에서 탄생했고, 유대교와 같은 신을 섬긴다는 것은 놀라운 점이다. 마찬가지로 그리스 신들 중 일부는 인간이었음에도 불구하고 그리스도와 같이 신의 요소와 인간의 요소를 동시에 지녔다는 것도 놀라운 점이다. 헤겔은 그러한 다양한 신 개념을 그리스도교의 신 개념으로 나아가는 중요한 발전단계로 설명한다. 하지만 그 종교들에는 그리스도교의 신 개념에는 이르지 못하는 결정적 한계가 있다.

1. 유대교 — 창조자로서의 신

헤겔 시대에 유대교에 관한 학문적 연구는 두 분과에서 이루어졌다.[1] 한편으로 유대교는 여전히 신학연구, 특히 성서 연구와 성서주석 분야에서 주로 연구되었고, 다른 한편으로 히브리어는 동양어와 셈어 분과에서 연구되었지만 그 학자들은 『성서』 본문의 종교적인 요소보다 언어적인 측면에 보다 치중했다. 신학자들과 달리 그들은 히브리성서를 굳이 신의 계시로 여기지 않았기 때문에 좀 더 세속적인 관점에서 연구할 수 있었다. 그들은 교리의 명령보다 문법과 언어학의 규칙에 따라 『성서』 본문을 이해하고자 했다. 오늘날 유대교 연구는 신학과 언어학 분야에서 거의 다뤄지지 않는데 그러한 변화는 이미 헤겔 시대부터 시작되었다.

헤겔은 히브리성서의 내용은 잘 알고 있었지만 성서 연구나 문헌학에는 관심이 없었다. 그의 주된 관심사는 유대교의 신 개념이었다. 거기서 중요한 요소는 신을 우주의 창조자로 보는 유대인의 관점이다. 만일 신이 여럿이라면, 우주의 통치권은 여럿으로 분배되고, 각각의 신은 자신만의 특정한 영역과 권능을 갖게 될 것이다. 하지만 신이 유일하다면, 그는 특정한 영역만이 아니라 우주 전체를 관장하게

1 그 두 분과의 대략적인 발전 과정과 관련해서는 다음을 참고하라. Gleason L. Archer, Jr., *A Survey of Old Testament Introduction* (Chicago: Moody Press, 1975), 73-82; R. K. Harrison, *Introduction to The Old Testament* (London: Tyndale Press, 1970), 3-18; John Rogerson, *Old Testament Criticism in the Nineteenth Century: England and Germany,* (Philadelphia: Fortress Press, 1985); Stefan Heidemann, "Der Paradigmenwechsel in der Jenaer Orientalistik in der Zeit der literarischen Klassik," in *Der Deutschen Morgenland. Bilder des Orients in der deutschen Literatur und Kultur von 1770 bis 1850,* ed. by Charis Goer and Michael Hofmann (Munich: Wilhelm Fink, 2008), 243-257.

될 것이며, 특정한 권능에 제한되지 않는 무한한 권능을 갖게 될 것이다.[2] 다신교의 신들은 제한된 권능만을 가졌었기 때문에 고대인들은 그 신들을 우주의 창조자라고는 생각지 않았다. 제우스가 제아무리 강력한 권능을 가졌어도 헤시오도스는 그가 우주를 창조했다고는 말하지 않는다. 헤겔은 창조의 다양한 단계 혹은 '규정들'로 유대교에 관한 분석을 시작한다.

첫째 단계에서 신은 창조 이전에 홀로 존재한다. 우주도 없고 다른 사물이나 인간도 없다. 신을 규정할 수 있는 것은 존재하지 않는다. 헤겔의 규정 이론에 따르면, 한 사물의 본질은 다른 사물과의 관계 속에서 규정된다. 하지만 현 단계에서 신은 홀로 존재하므로 어떠한 관계도 없고, 따라서 어떠한 규정도 없다.[3] 신이 우주의 유일한 존재라면, 그는 무규정적일 것이다. 예를 들어 우주에 단 한 색깔만 존재한다면, 초록색은 존재하지 않을 것이다. 왜냐하면 한 색깔이 존재하려면 반드시 다른 색깔들이 존재해야 하기 때문이다. 초록색은 노란색, 빨간색 등이 무엇인지 알 때만 성립한다. 만물이 온통 초록색이라면 '초록'도, '색깔'도 존재할 수 없다. 그렇듯 단 한 사물이나 실체만 존재한다면, 그것에 대한 사유는 불가능하다. 사유는 언제나 그것과 대비되는 다른 것을 필요로 하기 때문이다. 한 실체의 본질은 다른 것과의 차이를 통해 규정된다. 우주의 창조와 더불어 신과 우주의 대립이 생겨나고, 이로써 신과 다른 것과의 구별이 생겨난다. 헤겔은 그러한 구별을 신의 현실화를 위한 필연적인 발전단계로 이해한다. 절대적

---

2 Hegel, *Phil. of Hist.*, 195; Jub., vol. 11, 260-261: "신은 모든 인간과 모든 자연의 창조자이며, 절대적인 인과성 일반이다. 하지만 더 자세히 말하면, 그러한 위대한 원리는 곧 배타적 **통일성**이다."

3 Hegel, *LPR*, vol. 2, 673; *VPR*, Part 2, 565.

권능을 가진 신이 자신을 현실화하지 못한다는 것은 개념상 모순이다. 권능은 행사되거나 표현될 때만 진정한 권능일 수 있듯이 신도 다른 사물과 대립하고, 분리되고, 규정될 때만 진정한 신일 수 있다.

따라서 신이 다른 것과의 대립을 통해 자신을 규정하려면 먼저 자신을 분리시키고, 다른 것과 구별해야 한다. 이를 위한 근원적인 분리 행위가 곧 '창조'다. 신은 홀로 존재하다가 무에서 우주를 창조한다.[4] 헤겔의 사변적 방법론에 따르면, 최초의 직접적인 통일은 언제나 분리로 이행한다. 사변 논리는 분리를 요구하며, 그러한 자기 전개가 개념 혹은 정신의 본성이다. 정신은 정적인 상태에 머물 수 없다. 어떤 것도 그 자체로는 규정될 수 없기 때문이다. 규정을 위해서는 구별과 차이로 이행해야 한다. 유대교의 신은 다른 것과의 구별을 위해 자신을 분리시키는 운동을 시작하는데, 그것이 바로 구별의 첫째 형태인 '창조' 행위다.

헤겔은 '판단'을 뜻하는 독일어 명사 'Urteil'에 대한 말놀이로 그 원리를 설명한다. "판단이란 단어는 곧 근원적인 분리(Ur+Teil)를 뜻한다." 『창세기』(*Genesis*)에서 창조는 모든 구분과 구별, 예를 들어 빛과 어둠, 하늘과 땅, 물과 마른 땅 등에 선행하는 근원적인 분리다. 바로 그 첫째 구분이 곧 신과 우주의 분리다. 헤겔의 사변 논리에서 신을 가리키는 용어는 보편자로서의 '사유'이고, 우주를 가리키는 용어는 특수자로서의 '분리'와 '규정'이다. 헤겔은 그것을 삼단논법에 비유하

4 Hegel, *LPR*, vol. 2, 426-427; VPR, Part 2, 326. LPR, vol. 2, 672; VPR, Part 2, 564. LPR, vol. 2, 739; VPR, Part 2, 625-626. 이와 관련해서는 PhS, 467; Jub., vol. 2, 587도 참고하라: "불변적이고 추상적으로 머물던 정신이 자신을 **직접적으로** 현존하는 "타자"로 정립하는 것, 그것이 세계의 창조다."

여 설명한다. 삼단논법의 대전제인 "모든 인간은 죽는다"는 모든 인간에 관한 보편적 주장이다. 소전제인 "소크라테스는 죽는다"는 특정한 개인에 관한 특수한 진술이다. 헤겔은 그러한 소전제를 '판단'이라고 말한다. 그러한 의미에서 판단(Urteil)은 특수자나 구별과 분리를 포함하는 명제다. 특수한 개인 '소크라테스'는 '모든 인간'과 구별된다. 그러한 최초의 구별로 인해 신과 우주라는 근원적인 분리가 생겨난다. 그래야만 신은 우주와의 대비를 통해 "신은 우주가 아니다"로 규정될 수 있다.

이제 둘째 단계로 나아간다. 거기서 신은 주체로 가정된다. 창조에 포함된 분리와 구별은 신의 규정을 위한 필수 단계다. 이제는 신과 우주라는 두 계기가 존재하며, 둘은 서로 구별될 수 있다. 신은 유일한 대립항인 우주와 구별된다. 하지만 그것만으로는 신을 자기의식적인 실체로 규정하기에 부족하다. 자기의식의 구조는 또 다른 자기의식적인 주체들과의 인정 운동을 필요로 한다. 달리 말해, 신은 외부에서 자신을 볼 수 있는 또 다른 자기의식을 필요로 한다. 하지만 최초의 단계에서 신은 유일한 주체이며, 또 다른 자기의식적인 주체가 아니라 단지 우주와 대립해 있다. 헤겔에 따르면, 그 단계의 신은 단지 '전제된' 주체에 불과하다.[5] 우주와 관계하는 신은 단지 의식적인 주체일 뿐 아직 자기의식적인 주체는 아니다.[6]

신은 유대 민족과의 관계로 들어갈 때 비로소 진정한 의미의 주체

---

5 Hegel, *LPR*, vol. 2, 426; *VPR*, Part 2, 326.

6 Hegel, *PhS*, 467; *Jub.*, vol. 2, 587-588: "정신은 본질적으로 단순한 자아라는 점에서 그 자아도 세계 속에 현존한다. 자아는 현존하는 정신이다. 그 정신은 의식을 가지고 있고, 자신을 '타자' 또는 세계와 구별하는 개별적인 자아다. 최초에 직접적으로 정립된 개별적인 자아는 아직 **대자적인** 정신, 즉 진정한 의미의 정신으로 **현존하는** 것은 아니다."

가 된다. 유대 민족의 인정을 통해서만 신은 온전한 주체가 되는 것이다. 신이 규정되기 위해서는 우주의 창조가 필요했던 것처럼, 신이 자기의식적인 주체로 규정되기 위해서는 인간의 창조가 필요하다.

그것이 바로 신의 선함과 공의를 다루는 셋째 단계다. 신이 세상과만 관계하고 인간과는 관계하지 않는 단계에서 신은 오로지 자신의 '지혜'를 통해서만 규정된다. 지혜는 신의 속성이라 할 선함과 공의를 뜻한다.[7] 헤겔은 이렇게 정의한다. "유한한 모든 것은 선함의 작품으로 규정되어야 한다."[8] '선함'은 창조와 연관이 있다. 『창세기』에는 신이 빛, 대지, 바다와 같은 개별적인 것들을 창조한 후에 "하나님이 보시기에 좋았더라"[9]라고 쓰여 있다. 창조는 정립하는 행위다. 신은 창조를 통해 자신을 현실화한다. 만물은 자신의 존재를 신에게 의탁하고 있다. 신과 분리되어 있거나 신의 외부에 존재하는 것은 존재할 권리가 없다. 헤겔은 헤르더Johann Gottfried Herder에게서 그러한 사유의 영감을 얻었다.[10]

공의는 선함과 대비되는 말로서 유한한 것의 가변성과 소멸성을 의미한다. 그것은 오로지 신만이 절대적이라는 것을 증명하는 것이

---

7 Hegel, *LPR*, vol. 2, 673; *VPR*, Part 2, 566-567.

8 Hegel, *LPR*, vol. 2, 429; *VPR*, Part 2, 328. *LPR*, vol. 2, 674; *VPR*, Part 2, 566.

9 Genesis 1:4, 1:10, 1:12, 1:18, 1:21, 1:25, 1:31.

10 Johann Gottfried Herder, *Vom Geist der Ebräischen Poesie. Eine Anleitung für die Liebhaber derselben und der ältesten Geschichte des menschlichen Geistes*, vols 1-2 (Leipzig: Johann Philipp Haugs Wittwe, 1787), vol. 1, 68; *The Spirit of Hebrew Poetry*, vols 1-2, trans. by James Marsh (Burlington: Edward Smith, 1833), vol. 1, 67-68: "첫 아침에 햇살이 비쳤을 때, 창조주이신 당신께서는 그 빛을 좋다고 선언하셨고, 당신의 임재와 당신의 신성한 영광, 모든 기쁨과 순결, 모든 지혜와 선하심과 축복의 영원한 상징으로 빛을 성별하셨습니다. 하나님은 빛 가운데 거하시며, 아버지의 선하심과 아버지의 기쁨으로 그분의 얼굴이 빛납니다. 그는 모든 선한 사람들의 마음과 그들의 길을 밝혀주셨습니다."

다. 모든 피조물은 신에게 의존한다. 그것들은 유한하고, 덧없고, 시간이 지나면 사라지는 것이다. "반대로 공의는 그러한 존재들의 무화 혹은 이념의 현시다. 그것은 유한한 존재는 진정으로 독립적이지 않다는 것을 의미한다. 신이 자신의 권능을 계시하는 것은 유한한 것에 권리를 부여하는 것이다."[11] 히브리성서에서 '공의로운'이라는 단어는 신이 형벌로 사람들을 멸망시킬 때 주로 사용되고 있다. 창조된 세계 전체는 일시적인 것이기 때문에 쉽게 파괴된다.

또한 그러한 속성은 본질적으로 자연에서 정신으로의 이행을 나타낸다. 공의와 선함은 자기의식적인 개인들이 내리는 가치판단을 나타내는 도덕적 술어다. 우리는 자연 대상에는 그러한 술어를 부여하지 않는다. 창조나 파괴의 행위는 보통 자연현상으로 이해되지만, 히브리성서의 맥락에서 그것은 도덕적 차원의 행위 그 이상의 의미를 갖는다. 헤겔의 변증법적 관점에 따르면, 선함은 긍정적 개념이고, 공의는 부정적 개념이다. 창조는 선하고 긍정적이지만 파괴는 부정적이다. 하지만 그 두 요소는 제3의 것을 통해 매개되지 않았으므로 아직 변증법적인 것은 아니다.

> 부정적인 계기는 우리가 시바Shiva의 존재와 죽음에서 살폈듯이 현존하는 것들의 무화를 보여주는 공의다. 파괴는 우연한 것이 무화되는 과정, 즉 무화가 계시되는 한 측면이다. 따라서 그러한 부정성은 정신을 특징짓는 무한자의 자기복귀가 아니다. 그것은 단지 공의의 부정성일 뿐이다.[12]

---

11 Hegel, *LPR*, vol. 2, 675; *VPR*, Part 2, 567.

현 단계에서는 아직 셋째 단계에 해당하는 부정의 부정이 없다. 헤겔은 유대교의 신을 힌두교의 파괴의 신 '시바'와 연관시켜 현 단계에서는 아직 정신의 발전이 완성되지 않았다고 설명한다. 거기서 그는 그리스도교의 해법을 슬쩍 암시하고 있다. 그럼에도 불구하고 유대교의 신 개념은 힌두교의 시바Shiva나 조로아스터교의 오르무즈드Ormuzd(선의 신)와 아리만Ahriman(악의 신)의 이분법을 단순히 반복한 것은 아니다. 유대교에서 공의는 자연의 무의미와 무능력 그리고 신(정신)의 절대적 권능에 대한 인정을 나타낸다. 간단히 말해, 정신이 자연을 정복하고 지배한다.

> 여기서 정신적인 것은 감각적인 것으로부터 절대적으로 자유로워지고, 자연은 단순히 외적이고 신성하지 않은 것으로 환원되어 버린다. 지금 단계에서 자연은 그렇게 평가된다. 더 발전된 단계에 가서야 그 관념은 자신이 알지 못하는 형태 속에서 화해를 이루게 된다. 처음에 정신과 자연은 대립한다. 지금까지 불명예스러웠던 정신이 먼저 합당한 존엄성을 되찾아야만 비로소 자연도 자신의 합당한 지위를 되찾기 때문이다. 자연은 자기 존재의 토대를 다른 것(신)에 있는 것으로, 즉 정립되고 창조된 것으로 생각한다. 신이 자연의 주인이자 창조자라는 관념으로 인해, 인간은 신을 존귀하게 여긴다. 반면 자연 전체는 영광스러운 신의 의복이자 예배에 사용되는 수단일 뿐이다.[13]

12 Hegel, *LPR*, vol. 2, 429-430; *VPR*, Part 2, 329.

13 Hegel, *Phil. of Hist.*, 196; *Jub.*, vol. 11, 261.

신이 자연 만물의 창조자라는 관념은 신을 자연의 절대적인 주인으로 만든다. 신이 없다면 자연은 존재할 수 없다. 그러한 관념은 자연이 우세했던 이전 종교로부터의 획기적인 전환이다. 이는 중국 종교에 대한 헤겔의 분석을 상기시킨다. 그는 중국 종교를 자연에 대한 심각한 의존감에서 비롯한 터무니없는 미신으로 특징지었다.[14] 고대 중국인의 세계에서 정신을 절대적으로 지배한 힘은 자연이었다. 하지만 유대교에서 상황은 완전히 역전된다.

헤겔에 따르면, 유대교의 신 개념은 지나치게 추상적이라는 한계가 있다. 세속 세계를 초월해 있는 신은 무규정적이고, 그래서 불충분하다. 유대교는 신을 자기의식적인 존재로 생각하기는 했지만 구체적인 규정을 가진 존재로까지 발전시키지는 못했다. 형이상학적인 용어로 말하면 그러한 신 개념은 특수자 없는 보편자(추상적 보편)다. 그러한 신 개념은 일종의 종교적 소외를 낳게 되고, 결국 신은 범접할 수 없는 초월적 존재로 고립되어 버린다. 필요한 것은 분리를 극복하고 화해를 선사하는 구체적인 신 개념이다. 유대교의 신은 자기의식적인 실체이기는 하지만 그리스도교의 신 개념에 나타나는 무언가가 아직은 결여되어 있다.

헤겔이 당시 자신의 학생들 중 『구약』 연구생들에게 지대한 영향을 주었다는 점도 주목할 만하다. 그들은 헤겔의 방법론을 자신들의 연구에 보다 구체적으로 적용했다.[15] 가장 중요한 사례 중 하나는

14 Hegel, *LPR*, vol. 2, 299-303; *VPR*, Part 2, 203-207. *LPR*, vol. 2, 547-562; *VPR*, Part 2, 445-458. *LPR*, vol. 2, 729-731; *VPR*, Part 2, 618-619. *NR*, 105-119.

15 이와 관련해서는 다음을 참고하라. Jan Rohls, "G. W. F. Hegel: The Impact of His Philosophy on Old Testament Studies," in *Hebrew Bible. Old Testament. The History of Its Interpretation*, vol. III, Part 1, *The Nineteenth Century*, ed. by Magne Sæbø (Gottingen: Vandenhoeck &

바트케Wilhelm Vatke(1806~1882)의 『학문적 성서신학』(*Die biblische Theologie wissenschftliche dargestellt*, 1835)[16]이다. 헤겔은 유대교를 고정되고, 정적이고, 일원적인 실체라고 말했지만 그럼에도 바트케는 유대교의 역사적 발전에 관한 연구에 깊은 관심을 가졌다. 그는 『학문적 성서신학』에서 유대교의 발전단계를 여덟 시기로 나누어 설명한다. 그의 분석에는 의식과 자기의식, 보편자에서 특수자로 나아가고 그 둘의 통일에서 완성되는 운동, 직접성에서 매개를 거쳐 그 둘의 통일로 나아가는 운동과 같은 헤겔의 범주와 구조가 다양하게 활용되고 있다. 또 한 명의 중요한 학생은 바우어Bruno Bauer다. 그는 두 권으로 된 『계시의 역사 비판: 『구약』의 종교』(*Kritik der Geschichte der Offenbarung. Die Religion des Alten Testaments*, 1838)[17]를 출간했다. 그는 유대인들이 자연을 초월해 있는 그들의 신으로부터 절대적으로 분리되고 소외되어 있다는 헤겔의 이해에서 출발한다. 그러한 분리와 소외는 계시의 점진적인 발전 과정을 통해 극복되는데, 그러한 발전은 신과 인간의 통일이 실현되는 그리스도교에서 완성된다. 이렇듯 헤겔의 방법론이나 유대교와 그리스도교에 관한 그의 분석은 이후 성서 연구의 발전에

Ruprecht, 2013), 45-52.

16 Wilhelm Vatke, *Die biblische Theologie wissenschaftlich dargestellt. Erster Band. Die Religion des Alten Testamentes nach den kanonischen Büchern entwickelt* (Berlin: G. Bethge, 1835) (no second volume ever appeared); Rogerson, "Vatke's Biblical Theology," in his *Old Testament Criticism in the Nineteenth Century: England and Germany*, 69-78.

17 Bruno Bauer, *Kritik der Geschichte der Offenbarung, Die Religion des Alten Testaments in der geschichtlichen Entwickelung ihrer Principien*, vols 1-2 (Berlin: Ferdinand Dummler, 1838); John Edward Toews, *Hegelianism: The Path Toward Dialectical Humanism*, 1805~1841 (Cambridge: Cambridge University Press, 1980), 298-304; Douglas Moggach, *The Philosophy and Politics of Bruno Bauer* (Cambridge: Cambridge University Press, 2003), 59-60.

도 중요한 역할을 했다.

2. 그리스의 반신반인들 혹은 영웅들

유대교의 추상적인 신 개념에 대한 헤겔의 비판을 감안하면, 그리스의 다신론에 나타나는 구체적인 신 개념이 더 매력적으로 느껴질 수도 있다. 특히 반신반인半神半人 개념은 신과 인간의 통일을 상징하는 그리스도교의 성육신 개념을 선취한 것으로도 보인다. 그것은 유대교보다 훨씬 발전된 신 개념이다. 부모 중 한 명은 신이고, 한 명은 인간이라 그들은 반신반인으로 여겨진다. 헤겔은 전설적인 영웅 헤라클레스Hercules를 그 사례로 든다. 그는 제우스Zeus와 알크메네Alcmene의 아들이다. 헤겔의 분석에 따르면, 헤라클레스는 직접적으로는 신이 아니다. 그는 신의 지위를 얻기 위해 계속되는 고된 임무와 노동을 완수해야 했다. 그 서사에서 헤라클레스는 여신 헤라Hera로 인해 일시적으로 광기에 휘말렸고, 그런 혼란 상태에서 자신의 아이들을 살해했다. 정신을 차려 범행을 깨달았을 때, 그는 속죄할 방법을 찾고자 했다. 델포이의 신탁은 헤라클레스에게 에우리스테우스Eurystheus 왕을 12년 동안 섬기면 정죄할 수 있다고 말했다. 처음에 왕은 그에게 열 개의 임무를 내렸는데, 이후에 그가 완수한 두 임무가 거절되어 새로 두 임무가 더해졌다. 그 임무는 네메아의 사자 죽이기, 메르나의 독사 히드라 죽이기, 케리네이아의 암사슴 생포하기, 에리만토스의 멧돼지 생포하기, 아우게이아스의 외양간 청소하기, 스팀팔로스의 새 퇴치하기, 크레타의 황소 생포하기, 디오메데스의 야생마 생포하기,

히폴리테의 허리띠 훔치기, 게리온의 황소떼 데려오기, 헤스페리데스의 사과 따오기, 하데스의 수문장 케르베로스 생포하기였다. 각 임무의 수행 과정은 정신을 상징하는 헤라클레스가 자연의 산물을 죽이거나 지배하는 과정을 보여준다. 헤라클레스는 자연에 대한 정신의 우월성을 상징한다. 헤겔은 올림포스의 신들이 전쟁을 통해 티탄의 신들을 제압해 나가는 과정을 자연의 신이 정신의 신으로 전환되는 과정으로 분석한다. 올림포스의 신들은 옛 신들을 물리치는 임무를 완수함으로써 헤게모니를 획득하게 된다. "정신적인 개별성을 가진 신들은 티탄의 신들과 싸워 이김으로써 평화로운 상태에 이르렀다."[18] 그 신들은 더 높은 지위에 오르기 위해 자연을 극복해야 했다. 영웅들은 잠재되어 있던 정신의 원리를 실현했다는 점에서 고귀한 존재들이다.

> 영웅들은 그들(올림포스의 신들)이 가진 잠재성을 외면적으로 실현한다. 그래서 영웅의 정신적 개별성은 신들 자체보다 더 고귀하다. 그들은 신들이 **잠재적으로** 가지고 있던 것을 **현실화했다**. 비록 그들은 성공을 위해 노동해야 했지만 그것을 통해 자연의 신들을 물리쳤던 것이다.[19]

자연의 신들에서 시작되는 세 단계의 발전 과정은 올림포스의 신들, 정신의 신들, 반신반인들이다. "신들은 자연을 지배하면서 등장하고, 영웅들은 신들을 지배하면서 등장한다."[20] 올림포스의 신들은

---

18 Hegel, *LPR*, vol. 2, 468, note 602; *VPR*, Part 2, 367n.

19 Hegel, *LPR*, vol. 2, 468, note 602; *VPR*, Part 2, 367n.

20 Hegel, *LPR*, vol. 2, 468, note 602; *VPR*, Part 2, 367n.

여전히 자연적인 요소를 지녔지만 영웅들은 그것을 완전히 벗어던졌다. 헤라클레스는 자연의 신에 대립하는 순수한 정신을 상징한다.

그리스 신화에서는 그 발전단계가 다음의 예언에 암시되어 있다. "크로노스Cronos가 우라노스Uranos를 제압하고, 제우스가 크로노스를 제압한 것처럼 제우스도 언젠가는 누군가에 의해 제압될 것이다." 각각의 경우에 젊은 세대는 이전 세대에 대항하여 혁명을 일으켰고, 그러한 과정을 통해 자연에서 정신으로의 전환이 일어났다. 제우스의 몰락에 관한 마지막 예언은 그러한 전환이 아직 완료되지 않았다는 것을, 다시 말해 반신반인들 중 하나가 또다시 제우스를 제압하고 그 과정을 더 발전시킨다는 것을 의미한다. 헤겔은 아이스킬로스Aeschylus의 비극에 나오는 결박된 프로메테우스Prometheus를 그 근거로 든다. "반항하던 프로메테우스에게 유일한 위로가 되었던 것은 제우스가 자신의 아들에 의해 왕좌에서 쫓겨나게 될 것이라는 예언이었다. 그 아들이 곧 헤라클레스다."[21] 비슷한 예언은 아리스토파네스Aristophanes의 희곡 『새들』에도 나온다. 바쿠스Bacchus는 헤라클레스에게 이렇게 말한다. "제우스가 죽으면 당신이 그의 후계자가 될 것이오."[22]

---

21 Hegel, *LPR*, vol. 2, 468; *VPR*, Part 2, 368. *LPR*, vol. 2, 651; *VPR*, Part 2, 542. 이와 관련해서는 다음을 참고하라. *Prometheus Bound in Aeschylus II*, trans. by Seth G. Benardete and David Grene (Chicago and London: University of Chicago Press, 1956), 167, line 768. 프로메테우스는 제우스의 아내가 "아버지보다 더 힘센 아들을 낳게 될 것"이라는 예언을 설명한다. 이와 관련하여 헤겔은 프로메테우스의 설명 끝부분, 즉 제우스는 결혼을 함으로써 "권세와 왕좌에서 그리고 모든 사람들의 관심에서 사라질 것"이라는 대목을 언급하고 있다(*Prometheus Bound in Aeschylus II*, 172, lines 909-910).

22 Hegel, *LPR*, vol. 2, 468, note 605; *VPR*, Part 2, 368n. 이와 관련해서는 *The Birds in The Complete Plays of Aristophanes*, ed. by Moses Hadas (New York: Bantam, 1962), 283를 참고하라. 포세이돈(헤겔은 이를 바쿠스라고 잘못 전했다)은 헤라클레스에게 이렇게 말한다. "바보 같으니라고.

헤겔에 따르면 그리스인들의 구체적이고 특수한 신 개념은 유대교의 '일자'라는 추상적인 신 개념을 한층 더 발전시키기는 했지만, 그럼에도 그들의 관점은 여전히 미흡하다. 그리스도교의 중요하고 본질적인 측면은 신이 구체적인 인간 존재를 통해 자신을 계시한다는 것이며, 나아가 그렇게 계시된 구체적인 특수자(성자)가 다시 보편자(성부)로 되돌아간다는 것인데, 이 중 후자는 그리스에는 없던 더욱 발전된 신 개념이라 할 수 있다. 그리스도교 신 개념의 핵심을 이루는 성육신 교리는 경험 영역의 중요성을 인정하면서도 동시에 궁극적으로는 극복해야 할 것으로 본다. 예수의 죽음과 성령의 개념이 바로 그러한 자연성의 극복을 상징한다. 그러한 의미에서 헤겔은 그리스종교가 올바른 신 개념을 향한 중요한 진전을 이루긴 했지만 아직 자연의 영역을 완전히 극복한 단계는 아니라고 분석한다.

3. 신탁 — 자연에 대한 해석

델포이 신탁은 그리스종교에서 중요한 역할을 했던 점술들 중 하나다.[23] 그 제도는 그리스인들의 자기이해에 관한 귀중한 통찰을 준다. 그리스인들은 여러 면에서 탁월하게 행동했으면서도 그것에

자네는 자신이 속았다는 것을 아직도 모르나? 그건 자네 생각일 뿐이야. 제우스가 왕좌를 그들에게 물려주고 죽으면 자네는 거지가 되고 말 거야. 그의 정당한 상속자인 자네가 전 재산을 물려받아야 해."

23 Hegel, *LPR*, vol. 2, 486-488; *VPR*, Part 2, 387-388. 신탁과 관련하여 헤겔이 참고한 주요 자료는 Etienne Clavier, *Mémoire sur les oracles des anciens* (Paris: Libraire Duponcet and Libraire Delaunay, 1818)(*Hegel's Library*, 656)이다.

대한 책임에는 매우 겸손했다. 그리스 시인들은 자신에게 영감을 준 신이나 뮤즈에게 자신의 작품을 헌정하는 것을 일반적인 관행으로 삼았다. 그것은 자신의 작품이 아니라 신들의 작품이라는 의미에서였다. 또한 운동선수들도 열심히 훈련을 했으면서도 자신의 승리를 신의 가호 덕분으로 돌렸다. 이렇듯 그리스인들은 자신의 행위를 오늘날과는 전혀 다른 방식으로 이해했다.

그리스인들은 주관적 자유의 의식이 미숙했기 때문에 스스로를 자연에 의존한 존재로 느꼈다. 그들은 충분히 알지 못하는 우연성의 세계에 살았다.[24] 그들은 자신들의 행동이 세상에 미칠 영향이나 사업의 성패를 알지 못했다. 그들은 주관적 자유의 개념이나 개인의 중요성에 대한 인식이 없었기 때문에 중요한 일 앞에서는 자신에게 행동의 결정권이 없다고 생각했다.[25] 물론 개인도 그 문제에 대한 자신만의 직관과 선호를 가지고 있었지만 그것을 최종결정하는 것은 언제나 신들이었다. 소크라테스는 사람들과 대화하기 위해 아테네를 배회한다고 주장했지만 사실 그것도 자신의 의지가 아니라 델포이 신탁의 명령에 따른 것이었다.[26] 또한 내면의 신 다이몬daimon도 그의 의지와 무관한 행동들을 충고하곤 했다.[27]

개인은 결과를 예측할 수 없는 불확실한 세계 속에서 행동해야 한다. 그래서 그리스인들은 자신의 희망이나 계획을 확신할 수 없어

---

24 Hegel, *LPR*, vol. 2, 486; *VPR*, Part 2, 386.

25 Hegel, *LPR*, vol. 2, 185; *VPR*, Part 2, 91: "전투에 참여하거나 결혼하거나 여행을 떠나는 것과 같은 중대한 문제를 최종 결정하는 주권자는 개인이 아니었다." 이와 관련해서는 *LPR*, vol. 2, 486-487; *VPR*, Part 2, 387. *LPR*, vol. 2, 668; *VPR*, Part 2, 560도 참고하라.

26 Plato, *Apology*, 21a-23c.

27 Plato, *Apology*, 31c-d. *LPR*, vol. 3, 321, note 196; *VPR*, Part 3, 244n.

언제나 더 높은 권력자에게 지침과 확답을 구했다.[28] 결정권은 개인의 내면이 아니라 외부의 권력에 있었다. 당시에 신탁과 점술이 만연한 것도 개인이나 행위자에 대한 그리스인들의 그러한 제한된 개념과 연관이 있다.

그리스인들은 행동을 결정하는 데 필요한 확답을 자연에서 구했다. 그들은 일종의 예언을 기대했다. 그러한 예언은 "맑은 하늘의 번개라든가 광활한 지평선에서 날아오르는 새"[29]와 같은 다양한 형태로 표현된다. 공개 신탁은 특정한 자연적 징조가 일어나는 구체적인 장소에서 예언 관행을 치렀던 제도다. 자연의 다양한 소리가 그들에게는 신의 목소리였다. 헤겔은 클라비에Étienne Clavier의 『고대인의 신탁에 관한 회고록』(*Mémoire sur les oracles des anciens*)에 나오는 공개 신탁의 사례를 든다.

> (그리스의 에피루스 지역에 있는) 도도나에서는 신성한 참나무 잎사귀의 움직임, 신성한 샘의 속삭임, 버드나무에 매달린 신성한 청동 통에서 나는 소리, 그 세 종류의 징조로 미래를 예견했다. 바람이 불면, 버드나무에 앉아 있는 어린아이 청동상에 매달린 긴 끝이 신성한 청동 통을 울렸다. 델포이에서는 동굴에서 불어오는 바람과 철제 삼각대의 소리로 미래를 예견했다.[30]

---

28 Hegel, *LPR*, vol. 2, 486; *VPR*, Part 2, 386-387.

29 Hegel, *LPR*, vol. 2, 186; *VPR*, Part 2, 92.

30 Hegel, *LPR*, vol. 2, 187; *VPR*, Part 2, 93. *LPR*, vol. 2, 487; *VPR*, Part 2, 388. 여기서 헤겔은 Etienne Clavier, *Mémoire sur les oracles des anciens*, 35의 다음 구절을 인용한 것 같다: "도도나에서는 신성한 샘의 속삭임이나 놋그릇의 소리로 미래를 예측했다."

신탁은 자연의 신비로운 의미가 알려지는 사례다. 신탁의 근원은 자연현상이며, 거기에 의미를 부여하는 것은 인간이다. 헤겔은 이렇게 설명한다.

> 가장 오래된 신탁은 도도나의 신탁이었다. […] 신성한 참나무 잎사귀의 바스락거리는 소리가 거기서는 예언의 한 형태였다. 그 숲에는 쇠그릇도 매달려 있었다. 하지만 쇠그릇들이 서로 부딪히는 소리는 매우 불명확했고 객관적인 의미도 없었다. 그 소리를 들은 인간들이 거기에 의미를 부여했다. 델피의 여사제의 경우에도 그녀가 무의미하고 혼란스런 상태에서 (열광[μανία]에 도취되어) 이해할 수 없는 소리들을 질러대면, 예언자가 그 소리에 특정한 의미를 부여했다.[31]

따라서 신탁에는 그 의미를 이해 가능한 형태로 옮기는 번역의 과정이 필요하다. 맨 처음 주어지는 것은 단순한 자연의 소음, 바람, 쇠그릇 소리 등이다. 다음으로 열광에 도취된 여사제가 자연의 소리를 인간의 소리로 옮긴다. 물론 그녀의 소리도 이해할 수 없는 것은 마찬가지지만 인간의 소리라는 점에서 자연의 소리보다는 높은 단계다. 마지막으로 예언가가 여사제의 소리를 이해 가능한 인간의 말로 옮긴다. **(헤겔은 광기 또는 흥분된 상태를 나타내는** 마니아[μανία]**와 그런 상태에 있는 여사제나 예언가를 나타내는** 만티스[μάντις] **사이의 언어적 연관에 주목한다.)**

---

31 Hegel, *Phil. of Hist.*, 236; *Jub.*, vol. 11, 311. *LPR*, vol. 2, 649; *VPR*, Part 2, 541: "도도나의 첫째 신탁의 방식인 나뭇잎의 바스락거림이나 매달린 쇠그릇 소리는 단순한 자연음에 불과하다. 그 이후에 인간의 어조로 신탁을 전하는 여사제가 등장한다(물론 그녀도 신탁의 방식에 따라 명확한 말로 전하지는 않는다)."

자연의 소리를 이해 가능한 인간의 말로 옮기는 것이 더 높은 단계다. 델포이에서는 바위가 뿜어내는 수증기에 취한 여사제가 애매모호하고 불연속적인 소리로 신의 뜻을 전했다. 헤겔은 신에 대한 인식이 인간의 언어로 구체화되는 마지막 단계의 사례도 클라비아의 저작에서 인용한다.

> 파우사니아스에 따르면 펠로폰네소스 반도 북쪽에 위치한 아카이아의 시장에는 머큐리Mercury의 동상이 세워져 있다. 누군가가 향을 피우고, 신의 귀에 질문을 속삭인 다음 손을 귀를 막고 시장에서 도망쳤다. 이후에 손을 떼고 맨 처음 들리는 말이 그 질문에 대한 대답이었다. 그러면 그는 해석을 통해 그 대답과 질문이 일관하도록 풀어냈다.[32]

고대 신탁의 문제는 그 진술이 인간 언어의 형태를 띠고는 있지만 그 의미가 여전히 불명확하다는 것이다. 그래서 다양한 의미를 무시하고 오로지 한 방향으로 해석해야만 그것에 따라 행동할 수 있었다. 헤겔은 또다시 인간의 인식과 행위의 한계를 강조한다. "인간은 신탁에 물을 때, 자신은 무지하고 신은 전지하다고 생각한다. 그들은 완전히 무지한 상태로 신의 대답만을 기다린다."[33] 이 대목은 소크라테스

---

32 Hegel, *LPR*, vol. 2, 488; *VPR*, Part 2, 388. *LPR*, vol. 2, 187; *VPR*, Part 2, 93. 여기서 헤겔은 Etienne Clavier, *Mémoire sur les oracles des anciens*, 6의 다음 구절을 인용한 것 같다: "우리는 목격자이자 정확한 관찰자인 파우사니아스의 말에 따라야 한다. 그는 아카이아의 파레스 광장에 머큐리 아고루스의 동상이 있었다고 전한다. 그들은 제단 앞에 놓인 향로에 기름을 채우고 향을 피우고 나서 구리 동전을 제단에 바쳤다. 그리고 신의 귀에 질문을 속삭인 후 손으로 귀를 막고 광장을 떠났다. 광장을 떠나 손을 떼고 처음 들은 단어가 그 질문의 대답이었다." 이 내용은 Pausanias, *Description of Greece,* Book VII, Chapter 22에 실려 있다.

33 Hegel, *LPR*, vol. 1, 488, note 666; *VPR*, Part 1, 388n.

의 진술을 떠오르게 한다. 그는 모든 것을 안다고 생각하는 사람들에게 질문하는 것을 신이 내린 사명이라고 생각하면서 배심원들에게 이렇게 말한다. "진정한 지혜는 신의 전유물입니다. 신을 신탁을 통해 우리에게 말합니다. 인간의 지혜는 아무런 가치도 없다고 말입니다."[34]

그리스도교에서 신은 인간의 형태로 계시되었고, 인간의 언어로 자신의 메시지를 직접적으로 전한다. 그리스도교인들은 그들에게 계시된 신의 뜻을 인식할 수 있다. 그들은 신의 뜻에 합당하게 행동할 자유와 이성을 가지고 있다. 하지만 헬라인들에게는 신의 분명한 계시가 없다. 신의 뜻이 자연의 소리를 통해 암호처럼 전달되면, 여사제가 그 암호를 수수께끼 같은 말로 풀어내고, 인간들은 또다시 그 수수께끼를 해석해야 한다. 그렇듯 그리스의 신은 인간들이 명확하게 인식할 수 있는 방식으로 자신의 뜻을 전하지 않는다. 따라서 신자들이 제아무리 신의 뜻을 헤아리려고 발버둥을 쳐도 결국은 무지의 상태로 행동할 수밖에 없다.

4. 신과 예술작품 — 조각

그리스종교에는 교리나 교설이 없다. 즉, 그리스종교는 관념에 근거한 믿음의 체계를 공식화하기보다 감각에만 호소한다.[35] 그러한

34 Plato, *Apology*, 23a. *Socrates' Defense (Apology)*, trans. by Hugh Tredennick, in *The Collected Dialogues of Plato*, ed. by Edith Hamilton and Huntington Cairns, 11th printing (Princeton: Princeton University Press, 1982), 9.

의미에서 헤겔은 그리스종교의 중요한 요소는 예술, 특히 조각이라고 주장한다. 그리스인들은 그들의 신 개념을 예술로 표현했기 때문에 그들의 예술을 보면, 그들의 종교적 관점을 이해할 수 있다. 물론 다른 종교들도 신을 조각이나 회화로 표현하기도 했지만 그리스인의 미 개념은 다른 종교와 차별화된 자신만의 고유하고 결정적인 특징을 띠고 있다.[36] 그래서 헤겔은 그리스종교를 '아름다움의 종교'라고 부른다.

그의 『미학』의 핵심 주제 중 하나는 예술미가 자연미보다 고차적이라는 것이다.[37] 이는 세계 종교의 복잡다단한 발전 과정이 결국은 자연에서 정신으로의 이행이라는 『종교철학』의 관점과도 일치한다. 신이 자연을 통해 계시된다고는 하지만 실제로 우리가 보는 것은 물리적인 감각적 대상일 뿐이다. 그러한 감각적 지각이 신의 계시로 간주되려면 반드시 추상화의 단계를 거쳐야 한다. 인간 정신은 구체적이고 특수하고 감각적인 인상이 자신의 배후에 어떤 보편적인 것을 숨기고 있거나 그것을 드러낸다고 생각한다.

> 본질은 오로지 우리 내부의 사유일 뿐이다. 그러한 의미에서 자연적인 현상이나 직접적이고 외면적인 현상은 사실상 진정한 현상이 아니다. 자연의 힘이나 그 힘의 표현을 말할 때처럼 말이다. 여기서 본질은 자연적

---

35 Hegel, *LPR*, vol. 2, 174; *VPR*, Part 2, 80.

36 Hegel, *Phil. of Hist.*, 238; *Jub.*, vol. 11, 314: "그리스종교는 아름다움을 지닌 개체성을 그 특징으로 한다. 그러한 아름다움은 순전히 자연적인 것을 자기 존재의 표현으로 변형시키는 정신을 통해 생겨난다."

37 Hegel, *Aesthetics*, vol. 1, 29-30; *Jub.*, vol. 12, 54-57; *Aesthetics*, vol. 1, 143-152; *Jub.*, vol. 12, 200-212.

인 대상 자체에 객관적으로 존재하는 것이 아니다. 자연의 힘은 내적인 것의 현상이다. 마치 자연적 대상처럼 그 힘도 보편자의 현상이 아니기 때문에 우리의 감각적 자각에 대해서만 존재한다. 예를 들어 보편자로서의 사유가 자신의 현존을 알리는 것처럼 그렇게 드러나지는 않는다. 반대로 자연적 본질의 경우, 우리는 사유, 즉 사물의 내면성을 숨기고 있는 외피를 깨뜨려야 한다.[38]

자연적 대상은 지양되거나 더 높은 정신의 원리에 종속되어야 한다. 마치 신화에서 그리스인들이 자연현상을 신의 행위로 해석함으로써 그것을 정신의 영역에 종속시켰던 것처럼 예술에서도 바위나 대리석 같은 자연적 산물은 창의적인 예술적 과정을 통해 정신의 산물로 가공되어야 한다.

그리스의 정신은 바위를 예술작품으로 만드는 조형 예술가다. 예술의 형성과정에서 바위는 더 이상 아무 작용도 가해지기 전의 단순한 바위가 아니다. 그것은 자신의 본성과는 반대되는 정신적인 것의 표현이다. 이로써 자연적인 바위는 정신적인 바위로 변형된다.[39]

한때는 단순한 바위였던 것이 예술을 통해 신의 조각상이 된다. 헤겔은 올림피아 신전에 있는 페이디아스Phidias의 제우스 조각상[40]과 파르테논 신전의 아테나 조각상[41]을 그 사례로 든다. 숨이 멎을 듯이

38 Hegel, *LPR*, vol. 2, 656, note 404; *VPR*, Part 2, 548n.

39 Hegel, *Phil. of Hist.*, 239; *Jub.*, vol. 11, 314.

40 Hegel, *LPR*, vol. 2, 659, note 412; *VPR*, Part 2, 551n. *LPR*, vol. 2, 755; *VPR*, Part 2, 638.

아름다운 그 작품들을 보고 있노라면 우리는 물질적인 바위는 잊어버리고 정신적인 신만을 보게 된다.

헤겔은 그리스 조각은 이집트 예술에 큰 빚을 지고 있으며, 실제로 거기서 파생된 것이라고 주장한다.[42] 하지만 그리스인들은 이집트인들과 달리 조각들 속에 특별한 정신적 아름다움을 담아냈다. 그들은 진정한 신은 인간, 즉 정신이라는 것을 알고 있었다.[43] 예컨대 이집트의 스핑크스는 여전히 동물적인 요소를 가진 반인반수의 모습이지만, 조각으로 표현된 그리스 신들은 완벽한 인간의 모습을 하고 있다. 이집트인들은 정신적인 요소를 제대로 파악하지 못했다. 그래서 그들의 조각이나 회화는 그리스 예술처럼 인간을 자연스럽게 표현하지 못하고 다만 뻣뻣하고 투박하게 표현할 수밖에 없었다.

예술을 통해 신을 표현하는 그리스종교는 매력적이지만 동시에 한계도 있다. 그들의 예술은 여전히 자연을 출발점으로 삼고 그것에 의존하고 있다. "예술가가 자신의 관념을 표현하려면 정신적인 개념뿐만 아니라 바위나 색깔과 같은 감각적인 형태도 필요하다."[44] 그리스의 신들은 자연적인 재료들로 표현된 정신이라는 점에서 아직 완전한 정신은 아니다.

---

41 Hegel, *Phil. of Hist.*, 239; *Jub.*, vol. 11, 315.

42 Hegel, *Aesthetics*, vol. 2, 780; *Jub.*, vol. 13, 451.

43 Hegel, *LPR*, vol. 2, 661, note 416; *VPR*, Part 2, 553n: "인간의 형태만이 정신적인 모습일 수 있다는 것은 오래전 아리스토텔레스가 말한 것이다. 그가 인간의 형태를 영혼윤회 교리의 결함으로 지적할 때는 육체적인 조직을 그저 우연적인 것으로 보고 있다. 이와 관련해서는 다음을 참고하라. *LPR*, vol. 2, 477; *VPR*, Part 2, 377. *LPR*, vol. 2, 659ff.; *VPR*, Part 2, 651ff.

44 Hegel, *Phil. of Hist.*, 239; *Jub.*, vol. 11, 314. *Phil. of Hist.*, 238-239; *Jub.*, vol. 11, 314.

이제 예술작품의 모습은 자아의 모습을 하고 있다. 왜냐하면 신은 신적인 특수한 자아, 즉 정신적인 능력을 갖춘 보편적인 힘이기 때문이다. 하지만 그것은 자연성을 통해 정립되어 있다. 자연적인 것은 정신의 구성요소이며, 신을 표현하는 양식이다. 신은 바위를 통해 표현된다. 신을 표현하기 위해서는 반드시 감각적인 형식이 필요하다.[45]

예술작품을 구성하는 재료인 자연물은 신의 충만한 정신적 요소를 온전히 담아낼 수 없다. 헤겔에 따르면, 신에 대한 진정한 표현은 인간의 질료를 가진 인간의 모습이다. 따라서 예술은 제한적일 수밖에 없다. 바위로 만들어진 신은 정신의 모든 요소를 충분히 표현할 수 없기 때문이다.

그러한 의미에서 그리스도교는 그리스종교보다 한층 더 높은 단계라 할 수 있다. 그리스도는 바위와 같은 물질적 대상이 아니라 살과 피를 가진 구체적인 개인이다. 그리스도의 정신, 즉 그의 주관성은 신자들에게 완전히 계시된다.

감각적인 자연이 자유로워지는 것은 바로 그리스도교의 단계에서다. 그리스도교는 신을 더 이상 감각적인 자연과 결합하지 않으며, 그것은 신의 모습에 어울리지 않는다는 것을 보여준다. 감각적인 본성, 즉 직접적인 개별자는 십자가에 못 박혀 죽었다. 보편자로서의 정신, 즉 교회 공동체야말로 신이 현상하는 진정한 토양이다.[46]

---

45 Hegel, *LPR*, vol. 2, 476, note 627; *VPR*, Part 2, 376n.

46 Hegel, *LPR*, vol. 2, 476, note 627; *VPR*, Part 2, 376n. *Phil. of Hist.*, 249; *Jub.*, vol. 11, 325-326: "하지만 그리스종교와 그리스도교의 공통요소를 언급하려면, 다음 두 가지를 반드시 말해야 한다.

인간이 바위나 나무는 아니지만 그래도 여전히 자연적 측면을 갖고 있다. 인간들은 자연적인 충동이나 경향성을 가진 육체적 존재다. 따라서 교육과 문화를 통해 그러한 자연성의 폭정으로부터 해방되어야 한다. 헤겔은 그리스도의 십자가형과 죽음이 바로 그러한 해방을 상징한다고 해석한다. 신이 가지고 있던 최후의 물질적 요소, 즉 자연의 마지막 잔재는 그리스도의 죽음과 함께 사라진다. 삼위일체의 둘째 요소(성자)에서 셋째 요소(성령)로 이행하는 단계에서 그리스도교는 자연에서 정신으로 나아간다. 그리스도교는 그리스종교보다 한 단계 더 나아가 감각적인 요소가 완전히 지양된 성령을 신으로 인식한다. "그리스도교와 비교할 때, 그리스종교의 진정한 한계는 계시가 신의 존재를 드러내는 최고의 형태, 즉 신성의 전체이자 실체를 이룬다는 점이다. 하지만 그리스도교에서 계시는 신을 드러내는 일시적인 국면일 뿐이다."[47] 그리스종교가 신 개념의 발전 과정의 상단에서 멈추었다면, 그 과정을 성공적으로 완성한 것이 바로 그리스도교다.

그리스도교의 신은 초월적이고 보편적인 사유라는 유대교의 신 개념, 즉 우주의 창조자이자 성부로서의 신을 포함하고 있으며, 감각적으로 지각할 수 있는 특수한 개별자로서의 그리스도는 그리스 신들의 감각적인 요소도 포함하고 있다. 따라서 그리스도교의 삼위일체는 유대교와 그리스종교의 사상이 결합되어 창조된 보다 높은 단계의

만일 신이 모든 사람들에게 계시되려면 신은 반드시 자연적인 형태에서 정신적인 형태로 나아가야 한다. 그러한 정신적인 형태가 바로 인간이다. 인간이 아닌 다른 형태로는 결코 정신성을 보여줄 수 없기 때문이다."

47 Hegel, *Phil. of Hist.*, 249; *Jub.*, vol. 11, 326.

종교라 할 수 있다.[48] 정신적인 것과 감각적인 것, 보편적인 것과 개별적인 것은 성령 안에서 사변적인 방식으로 통일된다.

또한 그리스 조각에 반영된 주관성과 그리스도교의 주관성은 극명히 대조된다. 조각가는 신이 부여한 영감과 파토스를 통해 작품을 창조한다. 그는 자신의 주관성을 버리고 외적인 신의 영감에 따라 작품을 창조하기 때문에 거기에는 조각가의 주관성이 전혀 반영되어 있지 않다. 사람들도 조각 작품을 볼 때 조각가의 개별성이 아니라 신이 부여한 영감을 보며 찬탄한다. 조각가는 작품을 창조하기 위해 자신의 주관성을 버려야만 했다. 그것은 신의 영감과 도움을 받는 데 방해만 될 뿐이다.[49] 그리스종교에서 개인의 주관적인 자유나 주관성 자체의 가치는 존중되지 않는다. 그것이 그리스도교와의 결정적인 차이다. 그리스도교에서는 신의 영감을 받기 위해 개별성을 포기할 필요가 없다. 그리스도는 모든 개인의 중요성과 절대적 가치를 인정한다. 조각은 개별자인 조각가를 표현하지 않는다. 그것은 외적인 영감의 대상일 뿐이다. 달리 말해, "조각가는 자신과 같은 존재를 […] 작품

48 Hegel, *LPR*, vol. 2, 660, note 412; *VPR*, Part 2, 551n: "신이 자신의 생을 완성해 나가는 과정에는 신은 본질적으로 사유에 대해서만 존재한다는 유대교의 견해와 그리스의 조형미가 갖는 감성적 측면이 모두 포함되어 있다. 그리고 그 두 계기가 지양됨으로써 그 둘의 한계도 극복된다."

49 Hegel, *LPR*, vol. 2, 660, note 412; *VPR*, Part 2, 552n: "만일 계시가 그러한 과정의 주관적 측면에 속한다면, 신은 인간들이 제작한 어떤 것, 즉 단지 **하나의** 계기로만 나타나게 된다. 왜냐하면 그렇게 정립된 신은 단일한 자아의 지양을 통해 매개되어 있기 때문이다. 그래서 그리스인들은 피디아스의 제우스에서 자신의 신을 직관할 수 있었다." *PhS*, 426-427; *Jub.*, vol. 2, 538: "정신은 그러한 개인에게 보편자이자 그에게 폭력을 가하는 위력으로 존재한다. 즉 정신은 개인의 자기의식이 그것에 헌신하면서 자유를 상실하게 되는 **파토스**로 존재한다." *PhS*, 429; *Jub.*, vol. 2, 540: "예술가는 실체에 해당하는 것을 작품 속에 전적으로 부여하면서도 특수한 개별성으로서의 자기 자신은 전혀 현실화하지 않았다. 작품의 완성도를 위해서 그는 자신의 특수성을 버리고, 자신을 비인격화하고, 순수한 행위만을 추상화해야만 했다."

으로 만들지 않는다."[50] 개별 신자는 그리스도에게서 또 다른 인간을 보고, 그를 통해 자신을 인식한다. 그는 자신의 개별성과 인격성을 포기할 필요가 없다. 그의 주관적인 자유는 억압되기보다 도리어 찬양된다.

5. 로마 황제의 신성

그리스인들과 마찬가지로 로마인들도 그들의 역사적인 영웅을 신격화했다. 하지만 특이한 점은 시간이 지나면서 살아있는 황제도 신격화했다는 점이다. 이를 두고 로마인들이 살아있는 신성으로서의 그리스도 개념을 선취했다고 생각할 수도 있다. 하지만 헤겔은 로마인들의 신 개념이 가진 한계를 지적한다. 로마인들은 일상적인 삶의 활동에 매몰되어 그러한 활동과 역할을 신성화했다. 그들은 삶의 다양한 측면을 지배하는 권력자가 누구인지 정확히 알고 있었다. 그들의 신은 로마 황제였다. 황제는 생사를 결정하는 절대 권력을 가지고 자의적으로 법을 집행하지만 자신은 그러한 법적 구속에서 벗어난 초법적 존재였기 때문이다. 그래서 로마인들에게는 황제가 신처럼 보였다.

로마 황제의 권력은 신격화된 자연의 권력을 능가했다. 그는 구체적인 자연 영역을 지배하던 세분화된 신들의 권력을 제압했기 때문이다. 그래서 로마 황제도 살아있는 인간이었지만 사람들은 그를 수많은

50 Hegel, *PhS*, 429; *Jub.*, vol. 2, 541.

자연의 신을 지배하는 신들의 신, 즉 진정한 신으로 여겼다. 헤겔은 이렇게 설명한다.

> 탁월한 개인인 황제는 개인들과 도시 전체의 삶과 행복을 지배하는 자의적인 권력이었다. 그의 권력은 농업의 신 로비고Robigo를 능가했다. 그는 기근을 비롯한 생존의 모든 것을 관장했다. 굶주림의 여신도 그의 부름을 받았다. 그뿐만 아니라 지위, 출생, 신분, 빈부 등 [⋯] 모든 것을 그가 결정했다.[51]

로마인들이 서구 문명에 지속적으로 공헌한 것 중 하나는 로마법이다. 하지만 그들의 그런 노력에도 불구하고 황제는 법을 초월해 있는, 즉 법의 구속을 받지 않는 유일한 사람이었다.[52]

헤겔은 로마인들이 숭배했던 다양한 개별 신과 유일한 신적 존재로서의 로마 황제 사이의 변증법적 관계를 설명한다. 로마인들은 다양한 민족의 영토를 정복하면서 그들의 종교를 흡수하고, 그들의 신들을 판테온으로 모아들였다. 그래서 정복된 민족도 로마인의 종교에서 자신들의 종교를 볼 수 있었다. 헤겔은 이렇게 설명한다.

---

51 Hegel, *LPR*, vol. 2, 223; *VPR*, Part 2, 128.

52 Hegel, *Phil. of Hist.*, 315; *Jub.*, vol. 11, 405: "모든 정치제도가 황제라는 개인으로 통합되었다. 더 이상 도덕적 유대는 존재하지 않았다. 황제의 의지가 최고 권력이었다. 절대적인 평등은 사라졌다. 황제 주변의 자유민들은 막강한 권력을 누렸다. 그들은 구별을 인정하지 않았기 때문이다. 황제에게만 주어진 주관성은 완벽하게 그리고 무제한적으로 실현되었다." 이와 관련해서는 다음도 참고하라. Hegel, *Phil. of Hist.*, 320; *Jub.*, vol. 11, 411: "그래서 개인들은 원자들로 간주된다. 하지만 그들은 **일자**의 가혹한 통치를 받는다. **신적인 모나드**(monas monadum)로서의 황제는 사적인 개인들을 지배하는 권력이다. [⋯] **결과적으로** 개인들의 권리는 사라졌고, 인격성도 부정되었다. 법의 조건도 완전히 무너져 있었다. 로마 세계는 그러한 모순으로 고통받고 있었다."

로마인들은 시칠리아의 마그나 그라에시아를 정복하고, 그들의 사원을 약탈하고 파괴했으며, 그들의 모든 신을 배에 실어 로마로 옮겨 왔다. 로마는 관용적이었다. 로마는 시리아종교, 이집트종교, 유대교, 그리스도교, 그리스종교, 페르시아종교, 미트라교 등 모든 종교를 한데 모아 통합했다. 로마는 그러한 방식으로 모든 종교를 장악했다.[53]

하지만 로마인들은 다른 종교와 신들을 통합하면서 그것들을 처음에는 주피터에게, 다음으로는 황제로 대표되는 최고 주권자로서의 신 개념에 종속시켰다.

로마종교는 근본적으로 모순적이다. 한편에는 최고의 신이자 통치자인 황제가 존재하고, 다른 한편에는 수많은 개별적 신이 존재한다.[54] 그러한 모순은 개인의 관계에도 나타난다. 개인은 로마제국의 일부이면서 로마제국의 확장과 번영을 바란다. 추상적으로 말해, 그들은 보다 상위의 일반적인 원칙에 종속된 부분에 불과하다. 하지만 동시에 그들은 개인으로서 일반적인 원칙이 인정하지 않는 다양한 욕구, 욕망, 희망, 꿈도 가지고 있다. 두 경우 모두에는 하나一와 여럿多의 변증법이 존재하는데, 거기서 하나는 여럿을 중요하게 인정하지 않는다. 그로 인해 여럿은 소외되거나 약화되고, 하나는 추상적이거나 공허한 독단이 된다.

그러한 상황에서 발생하는 문제는 로마 황제가 이성적인 내용을

---

53 Hegel, *LPR*, vol. 2, 507; *VPR*, Part 2, 405. *LPR*, vol. 2, 696; *VPR*, Part 2, 587-588.

54 Hegel, *PhS*, 292; *Jub.*, vol. 2, 371: "그는 개인이지만 다른 모든 개인과 대립해 있는 고독한 개인이다. 하지만 그것이 그를 참으로 권위 있는 보편성으로 만든다. 그는 단일한 개인들의 보편적 다양성으로 존재하기 때문이다."

가진 원리를 대변하지 않는다는 것이다. 그는 자의적이고 잔혹할 뿐만 아니라 파괴적인 행동마저도 서슴지 않는다. 한 마디로 그는 '절대적으로 자유로운 변덕'[55]이다. 황제의 비이성적 행동은 로마시민들을 소외시켰고, 시민들의 일체감도 와해시켰다.

> 황제의 권력은 사람들이 자신의 자기의식을 인식할 수 있는 정신의 **통일**이나 **조화**가 아니다. 사람들은 대자적인 개인으로 존재하며, 타인들과의 연속성을 배제하는 완고한 원자성에 머물러 있다. 그들은 서로에 대해서도 그리고 서로의 연대에 대해서도 부정적 태도를 취할 뿐이다.[56]

황제와 그의 신하들 사이에는 상호인정이 존재하지 않으며, 그들의 관계는 오로지 공포와 위협에 기초해 있을 뿐이다.[57]

로마종교의 모순은 제한된 개인의 특수한 이익과 그것조차 용납하지 않는 로마 주권, 즉 절대적인 상위 원칙과의 대립에 있다.[58] 로마에는 황제의 행동을 제한하고 중재하는 제도적 형식이 갖춰져 있지 않았기 때문에 황제는 자신의 절대적인 권력을 제멋대로 휘두를 수 있었다. 그것이 로마제국이 몰락한 원인이다. 헤겔은 로마 황제의 그러한 잔인함과 폭력성은 비판하지만, 그 안에서 발전적인 측면도 본다. 로마는 모든 시민에게 적용되는 법과 정의의 개념을 가지고

---

55 Hegel, *Phil. of Hist.*, 315; *Jub.*, vol. 11, 405-406.

56 Hegel, *PhS*, 293; *Jub.*, vol. 2, 371. *PhS*, 293-294; *Jub.*, vol. 2, 372: "그것은 **보편적으로 승인된 자기의식적인 권위**로부터 소외된 진리에 불과하다. 권위에 대한 인정은 자아의 보편적 현실성이다. 하지만 그것은 자아의 본성을 상실했다는 점에서 자아의 왜곡이기도 하다."

57 이와 관련해서는 *Phil. of Hist.*, 307; *Jub.*, vol. 11, 396을 참고하라.

58 Hegel, *LPR*, vol. 2, 508; *VPR*, Part 2, 406.

있었지만, 황제가 언제든 폐기할 수 있었다는 점에서 그리 강력하지는 않았다. 황제는 더 강력하고 광범위한 개념의 보호 아래 있었다. 신성한 것은 오로지 황제뿐이었다. 로마에는 신성의 빛이 한 사람이 아니라 모두에게 있다는 깨달음이 없었다. 그것은 법의 영역뿐만 아니라 종교의 영역에도 매우 중요한 영향을 미쳤다. 그리스도교는 모든 사람이 신의 형상으로 창조되었다고 믿는다. 신이 정신인 것처럼 인간도 정신이다. 그러한 깨달음으로 인해 인간의 개념에는 일대 혁명이 일어난다. 그것은 한 사람만이 아니라 모든 사람에게 절대적으로 중요하고, 소중하고, 환원할 수 없는 것이 있다는 것을 의미한다. 그러한 의미에서 로마 황제는 역설적으로 그리스도교 신 개념의 길을 예비한 셈이다. 달리 말해, 그는 보편화되어야 할 원칙을 제한적으로나마 보여주었던 것이다.

6. 소외와 불안 그리고 화해의 욕구

로마 세계라는 구체적인 역사 속에 살았던 사람들은 억압적인 외부 세계에 극심한 소외감을 느꼈을 것이다. 로마의 강제적인 점령 아래 복속되어 살아가던 유대인도 예외는 아니었다.[59] 로마 세계는 모든 시민의 생사결정권을 가진 독재자 황제에 의해 통치되었다. 공공 영역에서는 모든 언행이 감시되거나 통제되었고, 원로원 출신의 귀족들조차 공적인 삶에서 추방되기 일쑤였다. 헤겔은 당시 회의주의

59 Hegel, *LPR*, vol. 3, 308; *VPR*, Part 3, 231.

와 금욕주의 학파가 등장한 것도 그러한 억압적인 상황의 자연스러운 결과로 생각했다.[60] 회의주의는 외부 세계에는 진리가 존재하지 않는다고 가르쳤다. 우리가 진리라고 믿었던 모든 것은 비판적 이성에 의해 언제든 무너질 수 있으므로 유일하게 타당한 것은 비판적 이성이다. 따라서 우리 내면의 비판적 능력을 키우는 것이야말로 가장 가치 있는 일이라는 것이 회의주의의 가르침이다. 이와 마찬가지로 금욕주의도 외부 세계를 부정했다. 세계는 기껏해야 마음을 혼란시키는 매혹일 뿐이며, 나쁘게 말하면 우리가 피해야 할 죄악과 타락의 구렁텅이다. 그래서 그들은 외부 세계를 떠나 진정한 덕을 발견할 수 있는 내면으로 도피하라고 가르쳤다. 헤겔의 분석에 따르면, 그 두 사상은 외부 세계에서는 진리를 구할 수 없다는 인식이 만들어 낸 자연스러운 결과였다.

금욕주의와 회의주의는 문제의 해법을 내놓았다고 자부했지만 그것마저도 외부 세계에서 소외되는 상황을 초래하고 말았다. 그 두 사상은 개인에게 기존의 현실과 분리된 내적인 영역을 구축하라고 독려했다. 현실은 개인이 도야해야 할 내부 영역과 언제나 분리되어 대립했기 때문이다. 그래서 사람들은 외부 세계에 극심한 소외감을 느꼈고, 결국 화해를 갈망하게 되었다. 그것이 그리스도교의 탄생을 촉발시킨 계기였다. 그리스도교는 성육신과 계시 교리를 통해 그들에게 화해의 가능성을 보여주었다.

헤겔에 따르면, 사람들이 느낀 소외감은 인간을 분열된 존재로

60 Hegel, *LPR*, vol. 3, 308; *VPR*, Part 3, 232. 또한 "Freiheit des Selbstbewußtseins: Stoizismus, Skeptizismus und das unglückliche Bewußtsein," in *PhS*, 119-138; *Jub.*, vol. 2, 158-181도 참고하라.

보는 관점과도 연관이 있다. 그는 『창세기』의 타락 이야기를 분석하면서 인간 본성의 선악에 관한 논쟁에 참여한다.[61] 그 논쟁은 루소의 주장, 즉 인간들은 원래 선한 본성을 지녔으며, 자연상태에서도 평화롭게 조화를 이루며 살았다는 주장에서 시작되었다. 루소는 사회와 문명의 악덕과 타락으로 인해 인간의 선한 본성이 왜곡되거나 사악해졌다고 생각했다. 그 견해는 당시 많은 사람의 동의를 얻었지만, 헤겔은 일반적인 변증법적 접근을 통해 그 견해를 반박한다.

헤겔은 인간에게는 초기 발달단계에서 두드러지는 욕망과 충동이라는 자연적 측면이 있다고 본다. 그러한 측면이 곧 악이다. 사람들이 욕망과 충동에 따라 직접적으로 행동하게 되면 이기적이고 부도덕할 수밖에 없다. 인간이 된다는 것은 그러한 본능을 극복하고 이성적 능력을 계발하는 것을 의미한다. 그는 인간의 본성이 선한가, 악한가 하는 물음은 부적절하다고 주장한다. 그 둘은 엄격히 대립하는 것이 아니기 때문이다.[62] 인간은 선하지도 악하지도 않다. 인간도 여느 동물처럼 날 때부터 자연적 충동과 욕망을 지니고 있지만 본래 자연적 충동과 욕망을 지녔지만 그것은 인간의 참된 개념이 아니다. 인간은 아직 실현되지 않았다 하더라도 잠재적으로 선한 본성을 가지고 있다. 달리 말해, 인간은 본능과 구별되는 이성적 요소를 가지고 있지만 순수하게 이성적 요소만이 아니라 자연적 요소도 함께 가지고 있다. 따라서 인간은 전적으로 선하지도, 전적으로 악하지도 않다. 도리어 인간은 시간의 흐름에 따라 발전하는 복합적인 피조물이다.

---

61 Hegel, *LPR*, vol. 3, 295-310; *VPR*, Part 3, 219-233.

62 Hegel, *LPR*, vol. 3, 299; *VPR*, Part 3, 224.

인간의 내면에서는 그 두 요소가 갈등한다. 그것이 자기 소외감의 기본 조건이다. 헤겔은 이렇게 설명한다. "인간은 자신의 내면에서 그 두 요소가 모순을 빚고 있다는 것을 의식하고 있으며, 그로 인해 자신에 대한 무한한 불안에 빠지게 된다."[63] '불안' 개념은 흔히 실존주의 문학의 중요한 모티프로 알려져 있지만, 놀랍게도 그것은 헤겔의 철학적 인간학을 특징짓는 핵심 개념이다. '불안'은 자기 내면의 갈등이나 분열에 대한 인식을 나타내는 개념이다. 우리의 자연적 측면은 우리를 죄로 이끌고, 그러한 죄의식은 우리를 신으로부터 분리시킨다.

그 대목에서 헤겔은 조로아스터교의 흥미로운 사례를 든다.[64] 조로아스터교는 선의 신 오르무즈드Ormuzd와 악의 신 아리만Ahriman이 영원히 갈등한다는 점에서 이분법적이다. "파르시종교에서는 선과 악, 빛과 어둠이 보편적인 대립 관계에 있다. 하지만 그러한 대립은 인간의 외부에 있고, 인간도 그러한 대립의 외부에 있다."[65] 거기서 인간의 본성은 선하지도 악하지도 않다. 도리어 선과 악은 우주 자체에 실재하는 힘들이다. 선의 신이 승리하면 선한 일이 일어나고, 악의 신이 승리하면 악한 일이 일어난다. 따라서 선과 악은 인간 내면이 아니라 외부 세계에 존재하는 것이다. 반대로 그리스도교는 선과 악을 둘 다 인간 본성에 내재하는 것으로 인식한다. 그것들은 외부 세계가 아니라 인간 내면에 존재하는 것이다. 그러한 깨달음으로

---

63 Hegel, *LPR*, vol. 3, 305; *VPR*, Part 3, 229. *LPR*, vol. 3, 323, note 199; *VPR*, Part 3, 246n.

64 Hegel, *LPR*, vol. 2, 352-358; *VPR*, Part 2, 254-259. *LPR*, vol. 2, 609-625; *VPR*, Part 2, 504-518. *LPR*, vol. 2, 737-738; *VPR*, Part 2, 624-625. *NR*, 186-199.

65 Hegel, *LPR*, vol. 3, 304-305; *VPR*, Part 3, 228.

인해 인간은 도덕적 행위자의 능력과 의무와 책임의 능력을 부여받게 된다. 조로아스터교에서는 선과 악을 포괄하는 자연의 힘이 인간을 지배한다. 따라서 인간에게는 자신의 행동에 대한 책임이 없다. 악과 어둠의 신이 명령하는 대로 행동했다고 생각하기 때문이다. 반대로 선과 악이 인간에 내재하는 것이라면, 인간은 자신의 행동에 책임을 져야 한다.

하지만 그러한 내면의 이중적 본성에 대한 인식은 동시에 불안의 원인이기도 하다. 그러한 근원적인 불안에서 슬픔과 화해의 욕망이 생겨난다. "주체는 화해를 열망한다. 무한한 통일성 혹은 자기동일성으로서의 주체는 그러한 화해를 간절하게 열망한다."[66] 인간은 본성적으로 그러한 분열과 이원성을 극복하고 신과 통일되고자 하는 심오한 내적 열망을 갖고 있다. 신과의 통일은 인간이 자신의 자연적 요소를 극복함으로써 이루어진다. 헤겔은 그러한 통일의 전제 조건을 이렇게 설명한다.

> 화해의 가능성은 신의 본성과 인간의 본성이 암묵적인 통일을 이룰 때 비로소 실현될 수 있다. 신이 인간에게 소원하지 않아야만, 인간이 외적인 우연성에 좌우되지 않고 자신의 본질과 자유에 따라 신과 통일을 이루어야만 신으로 고양된 자신을 인식할 수 있다.[67]

---

66 Hegel, *LPR*, vol. 3, 310; *VPR*, Part 3, 233. 이와 관련해서는 Thomas A. Lewis, "Religion, Reconciliation, and Modern Society: The Shifting Conclusions of Hegel's *Lectures on the Philosophy of Religion*," *Harvard Theological Review*, vol. 106, no. 1, 2013, 37-60을 참고하라.

67 Hegel, *LPR*, vol. 3, 314, note 173; *VPR*, Part 3, 239n.

화해를 위해서는 인간이 자연적 욕구를 극복하고, 자신을 신의 일부로 인식해야 한다.

헤겔은 그러한 화해 개념이야말로 이슬람교나 유대교와 구별되는 그리스도교만의 결정적인 특징이라고 주장한다.

> 절대적 화해에 대한 의식이 생겨남으로써 이제 우리는 새로운 인간 의식의 차원 혹은 새로운 종교의 차원에 들어서게 된다. 이로써 새로운 세계, 새로운 현실성, 또 다른 세계의 조건이 마련된다. 왜냐하면 외적으로 규정된 존재, 즉 자연적 실존이 이제는 종교를 자신의 실체로 삼기 때문이다.[68]

이 구절은 『고린도후서』(*2Corinthians*) 5:17을 연상시킨다. "그런즉 누구든지 그리스도 안에 있으면 새로운 피조물이라 이전 것은 지나갔으니 보라 새것이 되었도다." 그리스도를 통해 인간의 근본적인 불안은 극복되고, 화해의 욕망이 실현되는 대변화가 일어난다. 헤겔은 그러한 화해가 하나님 나라의 이념이라고 설명한다. 하나님 나라는 미래의 피안이나 초월적인 영역에 존재하는 것이 아니다. 그것은 그리스도를 통해 실현된 바로 지금-여기에 존재한다.[69] 하나님 나라는 신의 세계 내 현존을 뜻한다.

헤겔은 로마 세계를 지배한 심원한 소외감과 화해의 열망이 그리스도교를 탄생시킨 원인이라고 설명한다. 그리스도교는 그러한 슬픈

68 Hegel, *LPR*, vol. 3, 317; *VPR*, Part 3, 241.

69 Hegel, *LPR*, vol. 3, 318-319; *VPR*, Part 3, 241-242 *LPR*, vol. 3, 322; *VPR*, Part 3, 245-246.

열망에 대한 응답이었다. 그리스도교는 인간존재라든가 신과 세계의 관계에 대한 새로운 개념을 제시한다. 인간은 자신이 정신임을 깨닫는 역사적 단계에서야 비로소 자연적 본성을 완전히 극복하고 진정한 자유에 이를 수 있다. 그리스도교의 신 개념은 인간의 개념을 새롭게 규정한다. 헤겔은 그러한 관점이 근대 세계를 특징짓는 내면성과 주관성 개념을 탄생시킨 결정적인 계기라고 생각한다.

6장

그리스도교에 대한 헤겔의 철학적 해석

그리스도교에 대한 헤겔의 설명은 그의 철학적 인간학과 밀접한 연관이 있다. 그리스도교에 대한 열망은 화해의 요구에서 생겨났고, 화해의 요구는 분리와 소외라는 인간 조건에서 생겨났다. 그는 예수 이야기도 인간이 자신의 본성을 극복해 나아가는 보편적인 발전을 상징한다고 생각한다. 거기에는 헤겔의 체계적 사유가 작용하고 있으며, 인간학, 역사, 종교와 같은 분리된 영역이 서로 밀접하게 연관되어 있다.

앞서 살폈듯이, 헤겔의 궁극적인 목적은 전통적인 그리스도교 교리에 대한 비판에 맞서 그것을 수호하고 복원하는 것이었다. 그는 신학은 이미 자신의 사명을 포기해 버렸고, 이제 그리스도교 교리를 제대로 수호하는 것은 철학이라고 생각한다. 따라서 우리는 전통적인 교리를 검토하고, 헤겔이 어떠한 철학적 방법을 통해 그것에 새로운 토대를 마련해 주었는지 살펴봐야 한다.

1. 그리스도교와 자유

헤겔의 이론 중 잘 이해되지 않는 것은 종교가 인간의 자유와 밀접히 연관되어 있다는 점이다. 서로 다른 문화는 서로 다른 문화 개념을 가지며, 서로 다른 문화 개념은 서로 다른 신 개념을 가진다. 과거의 문화에는 진정한 인간 자유라는 관념이 없다. 그들은 자신이 믿는 종교나 숭배하는 신과의 관계에서 자신을 자유로운 존재로 인식하지 않았다. 헤겔에 따르면, 그러한 인간 자유는 그리스도교에 와서야 비로소 실현되었다. 물론 이는 논란의 여지가 많은 주장이다. 따라서 우리는 헤겔의 그 주장이 정확히 무엇을 의미하는지 이해할 필요가 있다.

헤겔은 다양한 세계 종교의 역사적 발전 과정을 자연에서 정신으로 나아가는 운동으로 분석한다. 초기의 종교들은 천체, 강, 산, 식물, 동물과 같은 자연적인 실체를 최고의 것, 즉 신으로 숭배했다. 그들은 여전히 자연의 영역에 머물러 있었을 뿐 아직 정신의 이념을 파악하지 못했다. 정신의 이념은 인간 안에 있으며, 그것은 자연보다 상위의 것이다. 이와 달리 그리스와 로마의 다신교에서는 다양한 신이 인간의 모습을 하고 있으며, 그러한 인간적인 요소가 더 높은 것으로 인식되었다. 이는 주관성과 합리성이라는 내적 영역이 비로소 생겨났음을 의미한다. 헤겔에 따르면, 세계 종교의 서사는 곧 인간 해방에 관한 서사다. 사람들은 자연적인 상태에서 출발하여 (헤겔이 '정신'이라 부르는) 인간의 내재적 요소를 실현해 나간다. 그 장구하고 지난한 과정은 그리스도교에서 완성에 이른다. 그리스도교는 인간의 자유를 완전히 인식하고 실현한다. 그는 이렇게 설명한다.

> 주체의 자유는 이성적 능력에 달려 있다. 이는 주체는 해방된 존재이며, 그러한 해방은 종교를 통해 이뤄졌다는 것, 종교적 사명에 따라 인간은 본질적으로 자유롭다는 것을 의미한다. 자신을 실현하려는 충동과 규정

을 지닌 그러한 자유는 곧 이성의 능력이다. 노예제는 그리스도교와 모순된다. 왜냐하면 노예제는 이성과 모순되기 때문이다. 따라서 그러한 화해는 세속적인 영역에서도 반드시 이루어져야 한다.[1]

이 대목은 로마 세계가 그리스도교를 수용할 때 왜 갈등이 있을 수밖에 없었는지를 설명해 준다. 로마 세계는 무엇보다 노예제도의 기반 위에 기초하고 건립되어 있었기 때문이다.

헤겔은 시간이 흐름에 따라 인간에게서 이성적인 것, 즉 인간적인 요소가 발달한다고 말한다. 그렇다면 이성의 발달이란 무엇인가? 어린아이의 사례를 생각해 보자. 아이들은 태어났을 때 자연적 욕망에 따라 직접적으로 행동한다. 그들은 자신의 욕망을 통제하거나 억제하는 법을 배워야 한다. 처음에는 부모와 선생이 그것을 가르친다. 하지만 아이들이 자라면 다음으로는 법률과 관습이 그 역할을 대신한다. 유년기와 성년기 사이의 청소년들은 흔히 반항기를 겪는다. 그들은 부모의 관점이나 기존의 관습과 법률을 자의적이고 억압적인 것, 헤겔의 용법을 빌자면 '실정적인 것'으로 생각하고 거부한다. 실정적인 것이란 외부로부터 주어지고, 외적으로 강요되는 것을 의미한다. 청소년들은 종종 그러한 관습과 법률에서 소외감을 느낀다. 그래서 그들은 기존의 규범과 규칙을 위반하거나 거부한다. 그 단계는 인간의 이성 능력과 자유가 아직 충분히 발달하지 못한 상태다. 직접적인 이기적 욕망과 충동에 따라 행동하는 한 우리는 자유롭지 못하다. 인간이 법 안에서 자신의 의지를 볼 수 있는 단계에 이르러야만 비로소

---

1 Hegel, *LPR*, vol. 3, 340; *VPR*, Part 3, 263-264.

진정한 자유가 실현될 수 있다. 헤겔은 이렇게 설명한다.

> 법, 예를 들어 시민법이나 국가법은 실정적인 것이다. 그것들은 우리에게 타당한 것으로 주어진다. 그것은 우리가 쉽게 무시해버릴 수 있는 감각적 대상들처럼 단순히 외적인 것만은 아니다. 물론 그것도 외적인 형태를 띠기는 하지만 주관적인 우리들에게 본질적이고도 주관적인 구속력을 가져야 한다. 우리가 법을 파악하거나 인식하게 되는 것은, 즉 범죄가 처벌되어야 하는 것이 이성적이라고 생각하는 것은 법이 실정적이기 때문이 아니라 그것이 우리에게 본질적인 지위를 갖기 때문이다. 따라서 법은 우리에게 그저 외적으로만 타당한 것이 아니다. 달리 말해, 법은 내적으로도 타당하다. 그것은 본질적인 것으로서 이성적으로도 타당하다. 왜냐하면 법은 그 자체로 내적이고도 이성적인 것이기 때문이다.[2]

외부 세계와 우리의 관계를 어떻게 이해하는가가 관건이다. 젊은 이들이 어떤 법률과 관습을 불합리하고 억압적이라고 생각하면, 그것에서 소외감을 느끼게 된다. 그러한 제도는 그들이 내적으로 타당하고 정당하다고 생각하는 것과 불일치하기 때문이다. 하지만 시간이 흘러 성인이 되면, 그들은 가령 살인이나 절도를 금지하는 법률이 실은 이성적이라는 것을 깨닫고 이해하게 된다. 교양 있는 성인들은 그러한 법을 자신의 이성으로 긍정하고, 그런 법이 통치하는 세계에서도 편안함을 느낀다.

헤겔은 세계에 대한 지각 방식에 비유하여 그러한 내면의 운동을

---

2 Hegel, *LPR*, vol. 3, 252-253; *VPR*, part 3, 180.

설명한다. 우리는 감각적으로 지각 가능한 외부 세계에서 언제나 많은 것을 직면한다. 그때 우리는 일상적으로 먼저 그것의 존재에 주목하고, 다음으로 그것을 사유하기 시작한다.

> 모든 진리, 심지어 감각적 진리마저도(비록 참다운 진리가 아닐지라도) 처음에는 사람들에게 권위의 형태, 즉 나와는 무관하게 그 자체로 타당한 것으로 주어진다. 세계도 그러한 권위처럼 우리의 감각적 지각에 주어진다. 우리는 세계가 실재로 그렇게 존재한다고 생각하고, 그러한 세계와 관계하며 살아간다. 그것이 세계의 존재 방식이다. 세계는 그 자체로 타당한 것이다.[3]

하지만 법률과 관습에 대한 지각은 이와 다른 점이 있다. 물론 그것도 우리가 직접 만든 것은 아니므로 처음에는 외부에서 주어진 것처럼 보인다. 하지만 그것은 잠재적으로 우리의 평가와 동의를 요구한다. 우리가 외부 세계의 대상을 볼 때는 "그것이 있다"라고 말하지만, 법이나 관습을 대할 때는 "그것이 옳다" 혹은 "그것이 정당하다"라고 말한다.[4] 우리 내부의 이성 능력은 단순한 자연물을 지각할 때와는 달리 그것을 비판적으로 검토한다. 정리하면, 법과 관습도 외부에서 주어진다는 점에서는 '실정적인 것'이지만, 우리는 그것이 자신의 이성적 의지와 일치하기 때문에 받아들이는 것이다.

이것이 바로 헤겔이 강조하는 자유의 양상이다. 인간이 자유롭다

---

3 Hegel, *LPR*, vol. 3, 335; *VPR*, Part 3, 258.

4 Hegel, *LPR*, vol. 3, 335; *VPR*, Part 3, 258: "관습은 타당한 것, 즉 확고한 신념이다. 그러나 그것은 정신적인 것이기 때문에 우리는 '그것은 존재한다'라고 말하지 않고 '그것은 타당하다'라고 말한다."

는 것은 그러한 이성 능력이나 내부 영역이 존재한다는 것을 의미한다. 우리는 법률이나 관습과 같은 외부 영역이 이성적이라고 판단될 때만 그것에 동의한다. 앞선 사례처럼 그러한 자유는 인간 의식이 특정한 발달수준에 이르러야만 가능하다. 인간이 성장함에 따라 내부의 이성적 측면은 발달하고, 직접적인 충동과 욕구에 지배되는 자연적 측면은 감소한다. 이는 유년기에서 성년기로 나아갈 때 누구나 겪는 과정이다. 그것은 인간이 자연으로부터 해방되는 역사적 과정, 즉 시간의 흐름에 따라 인간의 주관성과 내면성이 발달하는 과정을 보여주는 서사이기도 하다.

헤겔의 사유는 이처럼 이성과 자유와 같은 인간능력의 발달과정을 보여주는 철학적 인간학에서 출발한다. 그의 『종교철학』을 이해하는 위해서는 그가 말하는 다양한 신 개념과 인간학이 맺는 연관을 이해하는 것이 중요하다. 그는 다양한 세계 종교 가운데 인간의 내적 본성을 인식하고, 그것을 발달시킨 것은 그리스도교뿐이라고 주장한다. 그 근거는 예수 이야기에 대한 그의 해석에서 찾을 수 있다.

2. 계시

예수 이야기는 '계시'에 관한 교리에서 구체적으로 시작된다.[5] 신

5 이와 관련해서는 다음을 참고하라. Paolo Diego Bubbio, "Incarnation, and Metaphysics in Hegel's Philosophy of Religion," *Sophia*, vol. 53, no. 4, 2014, 515-533; Rob Devos, "The Significance of Manifest Religion in the *Phenomenology*," in *Hegel on Ethical Life, Religion and Philosophy*, 1793-1807, ed. by André Wylleman (Leuven and Dordrecht: Kluwer Acamic Publishers, 1989), 195-229; Dominique Dubarle, "Révélation de Dieu et manifestation de l'Esprit

은 인간의 모습으로 세상에 나타나 자신을 계시한다. 신이 구체적인 역사적 시공간에 나타난 것이다. 헤겔에 따르면, 이는 인간의 근본 조건이라 할 수 있는 불안감과 소외감을 극복하는 데 필수적인 사건이다. 신이 초월적인 영역에 존재하여 다가갈 수 없다면, 신과 인간의 화해는 결코 일어날 수 없다. 초월적인 신은 인간과 만날 수 없다. 화해를 위해서는 신이 인간의 영역으로 들어와 자신을 계시해야 한다. 헤겔은 그러한 계시를 유대교나 이슬람교와는 구분되는 그리스도교만의 고유하고 결정적인 특징으로 간주한다. 그래서 그는 그리스도교를 '계시된 종교'(Die geoffenbarte Religion) 혹은 '계시하는 종교'(Die offenbare Religion)라고 부른다.[6]

고통과 소외라는 인간의 감정은 스스로의 힘만으로 극복될 수 없다. "주체는 자신의 힘만으로는, 즉 개별적인 주체와 그의 행위만으로는 화해에 이를 수 없다."[7] 이 구절은 "우리는 선행이 아니라 오로지 신앙을 통해서만 구원을 얻을 수 있다"는 루터의 주장을 연상시킨다. 화해의 열망은 오로지 신을 통해서만, 특히 세상으로 온 신을 통해서

---

dans la philosophie de la Religion de Hegel," in *Manifestation et révélation*, by Stanislas Breton et al. (Paris: Editions Beauchesne, 1976), 77-206; Hnas Küng, *Menschwerdung Gottes. Eine Einführung in Hegel's theologischen Denken als Prolegomena zu einer künftigen Christologie*, Freiburg, Basel (Vienna: Herder, 1970); *The Incarnation of God: An Introduction to Hegel's Theological Thought as a Prolegomena to a Future Christology*, trans. by J. R. Stephenson (New York: Crossroad, 1987); Joseph Fitzer, "Hegel and the Incarnation: A Response to Hans Küng," *Journal of Religion,* vol. 52 (1972), 240-267; Pierre Fruchon, "Sur la conception hégélienne de la 'religion révelée selon M. Theunissen'," *Archieves de Philosophie,* vol. 48 (1985), 613-641; vol. 49, 1986, 619-642; Max Josep Suda, "Das Christentum als 'Offenbare Religion' in Hegels *Phänomenologie des Geistes,*" *Hegel-Jahrbuch,* vol. 3 (2001), 253-258.

6 Hegel, *LPR*, vol. 3, 250; *VPR*, Part 3, 177. *LPR*, vol. 3, 252; *VPR*, Part 3, 179.

7 Hegel, *LPR*, vol. 3, 310; *VPR*, Part 3, P. 234.

만 이뤄질 수 있다. 그래서 신은 더 이상 추상적인 상태에 머물지 않고 구체적인 모습으로 자신을 계시한 것이다.

'계시' 교리에는 철학적으로 심오한 면이 있다. 우리는 머릿속의 관념을 세계에 실현하고 싶어 한다. 예컨대 책을 쓰거나 집을 짓거나 그림을 그리는 것이 그런 것이다. 이를 위한 첫 단계는 책의 개요나 집의 설계도나 그림의 밑그림을 구상하는 것이다. 그것이 관념을 현실의 영역으로 옮기는 과정의 시작이다. 다음으로 우리는 그것들을 직접 제작하는 작업에 들어간다. 그리고 작업이 완성되면 우리는 실제적인 대상 자체, 즉 세계에 현존하는 물리적 실재를 소유하게 된다. 이는 여러 단계를 거치는 복잡한 과정으로, 추상적인 관념에서 시작하여 구체적인 실재 대상으로 마무리된다. 관념에만 머무는 것은 추상적인 것이다. 그 과정은 무한히 다양한 방식으로 실현될 수 있으므로 그 결과를 미리 확신할 수는 없다. 작업이 끝나고, 완성품을 보고서야 관념의 호불호를 확인할 수 있다. 이 문제의 심리학적 요점은 실재 세계에 실현되지 않은 추상적인 관념은 우리를 만족시킬 수 없다는 것이다. 책을 쓰고 싶지만 시간이 없거나, 집을 짓고 싶지만 돈이 없다면, 우리는 실현되지 못한 관념으로 좌절감을 느끼게 된다. 진정한 만족은 나의 관념이 실현되었을 때, 즉 세계에 실현된 대상을 통해 나의 관념을 현실적으로 인식할 때 비로소 이뤄지는 것이다.

계시의 관념도 마찬가지다. 관념에만 머물러 있는 신은 우리를 만족시킬 수 없다. 그것은 추상적인 신이다. 신이 인간 영역에 계시되어야만 화해가 가능하다. 그리스도교의 신은 실재하는 세계의 시공간에 자신을 실현했다. 이는 유대교나 이슬람교나 이신론에서는 찾아볼 수 없는 훨씬 만족스러운 신 개념이다. 계시는 신이 정적이지 않다는 것을 의미한다. 신은 보편자(관념)에서 특수자(구체)로 이행하는 역동적인 운동이다. 그것이 바로 '계시'다.

신은 계시를 통해 세상의 인간들에게 자신을 보여준다. 계시 이전의 신은 초월적인 신, 즉 세계 창조자로서의 신에 머물러 있었다. 그러한 유대교의 신은 자연을 초월해 있고, 세상과도 분리된 추상적인 신이다. 물론 『창세기』의 도입부에서 아담과 하와에게 신이 나타나긴 했지만 이야기가 전개되면서 신의 등장은 점차 줄어든다. 그러한 신의 초월적 본성으로 인하여 유대교는 신에 대한 모든 표상을 금지하고, 바알 신(Baal)이나 금송아지처럼 자연적인 힘들을 신으로 숭배하는 자연종교를 비판했던 것이다. 헤겔은 이렇게 말한다. "유대교의 초월적인 신 개념은 추상적이고, 그래서 공허하다. 그러한 신에게는 아무런 내용이 없다."[8] 또한 그러한 신은 세상과 영원히 분리되어 있기 때문에 우리는 진리와 정의의 기준을 세상의 바깥에서 구할 수밖에 없다. 『정신현상학』에 나오는 '불행한 의식'(Das unglückliche Bewußtsein)이란 인간은 신과 영원히 분리되어 있어서 죄와 불의의 세계에 살아갈 수밖에 없다고 믿는 의식이다. 외부 세계는 타락한 곳이다. 그런 상황은 극단적인 소외감을 불러일으킨다. 인간은 그 세계의 죄인이기 때문이다. 따라서 그들은 자신의 죄만을 바라보면서 『시편』이나 『예레미야 애가』에서처럼 신과 분리된 신세를 한탄할 수밖에 없다.

헤겔에 따르면, 계시는 그런 절망적인 상황을 극복하는 해결책이다. 신은 세상에 자신을 계시함으로써 자신도 세상의 일부라는 것을

---

8 Hegel, *LPR*, vol. 3, 279-280; *VPR*, Part 3, 204-205.

보여준다. 이로써 진리와 정의는 더 이상 인간이 다가갈 수 없는 초월적인 것이 아니라 현존하는 세속적인 영역의 일부가 된다. 인간의 모습을 한 그리스도의 현존은 진리가 이 세계에 존재할 수 있고, 우리도 그 진리에 동참할 수 있다는 것을 보여준다. 우리는 진리와 영원히 분리되어 있지 않다. 우리는 내면의 이성 능력을 통해 진리에 동참할 수 있다. 세상에 자신을 실현하고, 구체적으로 계시하는 것은 신의 본성에 속한다. 보편자는 그렇듯 반드시 특수자가 되어야 한다.

헤겔이 이신론의 신 개념을 추상적이고 공허하다고 비판한 이유도 바로 그것이다. 그러한 신 개념은 더 발전된 종교적 진리의 단계를 보여주지 못한다. 계몽주의 사상가들은 빈틈없는 과학적 사고의 산물만을 진리로 받아들인다. 하지만 헤겔에 따르면, 과학적 진리는 더 높은 단계의 종교적 진리와는 아무런 상관이 없다.

3. 기적

계시는 신이 자신을 보여주는 것 혹은 인간들에게 자신을 알리는 것이다. 이와 마찬가지로 기적의 관념도 전통적으로 신의 권능을 입증하는 외적인 증거로 여겨져 왔다. 기적도 외부에서 일어나고, 개인들의 감각적 지각에 호소한다. 계몽주의 사상가들은 기적을 사물의 자연적 질서를 위배하는 단순한 미신으로 치부해버렸다.

헤겔은 계몽주의 사상가들이 감각적인 측면에만 비판적 역량을 집중함으로써 종교의 본성에 대해서는 전혀 이해하지 못했다고 비판한다. "감각은 인간의 가장 저급한 능력이며, 감각에 기초하여 누군가를 설득하는 것은 사유에 기초한 자유의 발전과 역량을 드러내지 못한다. 감각적인 사람들에게는 기적도 일종의 증명이 될 수 있지만 그것은 증명의 단초에 불과하다. 감각적인 증명 방식은 비정신적인 증명 방식이다. 그것은 결코 정신적인 것을 증명할 수 없다."[9] 기적을 자연현상으로 이해하려는 계몽주의자들은 그 점을 놓치고 있다. "오성은 기적을 자연현상으로 설명하거나 그것에 반하는 현상으로 설명한다. 하지만 그것은 기적의 외적인 특성에만 주목하여 그것을 반박하는 태도에 불과하다."[10] 그리스도교의 진리는 수학으로도, 감각으로도 증명될 수 없는 정신적인 이념이다. 그것은 더 높은 인식능력을 필요로 하는데, "우리는 그것을 '정신의 증언'이라고 부른다."[11]

헤겔은 모세의 기적조차도 그 자체가 믿음의 토대가 되어서는 안 된다고 주장하기 위해 『구약』과 『신약』의 사례를 든다. 그는 『마태복음』 7:22-23에서 예수가 기적으로 환심을 사려는 사기꾼들을 나무라는 구절을 언급한다. "내가 죽은 후에 많은 사람들이 와서 내 이름으로 기적을 행하겠지만, 나는 그들을 알지 못한다."[12] 『마태복음』 12:38-39에서 바리새인들이 기적을 행해달라고 했을 때, 예수가 거절하는 구절도 언급한다.[13] 헤겔은 그 구절들의 핵심을 이렇게 추론

9 Hegel, *LPR*, vol. 3. 254; *VPR*, Part 3, 181-182.

10 Hegel, *LPR*, vol. 3. 254; *VPR*, Part 3, 182.

11 Hegel, *LPR*, vol. 3. 254; *VPR*, Part 3, 182.

12 Hegel, *LPR*, vol. 3. 255; *VPR*, Part 3, 182. 이 대목은 『마태복음』7:22-23을 가리키는 것 같다: 그날에 많은 사람이 나더러 이르되 "주여, 주여 우리가 주의 이름으로 선지자 노릇 하며 주의 이름으로 귀신을 쫓아내며, 주의 이름으로 많은 권능을 행하지 아니 하였나이까?" 하리니 그때에 내가 그들에게 밝히 말하되 "내가 너희를 도무지 알지 못하니 불법을 행하는 자들아 내게서 떠나가라" 하리라.

13 이와 관련해서는 『마태복음』7:22-23, 『요한복음』4:48도 참고하라.

한다. "그리스도는 기적을 진정한 진리의 기준으로 삼지 않는다. 이것이 핵심이다. 그 핵심을 놓쳐서는 안 된다. 기적을 통한 증명뿐만 아니라 기적에 대한 반박조차도 우리에게는 아무 관심도 없는 사소한 영역에 속한다."[14] 헤겔은 참다운 증언은 정신이나 이성의 능력이지 감각의 능력이 아니라고 주장한다. 그리스도교의 진리는 기적의 긍정을 통해 증명될 수도 없고, 부정을 통해 반박될 수도 없다.

참다운 정신의 증언은 더 고귀한 능력을 가지고 있다. 그것은 순수한 이성 능력 이상을 의미한다. 정신의 증언은 다양한 형태를 띨 수 있다. 그는 이렇게 설명한다.

> 역사상 고귀하고, 고상하고, 신성한 모든 것은 우리에게 내면적으로 말하고 있다. 우리의 정신에는 그것에 대한 증언이 담겨 있다. 그러한 증언은 일반적인 공명, 내적인 동의, 공감이나 동감과 다르지 않다. 하지만 그것은 통찰이나 사유와도 연관되어 있다.[15]

여기서 우리는 헤겔이 『철학백과』에서 설명한 다양한 인식 형태의 위계를 떠올려 볼 수 있다. 모든 인식 형태는 나름의 방식으로 정신을 증언할 수 있다. 하지만 그 위계의 최상위에 철학적 인식이 있다는 점을 고려하면, "성령을 증언하는 최고의 형태는 철학이다. 철학에 있어서 개념은 진리를 그 자체로부터 순수하게 발전시켜 나간다."[16]는 그의 주장도 충분히 이해될 수 있다. 하지만 그것은 지성으로

---

14 Hegel, *LPR*, vol. 3. 255; *VPR*, Part 3, 182.

15 Hegel, *LPR*, vol. 3. 255; *VPR*, Part 3, 182-183.

16 Hegel, *LPR*, vol. 3. 256; *VPR*, Part 3, 183.

만 그리스도교에 접근해야 된다거나 신자보다 학자가 더 많은 특권을 가졌다는 뜻이 아니다. 반대로 그는 사람들이 자신의 능력과 배경에 따라 다양한 방식으로 그리스도교에 접근한다는 것을 인정한다. "'정신의 증언'은 다양하고 다수적인 방식으로 이루어질 수 있다. 진리가 모든 인간에게 철학의 방식으로 주어질 필요는 없다."[17]

기적의 문제는 『성서』 이야기의 정확성과도 연관이 있다. 앞서 살폈듯이,[18] 레싱이나 라이마루스 같은 계몽주의자들은 기적의 문제를 집중적으로 비판했다. 우리는 다양한 인식능력을 통해 『성서』에 접근할 수 있다. 우리는 『성서』의 내용이 감각에 주는 강렬한 인상에 매료되어 그 진리에 동의할 수도 있다. 하지만 그보다 더 상위의 인식능력도 있다. 우리는 『성서』에 기록된 이야기를 비판적으로 반성하거나 숙고할 수도 있고, 그리스도교의 핵심 교리에 따라 그 이야기를 이해할 수도 있다. "그러한 반성과 숙고가 종교를 발전시킨다. 종교의 최고 형태는 철학이다. 철학은 정신의 증언을 학문적으로 인식한다."[19] 물론 『성서』를 지나치게 학문적으로 해석하기보다 단순하게 읽어야 한다는 사람들도 있다. 라이마루스, 레싱, 괴체와 같은 비평가가 그런 부류다. 그들은 『성서』의 구절을 이해하거나 해석하려는 시도 없이 다만 반복적으로 언급하는 데 만족한 사람들이다.[20] 물론 교육 수준에 따라 그러한 방식이 더 적합한 사람들도 있을 수 있다. 하지만 그것은 『성서』를 통해 정신을 증언하는 최고의 형태는 아니다. 『성서』 주석

17 Hegel, *LPR*, vol. 3. 256; *VPR*, Part 3, 183-184.

18 이와 관련해서는 이 책의 제1장의 '4. 라이마루스: 성서 연구의 위기'를 참고하라.

19 Hegel, *LPR*, vol. 3. 258; *VPR*, Part 3, 185.

20 Hegel, *LPR*, vol. 3. 258, note 29; *VPR*, Part 3, 185n.

의 과정에는 반드시 반성과 숙고가 필요하다.

자신의 주관적인 생각으로 『성서』와 그리스도교에 접근하게 되면 선입견이라든가 선결된 의제가 분석의 방향을 결정하여 핵심을 놓치는 경우가 발생한다. 만일 신학자들이 그런 식으로 작업한다면, 그들은 그리스도교의 실질적인 주제에 대한 분석이 아니라 다만 자신의 사유를 제시하는 데 그칠 것이다. 헤겔은 그런 태도 때문에 신학에서 그리스도교의 핵심 교리가 사라졌다고 비판하면서 그것들의 복원을 위한 철학의 필요성을 역설한다. "철학은 이단설이 아니라 본질적으로 정통설이다. 언제나 타당했던 명제들이나 그리스도교의 근본 진리들은 철학에 의해 유지되고 보존된다."[21] 그리스도교를 개념적으로 이해하는 것이야말로 상실된 교리의 진리를 입증하는 유일한 열쇠다. 사물의 자연적인 질서에 따르면, 어린아이들은 그리스도교를 외적인 것이나 실정적인 것으로 이해하지만, 어른들은 그러한 외적인 것에 담긴 정신의 증언을 개념을 통해 철학적으로 이해하고자 한다.

4. 그리스도의 죽음

그리스도에 대한 헤겔의 이해는 그리스도교 교리를 복원하려는 그의 시도와 밀접한 연관이 있다.[22] 그리스도 이야기의 또 다른 중요한

---

21 Hegel, *LPR*, vol. 3. 262; *VPR*, Part 3, 188.

22 이와 관련해서는 다음을 참고하라. Emilo Brito, *La Christologie de Hegel: VerbumCrucis* (Paris: Beauchesne, 1983); Stephen Crites, "The Gospel Accoding to Hegel," *The Journal of Religion*, vol. 46 (1966), 246-263; Stephen Crites, "The Golgotha of Absolute Spirit," in *Method and Speculation in Hegel's Phenomenology of Spirit*, ed. by Merold Westphal (Atlantic

부분은 '십자가형'과 '부활'이다. 헤겔은 그 두 교리도 철학적으로 해석한다. 신은 육화되어 한 인간의 모습으로 현실 세계에 나타났다. 그는 인간이 지닌 자연성도 함께 가지고 있었다. 따라서 모든 자연적 존재처럼 그도 죽어야만 했다. 하지만 부활을 통해 또다시 자연적 측면은 극복된다. 달리 말해, 자연과 정신의 오랜 투쟁은 마침내 정신의 승리로 마무리된다.

인간은 어떤 의미에서 분열되어 있다. 인간에게는 자연적인 욕망과 충동이 있다. 하지만 그리스도교의 핵심은 그런 측면을 이미 극복된 것으로 간주한다. 그런 측면은 더 이상 이전의 발달 단계에서처럼 우리를 지배하지 않는다. 그러한 의미에서 그리스도교는 자연적인 욕망에 대한 이성의 승리를 찬양한다. 그리스도교는 인간이 자연적 욕망을 지녔다는 점을 인정하지만, 그것이 인간의 특성을 파괴한다고 위협적으로 생각지는 않는다. 그리스도의 죽음은 그 점을 상징적으로 보여준다. "그러한 관념에 따르면, 신의 타자인 성자는 일시적이고

Highlands: Humanities Press, 1982), 47-55; Stephen Crites, *Dialectic and Gospel in the Development of Hegel's Thinking* (University Park: Pennsylvania State University Press, 1998); Peter C. Hodgson, "Hegel's Christology: Shifting Nuances in the Berlin Lectures," *Journal of the American Academy of Religion,* vol. 53, no. 1 (1985), 23-40; Peter C. Hodgson, *Hegel and Christian Theology: A Reading of the Lectures on the Philosophy of Religion* (Oxford: Oxford University Press, 2005), 155-176; Philip M. Merklinger, *Philosophy, Theology, and Hegel's Berlin Philosophy of Religion, 1821-1827* (Albany: State University of New York Press, 1993), 169-175; Cyril O'Regan, *The Heterodox Hegel* (Albany: State University of New York Press, 1994), 189-234; Martin Wendte, *Gottmenschliche Einheit bei Hegel. Eine logische und theologische Untersuchung* (Berlin and New York: Walter de Gruyter, 2007); James Yerkes, *The Christology of Hegel* (Missoula, MT: Scholars Press, 1978, 2nd ed., Albany: State University of New York Press, 1983); Walter Jaeschke, *Reason in the Religion: The Foundations of Hegel's Philosophy of Religion,* trans. by. J. Michael Stewart and Peter C. Hodgson (Berkeley and Los Angeles: University of California Press, 1990), 311-337.

소멸하는 계기일 뿐 그 자체가 본질적으로 영속하는 절대적인 계기는 아니다."[23]

헤겔은 그리스도의 위격을 경험적인 실재로만 바라보는 관점을 비판한다. 그것은 그리스도와 관련한 물질적인 것을 붙잡으려는 태도에 불과하다. 성지를 점령하고, 조각난 십자가를 복원하고, 장례의 수의나 성배를 찾으려는 모든 욕망은 물질적이고 경험적인 것에만 몰두하는 그릇된 태도다. 예수의 메시지와 중요성을 그런 물질적 측면에서만 찾으려는 태도는 옳지 못하다. 예수의 메시지는 단순한 감각이 아니라 고도의 정신 능력과 관련된 것이다. 헤겔이 아름다운 회화나 조각 그리고 향내로 사람들의 감각을 현혹시키는 천주교를 비판한 것도 이와 동일한 논리에서다. 그것은 정신적인 것을 감각적인 것으로 환원하는 오류에 불과하다. 그러한 의미에서 헤겔은 화려한 장식을 거부하는 루터교야말로 그리스도교의 정신적인 본성을 제대로 포착한 것이라고 생각한다.

예수의 죽음은 그가 신의 육화이지만 동시에 인간이라는 점을 증명한다.[24] 이는 우리의 유한한 본성도 신성의 일부라는 것을 의미한다. 우리는 앞선 유대교의 단계에서처럼 신과 인간이 절대적으로 분리되어 있다고 생각지 않는다. 죽음에서 부활한 예수는 자연적인 것의 완전한 극복을 의미한다.

> 그러나 그리스도의 죽음은 죽음 자체의 죽음이며, 부정의 부정이다. [...]

---

23 Hegel, *LPR*, vol. 3. 332; *VPR*, Part 3, 255.

24 Hegel, *LPR*, vol. 3. 323, note 199; *VPR*, Part 3, 246n.

> 그리스도의 죽음과 관련하여, 우리는 죽음을 죽이는 것이야말로 신적인 것임을 잊어서는 안 된다. 왜냐하면 그리스도는 죽음의 상태에서 벗어나기 때문이다. 이처럼 유한성, 인간본성, 비천함은 엄밀한 의미에서 신이라 할 그리스도에게는 어울리지 않는 것이다.[25]

인간은 자연적인 충동과 욕망을 지녔지만, 그것은 일시적이고 소멸하는 계기에 불과하다. 인간의 참된 본성은 그보다 고귀한 것이다.

헤겔은 티베트 불교를 분석하면서 티베트인들은 달라이 라마Dalai Lama를 인간의 모습을 한 살아있는 신으로 존경했다고 말한다. 이는 그리스도교 교리에 나타난 그리스도의 신성과도 유사하다. 하지만 불교도들은 주관성이라는 내적 영역을 인식하지 못해 달라이 라마의 육체적인 인격만을 존경했을 뿐 그의 정신까지 존경하지는 못했다. 반면 그리스도교인들은 그리스도의 내면에 있는 정신적인 측면을 인식하고 그것을 존경한다. "그리스도교에서도 인간의 모습을 한 성자가 숭배되기도 하지만 그것은 전혀 다른 것이다. 왜냐하면 신의 본질은 고통받고, 죽고, 부활하고, 승천하는 한 인간, 즉 그리스도를 통해 드러나기 때문이다. 그리스도는 감각적이고 직접적으로 현존하는 인간이 아니라 성령의 얼굴을 한 인간이다."[26] 부활과 승천의 교리는 그리스도교인들이 존경하는 것은 그리스도의 정신적 요소이지 육체적 요소가 아니라는 점을 명확히 보여준다.

---

25 Hegel, *LPR*, vol. 3. 324, note 199; *VPR*, Part 3, 246n.

26 Hegel, *LPR*, vol. 3. 570, note 160; *VPR*, Part 2, 467n.

헤겔은 역사적 예수와 관련한 라이마루스와 레싱의 논쟁을 언급한다. 예수에 대한 역사적 기록이 만일 거짓이나 조작이라면, 그리스도교 신앙은 완전히 와해되리라는 것이 라이마루스의 견해다. 하지만 헤겔은 레싱과 마찬가지로 그러한 견해에 동의하지 않는다. 헤겔은 이렇게 주장한다.

> 교회가 예수의 부활에 관한 경험적 방식의 탐구나 부활의 조건에 관한 탐구를 받아들이지 않은 것은 참으로 옳은 일이다. 왜냐하면 후자, 즉 부활의 조건에 관한 탐구는 그리스도의 부활에 있어서 감각적이고 역사적인 요소에 관한 물음을 포함하는 관점, 즉 성령의 확증이 단지 역사적 방식으로 표현된 어떤 이야기에 의존한다고 여기는 관점에서 비롯한 것이기 때문이다. 그것은 『성서』를 신성모독자들(세속주의자들)의 작품으로 여기는 것이나 다름없다. 그저 역사적인 것, 유한한 것, 외적인 것에 관해서는 그렇게 할 수 있다. 하지만 그 외의 것은 성령을 통해 이해되어야 한다. 세속적인 것은 정신의 증거가 아니다.[27]

헤겔의 요점은 역사적 기록을 통해 그리스도의 본성을 규정하는 것은 불가능하다는 것이다. 경험적인 증거들을 활용하여 그리스도의 신성을 규정할 수 있는 과학적인 증명 방식은 존재하지 않는다. 그것은 계몽주의의 오해이며, 계몽주의의 진리 기준을 그것과 무관한 영역에까지 적용하려는 월권적 시도에 불과하다.

그 맥락에서 헤겔은 '신의 죽음'이라는 말을 언급한다.[28] 사람들은

---

27 Hegel, *LPR*, vol. 3. 330-331; *VPR*, Part 3, 253-254.

그 말의 원조를 니체로 알고 있지만 실은 헤겔이 훨씬 앞서 사용했던 말이다.[29] 하지만 그는 '신의 죽음'을 니체와는 전혀 다른 의미로 사용하고 있다.

> 루터교의 찬송가에 나오는 "신은 죽었다"라는 말은 인간, 즉 유한한 자, 연약한 자, 나약한 자, 부정적인 자는 그 자체가 신의 계기라는 것, 그들은 신 안에 있다는 것, 유한성, 부정성, 타자성은 신의 외부에 있는 것이 아니며, 그것이 신과의 합일을 방해하지도 않는다는 인식을 표현한다. 타자성, 즉 부정적인 것은 신의 본성 자체가 가지고 있는 한 계기에 불과하다.[30]

'신의 죽음'은 근대 세계에서 종교적 믿음을 추방하자는 의미가 아니다. 도리어 그것은 그리스도교에서 말하는 신성의 본질을 이해하기 위한 중요한 계기다.

앞으로 살펴보겠지만, 헤겔 『종교철학』의 비판적 수용 과정에서 그리스도의 본성 문제는 가장 중요한 쟁점이었다.[31] 헤겔은 그리스도의 본성에 관한 논의를 마무리하는 대목에서 그 문제를 다루고 있다. 그는 이렇게 말한다. 인간이 역사로부터 배운 것은 "신의 이념이 인간에게 확실히 드러났다는 것, 인간은 신과의 통일에 대한 확신을 갖게

---

28 Hegel, *LPR*, vol. 3. 323, note 199; *VPR*, Part 3, 246n. *LPR*, vol. 3, 326; *VPR*, Part 3, 250.

29 편집자는 그 출처를 1641년에 요한네스 리스트(Johannes Rist)가 만든 찬송가 〈O Trauigkeit, O Herzeleid〉라고 말한다. Hegel, *LPR*, vol. 3. 326, note 205; *VPR*, Part 3, 249n.

30 Hegel, *LPR*, vol. 3. 326; *VPR*, Part 3, 249-250.

31 이와 관련해서는 8장의 '4. 그리스도론 논쟁' 이하를 참고하라.

되었다는 것, 인간이 직접적으로 현존하는 신이라는 것이다."[32] 이 중 마지막 주장은 인간을 초월한 신이란 존재하지 않는다는 뜻으로 받아들여질 수 있다. 달리 말해, 다양한 세계 종교의 발전 과정은 인간이 최고 존재라는 인식으로 마무리된다. 하지만 그러한 세속적인 해석이 헤겔의 견해는 아니다. 해석의 열쇠는 "직접적으로 현존하는" 이라는 말에 있다. 달리 말해, 육화된 신은 신성의 한 양태, 즉 직접적으로 현존하는 신성이다. 하지만 그것이 끝이 아니다. 신의 전모(완전한 개념)는 그 이상이다. 마치 공동체의 정신으로 현존하는 신(성령)처럼 말이다. 따라서 헤겔은 기적이나 신의 역사를 자연주의적으로 설명하는 계몽주의자들의 모든 해석을 거부한다.

그리스도의 죽음이 갖는 진정한 의미는 '화해'다. "그것은 화해에 대한 설명이다. 신이 세계와 화해했다는 것, 달리 말해, 세계와 화해한 신이 계시되었다는 것, 인간이 신과 소원한 존재가 아니라는 것, 타자성, 자기 구별, 유한성은 곧 사라지게 될 신 자체의 한 계기에 불과하다는 것이 그것이다."[33] 그리스도교는 그러한 방식으로 로마 세계를 지배했던 분열(소외)의 고통을 극복한다. 그리스도교는 신과 인간, 그리고 인간과 인간을 재통일(화해)시킨다.

---

32 Hegel, *LPR*, vol. 3. 326; *VPR*, Part 3, 250.

33 Hegel, *LPR*, vol. 3. 327; *VPR*, Part 3, 250.

5. 성령

'성령'이라는 주제도 헤겔이 철학적으로 해석하고자 하는 그리스도교의 핵심 교리다.[34] '성령'(Heiliger Geist)이라는 단어에 그가 좋아하는 'Geist'(정신)가 들어있다는 것도 그러한 해석의 시도에 한몫했을 것이다. 또한 그가 자신의 자기의식 이론에 그리스도교의 이념을 도입한 이유도 그 때문이다. 그는 신의 본성은 '자기 자신을 아는 정신'이라는 말로 『종교철학』을 시작한다. 그리고 그리스도교야말로 그러한 신 개념을 보유한 유일하게 참된 종교라고 말한다. 삼위일체 교리는 성령을 신의 셋째 위격으로 표명하고 있다. 성령은 교회 공동체에 깃든 신의 정신이다. 성령은 둘째 위격(성자)의 필연적인 발전단계다. 신이 물리적인 세속 영역으로 들어와 자신을 계시하기는 하지만, 그것은 그리스도의 죽음을 통해 곧 소멸될 계기에 불과하다. 하지만 거기서 끝나서는 안 된다는 것이 성령 교리의 핵심이다. 성자는 성부에게로 되돌아가고, 특수자와 보편자는 성령 안에서 재통일된다. 교회 공동체에 깃든 신의 정신은 부패하거나 소멸하는 물질적인 실재가 아니다. 그럼에도 불구하고 그것은 세상 안에 존재한다. 그것

---

34 이와 관련해서는 다음을 참고하라. William Desmond, *Hegel's God: A Counterfeit Double?* (Aldershot: Ashgate, 2003), 167-186; John Smith, "Hegel's Reinterpretation of the Doctrine of Spirit and Religious Community," in *Hegel and the Philosophy of Religion,* ed. by Darrel E. Christensen (The Hague: Martinus Nijhoff, 1970), 158-177; Peter C. Hodgson, *Hegel and Christian Theology: A Reading of the Lectures on the Philosophy of Religion,* 177-204; Alan M. Olson, *Hegel and the Spirit: Philosophy as Pneumatology* (Princeton: Princeton University Press, 1992); Walter Jaeschke, *Reason in Religion: The Foundations of Hegel's Philosophy of Religion,* 337-348; Merklinger, *Philosophy, Theology, and Hegel's Berlin Philosophy of Religion,* 1821-1827, 175-186; Cyril O'Regan, *The Heterodox Hegel,* 235-298.

은 추상적인 것도, 초월적인 것도 아니다. 그러한 방식으로 성령은 세속 영역의 신자들에게 그리스도교의 변함없는 진리를 전한다. 성령은 예수의 위격이나 그와 관련된 사물들과는 달리 영원히 지속되는 것이다.

우리는 지금까지 인간의 근본 감정인 불안과 소외로부터 긴 이야기를 이어왔다. 그리고 자연을 극복한 그리스도의 이야기를 통해 화해의 필요성을 절실하게 보여주었다. 그 이야기는 유년기에서 성년기에 이르는 인간의 발달과정과도 정확히 일치한다. 인간은 이성 능력을 거의 갖추지 못하고, 충동과 욕구에 지배되는 자연적 대상으로 태어난다. 하지만 시간이 흐름에 따라 이성적 능력이 발달하게 되면서 자연적 충동을 서서히 극복하게 된다. 그 단계에 이르러서야 인간은 진정으로 자유로울 수 있고, 자연적 측면이 아니라 이성적 명령에 따라 살아갈 수 있다. 진정한 화해는 인간이 본질적으로 정신적 존재라는 것을 자각할 때 비로소 가능하다. 그 단계에 이르면 모든 사람은 혼자서도 그리스도의 이야기를 깊이 성찰할 수 있으며, 자연적인 충동도 극복할 수 있다.[35] 사람들은 자기 삶의 구체적인 맥락 안에서 그러한 화해를 이해할 수도 있고, 그리스도교의 이야기 안에서 자기 삶의 이야기를 인식할 수도 있다. 교회 공동체의 모든 구성원은 그러한 인식을 공유하고 있다. 그들은 (신과의) 화해가 가능할 뿐만 아니라 이미 실현되어 있다고 인식한다. 인간은 이성을 발달시켜 자유로워지고자 한다. 그것이 정신을 통한 자연의 극복이다. 이는 모든 사람이 겪어야 할 과정이지만 성인들은 이미 그 과정을 완수했다.[36]

35 Hegel, *LPR*, vol. 3. 329; *VPR*, Part 3, 252.

이는 인간이 더 이상 자연적인 측면을 갖고 있지 않다는 뜻이 아니다. 인간은 여전히 육체와 충동을 가지고 있다. 하지만 중요한 것은 더 이상 그런 것이 인간을 결정하는 본질이 아니라는 점이다. 헤겔은 이렇게 설명한다.

> 인간은 여전히 외적이고 불완전한 측면을 지니고 있다. 우리는 실수를 범한다. 우리는 내면적이고 실체적인 본질과 어긋나게 존재할 수 있다. 하지만 신이 우리의 마음과 실체적인 것을 들여다보기 때문에 외면성, 타자성, 유한성, 불완전성 등이 절대적인 통일을 분열시키지는 않는다. 그러한 유한성은 비본질적인 상태로 취급되거나 인식된다.[37]

인간의 참된 본질은 이성이다. 헤겔이 설명한 인간의 발달과정과 연관시켜보면 그것은 쉽게 이해된다. 인간은 본질적으로 자연적 측면에 지배되는 동물의 단계에서 출발한다. 이를 극복하기 위해서 수천 년의 선사 시대가 필요했다. 역사 시대에 들어서야 비로소 자연적 측면은 내면적인 이성적 측면에 종속되기 시작했다. 초기 로마제국에서 탄생한 그리스도교는 바로 그러한 자연에 대한 이성의 승리를 나타낸다.

교회 공동체는 그러한 인식을 하나님 나라에 참여하는 것으로 표현한다.[38] 하나님 나라는 초월적인 시공간에 존재하는 것이 아니라

---

36 Hegel, *LPR*, vol. 3. 329; *VPR*, Part 3, 252.

37 Hegel, *LPR*, vol. 3. 332; *VPR*, Part 3, 255.

38 Hegel, *LPR*, vol. 3. 331; *VPR*, Part 3, 254. 이와 관련해서는 Dale M. Schlitt, "Hegel on the Kingdom of God," *Église et Théologie*, vol. 19 (1988), 33-68을 참고하라.

교회 공동체에 속한 개인의 마음속에 있다. 신은 그들에게 이성적인 측면, 즉 정신을 더욱 발달시키기를 독려한다. 조로아스터교는 선과 악의 투쟁이 계속되리라고 생각했지만, 그리스도교는 그 투쟁이 이미 끝났다고, 즉 선과 이성과 정신이 악과 충동과 본성을 물리쳤다고 생각한다. "악은 즉자대자적으로 이미 극복되었다. 그것은 더 이상 힘을 발휘하지 못한다. […] 투쟁은 끝났다. 파시교에서와 같은 투쟁은 더 이상 존재하지 않는다는 인식이 생겨났다."[39]

헤겔은 교회 공동체를 정신의 인식을 돕는 매개체로 생각한다. 교회는 "주체들을 진리로 인도하고, 진리를 전유하게 하고, 성령이 그들 안에 현존하거나 거처를 마련하도록 도와주는 제도다."[40] 하지만 교리들은 사람들에게 직접적으로 전해지지 않는다. 그래서 헤겔은 종교교육의 중요성을 강조한다. "교회는 본질적으로 가르치는 교회다."[41] "어린아이들이 교리를 배울 때는 먼저 그것을 권위 있는 것으로 받아들여야 한다."[42] 그것은 외부에서 주어지는 것이지만 그렇다고 진리의 자격이 없는 것은 아니다. 시간이 흘러 이성 능력이 발달하면 그들은 외적인 교리와 내적인 이성의 일치 여부를 따져 교리를 받아들일 수 있다. 조상으로부터 전해진 전통과 관습을 받아들이는 방식도 이와 마찬가지다. 관습은 외부로부터 주어진 것이지 우리가 만든 것이 아니다. 하지만 이성 능력을 통해 우리는 관습에 대한 동의 여부를 결정할 수 있다. 이처럼 교회도 맹목적인 복종을 강요하기보다

---

39 Hegel, *LPR*, vol. 3. 337; *VPR*, Part 3, 259-260.

40 Hegel, *LPR*, vol. 3. 333; *VPR*, Part 3, 256.

41 Hegel, *LPR*, vol. 3. 334; *VPR*, Part 3, 257.

42 Hegel, *LPR*, vol. 3. 335; *VPR*, Part 3, 258.

개인의 이성 능력에 호소한다.

그것이 화해의 열쇠다. "개인이 관습이나 법이나 외부 세계의 가치에서 자신의 이성적 의지를 인식하게 되면, 그 안에서도 편안함을 느낄 수 있다."[43] "교회는 세상에 실현된 화해를 상징한다."[44] "이제 인간은 세상 안에서 자유를 실현하게 되었고, 개인은 무엇으로도 환원될 수 없는 '무한한 가치'를 지닌다는 인식을 갖게 되었다."[45] 그러한 실현과 인식이 교회 구성원들의 공통된 정체감을 이룬다.

6. 삼위일체

'삼위일체'도 헤겔이 복원하고자 했던 핵심 교리 중 하나다.[46] 그는 삼위일체야말로 그리스도교를 다른 종교와 근본적으로 구별 짓는 결정적인 특징이라고 생각한다.[47] 그는 그 점을 논증하기 위해 삼위일

---

43 Hegel, *LPR*, vol. 3. 340; *VPR*, Part 3, 262.

44 Hegel, *LPR*, vol. 3. 339; *VPR*, Part 3, 262.

45 Hegel, *LPR*, vol. 3. 340; *VPR*, Part 3, 262.

46 이와 관련해서는 다음을 참고하라. Paolo Diego Bubbio, *God and the Self in Hegel: Beyond Subjectivism* (Albany: State University of New York Press, 2017), 105-124; William Desmond, *Hegel's God: A Counterfeit Double?*, 103-142; Peter C. Hodgson, *Hegel and Christian Theology: A Reading of the Lectures on the Philosophy of Religion,* 127-140; Herbert Huber, *Idealismus und Trinität, Pantheon und Götterdämerung. Grundlagen und Grundzüge der Lehre von Gott nach dem Manuskript Hegels zur Religionsphilosophie* (Weinheim: Acta humaniora, 1984); Anselm Min, "The Trinity and the Incarnation: Hegel and Classical Approaches," *The Journal of Religion,* vol. 66 (1986), 173-193; O'Regan, *The Heterodox Hegel, passim*. Erik Schmidt, "Hegel und die kirchliche Trinitatslehre," *Neue Zeitschrift für systematische Theologie und Religionsphilosophie,* vol. 24 (1982), 241-260. Jorg Splett, *Die Trinitatslehre G. W. F. Hegels* (Munich: Alber, 1965).

체의 세 요소(성부, 성자, 성령)를 분석한다.[48] 신은 정적인 것이 아니라 동적인 발전 과정이다.[49]

삼위일체의 철학적인 의미와 중요성을 이해하려면, 먼저 헤겔의 '개념론'을 이해해야 한다. 플라톤 이후 철학사는 보편자의 문제에 몰두했다. 그것은 세계의 개별 사물에 관한 지각과 우리의 사유가 어떻게 일치하는가의 문제다. 지각의 핵심적인 특성은 특수성이다. 감각을 통해 지각하는 모든 개별 사물은 유일무이한 것이다. 반대로 사유와 언어의 핵심적인 특성은 보편성이다. 진리, 아름다움, 정의 등은 감각적으로 지각할 수 있는 특수한 사물이 아니다. 철학의 문제는 그러한 지각의 특수성과 사유의 보편성 사이에서 발생한다. 우리는 특수한 진술이 참이라거나 특수한 행위가 정당하다는 판단을 내린다. 그러한 판단은 특수한 진술과 보편적인 개념의 비교를 통해 이루어진다. 우리는 일상적으로 많은 판단을 내리면서도 정작 그러한 판단이 어떻게 이루어지는지는 제대로 알지 못한다. 우리 마음속의 보편적 관념은 어디서 오는 것인가? 우리는 특수한 것을 어떻게 보편적인 것과 연결시킬 수 있는가?

헤겔은 보편자와 특수자의 문제를 변증법적 관점으로 바라본다. 과거의 철학자들은 둘 중 보편자만을 우위에 두고, 특수자를 하찮게 여기는 일면적 관점에 매여 있었다. 대표적으로 플라톤적 전통에

47 Hegel, *LPR*, vol. 1. 126-127; *VPR*, Part 1, 43.

48 Hegel, *LPR*, vol. 3. 271-274; *VPR*, Part 3, 196-199.

49 Hegel, *LPR*, vol. 3. 275-276; *VPR*, Part 3, 210: "영원한 이념은 거룩한 삼위일체 속에서 표현된다. 그것은 신 자체이자 영원한 삼위일체다. 정신은 이렇듯 과정이자 운동이자 생명이다." *LPR*, vol. 3, 331; *VPR*, Part 3, 254: "삼위일체의 진리는 신이 존재한다는 것이다. 신은 삼위일체의 신이다. 그는 생명이고, 자기 안에서 이루어지는 자기과정이자 자기규정이다."

선 관념론자들은 영원불멸하고 고정불변하는 보편자만을 인식의 대상으로 삼았다. 반면 현실주의적인 경험론자들은 중요한 것은 세계에 대한 지각이며, 보편자는 개별 사태를 추상화하는 한낱 사고 습관의 산물에 불과하다고 여겼다. 하지만 헤겔은 그들과 반대로 보편자와 특수자는 둘 다 중요하며, 진리는 인간 사유의 본성뿐만 아니라 실제 세계에도 똑같이 존재하는 것이라고 주장한다. 사유 그 자체는 보편자가 특수자로 이행하는 과정이자 동시에 특수자가 보편자로 이행하는 과정이다. 사유는 정적인 판단이 아니다. 헤겔은 그러한 삼중적인 운동을 '개념'이라고 부른다.[50] 그러한 운동은 삼단논법에서 잘 드러난다. 삼단논법은 보편적 주장(대전제)에서 출발하여 특수한 주장(소전제)을 포괄하고, 그 둘을 종합하여 결론을 도출한다.

헤겔은 『종교철학』도 그러한 도식에 따라 구성했다. 제1부 '종교의 개념'(Der Begriff der Religion)은 보편적 측면으로서 삼단논법의 대전제(보편적 주장)에 해당하고, 제2부 '유한한 종교'(Die bestimmte Religion)는 특수한 측면으로서 삼단논법의 소전제(특정한 종교에 대한 특수한 주장)에 해당하며, 제3부 '절대적 종교'(Die absolute Religion)는 대전제와 소전제를 결합하여 특수한 종교인 그리스도교를 보편적인 종교 개념으로 도출한다. "그것이 학문적 인식의 원리다. 처음은 개념이고, 다음은 개념의 특수성(실재, 객관성)이며, 마지막은 최초의 개념을 자신의 대상으로 삼는 대자적인 단계다."[51]

그리스도교의 삼위일체론은 철학의 개념론과 그 구조가 동일하

50 Hegel, *EL*, § 163; *Jub.*, vol. 8, 358-361.

51 Hegel, *LPR*, vol. 3. 249; *VPR*, Part 3, 177.

다. 성부는 지각되지 않는 사유의 대상으로서의 '추상적인 보편자'다. 성자는 지각의 영역이라 할 실제 세계에 나타난 '구체적인 특수자'다. 마지막으로 성령은 그 둘의 통일, 즉 '보편자로 복귀한 특수자'다.

> 절대정신은 (α) 자신을 계시하면서도 자기중심을 유지하는 변치 않는 내용으로, (β) 자신의 계시를 통해 변치 않는 본질의 구별로(그러한 구별을 통해 내용이 현상세계에 나타난다), (γ) 무한한 복귀와 영원한 존재와의 화해, 영원한 존재가 내어준 세계의 화해로(영원한 것은 현상세계로부터 자신의 충만한 통일로 되돌아간다) 나타난다.[52]

이 대목은 헤겔에게 있어서 '계시'와 '화해'의 개념이 얼마나 중요한지를 보여준다. 거기에는 심오한 철학적 진리가 담겨 있다. 헤겔은 '삼위일체'야말로 다양한 세계 종교와 구분되는 그리스도교만의 고유한 특징이라고 말한다. 그의 분석에 따르면, 자연종교는 지각의 영역에 나타나는 자연의 힘을 신으로 여기면서 경험 가능한 특수자들에만 관심을 기울였고, 그리스와 로마의 다신교는 그러한 자연의 힘을 의인화함으로써 특수자들을 제거해 나갔으며, 반대로 유대교와 이슬람교는 신을 아무런 내용도 없는 추상적인 보편자로만 생각했다. 그러한 종교들은 아직 보편자와 특수자의 필연적인 연관을 보지 못했다.

그리스도교의 신은 단순한 관념도 아니고 구체적인 물질적 실재도 아니다. 그리스도교의 신은 발전하는 과정이다. 그것은 보편자에

---

52 Hegel, *Phil. of Mind*, § 566; *Jub.*, vol. 10, 455. 이와 관련해서는 *LPR*, vol. 3, 186; *VPR*, Part 3, 120. *LPR*, vol. 3, 271-274; *VPR*, Part 3, 196-199를 참고하라.

서 특수자로 이행하고, 재차 그 둘의 통일로 이행하는 운동이다. 그것은 근원적인 통일이면서 동시에 분리를 매개하여 결합된 더 높은 차원의 통일이기도 하다. 자기의식, 즉 정신은 그러한 분리와 매개를 포괄하고 있다. 그리스도교의 신(정신으로서의 신)은 그러한 특성을 보여주어야 한다.[53]

'삼위일체'의 이념은 '정신'의 개념이 무엇인지도 밝혀준다. 정신도 삼위일체적인 운동을 포함하고 있다. 우리는 먼저 자신의 자기의식에서 출발한다. 하지만 타인을 볼 때 우리는 자신을 벗어나 타인의 시선으로 자신을 본다. 그리고 마지막으로 우리는 타인의 시선과 자신의 표상을 조화시킨 새로운 관점을 가지게 된다. 이것이 그 유명한 헤겔의 '인정이론'이다. 자신을 규정하기 위해서는 언제나 타자를 매개해야만 한다. 그것이 바로 헤겔이 말하는 '정신', 즉 자기의식의 본성이다.

> 하지만 정신이란 무엇인가? 그것은 영원불변하는 동질적 무한성, 즉 순수한 동일성이다. 정신은 그다음 단계에서 스스로를 분리시키고, 그렇게 분리된 측면을 자신의 대립물로, 즉 보편자와 대비되는 즉자 대자적인 존재로 삼는다. 하지만 이러한 분리는 단순한 자기 관계(오로지 자신과만 관계하는 것)로서의 원자적인 주관성 그 자체가 보편자이며, 자기-동일자라는 사실을 통해 사라진다. […] 정신은 **삼위일체적인 것으로** 인식된다. "성부"와 "성자" 그리고 성자를 본질적인 것으로 특징짓는 이중성으로서의 "성령."[54]

53 Hegel, *LPR*, vol. 3. 250; *VPR*, Part 3, 178.

자연종교는 그러한 '사유의 운동'이라는 개념을 몰랐기 때문에 신을 정신으로 파악할 수 없었다.

7. 그리스도교와 철학적 인식

『종교철학』의 마지막 대목에서 헤겔은 종교(그리스도교)와 철학의 관계 물음으로 되돌아간다.[55] 초월적인 영역에 머물러 있던 추상적인 신이 그리스도라는 구체적인 신을 거쳐 성령이라는 부활한 신으로 나아가는 삼위일체의 운동은 '개념'에 관한 사변적 진리를 종교적 방식으로 나타낸 것이다. 철학의 궁극적 목적은 종교, 특히 그리스도교의 진리와 이성을 증명하는 것이다. 헤겔은 철학과 종교는 동일한 진리와 내용을 표현하지만 다만 그 방식이 다를 뿐이라고 주장한다.[56] 어떤 의미에서 철학적 인식은 종교적 인식과 동일하다.[57] 사변철학은

---

54 Hegel, *Phil. of Hist.*, 323-4; *Jub.*, vol. 11, 415-416. 이와 관련해서는 *Phil. of Hist.*, 319; Jub., vol. 11, 410도 참고하라. "삼위일체의 신이 곧 정신이다."

55 Hegel, *LPR*, vol. 3, 161-162; *VPR*, Part 3, 96-97; *LPR*, vol. 3, 246-247; *VPR*, Part 3, 174-176. *LPR*, vol. 3, 347; *VPR*, Part 3, 269-270.

56 Hegel, *PhS*, 479; *Jub.*, vol. 2, 602: "전체로서의 정신 자체나 자기 내적으로 구별된 계기들은 표상적 사유의 영역 내부에 객관성의 형태로 주어진다. 그러한 표상적 사유의 내용이 곧 절대정신이다." *EL*, § 1; *Jub.*, vol. 8, 41: "철학의 대상은 실로 종교의 대상과 완전히 동일하다." *PR*, § 270, Remark; *Jub.*, vol. 7, 348-366.

57 이와 관련해서는 다음을 참고하라. "Comparison of Philosophy and Religion with Regard to their Object," *LPR*, vol. 1, 151-154; *VPR*, Part 1, 62-65; Stephen Rocker, *Hegel's Rational Religion: The Validity of Hegel's Argument for the Identity in Content of Absolute Religion and Absolute Philosophy* (Madison and Teaneck: Farleigh Dickinsen University Press, London: Associated University Presses, 1995); Edward Black, "Religion and Philosophy in Hegel's Philosophy of Religion," *The Monist*, vol. 60, no. 2 (1977), 198-212; Laurence Dickey,

서로 다른 사유의 영역에서 개념의 필연성을 증명한다. 처음에는 분리된 것으로 인식되던 현상들이 하나의 개념과 연관되거나 그것을 구성한다는 것을 보여주기 위해서다. 이를 통해 철학은 낮은 인식단계가 고수하는 이원론적 사유 형태를 극복한다. 헤겔이 발견한 다양한 종교 형태의 사변적인 역사도 이와 동일한 기능을 한다. 그것은 인간과 신을 분리하는 이원론과 그로 인한 인간의 소외감을 극복하는 신 개념을 보여준다. 신과 인간의 분리로 인한 종교적 소외야말로 사변철학이 지양하고자 하는 가장 심각한 이원론 중 하나다.

그러한 대상과 내용의 유사성에도 불구하고 종교와 철학은 대상을 이해하는 방식에서 결정적인 차이를 띤다. 종교적 사유는 타락을 불운한 사건으로 이해하듯이 육화와 부활도 우연한 사건으로 이해한다. 그런 사건들은 일어났을 수도 있고, 아닐 수도 있다. 반대로 사변적인 철학적 사유는 그 안에 담긴 필연적인 발전 과정을 파악한다. 그것은 개념의 발전을 보여주는 사건이기 때문이다. 보편적인 것이 특수한 것으로 이행하고, 개별적인 것 안에서 그 둘이 통일을 이루는 운동은 그 자체가 사유의 필연적인 운동이다. 그러한 운동은 우발적인 사건이 아니라 인간 사유의 모든 영역에서 일어나는 필연적인 존재론적 운동이다. 앞서 살폈듯이, 그리스도교의 삼위일체 교리는 그러한 사변적 개념의 세 요소를 반영하고 있다. 하지만 일반적인 신자들은 삼위일체의 밑바탕에 놓인 개념의 필연적인 구조를 알지 못한다. 그것이 바로

"Hegel on Religion and Philosophy," in *The Cambridge Companion to Hegel,* ed. by Frederick C. Beiser (Cambridge: Cambridge University Press, 1993), 301-347. Quentin Lauer, "Hegel on the Identity of Content in Religion and Philosophy," in *Hegel and the Philosophy of Religion,* ed. by Darrel E. Christensen, (The Hague: Martinus Nijhoff, 1970), 261-278; O'Regan, *The Heterodox Hegel,* 333-370.

종교적 사유와 철학적 사유의 차이다. 사변철학자는 개념을 통해(순수한 개념적 형식으로) 개념을 인식할 수 있다. 반면에 종교사상가는 개념을 오로지 구체적인 종교적 형태로만 인식한다. 그는 보편자가 특수자로 이행하는 것을 성자가 세상에 태어났다는 의인화된 언어로 표현하며, 신자들은 보편자나 특수자라는 말 대신에 성부나 성자라는 말을 사용한다.

헤겔이 말하는 인식의 위계에서 종교적 사유는 철학적 사유보다 한 단계 낮은 둘째 사유 형태에 속한다. 그럼에도 불구하고 종교는 진리를 파악하기에 여전히 부족하다. 그는 『정신현상학』에서 이렇게 설명한다.

> 종교적 (사유의) 형태는 아직 개념을 통해 자신의 개념으로 나아가는 정신의 자기의식이 아니다. 종교적 사유는 여전히 불완전하다. 거기서는 존재와 사유가 제대로 결합되지 않는다. […] 종교의 내용은 참된 것이지만 표상적인 사유로 매개된 모든 계기는 완전히 독립적인 측면을 외적으로만 연결하고 있어 이해하기 힘든 특성을 띠고 있다.[58]

종교적 사유는 신의 다양한 관념을 서로 분리된 것, 본질적으로 무관한 것으로 본다. 그러한 관념들의 관계는 단지 우연적인 것이다. 그러한 의미에서 표상적인 사유는 아직 완전하고 만족스러운 인식 형태라 할 수 없다.[59] 따라서 종교에 담긴 개념적 진리를 인식하고,

---

58 Hegel, *PhS*, 463; *Jub.*, vol. 2, 581-582. 이와 관련해서는 *PhS*, 465-466; *Jub.*, vol. 2, 585-586. *PhS*, 477-478; *Jub.*, vol. 2, 599-601도 참고하라.

59 Hegel, *PhS*, 412; *Jub.*, vol. 2, 520: "종교에서 정신은 표상으로 나타난다. 종교 내부의 실재는

그것을 우연적인 것과 구별하기 위해서는 철학적 사유가 필요하다.

헤겔은 철학만이 종교의 진리와 정당성을 발견할 수 있다고 주장한다. 그래서 종교적 감정의 가치를 제대로 평가하지 못한다는 비판이나 체계의 이성적 내용에 부합하지 않는 내용을 무시한다는 비판을 받기도 한다. 하지만 헤겔은 그런 비판을 이미 예상하고 있었다. 그는 신앙인에게는 심오한 감정과 정서가 중요하다는 것을 공개적으로 인정하지만, 그것만으로 이성이나 사유의 대상을 증명하거나 정당화할 수는 없다고 말한다. 진정한 철학적 사유는 그러한 감정의 내용을 파악하고, 그것을 이성적인 방식으로 표현할 수 있다. 그러한 의미에서 철학이 감정을 무시하거나 배제한다고 말할 수는 없다. 도리어 철학에는 이미 감정이 포함되어 있을 뿐만 아니라 감정의 내용이 철학을 통해 정당화되기도 한다.

헤겔은 철학을 '정신의 증언'이라고 부른다. 왜냐하면 철학은 필연적인 개념적 사유에 근거하기 때문이다. "정신을 증언하는 최고의 형태는 철학이다. 철학의 증언에 따르면, 개념은 아무런 전제 없이 자신의 진리를 순수하게 전개한다. 그리고 철학은 개념의 전체적인 전개 과정을 통해 필연적인 진리를 인식한다."[60] 그가 철학에서도 종교적인 언어를 사용하는 것은 철학과 종교가 밀접하게 연관되어 있다는 그의 인식을 대변한다. 그는 모든 사람이 철학적 인식을 할 수 없다는 것도 알고, 종교에 접근하는 다양한 연구 방법이 있다는

표상적 사유의 형태를 띤다. 물론 표상도 사유이기는 하지만 그것은 실재를 제대로 드러낼 수 없다. 표상은 가상이면서 동시에 독립적이고 자유로운 존재일 뿐이다. 달리 말해, 표상적 사유는 그 자체로 완전하지 않다. 표상적 사유는 참으로 보여주어야 하는 것(자기의식적인 정신)은 보여주지 못하고, 다만 구체적인 것에만 몰두하는 사유 형태에 불과하다."

60 Hegel, *LPR*, vol. 3, 256; *VPR*, Part 3, 183.

것도 안다. 하지만 중요한 것은 오로지 철학만이 그리스도교의 심오한 진리를 발견할 수 있다는 것이다. 그리스도교는 오로지 철학을 통해서만 계몽주의의 종교 비판으로부터 살아남을 수 있다.

계몽주의 사상가들은 유한자와 무한자를 근본적으로 다르고, 절대적으로 분리된 것으로 생각한다.[61] 그들은 무한자를 초월적인 영역으로 추방하고, 오로지 유한한 영역에만 관심을 기울이다. 헤겔은 그것을 사유의 오류라고 지적한다. 유한자와 무한자는 필연적으로 연관되어 있다. 무한자는 유한한 세계에 나타나기도 하고, 유한자를 자신 안에 포함하기도 한다. 사변적인 사유는 계몽주의 사상가들의 단순한 오성을 넘어 유한자와 무한자를 매개하는 변증법적 관계를 인식한다.

8. 개신교의 발흥

헤겔은 『종교철학』에서 그리스도교 이후의 역사적 발전 과정은 더 이상 추적하지 않고, 다만 위에서 논의했던 핵심 교리에 대한 개념적인 분석에 집중한다. 『종교철학』에서는 그리스도교의 탄생으로 종교사가 종결되고 있지만, 우리는 『역사철학』을 통해 그리스도교 이후의 역사를 일부 확인할 수 있다. 『역사철학』은 그리스도교의 본성이 자유라는 주장을 이어받아 논의를 계속 이어간다. 그러한 점에서 『역사철학』은 『종교철학』의 역사적 미완을 보완해 줄 유익한

61 Hegel, *LPR*, vol. 3, 263; *VPR*, Part 3, 189.

정보처라 할 수 있다. 『역사철학』에서 그는 종교개혁을 근대사에서 가장 중요한 운동 중 하나로 꼽는다. 왜냐하면 종교개혁은 진리와 권위의 기준을 외부의 기존 교회 권력에서 개인의 양심으로 전환했다는 점에서 자유의 진보에 결정적인 역할을 했기 때문이다. 그 부분은 『종교철학』의 설명과 약간 다르다. 『종교철학』은 개신교를 새롭게 탄생한 종교가 아니라 그리스도교 내에서의 발전으로 이해하기 때문이다. 그럼에도 불구하고 『역사철학』의 설명은 우리가 추적하는 신의 개념이나 인간 자유 개념의 발전 과정과도 완벽하게 일치한다. 다른 종교들의 발전 과정과 마찬가지로 개신교의 발흥 역시 정신과 인간 주관성에 대한 새로운 역사적-문화적 인식에 부합한다.

헤겔은 천주교를 매우 신랄하게 비판한다.[62] 교회의 부패는 일어날 수도 있고, 일어나지 않을 수도 있는 우연한 역사적 사건이 아니라는 주장으로 그 비판은 시작된다. 교회의 부패는 도덕적으로 타락한 개인들이 우연히 교회의 중책을 맡아 발생한 우발적인 사건이 아니라 훨씬 더 깊은 근원에서 비롯한 것이다.

> 종교개혁은 **교회의 부패**가 초래한 결과였다. 그것은 우연한 현상이 아니었다. 그것은 단지 권력과 지배의 **남용** 때문이 아니었다. 우리는 어떤 것이 부패했을 때, '남용'이라는 말을 자주 사용한다. 하지만 그 말은 토대(체제나 제도 자체의 완전성)는 좋았으나 정념이나 주관적 관심, 즉 사람들이 자신의 이기적 목적을 위해 그것을 자의적으로 사용했다는 의미에서, 그리고 그런 우발적인 요소들은 반드시 척결되어야 한다는 의미에

62 이와 관련해서는 Peter Jonkers, "Eine ungeistige Religion. Hegel uber den Katholizismus," *Hegel-Jahrbuch*, vol. 12 (2010), 400-405를 참고하라.

서만 사용될 수 있는 표현이다.[63]

헤겔의 견해에 따르면, 교회의 부패는 종교에 대한 잘못된 접근이 빚은 자연스럽고도 필연적인 결과였다. 종교개혁을 불러일으킨 문제는 체제가 건전했더라면 일어나지 않았을 우연한 사건이 아니라 체제 자체가 지닌 근본적이고도 고유한 문제였다.

헤겔은 교회의 신 개념에서 부패의 원인을 찾는다. "교회의 부패는 당연한 결과였다. 부패의 원인은 교회가 자신이 인식하는 구체적이고 특수한 신의 형상들, 달리 말해, 감각적이고 보잘것없는 물질로 만들어진 외적인 것들을 교회의 가장 중요한 곳에 모셔두었다는 데 있다."[64]

앞서 살폈듯이 헤겔은 삼위일체 교리를 보편자가 특수자로 이행하고, 다시 그 둘이 통일을 이루는 원환 운동으로 해석한다. 그는 보편자에만 주목하거나 특수자에만 주목하는 신 개념에 반대한다. 왜냐하면 그런 개념은 전체적인 운동을 보지 못하기 때문이다. 비록 특수한 것을 보더라도 그것의 덧없는 본성보다는 그 밑바탕에 놓인 영원한 것을 인식해야 한다.

헤겔의 역사적 관점에 따르면, 감각적인 것에만 주목하는 원리는 근대 이전 종교들의 특징이다. 근대의 원리도 감각적인 것에 주목하고, 그것을 인식하기는 하지만 거기서 만족하지는 않는다. 근대는 감각적인 것을 초월해 있는 더 상위의 원리를 요구한다. 그런 점에서

---

63 Hegel, *Phil. of Hist.*, 412; *Jub.*, vol. 11, 519.

64 Hegel, *Phil. of Hist.*, 412-413; *Jub.*, vol. 11, 520.

교회는 "세계정신보다 열등한 입장에 있었다고 할 수 있다. 세계정신은 감각적인 것을 단지 감각적인 것으로만, 외적인 것을 단지 외적인 것으로만 인식할 수 있었다는 점에서 감각적인 것과 외적인 것을 이미 초월해 있었던 것이다. 즉, 세계정신은 유한한 것을 유한한 방식으로 파악하는 법을 배웠고, 이를 통해 주체성을 독립적이고도 확고하게 지켜가는 법을 배웠다."65 교회의 원리와 근대의 정신 사이의 단절을 생각하면, 그 둘의 갈등은 불가피한 것이었다.

헤겔은 그러한 갈등의 책임이 교회에 있었음을 보여주는 수많은 억압의 정황을 열거한다. 실로 그 모든 억압은 감각적인 요소를 벗어나지 못한 잘못된 신 개념에서 비롯되었다고도 할 수 있다. 그는 이렇게 설명한다.

> 그 시대의 교회의 경건함은 감각적인 대상과 단순한 사물에 마음을 속박시키는 다양한 미신적 형태의 본질, 즉 **권위**에 대한 노예적인 복종을 보여준다. 왜냐하면 정신은 자신의 고유한 본질과 자유마저도 상실한 채, 자신과는 소원한 것, 즉 **기적**과 같은 부조리하고 유치한 믿음에 철저히 예속되어 있었기 때문이다. 그들에게 신은 인간과 완전히 단절된 제한적인 방식이나 유한하고 특수한 목적의 수단으로 이용되고 있었기 때문이다. 그뿐만 아니라 권력에 대한 욕망, 소란스러운 방탕, 온갖 야만적이고 저속한 부패, 위선과 기만과 같은 모든 죄악이 교회 안에서 일어났다. 왜냐하면 감각적인 것은 이해를 통해 통제되거나 훈육되는 것이 아니기 때문이다. 감각적으로는 자유로워졌지만 그것은 다만 투박하고 야만적인

65 Hegel, *Phil. of Hist.*, 413; *Jub.*, vol. 11, 520.

자유에 불과하다.[66]

여기서 말하는 권위나 기적이나 부패는 신의 개념을 더 상위의 정신 능력에 이관하지 않고 다만 감각적인 것에 결박시켜 놓았던 필연적 결과다. 감각적인 것은 인간의 이성이나 내면성과 대립하는 것이다. 인간의 이성 능력이 발달하기까지 역사적으로 너무 오랜 시간이 걸렸다.

교회의 모순과 위선은 감각적인 것을 천박하게 탐닉하는 행위에서도 드러나지만, 감각이나 세속적인 쾌락을 멀리하도록 권장하는 행위에서도 드러난다. 교회의 지도자들은 자신들의 욕망은 자유롭게 탐닉하면서도 수도사나 신자들에게는 최소한의 위반에도 죄책감을 갖도록 훈련시켰다. 나아가 헤겔은 교회가 면죄부를 사고파는 행위도 비판한다.

> 영혼을 멸망으로부터 구원하는 것을 사명으로 하는 교회가 이제는 그것을 단순한 외적 장치로 만들어 놓고, 외적인 방식으로 수행하는 저속한 수준으로 전락했다. 죄의 사면, 그것은 영혼이 갈망하는 최고의 만족이자 인간의 가장 심오하고 내면적인 본성이라 할 신과의 평화로운 관계에 들어섰다는 확신이다. 하지만 이제는 죄의 사면이 지극히 피상적이고 가소로운 방식, 즉 **돈으로 사고파는 방식**으로 행해지고 있다. 면죄부를 파

66 이와 관련해서는 다음을 참고하라. Ulrich Asendorf, *Luther und Hegel. Untersuchungen zur Grundlegung einer neuen systematischen Theologie* (Wiesbaden: Franz Steiner Verlag, 1982); G. R. Mure, "Hegel, Luther, and the Owl of Minerva," *Philosophy*, vol. 41 (1966), 127-139; Philip M. Merklinger, *Philosophy, Theology, and Hegel's Berlin Philosophy of Religion*, 1821-1827, 90-111; O'Regan, *The Heterodox Hegel*, 209-234.

는 목적은 교회와 성직자들의 방탕한 사치를 위한 돈을 마련하기 위해서 였다.[67]

교회는 내적인 본성과 죄 그리고 죄의 사면에 관심을 가져야 한다. 하지만 그것이 단지 돈으로 사고팔 수 있는 대상이 되면, 죄의 사면, 즉 속죄를 등한시하게 된다. 왜냐하면 그러한 거래에는 내적인 요소가 하나도 없기 때문이다.

헤겔은 자신이 옳다고 생각하는 종교의 이상을 루터의 사상에서 발견했다.[68] 그 주제를 다루는 도입부에서 그는 역사의 종착점이라 할 수 있는 게르만 정신의 대표자는 단연 루터라고 말한다. 루터의 정신을 찬양하는 것은 곧 게르만 정신 일반을 찬양하는 것이다. 그는 시적으로 이렇게 설명한다.

> 지고하고 한결같은 **독일 국민들의 신실함**이야말로 참다운 진리와 단순한 마음에서 일어난 그 혁명의 원천이었다. 세계의 다른 나라들은 부를 획득하고, 전 세계를 정복하여 결코 해가 지지 않는 세속적인 지배력을 갖는 데 집중하면서 인도나 아메리카로 진출하기에 급급할 때, 우리는 구체적인 신의 화신을 찾아 헤매는 단순한 **수도사**가 되고자 했다. 그것은 이전 그리스도교계가 이 세상 안에서 찾아 헤맸던 돌무덤 같은 것이

67 Hegel, *Phil. of Hist.*, 414; *Jub.*, vol. 11, 521.

68 See Ulrich Asendorf, *Luther und Hegel. Untersuchungen zur Grundlegung einer neuen systematischen Theologie* (Wiesbaden: Franz Steiner Verlag, 1982); G. R. Mure, "Hegel, Luther, and the Owl of Minerva," *Philosophy*, vol. 41 (1966), 127-139; Philip M. Merklinger, Philosophy, *Theology, and Hegel's Berlin Philosophy of Religion,* 1821-1827, 90-111; O'Regan, *The Heterodox Hegel*, 209-234.

아니라 감각적이고 외면적으로 존재하는 모든 것의 절대적인 이념인 더 깊은 심연, 즉 정신과 마음이다. 가장 내면적이고 심오한 갈망을 채우는 데 저런 저속하고 피상적인 수단이 사용되기 시작하면서, 그 마음은 심각한 상처를 입게 되었다. 그래서 이제는 진리와의 절대적인 관계가 왜곡된 것들을 찾아내어 그것들을 없애는 데 몰두하고 있다.[69]

여기서 헤겔은 대영제국과 신대륙의 스페인과 포르투갈 식민지들을 영혼 없는 종족으로 간주하면서 노골적으로 비판한다. 그들은 정신적인 것을 버리고 상업적이고 정치적인 이익에만 몰두했다는 것이다. 반대로 그는 루터와 뜻을 함께한 독일 민족은 저들이 쫓는 세속적인 것에는 일말의 관심도 없었다는 점에서 고귀한 민족으로 평가한다.

헤겔에 따르면, 루터는 외적인 감각의 대상이 아니라 내적인 신앙의 본성에 주목했다. "루터 교리의 핵심은 구체적인 신성의 구현, 즉 무한한 주관성, 참된 정신성, 그리스도다. 그것은 결코 외적인 형태로 현존하거나 실재하는 것이 아니다. 그것은 본질적으로 정신적인 것이다. 따라서 오로지 신과의 화해, 즉 신앙과 정신적인 향유에서만 얻을 수 있다."[70] 헤겔이 다른 교리를 설명할 때도 말했듯이, 그리스도의 사명은 감각이 아니라 사유를 보여주는 것이다. 성령 안에서 신과 화해를 이루는 것은 사유이지 감각이 아니다. 그러한 루터의 견해는 감각적인 방식으로 그리스도교에 접근하는 교회의 다양한 견해나

69 Hegel, *Phil. of Hist.*, 414-415; *Jub.*, vol. 11, 521-522.

70 Hegel, *Phil. of Hist.*, 415; *Jub.*, vol. 11, 522.

미신을 개혁해 나갔다. 그것들은 경험적인 지각의 영역에만 몰두하고, 그것만을 중요하게 여겼던 사람들의 산물이었다. 헤겔은 감각에 기초한 그릇된 신앙관을 이렇게 설명한다.

> 신앙은 그저 결코 유한한 것을 존경하는 단순한 확신, 덜떨어진 사람들이나 갖는 그런 확신이 아니다. 그것은 마치 "누가 ~라고 하더라"는 말을 믿는 것, 예컨대 이스라엘의 자손들이 홍해를 건넜다거나 여리고 성벽 앞의 나팔 소리가 대포 소리만큼이나 컸다는 말을 믿는 것과 같다. 왜냐하면 그런 것을 전혀 모른다고 해도 신에 대한 우리의 인식에는 아무런 문제가 없기 때문이다. 참된 신앙이란 존재하지 않는 것, 이미 지나간 것을 믿는 것이 아니라 영원한 것, 절대적인 진리, 신에 대한 진리를 주관적으로 확신하는 것이다.[71]

이 대목은 레싱이 라이마루스의 단편집 출간과 관련하여 벌였던 논쟁을 염두에 두고 있는 것 같다. 라이마루스는 『성서』에 나오는 기적에 관한 설명, 이를테면 이스라엘 사람들이 홍해를 건넜다는 이야기 등을 비판했고, 그로 인해 그러한 것에 반대하는 성직자들의 공분을 사기도 했다. 하지만 헤겔도 레싱처럼 기적의 사실 유무나 따지는 것은 핵심을 잘못 짚은 것이라고 비판했다. 기적의 사실 유무에는 아무런 (정신적인) 내용도 없기 때문이다. 헤겔이 중요하게 생각한 것은 감각적인 대상도 아니고, 감각적으로 지각될 수도 없는 '성령'이다. 루터는 "인간의 마음은 실로 그리스도의 성령으로 가득 차 있다

71 Hegel, *Phil. of Hist.*, 415; *Jub.*, vol. 11, 522-523.

고, 따라서 그리스도를 단순한 역사적 인물로 봐서는 안 된다고, 인간은 성령 안에서 그리스도와 직접적인 관계를 맺고 있다"고 주장했다.[72] 하지만 이는 그리스도의 현존이 아무런 의미도 없다는 것이 아니다. 앞서 살폈듯이, 헤겔은 그리스도의 현존을 신의 전개 과정에서 매우 중요한 계기로 인식하고 있다. 중요한 것은 그러한 감각적 현존은 다만 소멸될 계기에 불과하며, 변함없이 영속하는 것은 오직 그리스도교 공동체에 거하는 그리스도의 정신(성령)이라는 것이다.

헤겔은 '권위'의 문제점도 무척 중요하게 다룬다. 그는 역사와 다양한 세계 종교에서 펼쳐진 인간 자유의 발전을 논하는 과정에서 그 주제를 다룬다. 종교개혁이 이룬 위대한 역사적 진보는 교회의 권위를 폐기하고, 신앙과 진리를 개별적인 신자들의 손에 쥐여준 것이다.

> 개인이 신의 정신(성령)으로 충만하다는 것을 깨닫게 되면, 저급한 외면성에서 생겨난 모든 관계는 사실상 소멸된다. 사제와 평신도 사이에는 어떠한 구별도 없다. 마치 교회가 정신적이고 세속적인 보물을 독점하는 것처럼 진리의 실체를 독점하는 특정한 계층(사제)이란 더 이상 존재하지 않는다. 하지만 인간의 정신적인 본성의 감성적인 부분이라 할 마음은 진리를 소유할 수도 있고, 소유해야만 하는 것으로 인식된다. 그러한 주관성은 모든 인류의 공동재산이다. 각자는 자신의 영혼 안에서 (신과의) 화해를 위한 사역을 완수해야 한다.[73]

---

72 Hegel, *Phil. of Hist.*, 416; *Jub.*, vol. 11, 523.

73 Hegel, *Phil. of Hist.*, 416; *Jub.*, vol. 11, 523.

종교개혁이 근본적으로 근대의 운동인 이유는 바로 주체성의 원리 때문이다. 루터의 '만인사제설'은 성직자들이 누려왔던 전통적인 권위라든가 종교적 진리에 대한 특권적 지위를 박탈했다. 개인들은 더 이상 진리를 구하기 위해 교회나 교황이나 교구 사제와 같은 외적인 권위에 의존하지 않아도 된다. 그들은 양심의 성향에 따라 믿음을 선택할 수 있다. 믿음의 기준이 외적인 권위에서 내적인 양심으로 옮겨간 것이다. 행위가 아니라 믿음에 근거한 루터의 구원론은 면죄부 판매 관행을 약화시켰다. 개인의 구원은 세상에서의 행위가 아니라 그가 가진 믿음의 문제가 되었다. 루터에게 있어서 객관적인 교리와 주관적인 전유는 밀접한 연관이 있으며, 두 측면 모두가 중요한 것으로 인정되었다. "루터교회는 주관적인 감정이나 개인적인 확신을 진리의 객관적 측면만큼이나 똑같이 중요하게 여긴다."[74] 정해진 교리가 있기는 하지만 그것은 외적인 것이므로 거기에는 반드시 개인의 동의가 필요하다. 이제 신자들은 교회의 권위에 의해 믿음을 강요받지 않는다. 여기서 핵심은 루터가 교회의 권위보다 『성서』의 권위를 더 강조한다는 것이다. 이제 개인들은 『성서』를 읽고, 그것에 대한 판단을 내리며, 그 판단에 따라 믿음의 문제를 스스로 결정할 수 있게 되었다. 그들은 믿음의 내용을 강요받지도 않았고, 교회의 권위에 따라 『성서』를 해석하지도 않았다.[75]

루터에게 신자의 믿음은 그들의 양심과 이성에서 비롯한 것이다. 이로부터 주관적 자유라는 근대의 관념, 즉 개인이 자기결정권과

---

74 Hegel, *Phil. of Hist.*, 416; *Jub.*, vol. 11, 524.

75 Hegel, *Phil. of Hist.*, 417-418; *Jub.*, vol. 11, 525.

진리결정권을 갖는다는 관념이 생겨났다. "이것이 종교개혁의 본질이다. 인간은 본성적으로 자유로워질 운명을 가지고 있다."[76] 종교개혁은 종교적 믿음에 있어서 개인의 중요성을 인식했을 뿐만 아니라 그 외의 영역에서도 주관성의 원리를 고양시키는 결과를 낳았다. 종교개혁이 주관성의 원리를 보여준 이후에 그것은 더욱 폭넓게 발전되어 나갔다.

루터교에 대한 헤겔의 설명은 그리스도교만이 자유의 종교라는 그의 견해를 분명히 보여준다. 그리스도교는 개인의 내적인 주관성과 개인의 양심을 무엇보다 소중하게 여긴다. 그러한 의미에서 종교개혁은 주관성의 발전을 논하는 헤겔의 서사에서 빠질 수 없는 중요한 대목이다. 주관적 자유의 원리가 처음에는 종교적인 맥락에서 등장했지만, 이후에는 세속적인 문화 영역으로도 확대되어 더욱 발전해 나갔다. 그로 인해 근대의 개인과 가족, 조합, 공동체, 국가와 같은 다양한 제도의 연대는 느슨해질 수밖에 없었다. 심지어 오늘날에는 오로지 개인만을 위해 모든 제도를 희생시키기도 한다. 그런 점에서 주관적 자유의 원리가 발전할수록 종교의 역할이 무시된다는 헤겔의 지적은 오늘날 우리에게도 통용되는 참으로 타당한 말이다.

---

76 Hegel, *Phil. of Hist.*, 417; *Jub.*, vol. 11, 524.

7장

이슬람교의 생략

『종교철학』에서 가장 이해되지 않는 부분 중 하나는 다양한 세계 종교에 대한 분석에서 이슬람교는 왜 생략되었는가 하는 것이다. 헤겔은 『종교철학』 결론부에서[1] 앞서 논의한 종교 개념의 발전 과정을 매우 포괄적으로 정리하는데, 거기서 이슬람교를 짧게 언급하고, 유대교를 다루는 대목에서 이슬람교와의 공통점을 간단히 언급하는 정도가 전부다.[2] 하지만 조로아스터교나 고대 중국 종교처럼 이슬람교보다 덜 알려진 종교에 대해서조차 그 역사적 중요성을 강조하고 있으면서도 정작 세계의 주요 종교라 할 이슬람교에 대해서는 왜 일말의 가치도 언급하지 않는지 참으로 이해하기 어렵다.

『종교철학』에서는 이슬람교가 다른 논의의 맥락에서 간단히 언급되는 정도이고, 『철학사』[3]나 『미학』[4]에서는 이슬람교의 다양한 측면

1 Hegel, *LPR*, vol. 3, 242-244; *VPR*, Part 3, 172-173.

2 Hegel, *LPR*, vol. 2, 156; *VPR*, Part 2, 62. *LPR*, vol. 2, 158; *VPR*, Part 2, 64. *LPR*, vol. 2, 438; *VPR*, Part 2, 337. *LPR*, vol. 2, 742; *VPR*, Part 2, 628.

3 Hegel, *Hist. of Phil.*, vol. 3, 26-35; *Jub.*, vol. 19, 121-131.

4 헤겔은 『미학』에서 아랍예술을 따로 집중해서 다루지는 않지만 강의 전반에서 산발적으로 자주 언급하고 있다. 이와 관련해서는 특히 다음을 참고하라. *Aesthetics*, vol. 2, 1096-1098; *Jub.*, vol. 14, 401-403. *Aesthetics*, vol. 1, 368-371; *Jub.*, vol. 12, 489-492. 『헤겔 전집』 25-26권에 실린 그로크너(Herman Glockner)의 '헤겔 찾아보기'를 활용하면 다른 부분들도 쉽게 찾을 수 있다 *Jubiläumsausgabe* (ed. by Hermann Glockner, Stuttgart: Friedrich Frommann Verlag, 1928-1941). *Hegel's Aesthetics. Lectures on Fine Art*, vols 1-2, trans. by T. M. Knox (Oxford: Clarendon Press, 1975, 1998).

이 좀 더 논의되는 수준이며, 『철학백과』[5]에서는 다양한 맥락에서 산발적으로만 언급되고 있다. 이에 반해 이슬람교를 가장 광범위하게 다루고 있는 저작은 단연 『역사철학』[6]이다. 이처럼 헤겔은 다양한 저작에서 이슬람교를 간간이 선보이고 있지만, 그 주제에 집중한 이차문헌은 거의 찾아보기 어렵다.[7] 하지만 최근의 종교 및 문화 관련 논의에서 이슬람교는 실로 많은 이들의 다양한 관심과 주목을 받고 있다.[8]

---

5 Hegel, *EL*, § 112, Addition, 177; *Jub.*, vol. 8, 265. *EL*, § 151, Addition, 226; *Jub.*, vol. 8, 340. *Phil. of Mind*, § 393, Addition, 44; *Jub.*, vol. 10, 76. *Phil. of Mind*, § 573, 308-313; *Jub.*, vol. 10, 466-474.

6 Hegel, *Phil. of Hist.*, 355-360; *Jub.*, vol. 11, 453-459.

7 이와 관련해서는 다음을 참고하라. Ian Almond, "Hegel and the Disappearance of Islam," in his *History of Islam in German Thought from Leibniz to Nietzsche* (New York: Routledge, 2010), 108-134; Soegeng Hardiyanto, *Zwischen Phantasie und Wirklichkeit. Der Islam im Spiegel des deutschen Denkens im 19. Jahrhundert* (Frankfurt am Main: Peter Lang, 1992), 130-143; Ernst Schulin, "Der Mohammedanismus," in his *Die weltgeschichtliche Erfassung des Orients bei Hegel und Ranke* (Gottingen: Vandenhoeck und Ruprecht, 1958), 115-124; Hans Joachim Schoeps, "Die ausserchristlichen Religion bei Hegel," *Zeitschrift für Religions- und Geistesgeschichte,* vol. 7, no. 1 (1955), 1-33, 32-34; Michel Hulin, "L'Islam," in his *Hegel et l'orient, suivi de la traduction annotée d'un essai de Hegel sur la Bhagavad-Gita* (Paris: J. Vrin, 1979), 135-137; Ivan Kalmar, "The Sublime is not Enough: The Hard Orientalism of G. W. F. Hegel," in his *Early Orientalism: Imagined Islam and the Notion of Sublime Power* (New York: Routledge, 2012), 76-87; Lorella Ventura, "The Abstract God and the Role of the Finite: Hegel's View of the Islamic Absolute," *Jahrbuch für Hegelforschung,* vols 15-17 (2014), 117-134; Sai Bhatawadekar, "Islam in Hegel's Triadic Philosophy of Religion," *Journal of World History,* vol. 25, nos 2-3 (2014), 397-424.

8 이와 관련해서는 다음을 참고하라. Kevin Thompson, "Hegel, the Political and the Theological: The Question of Islam," in *Hegel on Religion and Politics,* ed. by Angelica Nuzzo (Albany: State University of New York Press, 2013), 99-118; Will Dudley, "The Active Fanaticism of Political and Religious Life: Hegel on Terror and Islam," in *Hegel on Religion and Politics,* ed. by Angelica Nuzzo, 119-131; R.D. Winfield, Modernity, *Religion, and the War on Terror* (Aldershot and Burlington: Ashgate, 2007), 102; Mohammad R. Salama, "How Did Islam Make It into Hegel's Philosophy of World History," in his *Islam, Orientalism and Intellectual*

헤겔은 『역사철학』의 제4부 '게르만세계'(Die germanische Welt)의 제1편 제2장에 '이슬람교'(Der Mohammedanismus) 부분을 따로 마련하여 이슬람교(종교)와 아랍 세계(정치세력)의 부상을 설명하고 있다. 거기서 그는 역사적으로 구분되는 세 민족, 즉 투르크인, 페르시아인, 아랍인을 동일한 민족으로 간주하면서도 차별적 평가를 내리고 있다. 그래서 주석가들은 그 대목의 내용이 일관적이지 않다고 불평하기도 한다.[9] 헤겔은 같은 민족임에도 불구하고 아랍인보다 투르크인과 페르시아인에 보다 호의적인 태도를 취하면서 그들을 더 긍정적으로 평가하기 때문이다.[10]

헤겔이 부분적으로나마 이슬람교를 호의적으로 평가했다는 것은 놀라운 일이다. 『종교철학』의 종교사는 로마 시대의 초기 그리스도교 탄생에서 종결되지만, 『역사철학』은 그 이후의 역사적 단계로까지 계속해서 발전해 나가는데, 이슬람교는 시간상 바로 그 후속 단계에 속한다. 앞서 살폈듯이, 헤겔은 다양한 세계 종교의 역사적 운동을 하나의 신 개념이 자신을 완성해 나가는 다양한 단계, 즉 더 발전된 종교 형태가 앞선 종교 형태를 대체해 나가는 진보의 과정으로 이해한다. 그러한 『종교철학』의 내적 논리를 감안하면, 시간상 그리스도교

History: Modernity and the Politics of Exclusion since Ibn Khaldun, (London and New York: I.B. Tauris, 2011), 103-122; 특히 116-122를 참고하라; Jean-Joseph Goux, "Untimely Islam: September 11 and the Philosophies of History," *SubStance, issue* 115, vol. 37, no 1 (2008), 52-71.

9 이와 관련해서는 Ian Almond, *History of Islam in German Thought from Leibniz to Nietzsche,* 108-134를 참고하라.

10 이와 관련해서는 Almond, *History of Islam in German Thought from Leibniz to Nietzsche,* 117을 참고하라: "헤겔의 저작들은 이슬람교를 거의 다루지 않는다. 하지만 유럽의 바로 옆에 확립된 매우 정교하고 문명적인 이슬람 문화의 위협은 그의 목적론이 갖는 '그리스도교 중심주의'와 '유럽중심주의'의 편견에 지속적으로 많은 문제를 불러일으킬 것이다."

에 후속하는 이슬람교를 보다 호의적으로 평가하는 것이 더 적절해 보인다. 역사적 단계를 고려하면, 이슬람교를 그리스도교보다 더 높은 단계의 종교로 설명하는 것이 논리적으로 일관되기 때문이다.

헤겔은 아랍 문화의 높은 수준에 찬사를 보내긴 했지만 종교의 역사를 거기까지 몰고 가지는 않았다. 그에 따르면, 아랍인들은 중세 시대에 다양한 문화적 발전단계를 빠른 시기에 거쳐나가면서 "서양보다 높은 수준의 문화적 진보"[11]를 이루었다. 예를 들어 『미학』에서 그는 흔들림 없는 열정으로 대상에 집중하는 아랍인들의 시적 능력에 감탄하면서 그들의 작품을 극찬하는가 하면,[12] 이슬람교의 정신을 반영하고 있는 아랍인의 사유를 그리스 철학의 연장으로 평가하기도 한다.[13] 비록 아랍 철학이 철학사의 한 획을 그을 만한 독자적인 원리를 발전시키지는 못했지만[14] 거기에도 괄목할만한 정신적 깊이가 담겨 있기 때문이다. "이슬람교의 영향 아래 […] 아랍 철학은 예술이나 학문과 더불어 놀라운 발전을 이루었다."[15]

헤겔은 이슬람교가 부상한 역사적 근원을 대립하는 원리의 등장으로 인한 자연스러운 결과로 해석한다. 그가 말하는 대립의 변증법에 따르면, 하나의 원리가 등장하면 반드시 그 반대의 원리가 뒤따르게 마련이다. 로마제국의 멸망 이후, 서양은 수많은 연합과 임의적 동맹으로 사분오열되었다. 강력하고 지속적인 제도가 존재하지 않아 일상

---

11 Hegel, *Hist. of Phil.*, vol. 3, 27; *Jub.*, vol. 19, 121.

12 Hegel, *Aesthetics*, vol. 2, 1096-1097; *Jub.*, vol. 14, 401.

13 Hegel, *Hist. of Phil.*, vol. 3, 29; *Jub.*, vol. 19, 124: "자유롭고 찬란하며 심오한 상상력을 보여주는 아랍의 철학은 과거 그리스인들의 방식을 그대로 계승하고 있다."

14 Hegel, *Hist. of Phil.*, vol. 3, 29-30; *Jub.*, vol. 19, 125.

15 Hegel, *Hist. of Phil.*, vol. 3, 26; *Jub.*, vol. 19, 121.

은 무수한 사건 사고로 혼란스러워졌다. 그것이 곧 특수성의 원리다. 헤겔은 이렇게 설명한다. "서양의 모든 사회적 관계는 어리석고 편협한 지성에 의해 보편적이고 일반적인 것이 우연적인 것으로 분열되는 특수성의 형태를 띠게 되었다. 달리 말해, 단순해야 할 원리와 법이 수많은 관습의 아수라장이 돼버린 것이다."[16] 아랍 세계는 그러한 유럽 국가의 몰락에 따른 자연스런 결과로서 세계사적 세력을 형성하게 되었다.

> 서양에서는 로마제국이 지금껏 이루어왔던 것을 수많은 게르만 부족들이 나눠 갖게 되었고, 동양의 또 다른 종교인 이슬람교가 태동할 무렵, 게르만 부족의 정복욕은 더욱 격렬해졌다. 동양은 개별적이고 제한적인 모든 것을 정화해 나갔지만, 서양은 세속적인 정신으로 한없이 몰락해 갔다.[17]

『법철학』과 『역사철학』으로 인해 잠재적인 게르만 민족주의자로 비난받아 왔던 그가 게르만 부족을 이렇게 경멸적으로 언급한 것은 매우 이례적이다.

역사의 발전 과정을 설명하면서 그는 이슬람교의 부상을 '동양의 혁명'[18]이라고까지 표현한다. 이슬람교는 "모든 특수성과 의존성을 절멸하고, 영혼과 성품을 완벽하게 정화했으며, 추상적인 일자를 모든 관심과 헌신의 절대적인 목적과 현존의 조건으로 삼았다."[19] 간단

---

16 Hegel, *Phil. of Hist.*, 355; *Jub.*, vol. 11, 453.

17 Hegel, *Hist. of Phil.*, vol. 3, 27; *Jub.*, vol. 19, 121.

18 Hegel, *Phil. of Hist.*, 356; *Jub.*, vol. 11, 453.

히 말해, 이슬람교는 중세 유럽을 혼란에 빠뜨린 특수성에 대항하여 생겨난 보편성의 원리라 할 수 있다.

1. 당시의 이슬람교 연구와 헤겔이 사용한 자료

오늘날 우리가 알고 있는 이슬람 관련 연구 분야는 헤겔 사후에야 비로소 유럽 대학들에 하나의 학문분과를 형성하기 시작했다.[20] 17~19세기에 유럽을 지배했던 오스만 제국의 정치적 영향력을 고려하면 이는 다소 놀라운 일이다. 이슬람교 연구는 상당히 늦은 시기에 독립적인 학문분과로 통합되었지만, 아랍어는 신학연구 분야에서 히브리어를 보완하는 수단으로 널리 활용되었다.[21] 하지만 그리스어와 마찬가지로 아랍어가 신학연구와 독립된 분과로 형성된 것은 시간이 흐른 뒤였다. 당시의 독일 사상가들은 새로운 종교인 이슬람교보다 고대 인도의 신비 사상에 보다 심취했었던 까닭에 아랍어와 이슬람교 연구는 매우 더디게 발전했다.[22] 하지만 19세기 초반에 들어 독일의

---

19 Hegel, *Phil. of Hist.*, 356; *Jub.*, vol. 11, 453.

20 이와 관련해서는 다음을 참고하라. Johann Fuck, *Die arabischen Studien in Europa bis in den Anfang des 20. Jahrhunderts* (Leipzig: Harrasowitz, 1955); Ursula Wokoeck, "Islamic Studies: The Emergence of a (sub-)discipline?" in her *German Orientalism: The Study of the Middle East and Islam from 1800 to 1945* (London and New York: Routledge, 2009), 164-184; Rudi Paret, *The Study of Arabic and Islam at German Universities: German Orientalists since Theodor Nöldeke* (Wiesbaden: Steiner, 1968).

21 이와 관련해서는 Wokoeck, *German Orientalism: The Study of the Middle East and Islam from 1800 to 1945*, 108-113을 참고하라.

22 이와 관련해서는 Suzanne L. Marchand, "The Lonely Arabists," in *German Orientalism in the Age of Empire: Religion, Race, and Scholarship* (Cambridge: Cambridge University

대학들은 이슬람의 주요 언어인 아랍어, 페르시아어, 투르크어를 비롯한 다양한 동양어 교수들을 영입하기 시작했다.[23] 베를린대학은 1812년에 베른슈타인Georg Heinrich Bernstein(1787~1860)을, 1830년에 페터만Julius Heinrich Petermann(1801~1876)을 동양어 분과 교수로 임용했다. 동양어에 대한 관심은 대략 그 시기에 시작되었고, 19세기 말경에 널리 확산되었다.

아랍어와 이슬람교 연구 분야의 선구자들 중 몇몇은 매우 다채로운 이력을 갖고 있었다. 프랑스의 언어학자이자 외교관인 포스텔Guillaume Postel(1510~1581)은 이탈리아어, 스페인어, 포르투갈어 외에도 히브리어와 헬라어까지 정통했으며, 그 덕분으로 1535년에 콘스탄티노플에 있는 술레이만 대제의 궁정에 주재하는 프랑스 대사로 파견되어 3년간 보직을 맡게 되었는데,[24] 거기서 투르크어와 아랍어를 배우게 되면서 이슬람 문화에 본격적인 관심을 갖게 되었다. 유럽으로 복귀한 그는 아랍어 문법을 비롯한 다양한 언어학 저작을 출판했다. 계몽주의 시대에 독일의 아랍어 연구의 대가 중 한 명은 괴팅겐대학의 교수였던 미하엘리스Johann David Michaelis(1717~1791)였다.[25] 그는 수년

Press, 2010), 118-123을 참고하라.

23 이와 관련해서는 다음을 참고하라. Wokoeck, *German Orientalism: The Study of the Middle East and Islam from 1800 to 1945*, 88: "16개 대학에 동양어를 위한 26개의 직위가 생겨났다." 또한 *ibid.*, Appendix 3, 234-287도 참고하라.

24 이와 관련해서는 다음을 참고하라. Robert Irwin, *For Lust of Knowing: The Orientalists and Their Enemies* (Harmondsworth: Penguin, 2007), 66ff; Marion L. Kuntz, *Guillaume Postel: Prophet of the Restitution of All Things, His Life and Thought* (The Hague: Martinus Nijhoff, 1981).

25 이와 관련해서는 Irwin, *For Lust of Knowing: The Orientalists and Their Enemies*, 130을 참고하라.

간 셈어를 가르쳤고, 1771년에는 『아랍어문법』(*Arabische Grammatik*)[26] 도 출간했지만, 이슬람교 연구는 단지 히브리어 『성서』 연구를 위한 수단으로만 생각했다. 자시Antoine Isaac, Baron Silvestre de Sacy(1758~1838)는 아랍어 연구를 처음으로 신학과 분리시켰다.[27] 그는 아랍어 문법서와 다양한 개론서를 출간했고, 독일 학생들을 비롯한 많은 학생을 가르쳤다.[28] 그는 혼자 힘으로 파리를 유럽의 아랍 연구 중심지로 만들었다. 독일어권에서는 오스트리아의 오리엔탈리즘자 함머-푸르크슈탈 Joseph von Ham- mer-Purgstall(1774~1856)을 현대 아랍어 연구의 창시자로 간주한다.[29] 그는 외교단 교육의 일환으로 동양어 교육을 받았다. 그는 오스만 제국에 관한 연구에 몰두하여 1827~1835년에 걸쳐 10권으로 된 대작 『오스만제국의 역사』(*Geschichte des Osmanischen Reiches*)를 출간했으며,[30] 오스만 제국의 시집을 비롯한 다양한 문헌을 번역하기

---

26 Johann David Michaelis, *Erpenii Arabische Grammatik, nebst den Anfang einer arabischen Chrestomathie aus Schultens Anhang zur Erpenischen Grammatik* (Göttingen: Victorin Bossiegel, 1771).

27 이와 관련해서는 Marchand, *German Orientalism in the Age of Empire: Religion, Race, and Scholarship*, 87을 참고하라.

28 이와 관련해서는 다음을 참고하라. Silvestre de Sacy, *Grammaire Arabe à l'usage des éleves de l'École spéciale des Langues Orientales vivantes*, vols 1-2 (Paris: L'Imprimerie Imperiale, 1810); Silvestre de Sacy, *Chrestomathie arabe, ou Extraits de divers écrivains arabes, tant en prose qu'en vers, à l'usage des éleves de l'École spéciale des Langues Orientales vivantes*, vols 1-3 (Paris: L'Imprimerie Imperiale, 1806). 자시가 아랍어 연구에 기여한 바와 관련해서는 Irwin, *For Lust of Knowing: The Orientalists and Their Enemies*, 141-146을 참고하라.

29 이와 관련해서는 다음을 참고하라. Marchand, *German Orientalism in the Age of Empire: Religion, Race, and Scholarship*, 119-123; Paula Sutter Fichtner, "Joseph von Hammer-Purgstall: The Man and His Programme," in her *Terror and Toleration: The Habsburg Empire Confronts Islam, 1526-1850* (London: Reaktion Books, 2008), 130-161; Joseph von Hammer-Purgstall. *Grenzgänger zwischen Orient und Okzident*, ed. by Hannes D. Galter and Siegfried Haas (Graz: Leykam, 2008).

도 했다.

헤겔은 이슬람교와 페르시아종교 그리고 아랍 세계와 관련한 매우 다양한 문헌을 연구했다. 그는 『미학』에서 『천일야화』(*A Thousand and One Nights*)를 언급하는데,[31] 그가 소장하고 있었던 것은 15권짜리 판본이었다.[32] 또한 그는 개인 서재에는 페르시아 시인 시라지Khwaja Shams-ud-Din Muhammad Hafeze Shirazi(1325/26~1389/90, 간단히 하피즈Hafiz로 불리기도 한다)의 『시집』(*Der Diwan*) 사본과 그것을 함머-푸르크슈탈Joseph von Hammer-Purgstall이 번역한 독일어 판본도 소장하고 있었다.[33] 그 저작은 괴테의 유명한 『서동시집』(*West-östlicher Divan*, 1819)에도 영향을 주었다.[34] 헤겔은 아랍 시인 알-하리리Muhammad al-Qasim ibn Ali ibn Muhammad ibn Uthman al-Hariri(1054~1122, 간단히 바스라의 알-하리리Al-Hariri of Basra로 불리기도 한다)의 시집 『만남들』(*Maqamat*)을 언급하기도 한다. 그 시집은 시인이자 동양학자인 뤼케르트Friedrich Rückert(1788~1866)가 번역한 독일어 판본이었다.[35] 비엔나에서 함머-프루크슈탈과 함께 페르시아어를 공부한

---

30 Joseph von Hammer-Purgstall, *Geschichte des Osmanischen Reiches,* vols 1-10 (Pest: C.A. Hartleben, 1827-1835).

31 Hegel, *Aesthetics,* vol. 2, 1073; Jub., vol. 14, 369. *Aesthetics,* vol. 2, 1097; Jub., vol. 14, 401. *Aesthetics,* vol. 2, 1192; Jub., vol. 14, 524.

32 *Tausend und eine Nacht: arabische Erzählungen,* trans. by Christian Maximilian Habicht, Friedrich Heinrich von Hagen, and Karl Scholl, vols 1-15 (Breslau: Josef Max, 1825)(*Hegel's Library*, 930-944).

33 Mohammed Schemsed-din Hafis, *Der Diwan von Mohammed Schemsed-din Hafis,* trans. by Joseph von Hammer-Purgstall, vols 1-2 (Stuttgart and Tübingen: Cotta, 1812-1813)(Hegel's Library, 813-14). 이와 관련해서는 Aesthetics, vol. 1, 370; Jub., vol. 12, 492-493을 참고하라.

34 Goethe, *West-östlicher Divan* (Stuttgard [sic]: Cotta, 1819)(*Hegel's Library*, 808). 이와 관련해서는 다음을 참고하라. Hegel, *Aesthetics,* vol. 1, 275; *Jub.*, vol. 12, 370. *Aesthetics*, vol. 1, 370; *Jub.*, vol. 12, 492-493. *Aesthetics*, vol. 1, 610-611; *Jub.*, vol. 13, 239-240. *Aesthetics*, vol. 2, 1058; *Jub.*, vol. 14, 349. *Aesthetics,* vol. 2, 1145; *Jub.*, vol. 14, 463.

뤼케르트는 페르시아의 저명한 시인이자 학자인 루미Jalal-ed-Din Rumi (1207~1273)의 시를 번역하기도 했다.[36] 헤겔은 다양한 강의와 『철학백과』에서 그런 작품을 매우 긍정적으로 평가하고 있다.[37] 그는 톨룩Friedrich August Gotttreu Tholuck의 동양 신비주의 선집을 언급하기도 하는데, 그 책에는 루미에 관한 자세한 설명이나 이슬람교의 신비주의에 관한 분석이 실려 있다.[38] 또한 헤겔은 괴레스Joseph Görres가 번역한 피르다우시Ferdowsi의 페르시아 서사시 『피르다우시의 샤나메가 쓴 이란의 영웅서』(*Das Helden Buch von Iran aus dem Shahnameh des Firdausi*)도 소장하고 있었고,[39] 『코란』(*Qur'an*)에 대해서도 익히 잘 알고 있었다.[40]

또한 여행기와 관련해서는 뷔텐바흐Jacob Samuel Wyttenbach의 『다양한 학식을 가진 여행자들의 위대한 저작들에 나오는 이집트와 아라비아 여행기』(*Reise und Beobachtungen durch Aegypten und Arabien aus den Grossen Werken verschiedener gelehrten Reisenden*)를 통해 1761~ 1768년에 이루어진 니부어Carsten Niebuhr의 아라비아반도 항해에 관해서도

35 Friedrich Ruckert, *Die Verwandlungen des Ebu Seid von Serûg oder die Makâmen des Hariri, in freier Nachbildung,* Part 1 (Stuttgart und Tübingen: Johann Friedrich Cotta, 1826). *Aesthetics*, vol. 2, 1097; *Jub.*, vol. 14, 401. *Aesthetics*, vol. 1, 610; *Jub.*, vol. 13, 239.

36 Friedrich Ruckert, "Mewlana Dschelaleddin Rumi," in *Taschenbuch für Damen auf das Jahr* 1821 (Tübingen: Cotta, 1821), 211-248.

37 Hegel, *Aesthetics,* vol. 1, 368; *Jub.*, vol. 12, 490. *Phil. of Mind,* § 573, 308-313; *Jub.*, vol. 10, 466-469.

38 August Tholuck, *Blüthensammlung aus der Morgenländischen Mystik nebste einer Einleitung über Mystik überhaupt und Morgenländische insbesondre* (Berlin: Ferdinand Dummler, 1825); Hegel, *Phil. of Mind,* § 573, 310n.; *Jub.*, vol. 10, 468n.

39 이와 관련해서는 Joseph Gorres, *Das Heldenbuch von Iran aus dem Schah Nameh des Firdussi*, vols 1-2 (Berlin: G. Reimar, 1820)(*Hegel's Library*, 807)을 참고하라.

40 Hegel, *Aesthetics*, vol. 2, 1045; *Jub.*, vol. 14, 333.

잘 알고 있었다.[41] 헤겔의 개인 서재에는 포빈Louis Nicolas Philippe Auguste, comte de Forbin(1779~1841)의 저작 『1817년과 1818년의 레반트 여행기』(*Voyage dans le Levant en 1817 et 1818*) 제2판 사본도 소장되어 있었다.[42] 포빈은 군대를 제대하고 루브르박물관에서 큐레이터로 일했다. 1817년 나폴레옹의 몰락 이후, 박물관의 많은 작품이 이탈리아로 반환되는 바람에 그는 새 작품을 구하기 위해 레반트 원정을 떠났는데, 그의 여행기는 당시 콘스탄티노플, 시리아, 예루살렘, 이집트를 유랑했던 바로 그 원정을 기록한 저작이다.

2. 이슬람교의 신 개념

헤겔에 따르면, 이슬람교의 기본적인 신 개념은 유일신이다. 그런 점에서 그가 이슬람교를 다른 두 일신교, 즉 유대교나 그리스도교와 개념적으로 구별하고자 했던 것은 바람직하다. 따라서 그의 분석에서 중요한 것은 그 세 종교를 비교하는 대목이다. 그는 나머지 두 종교와의 비교를 통해 이슬람교의 신 개념을 증명한다.

헤겔은 유대교의 신 여호와Jehovah와 이슬람교의 신 알라Allah 사이에서 어떤 가족 유사성을 발견했다. 그는 이렇게 설명한다. "신을 주인으로, 본질적으로 유일한 주인으로 해석한 것은 유대교가 처음이

41 Jacob Samuel Wyttenbach, *Reise und Beobachtungen durch Aegypten und Arabien aus den grossen Werken verschiedener gelehrten Reisenden,* vols 1-2 (Bern und Winterthur: bey der typographischen Gesellschaft & Heinrich Steiner, 1779-1781)(*Hegel's Library*, 716).

42 Monsieur le Comte de Forbin, *Voyage dans le Levant en 1817 et 1818,* 2nd ed. (Paris: Delaunay, Libraire, 1819)(*Hegel's Library*, 663).

었고, 다음은 이슬람교다."[43] 그 두 종교의 중요한 유사성은 신을 유일하고 절대적인 존재로 여긴다는 것이다. 하지만 헤겔은 이슬람교를 좀 더 발전된 종교 형태로 본다. 그 이유는 이슬람교는 유대교에서 발견되는 특수성의 형태를 완전히 극복했기 때문이다. "여호와는 아브라함과 이삭과 야곱의 신, 즉 그 한 민족을 위한 유일신이다. 여호와는 오로지 유대인들과만 언약을 맺었고, 그들에게만 계시되었다. 그러한 유대교의 특성이 이슬람교에서는 사라졌다."[44] 유대교는 근본적으로 선택된 사람들만을 위한 민족종교였다. 하지만 이슬람교는 그러한 특수성을 제거하고, 그 권리를 모든 인간으로 확장했다.[45] 『종교철학』에서 헤겔은 이를 좀 더 자세히 설명한다.

> 이슬람교는 유대교와 대체로 같은 내용을 공유하고 있지만 신과의 관계에서는 인간들의 권리를 보다 확장시켰다. 이슬람교에는 특수성이 존재하지 않는다. 거기에는 유대교에서 말하는 민족적 가치와 같은 제한이 없다. 이슬람교에서는 모든 인간이 순수하게 추상적인 자기의식(일자)과 관계할 수 있다.[46]

여호와와 대조적으로 알라는 특정한 집단만이 아니라 모든 인간과 관계하는 포괄적이고 보편적인 신이다. 이슬람교에서는 "모든

---

43 Hegel, *EL*, § 112, Addition, 177; *Jub.*, vol. 8, 265. EL, § 151, Addition, 226; *Jub.*, vol. 8, 340.

44 Hegel, *Phil. of Hist.*, 356; *Jub.*, vol. 11, 454.

45 『철학백과』는 이를 매우 일반적인 언어로 표현하고 있다. "이슬람교는 보편적 원리를 내세워 유대교의 제한된 원리를 극복했다." Hegel, *Phil. of Mind*, § 393, Addition, 144; *Jub.*, vol. 10, 76.

46 Hegel, *LPR*, vol. 3, 242; *VPR*, Part 3, 171-172.

제한, 즉 민족적이고, 계급적인 모든 구별이 사라진다. 특수한 인종, 출생, 재산에 관한 정치적 주장이 더 이상 고려되지 않는다. 믿음만 있다면 누구라도 상관없다."[47] 이슬람교는 노예제도나 엄격한 계급 구분과 같은 억압적인 모든 제도를 폐기했다는 점에서 사회 진보적인 특성을 띠고 있으며, 유대교에 나타나는 심원한 소외감도 극복하고 있다. 헤겔은 이렇게 설명한다.

> 신을 경외하는 사람이라면 누구나 그를 기쁘게 하는 것이며, 신이 일자이자 본질이라는 인식을 진리로 삼는 사람이라면 누구나 그의 가치를 누릴 수 있다. 삶이나 계급에 따른 모든 구분은 사라진다. 계급이 존재할 수도 있고, 노예가 있을 수도 있지만 그런 것은 부차적인 것에 불과하다.[48]

헤겔은 모든 민족성의 차이를 지양한 이슬람교를 매우 긍정적인 발전으로 해석한다.

이슬람교의 신 개념은 그리스도교의 신 개념과 대비된다. 여기에도 동일성과 차이의 변증법이 적용된다. 이슬람교는 그리스도교와 마찬가지로 절대적인 유일신 개념을 중요한 특성으로 공유하고 있다. 『철학백과』에는 이런 구절이 있다. "이슬람교는 더 이상 신을 아시아 종교들처럼 직접적이고 감각적인 존재로 이해하지 않고, 모든 다양성을 초월한 무한하고 숭고한 권능으로 이해한다."[49] 헤겔은 특수하고

---

47 Hegel, *Phil. of Hist.*, 357; *Jub.*, vol. 11, 455.

48 Hegel, *LPR*, vol. 3, 243; *VPR*, Part 3, 172.

49 Hegel, *Phil. of Mind*, § 393, Addition, 44; *Jub.*, vol. 10, 76.

경험적인 화신들을 숭배하는 힌두교를 아시아 종교의 한 사례로 언급한다. 그가 설정한 신 개념의 발전단계에 따르면, 이슬람교와 유대교의 신 개념은 감각이 아니라 사유에 근거한다는 점에서 아시아 종교들보다 높은 단계에 해당한다. 다음으로 이슬람교는 그리스도교와 마찬가지로 특수한 민족종교가 아니라 만인을 위한 보편종교다. "이슬람교도 유대교와 같은 정신종교지만 그들의 신은 정신을 단지 추상적으로 인식하는 자기의식에게만 합당한 신이다. 하지만 유대교와 달리 이슬람교의 신은 특수성의 굴레에서 벗어났다는 점에서 그리스도교의 신과 일치한다."[50] 이슬람교가 급속히 팽창하던 7~8세기 무렵, 그러한 보편성의 원리는 폭넓은 호소력을 발휘하는 데 중요한 역할을 했다.

하지만 헤겔의 사변 논리에 따르면, 그리스도교와 이슬람교는 그러한 유사성에도 불구하고 필연적으로 나타나는 결정적인 차이가 있다. 이슬람교는 신과의 관계에 있어서 경험적인 특수성의 영역을 철저히 부정한다. 그들에게 있어서 신은 무한하고 절대적이고 참된 존재인 반면, 세속 세계는 일시적이고 무가치하고 타락한 존재에 불과하다. 헤겔에 따르면, 그 점이 그리스도교와의 결정적인 차이다. 이슬람교는 특수성의 영역을 전적으로 부정하지만, 그리스도교는 특수성의 영역까지도 완전히 인정한다. 그리스도교는 특수성과 보편성을 대립시키기보다 그 둘의 화해를 추구한다. 특수성의 진리를 입증하는 구체적인 계기는 그리스도의 위격이며, 그것은 삼위일체 교리에서처럼 이후에 보편성과 화해를 이룬다. 헤겔은 이렇게 설명한

50 Hegel, *LPR*, vol. 3, 243; *VPR*, Part 3, 172.

다. "그리스도교의 정신은 자체적으로 발전해간다. 그것이 우리가 알고 있는 삼위일체, 즉 정신의 운동이다."[51] 그리스도교는 교회 공동체의 정신, 즉 성령을 신으로 생각하지만, 이슬람교는 신을 세속 세계나 신앙 공동체와 분리된 초월적 존재로 생각한다.

이슬람교와 그리스도교의 결정적 차이는 그리스도의 역할과 지위에 대한 해석 방식에 있다. 이슬람교는 본성상 특수한 형태의 신을 부정하기 때문에 그리스도를 성육신이 아니라 단지 선지자 정도로 해석해야 한다고 주장한다. 이슬람교는 그리스도교의 삼위일체 교리에 나타난 보편성과 특수성의 사변적 동일성을 이해하지 못하기 때문에 그리스도를 특별하기는 하지만 여전히 특수한 인격에 불과하다고 생각하기 때문이다.

이슬람교와 그리스도교의 또 다른 결정적 차이는 그리스도교만이 인간의 삶과 행위의 중요성을 구체적으로 인식한다는 데 있다. 여기서 헤겔은 원죄를 가진 인간이 어떻게 그리스도를 통해 화해와 구원에 이르게 되는가를 설명하는 그리스도교의 구속사적 관점을 염두에 두고 있다. 이슬람교는 역사적으로 실현 가능한 구체적이고 실정적인 목적의 소유를 엄격히 금지한다. "이슬람교는 [⋯] 구체적인 모든 것을 경멸하고 금지한다. 이슬람교의 신은 절대적인 일자다. 신과의 관계에서 인간은 어떠한 목적도, 어떠한 사적 영역도, 어떠한 독자성도 가져서는 안 된다."[52] 개별자로서의 인간은 자신만의 구체적인 목적을 가질 수 없다. 개별자들은 신이나 초월적인 영역에 비해 헛되

51 Hegel, *LPR*, vol. 3, 243; *VPR*, Part 3, 172.

52 Hegel, *LPR*, vol. 3, 243; *VPR*, Part 3, 172.

고 무용한 특수성의 영역에 살아가면서 언제나 타락하기 때문이다. 반대로 그리스도교는 성육신 교리를 통해 신과 세속 세계의 화해 그리고 세속 세계의 중요성을 동시에 강조하고 있다.

3. 이슬람교 신 개념의 한계

헤겔에 따르면, 이슬람교의 신 개념은 추상적이라는 한계가 있다. 그것은 이중적인 결과를 낳게 된다. 첫째로 신은 무규정적인 상태를 지속하게 되고, 둘째로 경험 세계는 허영과 자의의 대상으로 전락하게 된다. 전자와 관련하여 헤겔은 "이슬람교의 신은 그 자체로 아무런 규정도 갖지 않는다."[53]고 말한다. 이슬람교가 주장하는 일자로서의 신은 순수한 보편자에 불과하다. 알라는 사변적인 방식에 따라 내적으로 구별되지 않은 순수한 추상일 뿐이다. 헤겔은 이렇게 설명한다. "일자는 어떠한 구체적인 술어도 허용하지 않는다. 그로 인해 주관성은 정신의 자유를 결여하게 되고, 숭배의 대상은 내용의 구체성을 결여하게 된다."[54] 주관성의 개념이 생겨나려면 보편자가 특수자가 되어 현실의 영역으로 들어가야 하고, 거기서 구체적으로 행동하거나 이해와 관심을 추구해야 한다.

앞서 언급했듯이, 오로지 신만이 절대적이고 유일하다는 생각은 우리가 사는 우연적인 세상에 대한 경멸로 이어진다. 이슬람교에서

53 Hegel, *Hist. of Phil.*, vol. 3, 33; *Jub.*, vol. 19, 129.

54 Hegel, *Phil. of Hist.*, 356; *Jub.*, vol. 11, 454.

"신의 활동은 전적으로 추상적이며, 그로부터 생겨난 특수자는 전적으로 우연적이다. 사물의 필연성이라는 말은 아무런 의미도 없고, 이해될 수도 없으며, 이해하려 해서도 안 된다. 신의 활동에는 어떠한 이성적 내용도 없다."[55] 신과 비교할 때, 인간의 모든 활동과 계획은 헛된 것에 불과하다. 따라서 이슬람교도의 유일한 사명은 "그러한 실체에 비해 보잘것없는 모든 것, 즉 추상성의 부정적 계기라 할 가변적인 모든 것을 해체하는 것이다."[56]

하지만 경험 세계에 대한 그러한 경멸에도 불구하고 인간은 그 안에서 살고 행동하지 않을 수 없다. 따라서 그러한 견해는 결국 인간의 모든 행동을 자의적인 것으로 치부하는 부정적인 결과를 초래하게 된다.

> 인간은 존재하는 한 자신의 경향과 관심에 따라 사적인 영역을 만들게 마련이지만 경향과 관심이란 반성을 결여하고 있다는 점에서 야만적이고도 통제불능한 것이다. 하지만 그것과 정반대되는 경향, 즉 모든 것을 (추상적인 신에게) 내맡기는 경향, 모든 목적에 대한 무관심, 절대적인 숙명론, 삶에 대한 무관심도 있다. 그러한 경향은 실천적인 목적에 아무런 본질적 가치도 부여하지 않는 태도다.[57]

그러한 태도는 신의 관점에서 볼 때, 아무런 의미도 없는 세상사에 대해서는 금욕주의적인 무관심으로 일관하고, 일상적인 삶의 사소함

---

55 Hegel, *Hist. of Phil.*, vol. 3, 33; *Jub.*, vol. 19, 129.

56 Hegel, *Hist. of Phil.*, vol. 3, 33; *Jub.*, vol. 19, 129.

57 Hegel, *LPR*, vol. 3, 243; *VPR*, Part 3, 172.

을 초탈한 정신의 고상함만을 추구하는 경향으로 나아갈 수도 있다. 하지만 헤겔은 그러한 태도는 현존하는 세계에 대한 무차별적인 파괴를 초래하는 위험천만한 사유라고 비판한다. 왜냐하면 추상적인 것은 다양하게 해석되고 적용될 수 있기 때문이다.

그러한 추상적 보편성은 결국 현존하는 세속 세계에 대한 부정적이고 비판적인 관점을 초래하게 된다. 헤겔에 따르면 그것은 일종의 광신주의로 이어진다.[58](여기서 헤겔이 이슬람교를 특징짓기 위해 사용한 '광신주의'(Fanatismus)라는 용어는 볼테르의 비극 『광신주의 혹은 선지자 무함마드』(*Le Fanatisme, ou Mohomet le Prophète*, 1742)에서 차용한 것이라는 견해도 있지만 확실한 것은 아니다.[59] 헤겔은 무함마드에 관해서는 거의 언급조차 하지 않기 때문이다.) 신에게 아무런 구체적 내용이 없으면, 개인은 순전히 자의적인 견해로 그 공백을 채우게 마련이다.

> 그러한 추상은 이슬람교인들의 마음을 흔들었다. 그들의 목적은 추상적인 일자에 대한 숭배를 확립하는 것이었으며, 그들은 그것을 위해 열광적으로 투쟁했다. 기존의 사물의 질서를 부정하는 추상적 사유에 대한 종교적 열광이 곧 **광신주의**다.[60]

헤겔은 이슬람교의 신 개념이 광신주의로 이어진다는 주장을 여러 번 반복한다. 그는 『종교철학』에서 이렇게 설명한다. "사실상 인간

---

58 이와 관련해서는 Will Dudley, "The Active Fanaticism of Political and Religious Life: Hegel on Terror and Islam," 119-131을 참고하라.

59 이와 관련해서는 Hans Joachim Schoeps, "Die ausserchristlichen Religion bei Hegel," *Zeitschrift für Religionsund Geistesgeschichte*, vol. 7, no. 1 (1955), 33을 참고하라.

60 Hegel, *Phil. of Hist.*, 358; *Jub.*, vol. 11, 456.

은 실천적이고 활동적이기 때문에 그들의 유일한 목적은 모든 인류가 일자를 숭배하게 하는 것일 수 있다. 따라서 이슬람교는 본질적으로 광신적인 특성을 띠게 된다."[61] 헤겔은 그것을 이슬람교와 유대교의 차이로 본다. 유대인들에게 다른 민족은 "주님을 찬양토록 부름받기는 했지만 그것은 그들의 목적이 아니라 다만 소원일 뿐이다. 그러한 목적은 이슬람교에서 처음 등장한다. 이슬람교의 유일한 목적은 모든 민족이 주님을 찬양토록 하는 것이다. 따라서 유대교는 광신적이지 않지만 이슬람교는 광신적이다."[62] 유대교는 민족종교였으므로 다른 민족을 개종시켜 유대교를 믿게 할 이유가 없었다. 유대인들은 이방인들이 죄에 빠져 살도록 그냥 내버려 두었다. 반대로 이슬람교는 민족의 경계를 초월한 보편종교다. 헤겔이 이슬람교를 광신주의로 간주한 것은 그들이 다른 민족에게 자신의 종교를 전파하는 폭력적인 방식 때문이었다.

헤겔은 현실 세계에는 실천적으로 풀어야 할 현실적인 문제들이 있다고 지적한다. 세상을 단지 타락하고 일시적이고 무의미한 것으로 치부하고, 아무런 구체적 내용도 없는 추상적인 신에게 매달리는 방식으로는 그러한 문제들을 제대로 해결할 수 없다. 헤겔의 설명에 따르면, 이슬람교의 문제는 모든 특수성을 경멸하면서 인간의 목적과 행동을 하찮게 여기는 데 있다. 유한성의 영역도 어느 정도는 인정되어야 한다.[63]

---

61 Hegel, *LPR*, vol. 3, 243; *VPR*, Part 3, 173.

62 Hegel, *LPR*, vol. 2, 438; *VPR*, Part 2, 337.

63 이와 관련해서는 Hegel, *Hist. of Phil.*, vol. 3, 33; *Jub.*, vol. 19, 129를 참고하라. "신의 활동성은 이성이 전혀 없는 것으로 표현된다. 영원한 통일성과 결합된 그러한 추상적 부정성은 근본적으로 동양 종교가 세상을 바라보는 방식이다. [⋯] 따라서 아랍인들은 (신의) 이념을 구체적으로 규정하

헤겔은 이슬람교인들을 단 하나의 열정으로 사는 존재로 묘사한다. 하지만 그러한 열정은 구체적이거나 특정한 내용이 없기 때문에 긍정적일 수도 있고, 부정적일 수도 있다. 이슬람교인들은 "매우 잔인하고, 교활하고, 당차기도 하지만 또한 매우 관대하기도 하다."[64] 헤겔에 따르면, 아랍 문학도 그와 동일한 특징을 공유하고 있다.

> 아랍 문학에는 보다 확고하고 독립적인 성격의 인물들이 등장한다. 사물 역시 자신만의 한정된 직접적 실재를 소유하고 있다. 그러한 독립적인 개체성의 시작과 더불어 참다운 우정이나 환대나 숭고한 자비도 생겨나고, 동시에 복수를 향한 무한한 갈증이나 무자비한 열정이나 절대적으로 매정한 잔인함을 추구하는 사라지지 않는 증오의 기억도 생겨난다. 하지만 그러한 토양에서는 인간사의 영역에서 발생하는 인간적인 행위, 즉 복수의 행위들, 사랑의 관계들, 환상적이고 경이로운 것들이 사라진 자기 헌신적인 자비가 생겨나기도 한다. 그래서 결국 만물은 사물들의 필연적인 연관에 구속된 것으로 보이게 된다.[65]

이슬람교는 그러한 자의성을 통해 인간 정신의 깊이와 높이에 이르고자 한다. 헤겔은 그것이 지닌 긍정적 요소를 본다. "구체적인 것을 황폐한 것이나 파괴해야 할 것으로 보는 것이 광신주의의 본질이지만 동시에 그것은 최고의 고양, 즉 모든 하찮은 관심으로부터 해방

기보다 도리어 학문과 철학을 발전시켰다. 그들이 해야 할 일은 그러한 실체에 비하면 보잘것없는 모든 것들, 즉 추상성의 부정적 계기라 할 수 있는 가변적인 모든 것들을 해체하는 것이었다."

64 Hegel, *Phil. of Hist.*, 358; *Jub.*, vol. 11, 457.

65 Hegel, *Aesthetics*, vol. 1, 430; *Jub.*, vol. 13, 7.

되고, 아량과 용기에 해당하는 모든 덕과 결합된 고양을 의미하기도 한다."[66] 간단히 말해 광신주의는 선한 영향을 줄 수도 있고, 악한 영향을 줄 수도 있는 변증법적 개념이다. 모든 것은 추상적인 것에 특수한 내용을 부여하는 개인의 의지에 달려 있다.[67]

추상적이고 내용 없는 신을 향한 보편적인 열정은 아랍의 정치권력이 오랫동안 유지될 수 없었던 이유가 되기도 했다. 헤겔은 이렇게 주장한다. "근동 지방에서 생겨난 이슬람교의 광신주의는 만인이 평등하지만 어떠한 정치적 관계도 결성해서는 안 된다는 원리에 따라 이슬람 민족들의 모든 개별성을 절멸하고, 모든 차이를 말살했다."[68] 이슬람교는 사람들 간의 차별을 없앴다는 점에서는 진보적인 측면을 갖지만, 그것은 동시에 파괴적인 측면을 갖기도 한다. 헤겔이 보기에 이슬람교의 일반적인 견해는 모든 인간 활동, 제도, 정부가 신에게 종속되어 있다. "일자에 대한 숭배야말로 무함마드의 유일하고도 궁극적인 목표다. 그리고 주관성은 세속적인 실존이나 자신의 행위를 일자에게 예속시키는 것을 신을 향한 유일한 사명으로 삼는다."[69] 이는 어떠한 세속적 제도와 권력도 궁극적인 타당성을 갖지 않는다는 것을 의미한다. 신은 전적으로 초월적인 존재라는 점에서 세속적인 제도나 정부는 신의 정신과도 일치하지 않을뿐더러 따라서 신의 축복

---

66 Hegel, *Phil. of Hist.*, 358; *Jub.*, vol. 11, 456.

67 Hegel, *Phil. of Hist.*, 359; *Jub.*, vol. 11, 457: "이처럼 종교적 열광은 위대한 행위들을 수행한 적이 없었다. 개인들은 다양하고 특수한 형태로 고상하고 고귀한 것을 열광적으로 추구한다. 자신의 독립성을 위한 사람들의 열광도 분명한 목적을 갖고 있다. 하지만 그것은 추상적인 목적이다. 따라서 어떠한 제한도 없고, 어떠한 한계도 없으며, 어떠한 사람도 차별하지 않는 것이 모든 것을 포괄하는 이슬람교의 열광이다."

68 Hegel, *LPWH*, vol. 1, 326; *VPWG*, vol. 1, 259.

69 Hegel, *Phil. of Hist.*, 356; *Jub.*, vol. 11, 454.

도 받을 수 없기 때문이다.

헤겔은 그 문제를 이렇게 요약한다. "이슬람교의 전반적인 결함은 유한자의 가치를 제대로 인정하지 않는다는 데 있다."[70] 이슬람교는 세상에 현존하는 신을 인식하지 못했기 때문에 세상을 부정하는 세력이 되고 말았다. 물론 추상성과 보편성도 극단적인 개별성과 특수성에 맞서 싸우는 데는 나름의 긍정적이고 유익한 힘을 갖기도 하지만, 그럼에도 그것은 여전히 복합적인 변증법적 개념의 일면일 뿐이다. 그러한 추상적인 보편성은 그리스도교에서 나타나는 보편성과 특수성의 통일, 추상적인 신과 구체적으로 육화한 신의 통일이라는 균형을 결여하고 있기 때문이다.

4. 자유와 역사의 발전에 있어서 이슬람교의 긍정적 역할

그럼에도 불구하고 헤겔은 이슬람교가 역사발전에 중요한 역할을 했다고 평가한다. 유대교, 그리스도교, 이슬람교는 감각에 기초한 신 개념을 바탕으로 하는 아시아 종교들을 넘어섰다. 이슬람교는 표상의 종교가 아니라 사유의 종교다. 그래서 신이나 선지자에 대한 어떠한 묘사도 금지한다.[71] 감각적으로 보려 하지 말고, 정신적으로 사유하라는 것이다.

---

70 Hegel, *EL*, § 112, Addition, 176; *Jub.*, vol. 8, 265. *EL*, § 151, Addition, 226; *Jub.*, vol. 8, 340.

71 Hegel, *Phil. of Hist.*, 357; *Jub.*, vol. 11, 454: "이슬람교도는 철저히 지성적인 대상을 숭배한다. 알라에 대해서는 어떠한 그림이나 표상도 용납되지 않는다."

통일성과 보편성으로 간주되는 신은 본질적으로 사유에만 존재하며, 그 자체는 아무런 형상도 없기 때문에 상상으로 표상이나 형상을 만들 수도 없다. 그런 이유에서 유대교와 이슬람교는 신을 감각적으로 시각화하기 위해 형상으로 묘사하는 것을 금지한다. 따라서 가장 구체적인 형태의 생명력을 요구하는 시각예술은 거기에 들어설 자리가 없다.[72]

신의 형상을 금지하는 것은 신의 의인화를 막기 위해서다. 신은 우리의 상상력을 초월한 존재다. 헤겔이 보기에 이슬람교와 유대교는 둘 다 경험적인 특수성에 집착하는 자연종교보다 개념적으로 더 높은 단계에 속한다.

헤겔은 이슬람교에서 주관적 자유라는 근대의 원리로 나아가는 운동을 본다. 주관적 자유는 그가 서양의 역사와 문화를 논할 때 중심으로 삼는 개념이다.

동양을 대표하는 종교는 이슬람교다. 이슬람교는 유한하고, 형상적인 것을 추구하는 모든 우상숭배를 추방함으로써 자신의 토대를 마련했지만 심정을 가득 채우고 있는 주관적인 자유도 함께 허용했다. 그 결과 세속적인 것을 위한 영역도 만들지 않았고, 감각적으로 지각 가능한 신의 형상도 만들지 않았다. 이슬람교는 심정과 정신이 평화롭게 공존하며 즐겁게 살아가는 보편적인 자유의 영역에서 꽃을 피웠다. 그들은 마치 걸인들처럼 먹고 사랑할 때도 행복해하고, 신을 관조하고 찬양할 때도 기뻐하고 만족한다.[73]

72 Hegel, *Aesthetics*, vol. 1, 175; *Jub.*, vol. 12, 241. *Aesthetics*, vol. 1, 103; *Jub.*, vol. 12, 150. *Aesthetics*, vol. 1, 42; *Jub.*, vol. 12, 72.

헤겔은 분명 이슬람교를 동양의 다른 종교보다 한 단계 더 발전한 형태로 본다. 동양의 다른 종교들은 경험적인 것에 사로잡혀 신을 개념적으로 파악하는 데까지는 나아가지 못했다.

이슬람교는 인간을 세속적인 것이나 자연적인 본성에서 벗어나게 하는 긍정적인 요소를 가지고 있다. 그것은 『정신현상학』의 '지배와 예속의 변증법'에서 노예의식이 시작되는 지점과도 일치하고, 헤겔이 자주 인용하는 『시편』(*Psalms*) 구절과도 일치한다. "주인을 경외함이 지혜의 근본이라."[74] 자신을 자연에서 해방된 존재로 인식하는 것이야말로 주관적 자유로 나아가는 중요한 첫 단계다.

> 동양의 종교가 그러한 방향의 발전을 허용함으로써 일자로서의 신의 실체성과는 대비되는 개별적인 인격 그 자체가 갖는 내적인 자유와 자립성과 독립성에 대한 이해도 생겨났다. 사막에서, 무한한 바다와 같은 평원에서, 그들 위의 맑은 하늘에서, 오직 자신들의 용기와 용맹 그리고 그들의 생존 수단인 낙타, 말, 창과 칼에 의지하며 살았던 아랍인들을 보면, 우리는 그러한 전망의 최고 형태를 이해할 수 있다.[75]

---

73 Hegel, *Aesthetics*, vol. 1, 557; *Jub.*, vol. 13, 171-172.

74 *Psalms* 111:10. Hegel, *LPR*, vol. 2, 443; *VPR*, Part 2, 344. *PhS*, 117-118; *Jub.*, vol. 2, 156.

75 Hegel, *Aesthetics*, vol. 1, 430; *Jub.*, vol. 13, 7. 헤겔에 따르면 세계로부터 빠져나와 더 넓은 관점으로 사물을 보는 방식은 이슬람의 시에서도 분명하게 나타난다. 이와 관련해서는 *Aesthetics*, vol. 2, 998-999; *Jub.*, vol. 14, 273을 참고하라: "스스로 무언가를 창조하려면, 즉 외부로부터 결정된 것처럼 보이지 않는 자유로운 것을 창조하려면, 비록 자신(시인)은 매우 협소하고 특수한 영역에 제한되어 있을지라도 그것에 구속되지 않는 자유로운 전체로 존재해야 한다. 그는 물질에 대한 실용적인 선입견에서 벗어나 주관적으로든 객관적으로든 모든 존재를 차분하고 자유롭게 바라봐야 한다. 이슬람 시인들의 그러한 타고난 능력은 특별한 찬사를 받을 만하다. 그들은 열정 속에서도 열정에 구속되지 않는 자유를 누리며, 다양한 이해관계 속에서도 작품의 핵심이 되는 하나의 실체만을 바라본다. 그러한 실체에 비하면 다른 모든 것은 사소하고 일시적인 것에 불과하

자신의 충동과 욕구를 부정하고 거기서 벗어나는 것이 주관적 자유의 중요한 첫 단계이기는 하지만 그것만으로 자유를 발전시키지는 못한다. 자유의 발전을 위해서는 이성적인 제도라는 구체적인 맥락 안에서 보편성을 추구하는 이성적인 의지가 필요하다.

이슬람교는 동양의 종교들, 예컨대 힌두교보다는 진보했지만, 아직 그리스도교의 단계에는 이르지 못했다. 이슬람교는 감각적인 우상에 대한 숭배를 성공적으로 극복하고 그것을 추상적인 개념으로 대체하기는 했지만, 그것에 구체적인 개념을 부여하는 데까지는 나아가지 못했다. 헤겔은 『철학백과』에서 이렇게 말한다.

> 추상적인 일자에 집착하는 서아시아의 정신은 보편자를 구체화하거나 특수화하지 못해 결국 구체적으로 발전하지 못했다. 그러한 정신은 카스트제도를 비롯한 인도의 모든 제도를 넘어섰다. 모든 이슬람교도는 자유롭다. 그들 사이에서는 엄밀한 의미의 독재란 존재하지 않는다. 하지만 정치적인 삶은 아직 이성적으로 조직된 전체의 형태, 즉 구체적인 정부권력으로 분화된 형태를 갖추지는 못했다.[76]

이슬람교는 신 앞에서 만인의 평등을 선언했다는 점에서 정치적으로 중요한 진보를 이루었다. 헤겔은 이슬람 사회의 평등주의적 특성을 긍정적으로 평가한다.

며, 열정과 욕망도 더 이상 결정권을 갖지 못한다."

76 Hegel, *Phil. of Mind*, § 393, Addition, 44; *Jub.*, vol. 10, 76-77.

처음에 칼리프들은 […] 어떠한 지위와 문화의 구별도 인정하지 않았던 사막 아랍인들의 단순함과 평이함을 그대로 유지하고 있었다. 가장 비열한 사라센이나 가장 하찮은 노파도 칼리프와 동등하게 여겨졌다. 문화는 무반성적인 순진함을 필요로 하지 않는다. 정신의 자유 덕분으로 각자는 통치자와 평등한 관계를 유지한다.[77]

이슬람교에 대한 헤겔의 긍정적 평가는 중국과 인도의 전제정치와 독재정치에 대한 그의 신랄한 비판과 비교하면 더 확실히 부각된다.

이슬람교는 노예제도나 카스트제도와 같은 억압적인 관습을 폐지하는 데는 공헌했지만, 이성적인 사회제도나 정치제도를 확립하거나 발전시키지는 못했다. 왜냐하면 이슬람교는 추상적인 보편성에 머물러 있어서 그렇게 할 만한 개념적 내용이 없었기 때문이다. 거기에는 어떤 새로운 것을 구성할 특정한 내용이 존재하지 않는다. 그러한 의미에서 이슬람교의 정치적인 문제는 다름 아닌 신 개념의 문제다.[78] 이슬람교와 달리 그리스도교는 세상에서 이루어지는 개별적이고 구체적인 행동의 중요성과 세속적인 영역의 고유한 가치를 인정하기 때문에 그에 따른 관습과 제도 그리고 사회구조를 구성할 수 있지만 이슬람교는 그러한 세속적인 것에 궁극적이고 지속적인 가치를 두지 않는다.

---

77 Hegel, *Phil. of Hist.*, 359; *Jub.*, vol. 11, 458.

78 Hegel, *Phil. of Mind*, § 393, Addition, 44-45; *Jub.*, vol. 10, 77: "그리스도교의 신은 무차별적인 일자가 아니라 자기 내부에 차이를 포함하고, 인간이 되고, 자신을 계시하는 삼위일체의 신이다. 그리스도교의 종교 개념에서는 보편자와 특수자, 사유와 존재가 극심하게 대립하지만 궁극적으로는 통일을 이룬다. 그리스도교에서 특수자는 이슬람교에서처럼 직접성의 단계에 머물러 있지 않다."

이슬람교에 관한 논의에서 특히 흥미로운 것은 이슬람교의 신 개념을 지나치게 혼란스럽고 열광적이던 계몽주의 시대의 종교, 특히 프랑스혁명이나 공포정치의 추상적인 이념과 연관시키고 있다는 점이다.[79] 헤겔은 『역사철학』에서 그리스도교 이후의 종교로 이슬람교와 계몽주의 시대의 이신론을 다루고 있으며, 『종교철학』의 결론부에서는 그 두 종교의 신 개념이 무척 혼란스럽다고 간단히 언급하고 있다.[80] 『철학백과』에서도 그는 이슬람교의 신 개념을 간단히 설명하고는 그것을 계몽주의의 신 개념과 연관시켜 설명하고 있다. "이슬람교의 신 개념을 그대로 유지하는 또 다른 입장은 '최고 본질'로서의 신은 결코 인식될 수 없다는 견해다. 그것은 근대 계몽주의의 일반적인 주장이다. 그들은 '신은 최고 존재다'(Il y a un être suprême)라고 말하는 데 만족하고, 그 이상의 문제는 방치해 버렸다."[81] 간단히 말해, 알라는 이신론자들이 말하는 추상적인 이성의 신과 유사하다. 이슬람교와 이신론은 서로 다른 역사적 맥락에서 등장했고, 천 년이 넘는 시간차를 둔 완전히 다른 운동임에도 불구하고 두 종교가 유사하다는 것은 참으로 놀라운 일이다. 그 둘의 유사성은 간단하다. 두 종교 모두 전능하고 초월적인 창조자로서의 신 개념을 가지고 있다는 점이다. 하지만 그 신은 창조된 세계나 인간과는 아무런 관계도 맺지 않는다.

이처럼 이슬람교에 대한 헤겔의 평가는 양가적이다. 한편으로는 이슬람 문화와 이슬람교의 요소들이 보여준 역사적인 힘을 긍정하면서도, 다른 한편으로는 이슬람교의 신 개념을 무자비한 파괴력을

---

79 Hegel, *Phil. of Hist.*, 358; *Jub.*, vol. 11, 456.

80 Hegel, *LPR*, vol. 3, 244; *VPR*, Part 3, 173.

81 Hegel, *EL*, § 112, Addition, 177; *Jub.*, vol. 8, 265.

지닌 무차별적 보편성으로 인식한다. 그 둘은 하나로 조화되기 어렵다. 이슬람교에 대한 그의 부정적인 평가는 그리스도교의 삼위일체 교리를 더욱 중요하게 부각시키기 위한 것이다. 헤겔의 형이상학이 요구하는 것은 단순한 보편성이 아니라 특수성을 매개한 보편성이다.

8장

헤겔 『종교철학』의 수용

헤겔이 세상을 떠난 후 그의 사상을 둘러싼 주요한 논쟁은 『종교철학』에 대한 해석과 맞물려 있었다. 심지어 그의 생전에도 사람들은 그의 철학이 그리스도교의 핵심 교리와 일치하지 않는다는 비판을 쏟아냈다. 1832년에 『종교철학』이 출간되기 전까지만 해도 그의 종교적 견해를 둘러싼 논쟁은 기존 저작들의 산발적인 종교 논의에만 국한된 문헌적 한계를 피할 수 없었다. 당시에도 그의 종교적 견해에 관한 해석은 판이하게 대립했고, 심지어 『종교철학』이 출간된 후에도 좀처럼 합의를 이루지 못했다. 마라이네케의 판본은 많은 의문을 남겼다. 그는 자신의 보수적인 견해에 따라 헤겔의 『종교철학』을 그리스도교 교리에 일치하도록 조작했다는 혐의를 받기도 했고, 내용의 일관성과 명확성이 부족하다는 평가를 받기도 했다. 그러한 의문들은 헤겔의 『종교철학』에 대한 바이세Christian Hermann Weisse(1801~ 1866)[1] 와 피히테의 아들 임마누엘 피히테Immanuel Her- mann Fichte(1797~1879)[2] 그리고 신학자

1 Christian Hermann Weisse, "Uber die eigentliche Grenze des Pantheismus und des philosophischen Theismus," *Religiöse Zeitschrift für das katholische Deutschland,* 1833, vol. 1, 31-51, 143-153, 227-239; vol. 2, 99-119, 244-269.

2 Immanuel Hermann Fichte, "Hegels Vorlesungen über die Philosophie der Religion, nebst einer Schrift über die Beweise vom Daseyn Gottes, herausgegeben von Dr. Ph. Marheinecke. 2 Bande. Berlin 1832 [···]," *Heidelberger Jahrbücher der Literatur,* vol. 26, nos 55-57, 62-63, 1833, 880, 881-896, 897-907, 978-992, 993-1008, 1009-1010.

슈타우덴마이어Franz Anton Staudenmaier(1800~1856)[3]의 서평에서 불거지기 시작했다.

앞서 언급했듯이[4], 그래서 마라이네케는 1840년에 『종교철학』 개정판[5]을 출간하기로 결심했다. 그는 개정판 '편집자 서문'에서 헤겔 사후에 출간된 초판은 시간의 압박으로 서툰 부분이 많았다고 고백하면서 새로 낸 개정판을 대외적으로 정당화하기도 했다.[6] 또한 그는 자신에게 쏟아진 당시의 비판이나 그것과 관련한 헤겔학파의 분열에 대해서도 그리고 원본을 조작한 무책임한 편집자라는 혐의에 대해서도 항변했다.[7] 그 개정판에는 초판에서 활용되지 않았던 헤겔의 강의록과 필기록이 더해졌는데, 그로 인해 내용의 연속성이나 일관성의 문제는 더욱 악화되었고, 해석의 갈등도 더욱 분분해졌다.

이어진 논쟁은 영혼 불멸, 신의 인격성, 그리스도의 신성이라는 세 주제에 집중되었다. 그 주제들은 서로 밀접하게 연관되어 있어서[8]

---

3 Franz Anton Staudenmaier, "Georg Wilhelm Friedrich *Hegel's Vorlesungen über die Philosophie der Religion. Nebst einer Schrift über die Beweise vom Daseyn Gottes*; Herausgegeben von D. Philipp Marheineke. Erster Band XVI u. 376 S. Zweiter Band 483 S. Berlin 1832 bei Dunker u. Humblot," *Jahrbücher für Theologie und christliche Philosophie*, vol. 1, no. 1 (1834), 97-158.

4 이와 관련해서는 이 책 서론의 '5. 헤겔의 『종교철학』의 다양한 판본' 부분을 참고하라.

5 Hegel, *Vorlesungen über die Philosophie der Religion*, vols 1-2, ed. by Philipp Marheineke, vols 11-12, in *Hegel's Werke* (Zweite Auflage, Berlin: Duncker und Humblot 1840[1832]).

6 Philipp Marheineke, "Vorwort," in Hegel, *Vorlesungen über die Philosophie der Religion*, vol. 1, vi(*Jub.* vol. 15, 8).

7 Philipp Marheineke, "Vorwort," in Hegel, *Vorlesungen über die Philosophie der Religion*, vol. 1, vi(*Jub.* vol. 15, 8).

8 이와 관련한 예로는 Michelet, *Vorlesungen über die Persönlichkeit Gottes und Unsterblichkeit der Seele oder die ewige Persönlichkeit des Geistes* (Berlin: Ferdinand Dummler, 1841)를 참고하라. 이 저작은 그 세 주제 중 두 개를 엮어 함께 다루고 있다.

논쟁에 참여한 저자들도 대개 중복되지만 여기서는 그 주제들을 하나씩 나눠 살펴보고자 한다. 또한 그 논쟁과 관련한 자료들은 너무 방대해서 여기서는 다만 그 논쟁들의 주요한 흐름만을 설명하고자 한다.

1. 헤겔학파

1830~1840년대의 헤겔학파를 특징짓기 위해 전통적으로 사용했던 '헤겔 좌파'나 '헤겔 우파'라는 명칭은 사상사에서 그 시기를 지나치게 단순화하거나 왜곡하게 만든 장본인이기도 하다. 지성사 연구자들은 헤겔학파를 좌파와 우파로 (때로는 중도로) 내분하거나 헤겔학파를 '헤겔 비판가'로 분류되는 다른 집단과 외분함으로써 그 시기를 말끔하게 이해할 수 있는 도식을 만들어 냈다. 그런 광범위한 범주가 우리에게 익숙하긴 하지만 그것은 거기에 속한 다양한 사상가의 주요 저작을 거의 탐구하지 않고 방치하는 부정적인 결과를 낳기도 했다.

19세기의 철학 및 종교 사상을 설명하기 위해 오랫동안 사용되어 왔던 그 범주는 학자들을 태만하게 하거나 그 시기에 대한 보다 엄밀한 연구의 열의를 꺾어 버렸다. 그 결과 당시의 많은 주요 인물들, 이를테면 피히테의 아들인 임마누엘 피히테Immanuel Hermann Fichte, 바우어Ferdinand Christian Baur, 바이세Christian Hermann Weisse, 마라이네케Philipp Marheineke, 괴셸Friedrich Göschel, 에르트만Johann Eduard Erdmann과 같은 저자들은 오늘날까지도 제대로 연구된 바가 없다. 거기에는 그들이 그 범주 중 어디에 속하는지 가늠하기 어려운 이유도 한몫했을 것이다. 그로 인해 그들이 현재의 철학적-종교적 사유에 주는 중요성이나 연관성도 제대로 파악되지 못했다. 그들의 사상은 매우 이질적이기 때문에 현대의 세속주의, 유물론, 상대주의, 주관주의와 같은 문제에도 여전히 다양한 통찰을 줄 수 있다. 헤겔의 『종교철학』과 관련한 난해한 해석적 물음에 응답하는 과정에서 그들은 이후 150년이 넘는 철학적 신학의 역사에 굵직한 쟁점을 남겼다. 따라서 그들을 돌아보는 것은 앞으로의 신학이나 종교철학의 발전을 위한 통찰을 필요로 하는 이들에게 무척 유익한 투자가 될 수도 있다. 하지만 그 작업이 원활하려면 먼저 그 시기를 이해하고자 고안했던 기본 범주에 대한 재평가가 이루어져야 할 것이다.

헤겔학파의 분열은 헤겔 생전에도 이미 윤곽을 드러내고 있었지만 헤겔 좌파, 헤겔 우파, 헤겔 중도와 같은 명칭은 그의 사후에 도입된 것이다.[9] 그 명칭을 개발한 사람은 신학자 슈트라우스David Friedrich Strauss였다. 그는 자신의 저작 『예수의 생애』(*Das Leben Jesu*)[10]에 대한 비판가들에 응답하는 『나의 저작 "예수의 생애"를 옹호하고 현대신학의 특징

---

9 독일 헤겔학파의 발전과 관련해서는 다음을 참고하라. William J. Brazill, *The Young Hegelians* (New Haven: Yale University Press, 1970); Jacques D'Hondt, *Hegel et hégélianisme* (Paris: Presses Universitaires de France, 1982); Georg Lasson, *Was heißt Hegelianismus?* (Berlin: Reuther & Reichard, 1916); John Edward Toews, *Hegelianism: The Path toward Dialectical Humanism,* 1805-1841 (Cambridge: Cambridge University Press, 1980); Warren Breckman, *Marx, the Young Hegelians, and the Origins of Radical Social Theory: Dethroning the Self* (Cambridge: Cambridge University Press, 1999); David McLellan, *The Young Hegelians and Karl Marx* (London and Basingstoke: Macmillan, 1970); Ingrid Pepperle, *Junghe- gelianische Geschichtsphilosophie und Kunsttheorie* (Berlin: Akademie Verlag, 1978); Douglas Moggach (ed.), *The New Hegelians: Politics and Philosophy in the Hegelian School* (Cambridge: Cambridge University Press, 2006).

10 David Friedrich Strauss, *Das Leben Jesu,* vols 1-2 (Tübingen: Osiander, 1835-1836)(In English as The Life of Jesus Critically Examined, ed. by Peter C. Hodgson, trans. by George Eliot, Ramsey, NJ: Sigler Press 1994).

을 설명하는 논박서』(*Streitschriften zur Vertheidigung meiner Schrift über das Leben Jesu und zur Charakteristik der gegenwärtigen Theologie*, 1837)[11] 에서 그 명칭을 처음 사용했다. 이후의 지성사 연구가들은 그 명칭을 무비판적으로 수용했을 뿐,[12] 그 명칭의 타당성을 문제 삼기 시작한 것은 근래에 들어서였다. 슈트라우스는 '그리스도론'과 관련한 서로 다른 해석들을 구분하기 위해 그 명칭을 사용했다. 그는 이렇게 설명한다.

> 복음서는 과연 신과 인간 본성의 통일이라는 이념을 역사적으로 증명했는가, 했다면 얼마나 증명했는가에 대한 질문과 관련해서는 다음 세 대답이 가능할 것이다. ① 전적으로 증명했다. ② 부분적으로 증명했다. ② 전혀 증명하지 못했다. 만일 그러한 대답들 각각이 헤겔학파의 세 분파를 대표한다고 가정하고 그것을 전통적인 범주로 표현하자면, 오랜 기간 확립된 체계에 가장 가까운 ①을 헤겔 우파, ②를 헤겔 중도, ③을 헤겔 좌파라고 부를 수 있을 것이다.[13]

---

11 David Friedrich Strauss, *Streitschriften zur Vertheidigung meiner Schrift über das Leben Jesu und zur Charakteristik der gegenwärtigen Theologie* (Tübingen: Osiander, 1837), 95-126. *Defense of My Life of Jesus against the Hegelians*, trans. by Marilyn Chapin Massey, Hamden (CT: Archon Books, 1983), 38-66. 그러한 구분과 관련한 더 자세한 설명은 John Edward Toews, "Right, Centre, and Left: the Division of the Hegelian Schools in the 1830s," in his *Hegelianism: The Path toward Dialectical Humanism, 1805-1841*, 203-254를 참고하라.

12 이와 관련해서는 다음을 참고하라. Carl Ludwig Michelet, *Geschichte der letzten Systeme der Philosophie in Deutschland von Kant bis Hegel,* vols 1-2 (Berlin: Duncker und Humblot, 1837-1838), vol. 2, 654-649; Karl Theodor Bayrhoffer, *Die Idee und Geschichte der Philosophie* (Leipzig: Otto Wigand, 1838), 490-493. 슈트라우스의 범주에 처음 반기를 든 사람은 로젠크란츠(Karl Rosenkranz)다. 이와 관련해서는 Karl Rosenkranz, *Kritische Erläuterungen des Hegel'schen Systems* (Konigsberg: Bei den Gebruderen Borntrager, 1840), vii-xxxvi을 참고하라.

헤겔 우파, 헤겔 좌파, 헤겔 중도라는 명칭이 이후에는 넓은 의미로 사용되었지만 원래는 특정한 문제(그리스도론)에 한정적으로 사용되었다는 점이 특히 눈에 띈다.

하지만 이후에는 다른 논쟁들에도 그 명칭이 널리 사용되면서 그 의미는 훨씬 더 광범위한 경향을 가리키는 것으로 확장되었다. 헤겔 우파는 헤겔 철학이 정통 그리스도교 교리들, 이를테면 영혼불멸, 신의 인격성, 그리스도의 신성 등의 교리와 일치하고, 실제로 그 교리들에 철학적인 닻을 제공한다고 생각했다. 이와 반대로 헤겔 좌파는 헤겔 철학이 그리스도교 교리를 인식하기에는 부적합한 형식이라고 단언하면서, 그것이 그리스도교를 훼손하거나 탈-신비화한다고 주장했다. 이후에 사용된 그 명칭상의 구별은 슈트라우스가 처음 사용했던 방식과 전혀 무관하진 않지만 그 의미가 훨씬 더 광범위하고 모호해졌다.

당시에는 헤겔 『종교철학』의 역사적 측면이 제대로 평가받지 못했다. 가장 유명한 헤겔주의자인 슈트라우스와 포이어바흐조차 그리스도교의 문제에만 집중했을 뿐 다양한 세계 종교에 관해서는 언급조차 하지 않는다. 그러한 경향은 헤겔의 『종교철학』을 수용하는 데 큰 장애가 되었다. 하지만 그러한 역사적 측면은 헤겔의 『종교철학』을 둘러싼 전통적인 논쟁에 불을 지핀 문제들과 결코 무관하지 않다. 사실상 그리스도교 이외의 종교에 대한 헤겔의 접근법을 제대로 이해하면, 그런 오랜 해석적 논쟁을 이해하는 데도 도움이 될 것이다.

---

13 Strauss, *Streitschriften*, 95; *Defense*, 38.

2. 끝없는 논쟁

헤겔 체계에 대한 주된 비판 중 하나는 그가 영혼 불멸 교리를 받아들이지 않는다는 것이다.[14] 칸트는 영혼 불멸이 이성적으로는 증명될 수 없고, 다만 도덕적 요청으로 전제될 뿐이라고 주장해서 비판을 받았다면, 헤겔은 영혼 불멸을 전혀 다루지 않아서 비판을 받았다. 그는 영혼 불멸을 집단적인 세계정신과만 연관시켰을 뿐 개인의 불멸과는 아무런 상관이 없다는 입장을 취했다. 하지만 개인의 불멸을 부정하는 것은 사후에 실현될 신의 공의로운 심판을 부정하는 것이기도 했다. 그래서 오랜 항변에도 불구하고 그의 철학은 정통 그리스도교 교리와 상충한다는 혐의를 받게 되었다. 헤겔은 영혼 불멸 교리를 부당하게 생각하면서도 그 문제를 교묘하게 숨기려 했다는 것이 그 비판의 핵심이다.

영혼 불멸 교리에 대한 헤겔의 침묵은 사변적인 방법으로 그리스도교 교리학을 연구하고자 했던 헤겔주의 신학자들에게도 특수한 문제를 불러일으켰다. 1827년에 그 문제를 다루었던 마라이네케가 그들 중 한 명이었다.[15] 그는 헤겔의 사변 논리를 활용하여 영혼 불멸

---

14 그러한 논쟁과 관련해서는 다음을 참고하라. Michelet, *Geschichte der letzten Systeme der Philosophie in Deutschland von Kant bis Hegel,* vol. 2, 638-645; Wilhelm Stahler, *Zur Unsterblichkeitsproblematik in Hegels Nachfolge* (Munster: Universitas-Verlag, 1928); Gerald Frankenhauser, *Die Auffassung von Tod und Unsterblichkeit in der klassischen deutschen Philosophie von Immanuel Kant bis Ludwig Feuerbach* (Frankfurt am Main: Haag und Herchen, 1991); Walter Jaeschke, "Personlichkeit Gottes und Unsterblichkeit der Seele," in his *Hegel Handbuch. Leben-Werk-Schule* (Stuttgart: J. B. Metzler, 2003), 510-515; Johann Eduard Erdmann, *Grundriß der Geschichte der Philosophie,* vols 1-2 (Berlin: Verlag von Wilhelm Hertz, 1866), vol. 2, 650-654.

15 Philipp Marheineke, *Die Grundlehren der christlichen Dogmatik als Wissenschaft,*

의 상태에 관한 자신의 견해를 밝혔다. 우리의 자연적이고 유한한 현존은 필연적으로 한결같은 동일성을 보장해주는 무한한 현존을 바란다. 그리스도교의 교리와 일치하는 진정한 영혼 불멸의 형태는 바로 정신이다.[16] 마라이네케는 유한자나 특수자를 파악하는 감각적인 방식으로 영혼 불멸을 이해하는 대중적인 견해나 영혼 불멸을 인식할 수 없는 단순한 요청으로 이해하는 칸트의 학설 모두에 반대했다.[17] 그가 보기에, 칸트의 견해는 순수한 추상적 사유에만 머물러 있을 뿐 특수자를 전혀 다루지 않는다. 하지만 사변적인 관점은 그 둘을 통합한다. 마라이네케는 그리스도교에서 신이 계시를 통해 인식되는 것과 동일한 방식으로 영혼 불멸도 인식된다고 주장한다. 그리스도에게서 보편자와 특수자, 신과 인간은 통일된다. 우리가 추구해야 할 영혼 불멸의 진정한 개념도 바로 그것이다.[18] 뒤이어 그는 그리스도교에서 말하는 죽은 자의 부활과 최후의 심판을 설명해 나간다.

헤겔은 생전에도 영혼 불멸 교리를 제대로 다루지 않는다는 비판을 받았다. 1828년에 슈바르트Karl Ernst Schubarth(1796~1861)와 카르가니코Karl Anton Carganico(1801~1858)는 헤겔의 『철학백과』에 관한 논문을 발표했다. 거기서 그들은 헤겔이 그리스도교의 핵심 교리인 영혼 불멸을 다루지 않은 것은 그것이 자기 체계의 내적 본성과 맞지 않기 때문이라고 주장했다.[19] 이에 헤겔은 자신의 철학을 비판하는 다섯

Zweite, vollig neu ausgearbeitete Auflage (Berlin: Duncker und Humblot, 1827), §§ 592-601, 381-387.

16 Marheineke, *Die Grundlehren der christlichen Dogmatik als Wissenschaft*, § 594, 382.

17 Marheineke, *Die Grundlehren der christlichen Dogmatik als Wissenschaft*, § 599, 385-386.

18 Marheineke, *Die Grundlehren der christlichen Dogmatik als Wissenschaft*, § 600, 386.

19 K. E. Schubarth and K. A. Carganico, *Ueber Philosophie überhaupt, und Hegel's*

저작에 대한 공동서평을 내놓았다.[20] 격분한 헤겔은 슈바르트의 견해를 냉정히 무시해 버렸지만, 그의 비판에 대한 뚜렷한 대답을 내놓지는 못했다. 정신 개념을 제대로 이해하면 영혼 불멸 교리를 발견할 수 있다고 분명히 설명할 수도 있었을 텐데 헤겔은 그것을 암시하는 데만 그쳤다.

헤겔의 제자 중 한 명이었던 포이어바흐Ludwig Feuerbach는 1830년에 『사상가의 논문들에 나타난 죽음과 불멸에 관한 사상들』(*Gedanken über Tod und Unsterblichkeit aus den Papieren eines Denkers*)이라는 저작을 익명으로 출판했다.[21] 거기서 그는 영혼 불멸은 개별 의식의 지속적

Encyclopädie der philosophischen Wissenschaften insbesondere. Ein Beitrag zur Beurtheilung der letztern (Berlin: Enslin, 1829), 142ff.

20 Hegel, 1) *Über die Hegelsche Lehre, oder: absolutes Wissen und moderner Pantheismus* (Leipzigm, 1829), bei Chr. E. Kollmann. S. 236. 2) *Über Philosophie überhaupt und Hegels Enzyklopädie der philosophischen Wissenschaften insbesondere. Ein Beitrag zur Beurtheilung der letztern*. Von Dr. K. E. Schubarth und Dr. L. A. Carganico (Berlin, 1829). in der Enslin'schen Buchhandlung. S. 222. 3) *Ueber den gegenwärtigen Standpunct der philosophischen Wissenschaft, in besonderer Beziehung auf das System Hegels*. Von E. H. Weiße, Prof. an der Universitat zu Leipzig (Leipzig, 1829). Verlag von Joh. Ambr. Barth. S. 228. 4) *Briefe gegen die Hegel'sche Encyklopädie der philosophischen Wissenschaften. Erstes Heft, vom Standpuncte der Encyklopädie und der Philosophie* (Berlin, 1929). bei John. Chr. Fr. Enslin. S. 94. 5) *Ueber Seyn, Nichts und Werden. Einige Zweifel an der Lehre des Hrn. Prof. Hegel*. Berlin, Posen und Bromberg, bei E. S. Mittler 1829. S. 24, *Jahrbücher für wissenschaftliche Kritik,* 1829, Erster Artikel (July), vol. II, nos 10, 11, 77-88; nos 13, 14, 97-109. Zweiter Artikel (August), vol. II, nos 37, 38, 39, 293-308; no. 40, 313-318. Dritter Artikel (December), nos 117, 118, 119, 120, 936- 960. 헤겔은 그 서평에서 이 다섯 저작 가운데 두 저작만 다루었다. *Jub.*, vol. 20, 314-393.

21 [Ludwig Feuerbach], *Gedanken über Tod und Unsterblichkeit aus den Papieren eines Denkers, nebst einem Anhang theologisch-satyrischer Xenien, herausgegeben von einem seiner Freunde* (Nurnburg: J. A. Stein, 1830); *Thoughts on Death and Immortality. From the Papers of a Thinker, along with an Appendix of Theological-Satirical Epigrams,* trans. by James A. Massey (Berkeley: University of California Press, 1980).

인 현존을 의미하는 것이 아니라 개별 의식을 포괄하는 인류의 집단기억을 의미한다고 주장했다. 그는 영혼 불멸 교리를 부정하는 것이 아니라 그것의 진정한 의미를 밝히는 것이 자신의 목적이라고 밝혔다. 그 저작은 오늘날까지도 여전히 중요하게 평가되고 있지만, 당시에는 그것으로 인해 포이어바흐가 대학에서 쫓겨나기까지 했음에도 정작 그 영향력은 매우 미미했다. 그는 그 저작에서 헤겔의 견해를 설명하기보다 자신만의 독자적인 입장을 자유롭게 펼쳐 나갔다.

파울루스Karl Heinrich Ernst Paulus(1766~1857)는 1831년 저작 『이성과 신의 계시에 근거한 인간의 불멸과 사후의 삶에 관하여』(*Ueber die Unsterblichkeit des Menschen und den Zustand des Lebens nach dem Tode, auf den Grund der Vernunft und göttlicher Offenbarung*)[22]에서 영혼 불멸 교리를 그리스도교의 관점에서 옹호했으며, 블라쉐Bernhard Heinrich Blasche(1766~1832)는 『영혼 불멸에 관한 철학적 이론: 영생은 어떻게 계시되는가?』(*Philosophische Unsterblichkeitslehre. Oder: Wie offenbart sich das ewige Leben?*)에서 영혼 불멸에 관한 다양한 전통적 관점을 비판했다.[23] 포이어바흐의 저작과 마찬가지로 그 두 저작도 헤겔 철학 자체에 대해서는 거의 언급하지 않고 있다. 당시에는 헤겔 철학과 관련한 문헌적 토대가 매우 제한적이었기 때문에 헤겔의 견해를 제대로 판단하기도 어려웠을 것이다. 하지만 1832년에 마라이네케가 편집한 헤겔의 『종교철학』이 출간되면서 상황은 완전히 달라지기 시작

22 C. H. E. Paulus, *Ueber die Unsterblichkeit des Menschen und den Zustand des Lebens nach dem Tode, auf den Grund der Vernunft und göttlicher Offenbarung* (Reutlingen: Joh. Conr. Macken jun. 둘째 개정보완판본, 1831).

23 B. H. Blasche, *Philosophische Unsterblichkeitslehre. Oder: Wie offenbart sich das ewige Leben?* (Erfurt und Gotha: Flinzer, 1831).

했다. 헤겔이 영혼 불멸 교리를 배제하지 않았다면, 우리는 거기서 그것과 관련한 완성된 논의를 찾아볼 수 있을 것이다.

영혼 불멸과 관련한 본격적인 논쟁은 1833년에 출간된 리히터Friedrich Richter(1802~1856)의 두 저작에서 시작되었다. 『최후의 사건들에 관하여』(*Die Lehre von den letzten Dingen*)[24]에서 리히터는 영혼 불멸과 관련한 전통적인 주장을 크게 인류학적 주장, 우주론적 주장, 역사철학적(혹은 신학적) 주장으로 분류하고, 각각의 주장이 갖는 한계를 비판했다. 그는 다음 저작 『새로운 영혼 불멸론』(*Die neue Unsterblichkeitslehre*)[25]에서 그리스도교의 영혼 불멸 교리는 종교를 고수하고자 하는 이기주의자들이나 좋아할 법한 편견이나 미신에 불과하다고 주장하여 심각한 파문을 일으키기도 했고, 헤겔의 사상은 본성상 영혼 불멸 교리를 배제할 수밖에 없다고 주장하여 일부 헤겔주의자들의 공분을 사기도 했다. 하지만 그는 영혼 불멸 교리의 부재는 결코 헤겔 철학의 결함이 아니라고 주장하면서 도리어 그 점을 옹호하기도 했다.

라이프치히의 신학자 바이세Christian Hermann Weisse는 1833년 9월에 출간된 『학문비평연보』(*Jahrbücher für wissenschaftliche Kritik*)[26]에서

24 Friedrich Richter, *Die Lehre von den letzten Dingen. Eine wissenschaftliche Kritik, aus dem Standpunct der Religion unternommen. Erster Band, welcher die Kritik der Lehre vom Tode, von der Unsterblichkeit und von den Mittelzuständen enthält* (Breslau: In Joh. Friedr. Korn des alteren Buchhandlung, 1833)(이와 관련해서는 *Zweiter Band. Die letzten Dinge in objectiver Rücksicht oder die Lehre vom jüngsten Tage,* Berlin: Richter 1844도 참고하라).

25 Friedrich Richter, *Die neue Unsterblichkeitslehre: Gespräch einer Abendgesellschaft, als Supplement zu Wielands Euthanasia* (Breslau: Georg Friedrich Aderholz, 1833).

26 Christian Hermann Weisse, "*Die Lehre von den letzten Dingen. Eine wissenschaftliche Kritik, aus dem Standpunct der Religion unternommen, von Dr. Friedrich Richter von*

리히터의 『최후의 사건들에 관하여』에 관한 서평을 발표했다. 리히터는 헤겔주의자를 자처하지만 실로 그의 견해는 다른 헤겔주의자들과 완전히 다르다고 그는 비판했다.[27] 바이세는 헤겔 철학이 추상적인 피안 개념을 모조리 비판하고, 영혼 불멸 교리에 철학적인 토대를 제공했다고 말한다. "공허한 추상이 아니라 생동하는 절대정신의 직관을 통해 정신적인 절대자의 이념을 파악하고, 그러한 이념과 그것이 전개된 외적인 형식들이 직접적으로 하나이자 동일하다는 것을 인식하는 것이 중요하다."[28] 하지만 바이세는 그 서평의 결론에서 정작 영혼 불멸 교리의 문제는 추후의 과제로 남기면서 논의를 끝맺는다.

일각의 신학자들은 헤겔학파가 개인의 불멸에 대한 믿음을 암암리에 부정하고 있다고 생각했고, 바이세의 서평도 리히터의 견해에 대한 암묵적인 동의에 불과하다고 비판했다. 바이세가 리히터를 비판한 진짜 이유는 도리어 리히테가 그 비밀을 폭로했기 때문이라는 것이다. 1834년에 바이세는 리히테와 거리를 두고자 자신의 입장을 더욱 분명히 밝혔다.[29] 그는 영혼 불멸을 믿는다고 말하면서도 그것을 심리학이나 인간학의 관점이 아니라 절대정신의 관점에서 이해해야 한다고 주장했다.[30] 그는 그 근거를 미학의 영역에서 구했다.[31] 우리

Magdeburg. Erster Band. Breslau, 1833. XV. 245 S. gr. 8," *Jahrbucher für wissenschaftliche Kritik* (September, 1833), nos 41-42, 321-327, 329-334.

27 *Ibid.*, 323.

28 *Ibid.*, 334.

29 Christian Hermann Weisse, *Die philosophische Geheimlehre von der Unsterblichkeit des menschlichen Individuums* (Dresden: Ch. F. Grimmer, 1834). 바이세는 리히터의 『최후의 사건들에 관하여』에 대한 이전의 '서평'을 이 책의 부록으로 다시 실었다. *Ibid.*, 62-80.

30 *Ibid.*, 36ff.

는 아름다운 것을 볼 때, 경험적인 특수성을 초월한 영원불멸하는 것을 느낀다. 변화무쌍한 경험 현상의 배후에 존재하는 영속적인 인간 정신의 힘을 느끼게 하는 것이 곧 불멸의 요소다. 따라서 심미적인 의식은 결국 인간 정신의 불멸성(영혼 불멸)에 대한 인식으로 나아가게 된다. 미학에서 시작된 그 논의는 절대정신의 다른 영역에서도 그대로 반복되고 있다. 예를 들어 윤리적 행동은 여타의 단순한 행동들을 넘어선 보다 고귀하고 영속적인 것에 대한 직관을 증명한다. 우리는 영원불멸하는 정의나 도덕을 염원한다. 우리가 그러한 것을 인식하고 있다는 사실이야말로 우리가 그것에 참여하고 있다는 가장 확실한 증거라는 것이 바이세의 논리다.

헤겔의 옹호자였던 괴셸Karl Friedrich Göschell(1781~1861)은 1834년 1월에 출간된 『학문비평연보』의 서평에서 리히터의 저작은 헤겔의 사상을 완전히 오해한 것이라고 비판했다.[32] 괴셸은 헤겔이 자신의 저작 『아포리즘』(*Aphorismen*, 1829)을 긍정적으로 평가해 준 데 감동하여 헤겔 철학은 정통 그리스도교 교리에 부합할 뿐만 아니라 그의 저작들에서도 개인의 불멸성에 관한 이론의 근거를 발견할 수 있다는 호평을 남겼다. 중요한 것은 헤겔 철학이 악무한적인 시간이나 끊임없는 연속이라는 비-사변적인 방식을 사용하지 않으면서 어떻게 개인의 영원한 현존을 사변적으로 사유할 수 있는가 하는 것이었다. 괴셸

---

31 *Ibid.*, 46ff.

32 Carl Friedrich Goschel, "*Die neue Unsterblichkeitslehre. Gespräch einer Abendgesellschaft, als Supplement zu Wielands Euthanasia*. Herausgg. von Dr. Friedr. Richter, von Magdeburg. Breslau bei Georg Friedrich Aderholz 1833. 79 S. kl. 8," *Jahrbucher für wissenschaftliche Kritik*, Erster Artikel (January 1834), nos 1-3, 1-4, 9-16, 17-22; Zweiter Artikel, nos 17-19, 131-135, 138-147.

은 자신의 서평을 다양한 인용문으로 마무리하는데,[33] 그는 거기에 헤겔이 영혼 불멸 교리를 배제하지 않았음을 증명하는 『종교철학』의 다양한 구절을 실어두었다.

다음으로 같은 해에 출간된 임마누엘 피히테Immanuel Hermann Fichte의 저작 『인격성의 이념과 개인의 불멸성』(*Die Idee der Persönlichkeit und der individuellen Fortdauer*, 1834)도 영혼 불멸 논쟁에 가담했다.[34] 그 저작은 헤겔을 옹호했던 괴셸을 비판하기 위한 의도로 기획되었다. 괴셸이 헤겔의 저작에서 영혼 불멸 교리로 해석될 수 있는 구절을 낱낱이 분석했다면, 임마누엘 피히테는 추상적인 이론 구조에 불과한 헤겔 철학은 인간 이성의 한계를 넘어선 영혼 불멸 교리를 제대로 설명할 수 없다고 주장했다. 헤겔이 영혼 불멸 교리를 자신의 체계 안에 통합하지 못한 것은 단순한 생략이 아니라 체계의 본성에 따른 필연적 결과였다는 것이다.

로젠크란츠와 바흐만Carl Friedrich Bachmann(1785~1855)도 영혼 불멸의 문제와 관련한 서신을 교환했다. 바흐만은 1833년 저작 『헤겔의 체계에 관하여』(*Über Hegel's System*)에서 헤겔의 체계 내에서는 오로지 이념만이 불멸하기 때문에 개인의 불멸은 들어설 여지가 없다고 주장하면서 헤겔은 자신의 입장에 솔직하지 못했다고 비판했다.

"실제로 헤겔은 우리가 바라는 것처럼 영혼 불멸 교리에 대한 자신의 입장을 공개적으로 밝힌 적도 없었고, 그것을 부정한다고 인정한 적도 없었다."[35] 로젠크란츠는 헤겔의 주관성 이론에 영혼 불멸 교리

---

33 *Ibid.*, 139-144.

34 Immanuel Hermann Fichte, *Die Idee der Persönlichkeit und der individuellen Fortdauer* (Elberfeld: Buschler, 1834).

가 들어 있다고 주장한 괴셸의 논의를 인용하면서[36] 바흐만의 주장을 공개적으로 비판했는데,[37] 그 과정에서 영혼 불멸 논쟁에 최초로 불을 지핀 젊은 시절의 친구인 리히터도 함께 비판했다. 이에 바흐만은 1835년 저작 『안티-헤겔Anti-Hegel』에서 로젠크란츠는 괴셸의 권위에만 의존하고 있을 뿐 영혼 불멸 자체에 대해서는 제대로 논의한 바가 없다고 비판하면서,[38] 임마누엘 피히테가 『인격성의 이념과 개인의 불멸성』에서 괴셸을 비판한 내용에 동조했다.[39] 괴셸은 헤겔의 체계를 재구성하고자 했지만, 그것은 헤겔의 체계에서 완전히 벗어난 시도였다는 것이다.

임마누엘 피히테의 비판에 응답하기 위해 괴셸은 1835년에 『인간의 영혼 불멸에 대한 증명』(*Von den Beweisen für die Unsterblichkeit der menschlichen Seele*)을 출간했다.[40] 거기서 그는 영혼 불멸에 관한 전통적인 증명 방식을 차례로 소개한 다음, 헤겔의 사변철학 원리에 기초

35 Carl Friedrich Bachmann, *Ueber Hegel's System und die Nothwendigkeit einer nochmaligen Umgestaltung der Philosophie* (Leipzig: Fr. Chr. Wilh. Vogel, 1833), 309.

36 Rosenkranz, *Hegel*, 128-130.

37 Karl Rosenkranz, *Hegel. Sendschreiben an den Hofrath und Professor der Philosophie Herrn Dr. Carl Friedrich Bachmann in Jena* (Konigsberg: August Wilhelm Unzer, 1834).

38 Carl Friedrich Bachmann, *Anti-Hegel. Antwort an Herrn Professor Rosenkranz in Königsberg auf dessen Sendschreiben, nebst Bemerkungen zu der Recension meiner Schrift über Hegel's System in den Berliner Jahrbücher von Herrn Professor Hinrichs in Halle. Ein unentbehrliches Actenstück zu dem Process gegen die Hegel'sche Schule* (Jena: Croker, 1835), 137, 166f; *nebst Bemerkungen zu der Recension meiner Schrift uber Hegel's System*은 이 책의 마지막에(173-198) 따로 실려 있다.

39 Bachmann, *Anti-Hegel*, 167.

40 Carl Friedrich Goschel, *Von den Beweisen für die Unsterblichkeit der menschlichen Seele im Lichte der spekulativen Philosophie, Eine Ostergabe* (Berlin: Duncker und Humblot, 1835).

한 자신의 증명 방식을 선보였다. 괴셸은 전통적인 신 존재 증명(우주론적 증명, 목적론적 증명, 존재론적 증명)과 전통적인 영혼 불멸 증명의 유사성을 지적한다. 전통적인 신 존재 증명은 각각 세계의 존재, 세계의 궁극 목적, 가장 완전한 존재 개념으로부터 신의 존재를 도출한다. 영혼 불멸에 관한 증명도 이와 동일한 방식을 취한다. 영혼 불멸에 관한 우주론적 증명은 직접적으로 존재하는 불가분한 영혼에서 영혼 불멸을 도출하고, 목적론적 증명은 인간 행위의 목적으로부터 그것의 실현을 위한 영혼 불멸을 도출하며, 존재론적 증명은 인간이 영혼 불멸의 개념을 가지고 있다는 사실로부터 (다소 의심스럽지만) 영혼 불멸을 도출한다. 당시의 철학적 과제는 그러한 전통적인 증명들을 사변적인 방식으로 파악하는 것이었다. 이를 위해서는 먼저 다음을 인식해야 한다. ① 첫째 증명(우주론적 증명)은 인간영혼의 자기의식과 그것의 불가분성에 근거하고, ② 둘째 증명(목적론적 증명)은 신의 의식과 그것의 목적에 근거하며, ③ 첫째와 둘째를 통합하는 셋째 증명(존재론적 증명)은 신의 자기의식적인 의식에 근거한다. 이것이 영혼 불멸 개념을 도출하는 사변적인 발전단계다. 괴셸은 자신을 향한 혐의들, 즉 헤겔 철학에 대한 왜곡이라든가 문헌적 근거가 없는 자의적 견해라는 혐의를 철저히 부정했다.

콘라디Kasimir Conradi(1784~1849)는 1837년에 헤겔 사변철학의 전제를 기초로 영혼 불멸 이론을 새롭게 재구성한 저작 『불멸과 영생: 인간 영혼 불멸 개념의 발전을 위하여』(*Unsterblichkeit und ewi- ges Leben: Versuch einer Entwickelung des Unsterblich- keitsbegriffs der menschlichen Seele*)를 출간했다. 우리는 거기서 새로운 방어 전략을 볼 수 있다.[41] 괴셸이 헤겔의 저작에 기초하여 영혼 불멸을 증명했다면, 콘라디는 그것을 자신만의 방법으로 증명했다. 세속적인 특성을 가진 헤겔 철학으로는 영혼 불멸 이론을 구성하기도 어려웠고, 임마누엘 피히테의 협의에도 효과적으로 대응하기 힘들었기 때문이다.

1837년 덴마크에서는 키에르케고어Søren Kierkegaard의 선생이었던 묄러Poul Martin Møller(1794~1838)가 영혼 불멸 논쟁과 관련한 중요한 논문 "최신 문헌을 통해 바라본 인간 불멸의 증명가능성에 관하여"(Tanker over Muligheden af Beviser for Menneskets Udødelighed, med Hensyn til den nyeste derhen hørende Literatur)를 발표했다.[42] 한때 헤겔 철학의 옹호자였던 그는 이 논문을 통해 헤겔과의 결정적인 단절을 선언했다. 묄러는 독일에서 벌어진 영혼 불멸 논의를 상세히 설명한 후에 그것을 정면으로 비판한다. 그는 헤겔의 문헌에서 영혼 불멸 교리를 찾으려 했던 괴셸의 시도를 부당하게 여기며 이렇게 말한다. "박식한 헤겔주의자라면, 그의 건물(사변철학 체계)을 완전히 개조하지 않고서 그 위에 교회 첨탑(영혼 불멸 교리)을 세울 수 있다고 생각하는 사람은 아무도 없을 것이다."[43] 그런데 묄러의 제자였던 키에르케고어는 왜 영혼 불멸에 관한 학설은커녕 언급조차 하지 않았는지 참으로 의아한 일이다.[44]

---

41 Kasimir Conradi, *Unsterblichkeit und ewiges Leben: Versuch einer Entwickelung des Unsterblichkeitsbegriffs der menschlichen Seele* (Mainz: Kupferberg, 1837).

42 Poul Martin Møller, "Tanker over Muligheden af Beviser for Menneskets Udødelighed, med Hensyn til den nyeste derhen hørende Literatur," *Maanedsskrift for Litteratur,* vol. 17 (1837), 1-72, 422-453. 이와 관련해서는 다음을 참고하라. Carl Henrik Koch, Den danske idealisme 1800-1880 (Copenhagen: Gyldendal, 2004), 258-264; Jørgen K. Bukdahl, "Poul Martin Møllers opgør med 'nihilismen'," Dansk Udsyn, vol. 45 (1965), 266-290; Jon Stewart, A History of Hegelianism in Golden Age Denmark, Tome II, The Martensen Period: 1837-1842 (Copenhagen: C. A. Reitzel, 2007)(Danish Golden Age Studies, vol. 3), 37-53.

43 Møller, "Tanker," 450.

미헬렛Carl Ludwig Michelet(1801~1893)은 콘라디의 정신을 이어갔다.[45] 콘라디는 1841년에 베를린대학에서 강의한 내용을 엮어 1841년에 『신의 인격성과 영혼 불멸성 혹은 정신의 영원한 인격성에 관한 강의』(*Vorlesungen über die Persönlichkeit Gottes und Unster- blichkeit der Seele oder die ewige Persönlichkeit des Geistes*)를 출간했다. 미헬렛은 콘라디의 영향 아래 신의 인격성과 영혼 불멸성을 서로 밀접하게 연관된 문제로 다룬다. 유한한 인간은 필연적으로 무한자인 신에 참여하게 되는데, 그러한 신과의 영원한 화해가 곧 영혼 불멸이라는 것이다. 미헬렛은 헤겔주의자를 자처하지만, 헤겔의 사유나 저작은 거의 언급하지 않은 채 모든 것을 자신의 방식으로 표현한다. 이상이 당시 헤겔 철학을 둘러싼 영혼 불멸 논쟁의 큰 흐름이다. 하지만 그 논쟁은 그 이후로도 오랫동안 격렬하게 이어졌다.

헤겔은 세계 종교를 설명하는 과정에서 영혼 불멸 교리를 특별히 강조하고 있다. 영혼 불멸 교리는 세계 종교를 배열하는 중요한 기준 중 하나다. 그는 가장 발전된 신 개념을 가진 종교(그리스도교)는 영혼 불멸 개념도 함께 가지고 있다고 생각한다. 영혼 불멸 개념은 주관적

---

44 이와 관련해서는 다음을 참고하라. Gregor Malantschuk, "The Problems of the Self and Immortality," in his *Kierkegaard's Way to the Truth*, trans. by Mary Michelsen (Montreal: Inter Editions, 1987), 79-96; István Czakó, *Geist und Unsterblichkeit. Grundprobleme der Religionsphilosophie und Eschatologie im Denken Søren Kierkegaards* (Berlin and Boston: De Gruyter, 2014)(*Kierkegaard Studies Monograph Series*, vol. 29); Lasse Horne Kjældgaard, "What It Means to Be Immortal: Afterlife and Aesthetic Communication in *Kierkegaard's Concluding Unscientific Postscript*," *Kierkegaard Studies Yearbook* (2005), 90-112; Tamara Monet Marks, "Kierkegaard's New Argument for Immortality," *Journal of Religious Ethics*, vol. 38, no. 1 (2010), 143-186.

45 Carl Ludwig Michelet, *Vorlesungen über die Persönlichkeit Gottes und Unsterblichkeit der Seele oder die ewige Persönlichkeit des Geistes* (Berlin: Ferdinand Dümmler, 1841).

자유에 대한 성숙한 인식을 전제하기 때문이다. 그는 영혼 불멸 교리의 형태에 따라 세계 종교의 발전단계를 부분적으로 결정한다. 일례로 유대교에는 영혼 불멸 교리가 없어 그것을 어디에 배치해야 할지 고심하는 대목이 그 점을 증명한다. 이는 『역사철학』에서 추적하는 자유의 원리와도 밀접하게 연관되어 있다. 영혼 불멸 교리는 의미 있는 자아 개념, 즉 개인에게는 절대적이고 환원 불가능한 어떤 것이 존재한다는 관념을 전제한다. 하지만 그 관념은 역사적으로 형성되는 것이다.

이집트종교를 다루는 대목에서도 헤겔은 이집트인들이야말로 영혼 불멸 교리를 최초로 명확하게 인식한 민족이었다고 극찬한다.[46] 이집트인들은 이전 종교에서와 달리 개인(자아)에게는 어느 정도의 주관적 자유가 있다는 감각을 선취하고 있었다. 그들은 개인의 도덕성은 사후에 심판을 받으며, 만일 누군가가 고귀하게 살았다고 판단되면, 그는 내세와 같은 특별한 영역인 아멘테스Amenthes에 들어간다고 믿었다. 그들은 개인들 자체와 그들의 행위를 중요하게 생각해서 신들에게 관심을 가졌던 것이다. 또한 인간이 자신의 행위와 결정에 책임을 진다는 관념 자체가 이미 어느 정도의 자유를 인식하고 있었다는 명백한 증거이기도 하다.

세계 종교에 관한 논의를 살펴보면, 왜 헤겔 철학과 관련해서 영혼 불멸 논쟁이 일어났는지를 짐작할 수 있다. 그는 영혼 불멸 교리를

46 Hegel, *Phil. of Hist.*, 215; *Jub.*, vol. 11, 285. *Aesthetics*, vol. 1, 355; *Jub.*, vol. 12, 474. *Aesthetics*, vol. 2, 650; *Jub.*, vol. 13, 291. *Hist. of Phil.*, vol. 1, 233; *Jub.*, vol. 17, 286. *LPWH*, vol. 1, 347; *VPWG*, vol. 1, 284. *LPWH*, vol. 1, 360; *VPWG*, vol. 1, 301. *LPR*, vol. 2, 627; *VPR*, Part 2, 520.

이집트종교뿐만 아니라 마법 종교,[47] 중국 종교,[48] 불교,[49] 유대교,[50] 그리스 종교[51] 등 다양한 맥락에서 산발적으로 다루고 있다. 실로 영혼 불멸 교리는 헤겔이 추적하는 정신 발전단계의 한 축을 이룬다. 그가 다른 종교들에 나타나는 영혼 불멸 개념도 긍정적으로 평가했다는 것은 어떻게든 그 교리를 지키고 싶어 했다는 방증이기도 하다. 그는 영혼 불멸 개념을 부정하는 것은 인간 역사 발전의 궁극목적인 주관적 자유를 부정하는 것과 같다고 주장한다. 이는 그가 영혼 불멸 이론을 명시적으로 구성하지는 않았지만, 그 개념을 정신의 발전단계를 규정하는 중요한 기준으로 삼았다는 점을 뒷받침한다.

더구나 그것은 인격적인 영혼 불멸, 즉 개인의 존속에도 큰 비중을 두었다는 것을 의미한다. 그가 이집트종교를 극찬하고, 힌두교를 비판한 이유도 그 때문이다. 물론 힌두교에도 영혼 불멸의 개념이 존재하기는 하지만 그것은 개인이 우주 전체로 용해되는 방식이다. 헤겔의 영혼 불멸 개념은 개인적 차원이 아니라 집단적 차원(집단적인 인간 정신의 차원)을 의미한다는 주장을 고려하면, 이는 특히 눈여겨 볼만한 대목이다. 중요한 것은 내적인 자아, 즉 주관성이다. 그렇듯 개인이 불멸성을 갖는다면, 집단의 불멸성이라는 관념은 성립될 수 없다.

그러한 분석에 따르면, 헤겔이 영혼 불멸 교리를 부정했다는 일부 비판가들의 주장은 받아들이기 어렵다. 그가 세계 종교를 분석할

---

47 Hegel, *LPR*, vol. 2, 296-297; *VPR*, Part 2, 200-201.

48 Hegel, *LPWH*, vol. 1, 361; *VPWG*, vol. 1, 301-302.

49 Hegel, *LPR*, vol. 2, 568-570; *VPR*, Part 2, 465-467.

50 Hegel, *LPR*, vol. 2, 160; *VPR*, Part 2, 65. *LPR*, vol. 2, 685, note 492; *VPR*, Part 2, 577n.

51 Hegel, *LPR*, vol. 2, 166; *VPR*, Part 2, 72. *LPR*, vol. 2, 181; *VPR*, Part 2, 87.

때, 영혼 불멸 개념이 중심적인 역할을 한다는 것은 의심의 여지가 없다. 그가 영혼 불멸의 개념을 핵심 교리로 삼는 그리스도교를 최고의 종교로 삼는다는 것 자체도 이미 그 교리를 다루는 것이나 다름없다.

헤겔이 영혼 불멸 이론을 다루고 있으며, 그것이 세계 종교의 분석에 중요하다는 것은 분명하지만 그가 말하는 영혼 불멸이 그리스도교의 개념과 일치하는지는 여전히 불분명하다. 그리스도교를 논할 때, 그는 영혼 불멸 교리를 구체적으로 어떻게 규정하고 있는가? 얼핏 보면 매우 단순해 보인다. 그는 정통설의 느낌으로 영혼 불멸 교리를 이렇게 강조하고 있다.

> 영혼 불멸은 그리스도교의 특정한 교리가 된다. 영혼 혹은 단일한 주체는 하나님 나라의 시민이 되어야 한다는 무한하고도 영원한 소명을 가지고 있다. 그것은 시간이나 일시성에서 벗어나 대자적으로 존재하는 삶이다. 그러한 영원한 소명은 일시성과 대립한다는 의미에서 영혼 불멸의 미래라 할 수 있다.[52]

그리스도교는 주관적 자유에 관한 발달된 감각을 지녔다는 점에서 영혼 불멸에 관한 발달된 감각도 지니고 있다. 인간이 신의 형상으로 창조되었다는 것은 신과 마찬가지로 인간도 정신을 가지고 있다는 뜻이다. 그러한 의미에서 그리스도교는 인간 개개인의 가치를 절대적인 것으로 인식한다.

하지만 좀 더 자세히 들여다보면, 문제는 복잡해진다. 또 다른

---

52 Hegel, *LPR*, vol. 3, 138; *VPR*, Part 3, 73-74.

구절에서 헤겔은 전통적인 영혼 불멸 개념을 비판하면서 그것과는 다른 개념을 제시한다.[53] 그는 영혼 불멸을 사람이 죽은 후나 예수의 재림 후에 맞이하는 미래의 어떤 다른 장소나 상태로 생각해서는 안 된다고 주장한다. 그에게 있어서 영혼 불멸 혹은 영원성은 정신 그 자체, 특히 보편자를 사유하는 능력을 의미한다. 그는 영혼 불멸 개념을 추상적인 방식으로 재규정한다. 그는 영원한 삶을 단순한 시간적 지속으로 생각해서는 안 된다고 주장한다. 오랫동안 지속하는 바위와 같은 사물도 존재하긴 하지만 그것은 영원성에 대한 문자적 이해에 불과하다. 인간은 신과 마찬가지로 정신이라는 속성을 지니고 있다. 정신은 자연성을 초월하고, 보편자를 보유하는 능력이다. 그것이 바위나 동물 등 다른 피조물과 구별되는 인간만의 특성이다. 물론 그러한 견해가 그리스도교의 정통설로 받아들여질 수는 없지만 헤겔은 영혼 불멸 개념을 분명 그러한 방식으로 이해하고, 그것을 그리스도교 이해의 중요한 부분으로 삼고 있다.

그는 인간의 자유와 정신의 개념을 영혼 불멸 개념과 연관시킨다. 그는 영혼 불멸 개념을 이렇게 규정한다.

> 자신에 대한 순수한 내적 확신이 곧 형식적인 주관성이다. 그것은 추상적이지만 그럼에도 추상적인 즉자-대자적인-자아-존재다. 이는 정신으로서의 인간은 영혼 불멸하고, 신적인 관심의 대상이며, 유한성이나 의존성 그리고 외적인 조건들을 초월해 있고, 모든 것을 추상화할 수 있는 자유를 가지고 있다는 식으로 표현된다. 인간이 죽음의 한계를 벗어나

53 Hegel, *LPR*, vol. 3, 208; *VPR*, Part 3, 140. *LPE*, 125; *VBG*, 301.

있다는 것(영혼 불멸)은 바로 그러한 상태를 의미한다.[54]

이렇듯 헤겔은 영혼 불멸 개념을 분명히 규정하고 있다. 헤겔 좌파의 견해와 달리 그도 자신이 중요하게 생각하는 나름의 영혼 불멸 개념을 가지고 있다. 물론 그 개념이 직관적이지 않아 다양한 해석의 갈등을 낳기는 했지만 말이다. 상식적으로 영혼 불멸 개념은 사람이 죽은 후에도 장소를 옮겨 영원히 현존한다는 의미로 이해된다. 하지만 헤겔에 따르면, 그것은 올바른 이해가 아니다. 반대로 영혼 불멸은 지금-여기에서 이루어지는 우리의 현존과 관련된 개념이다. "따라서 영혼 불멸을 먼 미래에 현실화되는 어떤 것으로 상상해서는 안 된다. 영혼 불멸은 현재적인 것이다. 정신은 영원하다. 그러한 의미에서 영혼 불멸도 이미 현존하고 있다."[55] 영혼 불멸은 사유와 반성을 통해 자연의 우연성으로부터 벗어나는 능력을 의미한다. 그것은 천국이나 또 다른 영역에서의 삶을 예정하는 것이 아니라 자유롭고 이성적인 행위자로서의 인간이 세속적인 삶에서 수행해야 하는 것이다. "순수한 인식 혹은 사유로서의 정신은 자신의 대상에 대한 보편자를 보유하고 있다. 그것이 바로 영원성이다. 영원성은 단순한 지속을 의미하는 것이 아니라 인식, 즉 영원한 것에 대한 인식을 의미한다."[56]

이러한 설명을 고려하면, 헤겔의 영혼 불멸 이론이 왜 논란의 중심이 되었는지 쉽게 짐작할 수 있다. 헤겔도 영혼 불멸 이론을 가지고 있고, 그것을 그리스도교의 중요한 요소로 간주했다는 점은 의심의

54 Hegel, *LPR*, vol. 3, 208; *VPR*, Part 3, 140.

55 Hegel, *LPR*, vol. 3, 208-209; *VPR*, Part 3, 140.

56 Hegel, *LPR*, vol. 3, 209; *VPR*, Part 3, 140-141.

여지없는 분명한 사실이다. 하지만 그의 견해는 상식적인 이해와 너무 달라서 영혼 불멸의 개념 자체를 부정한다거나 그 의미를 심각하게 왜곡한다는 비판을 피할 수 없었다. 하지만 그가 그리스도교와 다른 종교를 비교하는 대목을 보면, 그러한 오해도 풀릴 수 있다. 다른 모든 종교는 어떤 식으로든 자연에 예속되어 있지만, 그리스도교만큼은 자연을 완전히 극복하고 있다. "그러므로 정신의 영원성은 더 이상 자연적인 것, 우연한 것, 외적인 것에 얽매이지 않고 그것으로부터 완전히 해방된 무한한 대자존재의 단계에 이르러서야 비로소 의식된다."[57] 타락 이야기는 인간의 죽음을 원죄의 결과로 묘사한다. 에덴동산의 아담과 하와는 선악과를 먹기 전에는 영혼 불멸의 상태였다. 하지만 그는 그 상황을 정반대로 해석한다. 엄밀히 말해, 인간의 불멸성은 자신이 가진 자연적 요소를 극복하는 능력과 동물적인 한계를 넘어 새로운 인식을 획득하는 능력에서 생겨난다는 것이다.

3. 범신론 논쟁 혹은 인격신 문제

또 다른 비판적 논쟁의 대상은 헤겔 체계 내에서 신의 본성에 관한 문제였다. 영혼 불멸과 마찬가지로 인격신 문제도 민감한 사안이었다. 피히테는 신이란 세상에 존재하는 추상적인 도덕질서에 불과하다는 무신론적 견해를 폈다는 이유로 1799년에 예나대학의 교수직을 박탈당했다.[58] 대학 측은 피히테가 자기의식적인 사랑의 신을 단순

---

57 Hegel, *LPR*, vol. 3, 209; *VPR*, Part 3, 141.

한 도덕원리로 축소시켜 버렸다고 주장했다. 반대로 헤겔은 신을 정신의 개념이나 역사적으로 진보하는 인간 정신과 연관시켰다는 이유로 범신론의 혐의를 받았다.[59] 만일 신이 그리스도교 정통설이 말하는 구체적인 자기의식적 실체가 아니라 그저 역사적으로 운동하는 추상적인 원리에 불과하다면, 모든 역사적 사건과 행동이 신의 계시가 되어버리기 때문이다. 헤겔은 그리스도교의 삼위일체 교리를 철학 개념의 세 측면인 보편자, 특수자, 개별자의 운동으로 해석했는데, 이 역시 신을 진정한 인격으로 보는 전통적인 신관과 대립한다고 비판받았다. 헤겔의 견해는 신을 단순한 사유의 구조나 운동으로 환원하는 것에 불과하며, 따라서 그것은 신은 어떠한 외적 실재도 갖지 않는 단순한 인간 투사에 불과하다는 보다 급진적인 주장을 초래하게 되리라는 것이다.

그러한 비판들은 헤겔 생전에 이미 불거졌다. 1823년 베를린대학의 동료 교수였던 톨룩은 『죄론과 화해론』(*Die Lehre von der Sünde und vom Versöhner*)을 출간했다.[60] 그 저작은 두 대화자가 다양한 신학

---

58 번역서로는 다음을 참고하라. *J. G. Fichte and the Atheism Dispute (1798-1800)*, ed. by Yolanda Estes and Curtis Bowman (Farnham and Burlington: Ashgate, 2010).

59 범신론 논쟁과 관련해서는 다음을 참고하라. Arthur Drews, *Die deutsche Spekulation seit Kant mit besonderer Rücksicht auf das Wesen des Absoluten und die Persönlichkeit Gottes,* vols 1.2, 2nd ed. (Leipzig: Gustav Fock, 1895); Carl Ludwig Michelet, *Geschichte der letzten Systeme der Philosophie in Deutschland von Kant bis Hegel*, vol. 2, 645-648; Walter Jaeschke, *Hegel Handbuch. Leben-Werk-Schule*, 505-512; Theodor Dieter, *Die Frage der Persönlichkeit Gottes* (Tübingen: Schnurlen, 1917); Wilhelm Stahler, "Ueber die Frage nach der Personlichkeit des Absoluten," in his *Zur Unsterblichkeitsproblematik in Hegels Nachfolge*, 17-18.

60 August Tholuck, *Die Lehre von der Sünde und vom Versöhner, oder Die wahre Weihe des Zweiflers,* 3rd ed. (Hamburg: Friedrich Perthes, 1830[1823]), 193.

적 주제를 놓고 벌이는 대화 형식을 취하고 있다. 그 저작의 마지막에는 개별 주제들을 자세히 설명하는 일련의 부록도 실려 있다. 톨룩은 그 저작의 둘째 주제로 범신론 문제를 다룬다. 그는 헤겔의 이름을 직접 거론하진 않았지만 자신의 표적을 이렇게 표현한다. "관념론적 범신론만을 진정한 철학으로 여기는 것이 최근의 철학 경향이다."[61]

헤겔은 『철학백과』 개정판(1827)에서 톨룩의 비판을 반박한다. 그 저작의 '서문'에는 톨룩을 비판하는 긴 각주가 실려 있으며,[62] 그 저작의 후반부에도 범신론 혐의와 관련한 논쟁이 재차 다뤄지고 있다.

> 무신론에 대한 비판이 범신론에 대한 비판으로 돌아선 이유는 그러한 온건함이 신을 왜소하고 공허하게 만들었다는 피상적인 생각 때문이다. 신은 모든 속성이 배제된 추상적 보편이라는 생각이 대중적인 인기를 얻게 되면서, 오로지 비-신적인 것, 즉 세속적인 것들에 대한 규정만 난무할 뿐 신은 아무런 규정도 없는 공허한 실체로 남게 되었다. 그러한 전제 위에서 철학은 신의 절대적 보편성과 그에 따른 외적인 사물 존재의 비-진리성을 주장했음에도 불구하고 청중은 여전히 세속적인 사물들이 나름의 존재를 가지고 있으며, 신적인 보편성의 구체적 특성을 담고 있다는 자신의 믿음에서 벗어나지 못하고 있다. 그래서 그는 보편성을 범신론적

61 Tholuck, *Die Lehre von der Sünde und vom Versöhner,* 234.

62 Hegel, *Encyclopädie der philosophischen Wissenschaften im Grundrisse,* Zweite Ausgabe (Heidelberg: August Oßwald, 1827), XIn(*EL*, 8n; *Jub.* vol. 8, 12n). 헤겔은 1827년 『종교철학』에서도 그 논의를 다루고 있다. 이와 관련해서는 다음을 참고하라. *LPR*, vol. 1, 374-378; *VPR*, Part 1, 272-275; Philip M. Merklinger, *Philosophy, Theology, and Hegel's Berlin Philosophy of Religion, 1821-1827* (Albany: State University of New York Press, 1993), 141-151.

인 것으로, 즉 규모가 크든 작든 상관없이 경험적인 모든 것은 실체를 소유하고 있으며, 그러한 의미에서 세속적인 모든 것이 다 신이라는 식으로 왜곡해 버렸다. 그러한 범신론에 대한 착각과 오해는 그의 어리석음과 무지가 낳은 곡해에 불과하다.[63]

헤겔은 자신에 대한 범신론의 혐의는 신의 본성에 대한 근본적인 오해에서 비롯한 것이며, 부분적으로는 주관주의로 물러선 19세기 낭만주의의 결과라고 주장했다. 그는 가장 투박한 형태의 다신론인 힌두교조차도 만물 속에서 신을 보는 그런 수준의 범신론은 아니라고, 최소한 힌두교도 특별히 선택된 사물들만을 신으로 본다고 항변했다. 헤겔은 논쟁적인 각주를 통해 이렇듯 종교에 대한 톨룩의 철학적 탐구 능력을 일거에 무시해 버렸다.[64]

그럼에도 불구하고 범신론의 혐의는 계속되었다. 1829년에는 익명의 저작 『헤겔 이론에 관하여: 절대지와 현대 범신론』(*Über die Hegelsche Lehre, oder: absolutes Wissen und moderner Pantheismus*)이 출판되기도 했다.[65] 에르트만Johann Eduard Erdmann은 그 저자가 그다지 알려지지 않은 휠제만Hülsemann[66]일 것으로 추정한다. 범신론의 혐의는 그 저작의 결론부에서 헤겔의 철학과 스피노자의 범신론을 비교하는

63 Hegel, *Encyclopädie,* Zweite Ausgabe, § 573, 521(*Phil. of Mind* § 573, 305; *Jub.* vol. 10, 462). *LPR,* vol. 1, 374-380; *VPR,* Part 1, 272-277.

64 Hegel, *Encyclopädie.* Zweite Ausgabe, § 573, 528n(Phil. of Mind § 573, 310n; Jub. vol. 10, 468n).

65 Anonymous, *Ueber die Hegelsche Lehre, oder: absolutes Wissen und moderner Pantheismus* (Leipzig: Christian Ernst Kollmann, 1829).

66 Erdmann, *Grundriß der Geschichte der Philosophie,* vol. 2, 622, § 332.1.

대목에서 간단히 제기되고 있는데,[67] 거기서 저자는 헤겔의 주장이 그리스도교를 훼손하고, 그리스도교의 신을 폄훼한다고 비판했다.[68] 헤겔은 공동 서평에서 그러한 견해도 반박했다. 그는 그 저작의 내용을 한 줄씩 따져가며 비판했는데, 무엇보다 내용의 완성도가 워낙 부실하여 그 혐의를 대수롭게 여기지는 않았다.[69]

그러한 범신론 논쟁의 대표자 중 한 명이 임마누엘 피히테다. 그는 1832년『오늘날 철학의 전환점과 목적』(*Wendepunkt und Ziel heutiger Philosophie*)에서 헤겔 철학의 비-그리스도교적 본성을 비판했다.[70] 그는 헤겔의 죽음을 범신론에서 진정한 그리스도교 철학으로 돌아서는 철학의 '전환점'으로 본다. 임마누엘 피히테는 자신의 입장을 범신론과 구분하기 위해 '사변적 유신론'이라고 명명했다. 그는 인격신을 복원하는 철학을 위한『인격성의 이념과 개인의 불멸성』을 출간했는데, 거기서도 신을 개념의 발전 과정으로 이해하는 헤겔의 관점을 계속 비판하고 있다.[71]

바이세는 헤겔과 친밀했지만 범신론의 오해만큼은 피하고 싶어 했다.[72] 1833년에 그는 헤겔의 사변적 방법론에 근거하면서도 자신

---

67 Anonymous, *Ueber die Hegelsche Lehre*, 182ff.

68 Anonymous, *Ueber die Hegelsche Lehre*, 197ff.

69 이와 관련해서는 Hegel, "1. *Über die Hegelsche Lehre, oder: absolutes Wissen und moderner Pantheismus*," 316ff를 참고하라.

70 Immanuel Hermann Fichte, *Ueber Gegensatz, Wendepunkt und Ziel heutiger Philosophie*, vol. 1 (Heidelberg: J. H. B. Mohr, 1832).

71 Immanuel Hermann Fichte, *Die Idee der Persönlichkeit und der individuellen Fortdauer* (Elberfeld: Buschler, 1834), 35ff.

72 Christian Hermann Weisse, *Ueber das Verhältniß des Publicums zur Philosophie in dem Zeitpuncte von Hegel's Abscheiden* (Leipzig: Schaarschmidt und Volckmar, 1832), 34-41.

만의 독자적인 종교철학 체계를 도입한 『신성의 이념』(*Die Idee der Gottheit*)을 출간했다.[73] 그 저작은 다양한 신 개념을 세 부분, (1) 존재론적 개념 혹은 범신론, (2) 우주론적 개념 혹은 이신론, (3) 목적론적 개념으로 나누어 설명한다. 그중 (1)은 신의 인격성을 증명하기 위해 기획된 부분이었음에도,[74] 그는 헤겔 철학을 비판하기보다 도리어 그의 저작들, 특히 『신 존재 증명』(*Vorlesungen über die Beweise vom Dasein Gottes*)을 적극적으로 인용하고 있다.

앞서 언급한 바흐만도 헤겔의 삼위일체론은 『신약』의 내용과는 무관한 공허한 형식주의라고 비판하면서[75] 범신론 논쟁에 가세했다.[76] 로젠크란츠는 바흐만이 헤겔의 사변철학을 제대로 이해하지 못했으며, 야코비의 이신론에 영향 받아 여전히 앞선 철학 단계에 머물러 있다고 비판했다.[77] 바흐만은 『안티-헤겔』(*Anti-Hegel*)에서 이신론자라는 혐의를 완강히 부인했다.[78] 자신은 신의 인격성을 믿는 유신론자이며, 자신의 유일한 목적은 헤겔의 단순한 신 개념을 물리치는 것이라고 그는 주장했다. 헤겔의 견해는 결국 사도들이 사변적인 이해 능력이 떨어져 신을 제대로 이해하지 못했다는 터무니없는 결론을 낳게 된다는 것이다.[79]

---

73 Christian Hermann Weisse, *Die Idee der Gottheit. Eine philosophische Abhandlung. Als wissenschaftliche Grundlegung zur Philosophie der Religion* (Dresden: Ch. F. Grimmer, 1833).

74 E.g. Weisse, *Die Idee der Gottheit,* 121-138, 196-133.

75 Bachmann, *Ueber Hegel's System,* 297-310.

76 Bachmann, *Ueber Hegel's System,* 282-283.

77 Rosenkranz, *Hegel. Sendschreiben,* 123-124.

78 Bachmann, *Anti-Hegel*, 161-162.

79 Bachmann, *Anti-Hegel*, 162.

1834년에 에센마이어Carl August Eschenmayer(1768~1852)는 헤겔이 그리스도의 주장을 진리로 받아들이길 거부하고, 자신의 철학을 그리스도교의 계시보다 우위에 두고 있다는 도발적인 주장을 했다.[80] 헤겔은 신이 지상에 출현한 것을 인간 이성의 발달과정으로 해석한다는 것이다.[81] 에센마이어는 헤겔이 자신의 철학을 규정하는 대목, 즉 자신의 철학은 복음서들에 나타난 그리스도교 교리를 다루고 있으며, 그것을 개념적으로 증명하는 것이라는 주장을 비판적으로 검토했다. 그 작업은 헤겔 저작의 구절들을 하나하나 비판하는 방식으로 이루어졌다. 에센마이어는 헤겔의 신 개념을 단호하게 거부하면서 "신은 철학자가 자신의 사변 영역에 정립할 수 있는 그런 관념이 아니다"[82]라고 주장했다. 『성서』의 신은 자기의식적인 존재이기 때문이다. 또한 그는 "영원한 신은 결코 과정으로 포착될 수 없다"[83]고 주장했다. 『성서』의 신은 영원한 신이지 헤겔이 말하는 사변적 방식에 따라 역사적으로 발전하는 과정의 신이 아니기 때문이다. 그러한 의미에서 그는 헤겔 철학이 그리스도교와 전혀 일치하지 않는다고 결론지었다.

튀빙겐대학의 신학자 바우어Ferdinand Christian Baur도 1835년 저작 『그리스도교 영지주의 혹은 그리스도교 종교철학』(*Die christliche Gnosis oder die christliche Religionsphilosophie*)을 통해 그 논쟁에 합류했다.[84] 그는

---

80 Carl August Eschenmayer, *Die Hegelsche Religions-Philosophie verglichen mit dem christlichen Prinzip* (Tübingen: Heinrich Laupp, 1834).

81 Eschenmayer, *Die Hegelsche Religions-Philosophie verglichen mit dem christlichen Prinzip*, iv.

82 Eschenmayer, *Die Hegelsche Religions-Philosophie verglichen mit dem christlichen Prinzip*, § 152, 125.

83 Eschenmayer, *Die Hegelsche Religions-Philosophie verglichen mit dem christlichen Prinzip*, § 152, 126.

비판가들이 헤겔 철학을 곡해했다고 주장하면서 그들의 범신론 혐의에 맞서 헤겔을 변호했다. 신은 본성은 '계시'다. 신은 유한한 인간 의식이 신을 인식할 수 있도록 스스로를 계시한다. 비판가들은 그런 해석이 신의 의식과 인간 의식이 독립적으로 존재할 수 없다는 믿음을 낳게 한다고 질타했지만 그것은 임재 교리를 제대로 이해하지 못한 탓이다.[85] 바우어는 이렇게 말한다. "유한한 정신들 전체는 신의 자기 의식이 외화된 것이며, 신은 그렇게 외화된 정신들 속에서 자신을 인식한다. 그러한 의미에서 신은 만유 속의 만유다. 이에 따르면, 정신靈으로서의 신은 오로지 정신靈에 대해서만 존재한다는 주장이야말로 신의 세계 내 임재를 뜻하는 참된 개념이라 할 수 있다. 그런데 왜 그것을 그렇게 격렬히 비판하고 곡해하는가?"[86]

할레대학의 철학과 강사였던 샬러Julius Schaller(1807~1868)는 1837년 저작 『우리시대의 철학』(*Die Philosophie unserer Zeit*)에서 범신론 혐의를 비롯한 다양한 비판에 맞서 헤겔 철학을 옹호하면서 그의 신 개념과 그리스도교의 신 개념이 일치한다고 주장했다.[87] 그는 신의 인격성 교리와 관련하여 임마누엘 피히테를 비롯한 다양한 사상가의 설명 방식을 검토하면서 헤겔의 설명 방식이 갖는 상대적인 이점을 증명하고자 했다. 그는 반복적으로 제기되는 두 가지 비판, 즉 (1) 신을 역사적으로 발전하는 인간의 자기의식으로 간주하는 것은 신의

84 Baur, *Die christliche Gnosis*, 704-705.

85 Baur, *Die christliche Gnosis*, 704-705.

86 Baur, *Die christliche Gnosis*, 706.

87 Julius Schaller, *Die Philosophie unserer Zeit. Zur Apologie und Erläuterung des Hegelschen Systems* (Leipzig: J. C. Hinrichs, 1837), 268-323.

독립성을 훼손한다는 비판과 (2) 신의 인격성을 단순히 신에 대한 인간의 의식과 인식으로 간주하는 것은 신의 초월성을 부정한다는 비판을 반박한다.[88] 샬러는 헤겔을 옹호하기 위해 그의 신 개념의 토대를 이루는 대립의 논리를 설명한다. 신은 세계의 창조주라는 점에서 세계와 대립하고, 자기의식을 가진 또 다른 행위자, 즉 인간들과도 대립한다는 것이 그것이다.

1838년에 미헬렛은 그러한 논쟁들을 간략하게 개괄했다.[89] 그는 헤겔의 체계가 인격신을 다루고 있다는 샬러와 괴셸의 견해에 동조하면서 인격신이 초월신을 요구하는 것으로 오해된 것을 유감스럽게 생각한다. 그는 인격신은 단지 한 인격이 아니라 '인격성' 자체의 원리를 의미하는 것이라고 말한다.

> 헤겔이 말하는 신의 인격성에 관한 교리는 신이 다른 인격들 가운데 한 인격이 아니며, 또한 단순한 보편적 실체도 아니라는 것이다. 신은 자신을 주체로 만드는 보편자의 영원한 운동이며, 그것은 오로지 주체가 되어야만 객관적으로 그리고 진정으로 현존하게 된다. 이를 통해 추상적인 대자존재에 머물러 있던 주체는 지양된다. 헤겔에게 있어서 신은 단지 한 인격이 아니라 인격성 자체를 의미한다.[90]

미헬렛은 헤겔의 신 개념은 내재적인 신을 의미한다는 바우어의

88 Schaller, *Die Philosophie unserer Zeit,* 293ff.

89 Michelet, *Geschichte der letzten Systeme der Philosophie in Deutschland von Kant bis Hegel,* vol. 2, 645-648.

90 Michelet, *Geschichte der letzten Systeme der Philosophie in Deutschland von Kant bis Hegel,* vol. 2, 646.

견해에 동조하면서, 초월적인 영역에 초자연적인 신을 정립하는 헤겔 주의자들을 비판했다.

피셔Carl Philipp Fischer(1807~1885)는 1839년에 출간된 『신성의 이념』(*Die Idee der Gottheit*)에서 헤겔이 말하는 내재성의 철학은 독립적으로 외재하는 신을 전적으로 부정하는 것이며, 그렇게 신과 세계의 내재적 통일을 주장하는 것이야말로 범신론의 근거라고 비판했다.

> 신과 세계의 실체는 하나이자 동일하며, 따라서 자기를 인식하는 정신적 실체로서의 신은 자신의 진리 속에서 사유된 세계정신이다. 하지만 자기 의식적인 개인들은 자기 근거를 가진 완결된 주체나 영원한 정신이 아니라 다만 우연적이고, 일자나 보편적 실체를 상실하고 있는 인간들에 불과하다. 헤겔의 범신론이나 스피노자의 범신론은 바로 그 점을 주장한다. 하지만 전자에서는 절대자의 주관적 형식이 우세하고, 후자에서는 절대자의 객관적 형식이 우세하다.[91]

계속해서 그는 이렇게 말한다. "신과 세계의 본질을 동일한 것으로 사유하는 한, 신의 인격성, 즉 신의 내적인 의지와 정신의 절대적 통일은 결코 파악될 수 없다."[92] 피셔는 헤겔을 범신론자로 몰아세웠음에도 불구하고 그 역시 헤겔의 사변적 방법론을 긍정적으로 수용하여 신의 인격성과 통일성을 주장하는 자신의 유신론 철학에 접목시켰다.

---

91 Carl Philipp Fischer, *Die Idee der Gottheit. Ein Versuch, den Theismus speculativ zu begründen und zu entwickeln* (Stuttgart: S. G. Liesching, 1839), x.

92 Fischer, *Die Idee der Gottheit,* x f.

미헬렛은 앞서 언급한 『신의 인격성에 관하여』(*Vorlesungen über die Persönlichkeit Gottes*)에서 이 문제를 다시 제기했다. 거기서 그는 신의 인격성 교리를 제시하고, 그것에 대한 반론들을 살핀다. 그는 신의 인격성을 주장하기 위해서는 신을 역동적인 과정으로 이해해야 한다고 말한다. 순전히 정적인 신은 의식적인 실체라기보다 그저 한 대상에 불과하기 때문이다.[93] 그는 자유를 향한 정신의 발전 과정을 개괄한다. 그 과정을 올바로 이해해야만 그것을 구성하는 자기의식적인 존재를 주장할 수 있기 때문이다.[94] 그 발전 과정은 그리스도교에서 완성된다. 그리스도교에서 개인들은 육화한 신을 통해 자신을 인식하고, 신적인 의식을 발달시켜 나간다. 미헬렛은 신의 인격성 교리를 옹호하면서 그것을 비판하는 견해의 배후에 놓인 신인동형적인 신 개념을 거부하고, 헤겔의 발전하는 신 개념과 일맥상통하는 그리스도교의 지속적 창조 교리를 주장했다.[95]

마지막으로 주목할 저작은 바우어가 1841년에 익명으로 출간한 『헤겔과 무신론자 그리고 적그리스도에 대한 최후의 심판: 최후통첩』(*Die Posaune des jüngsten Gerichts über Hegel den Atheisten und Antichristen. Ein Ultimatum*)이다.[96] 그 저작은 우리가 다루는 논쟁 중 어디에 속하

---

93 Carl Ludwig Michelet, *Vorlesungen über die Persönlichkeit Gottes und Unsterblichkeit der Seele oder die ewige Persönlichkeit des Geistes* (Berlin: Ferdinand Dummler, 1841), 223-224.

94 Michelet, *Vorlesungen über die Persönlichkeit Gottes,* 248ff.

95 Michelet, *Vorlesungen über die Persönlichkeit Gottes,* 272ff.

96 [Bruno Bauer], *Die Posaune des jüngsten Gerichts über Hegel den Atheisten und Antichristen. Ein Ultimatum* (Leipzig: Otto Wigand, 1841); *The Trumpet of the Last Judgement against Hegel the Atheist and Antichrist: An Ultimatum,* trans. by Laurence Stepelevich (Lewiston, NY: Edwin Mellon Press, 1989). 이 문헌과 관련해서는 Douglas Moggach,

는지 정확히 분류하기 어렵다. 그는 헤겔의 『종교철학』에 반대하고 분노했던 경건주의자들의 관점을 취하고 있는데, 앞서 살폈듯이,[97] 자신이 『종교철학』 제2판 편집자였다는 사실을 고려하면 이는 참으로 아이러니한 일이 아닐 수 없다. 하지만 그의 진정한 의도는 경건주의 진영의 입장을 풍자함으로써 그들의 무지한 비판을 불신케 하는 것이었다. 그럼에도 그 역시 헤겔의 세계정신 개념을 비판한다는 점에서는 앞선 비판들과 연속선상에 있다고 할 수 있다.[98]

헤겔은 범신론의 혐의를 반박하면서 범신론과 관련한 다양한 개념을 상세히 설명했다. 그럼에도 그러한 혐의가 불식되지 않은 것은 그가 '정신'이라는 용어를 지나치게 광범위한 의미로 사용했기 때문이다. '정신'은 주로 세계정신이나 역사정신으로 해석되었다. 하지만 헤겔은 역설적으로 그러한 애매함을 도리어 선호했다. '정신'은 세계정신이나 민족정신 같은 집단정신을 의미하기도 하지만 개별정신을 의미하기도 한다. 헤겔이 『철학백과』에서 정신을 주관정신, 객관정신, 절대정신으로 구분한 것도 바로 그 점을 증명한다. 물론 '정신'이라는 개념이 역사, 예술, 종교, 철학과 같은 다양한 인간 문화와 관련해서는 집단정신을 의미하기도 하지만, 그렇다고 해서 개별정신을 부정하는 것은 아니다.

'정신'이라는 용어의 애매함과 그것이 주로 인간 정신 일반으로 이해되었다는 점을 고려하면, 세계 종교의 역사에 관한 그의 논의는

The Philosophy and Politics of Bruno Bauer (Cambridge: Cambridge University Press, 2003), 99-118을 참고하라.

97 Moggach, *The Philosophy and Politics of Bruno Bauer*, 100.

98 [Bruno Bauer], *Die Posaune*, 67-70; *The Trumpet of the Last Judgement against Hegel the Atheist and Antichrist: An Ultimatum*, 113-116.

문제를 더욱 혼란스럽게 한다. 헤겔은 신을 최초의 종교 형태에서 출발하여 점진적인 역사적 발전단계를 거쳐 더 높은 종교 형태로 이행하는 역동적인 운동으로 이해한다. 이에 따르면, 신은 인격적인 신이 아니라 발전하는 개념을 의미하는 것으로 보일 수도 있다. 하지만 그것은 『종교철학』의 구조와 전략을 제대로 이해하지 못한 것이다. 앞서 언급했듯이 그는 『종교철학』을 개념, 즉 사변적인 삼중구조에 따라 구성했다. 제1부 '종교의 개념'(Der Begriff der Religion)에서는 보편자, 즉 신의 이념을 탐구하고, 제2부 '유한한 종교'(Die bestimmte Religion)에서는 특수자, 즉 다양한 세계 종교를 탐구하며, 제3부 '완성된 종교'(Die vollendete Religion)에서는 보편자와 특수자의 통일, 즉 그리스도교를 탐구한다. 제1부에서 그는 구체적인 역사적 종교에서 도출한 일반적인 신 개념을 탐구하고, 자신이 생각하는 정신으로서의 신 이념을 제시한다.[99] 그러한 맥락에서 보면, 헤겔은 자기의식의 신적인 특성을 진정한 신 개념으로 상정했다고 볼 수 있다.

『종교철학』의 전개 과정은 그 점을 더 분명하게 증명한다. 헤겔에 따르면, 세계 종교의 발전 과정은 자연에서 정신으로의 이행과정이다. 달리 말해, 신 개념은 자연의 대상에서 출발하여 자기의식적인 주체로 나아간다. 그러한 의미에서 그는 정신종교를 자연종교보다 높게 평가한다. 정신종교의 신들은 해당 민족의 다양한 주관적 자유의 단계를 반영하고 있다. 자연종교에 대한 설명을 살펴보면, 그는 식물이나 동물과 같은 자연물을 신으로 섬기는 관점에 매우 비판적이다. 힌두교와 고대 이집트인들의 동물숭배에 대한 비판이 그 단적인 사례라 할

99 Hegel, *LPR*, vol. 1, 366-380; *VPR*, Part 1, 266-277.

수 있다. 그는 수많은 자연물을 신으로 섬기는 힌두교를 경멸적인 의미에서 '환상의 종교'라고 부른다. 오로지 자유로운 민족만이 자기의식적인 신을 가질 수 있기 때문이다.

헤겔은 세계 종교를 분석하는 과정에서 추상적인 신 개념도 여러 차례 비판하고 있다. 예컨대 앞장에서 살핀 이슬람교도 그중 하나다. 그는 이신론의 신 개념도 추상적인 신에 불과하다고 비판한다. 그러한 추상적인 신은 아직 구체화되지 못했다는 점에서 정신의 신이라 할 수 없다는 것이 그 비판의 핵심이다. 구체화된 신 혹은 정신의 신은 그리스도교의 계시를 통해 비로소 완성된다. 그리스도교의 신은 추상적인 존재가 아니라 자기의식을 가진 개별적인 실체로 나타난다.

헤겔의 인정이론은 한 민족과 그들의 신 사이의 상호 호혜적인 관계를 상징한다. 유대교의 신은 신자들의 자유를 허락하는 사랑의 신이 아니라 폭군적인 주인처럼 그들을 억압한다는 점에서 헤겔은 유대교를 부정적으로 평가한다. 상호 인정의 관계를 위해서는 인정을 주고받을 구체적인 타자가 필요하다. 이는 범신론의 신 개념과 전혀 무관하다. 범신론의 신은 개별적이거나 자기의식적인 실체가 아니므로 인정을 주고받을 수 없다. 이와 마찬가지로 헤겔은 신의 계시라 할 그리스도의 중요성도 매우 강조하는데, 그 또한 범신론의 신 개념을 부정하는 대목이다. 그리스도교가 신으로 여기는 그리스도는 특정하고, 구체적이고, 개별적인 인격이다. 이것만으로도 헤겔의 신 개념이 범신론의 신 개념과 완전히 다르다는 것은 충분히 입증된다. 이로써 헤겔의 『종교철학』 수용과 관련한 전통적인 논쟁은 이제 셋째 주제인 그리스도의 역할, 즉 그리스도의 신성 문제로 넘어간다.

4. 그리스도론 논쟁

신의 인격성 문제와 관련하여 그리스도의 본성에 관한 문제도 논쟁의 대상이 되었다.[100] 당시에는 청년 헤겔의 그리스도교 관련 저술들, 이를테면 "그리스도교의 실정성"(Die Positivität der christlichen Religion)이나 "그리스도교의 정신과 그 운명"(Der Geist des Christentums und sein Schicksal) 등이 잘 알려지지 않았기 때문에 그리스도론 논쟁은 주로 그의 『종교철학』에 나타난 예수 관련 진술에 집중되었다. 헤겔은 그리스도를 인간이 도달할 수 있는 최고의 윤리적 단계를 상징하는 인물로 보았다. 그런 의미에서라면 예수는 인류 전체의 신성을 상징하는 것으로 볼 수 있다. 하지만 그러한 관점은 오로지 그리스도만이 유일한 신이라는 견해를 부정하는 것처럼 보인다. 그러면 정통 교리학의 핵심은 세속적인 견해로 변질되고 만다.

그리스도론에 관한 논쟁은 슈트라우스의 저작을 중심으로 이루어졌다. 1835년과 1836년에 두 권으로 출간된 그의 저작 『예수의 생애』(*Das Leben Jesu*)[101]는 그리스도론과 관련한 주요 논쟁의 신호탄이 되었다. 그 저작으로 인해 슈트라우스가 대학의 교수직을 박탈당하긴 했지만, 실로 그 저작이야말로 그의 영원한 대표작이다. 거기서 그는 그리스도에 관한 복음서들의 설명을 비판적-역사적 방법으로 분석한다. 그 역시 그리스도가 행한 기적은 그의 사후에 신자들이 꾸며낸

---

100 이와 관련해서는 다음을 참고하라. Michelet, *Geschichte der letzten Systeme der Philosophie in Deutschland von Kant bis Hegel,* vol. 2, 648-659; Erdmann, Grundriß der Geschichte der Philosophie, vol. 2, 654-660; Toews, Hegelianism, 165-175, 255-287; Brazill, *The Young Hegelians,* 95-132.

101 Strauss, *Das Leben Jesu.*

허구에 불과하다고 거듭 주장한다. 복음서에 나타난 그리스도의 생애와 사역에 관한 서사는 그리스도교 초기 단계의 신앙 공동체가 공유한 민간전승에 불과하다. 즉 그러한 믿음은 당시의 역사적-사회적 조건에서 가공된 그 시대의 산물일 뿐이다. 따라서 그리스도론을 이해하려면 먼저 종교의 역사적 발전 과정에 대한 선행 연구가 필요하다.

슈트라우스의 『예수의 생애』는 비판적-역사적 성서해석과 사변적 종교철학이 결합된 저작이다. 첫째로 그는 기적과 같은 초자연적 차원을 배제하는 헤겔의 내재주의를 진지하게 수용했다. 둘째로 그는 비판적 방법을 통해 그리스도교의 신화적 요소들을 제거하고, 형이상학적 혹은 철학적 진리만을 추려냈다. 그러한 접근법은 철학적 인식이 종교적 인식보다 발전된 형태이면서 동시에 종교적 인식까지 포괄한다는 헤겔의 주장을 반영한 것이다. 셋째로 그는 철학의 목적이 소외를 극복하고 화해를 이루는 것이라는 헤겔의 신념을 공유했다. 유대교의 절대적 타자로서의 신 개념이 신과 인간의 통일이라는 그리스도교의 신 개념으로 대체된 것도 바로 그 때문이다. 슈트라우스는 그러한 신과의 통일과 화해는 그리스도라는 단일한 인격이 아니라 모든 인류의 이념이라고 생각한다. 하지만 그리스도교 신자들은 화해를 그리스도라는 단일한 인격에 한정함으로써 또다시 소외를 유발했다고 그는 지적하면서, 자신의 목적은 신과 인간을 상호보완적인 변증법적 개념으로 인식하여 그러한 소외를 극복하는 것이라고 밝혔다. 신의 본질과 인간의 본질은 상호 대비를 통해 상호 규정된다. 슈트라우스의 목적은 그리스도교의 진리를 증명하는 것이었지만 정통 교리를 수호하고자 했던 헤겔 옹호자들은 그의 견해가 『성서』의 권위와 그것에 기초한 신앙을 훼손한다고 비판했다. 그의 저작은 그리스도교의 신성에 대한 헤겔의 보수적인 입장과는 근본적으로 다르다는 것이다. 하지만 그들 역시 정통 헤겔주의에 반대하는 사람들의 비판을 피할 수 없었다. 그 비판가들은 슈트라우스의 견해야말로 헤겔 철학이 위험천만한 세속적 결과를 초래할 것이라는 자신들의 의심을 확증해 준다고 보았다. 슈트라우스는 자신의 저작에 제기된 다양한 비판에 응답하기 위해 몇 년 후 『예수의 생애』 개정판을 내놓기도 했다.

슈트라우스의 선생이었던 바우어도 『그리스도교 영지주의』(*Die christliche Gnosis*)에서 오직 그리스도만 신이 아니라 신과 인간의 통일은 온 인류에서 실현된다는 헤겔의 주장을 반복했다.[102] "신앙은 신神-인人, 신의 인간화, 성육신 그 자체를 역사적 사실로 받아들이지만 사변적 사유는 그러한 신의 인간화를 개별적이거나 유일회적인 역사적 사건이 아니라 신의 본성에 관한 영원한 규정으로 받아들인다."[103] 그는 이렇게 설명한다.

> 그리스도를 통해 이루어진 화해는 일회적인 사건이 아니다. 도리어 신은 자신과 자신을 영원히 화해시킨다. 그리스도의 부활은 바로 그러한 정신의 영원한 자기복귀, 즉 진리로의 복귀를 의미한다. 신-인으로서의 그리스도는 특수한 개인이 아니라 자신의 보편성과 화해한 인간을 의미한다. 그는 보편적인 개인이다.[104]

---

102 Ferdinand Christian Baur, *Die christliche Gnosis oder die christliche Religions-Philosophie in ihrer geschichtlichen Entwiklung* (Tübingen: C. F. Osiander, 1835), 707ff.

103 Baur, *Die christliche Gnosis oder die christliche Religions-Philosophie in ihrer geschichtlichen Entwiklung*, 715.

104 Baur, *Die christliche Gnosis oder die christliche Religions-Philosophie in ihrer geschichtlichen Entwiklung*, 715.

바우어는 예수의 삶에서 일어난 역사적 사건들에는 고귀하고 심오한 의미, 즉 보편적인 진리가 담겨 있다고 주장했다. 그의 『그리스도교 영지주의』는 슈트라우스의 입장을 둘러싼 찬반 논쟁에는 일절 관여하지 않고 오로지 헤겔의 저작에만 집중하고 있다.

튀빙겐대학의 신학자 슈토이델Johann Christian Friedrich Steudel(1779~1837)은 1835년 저작 『예수의 생애에 관한 역사적 또는 신화적 근거 및 정경 복음서의 서술방식 등과 관련한 예비사항』(*Vorläufig zu Beherzigendes bei Würdigung der Frage über die historische oder mythische Grundlage des Lebens Jesu, wie die kanonischen Evangelien dieses darstellen u.s.w.*)에서 슈트라우스의 주장에 반대하고, 그리스도의 초자연적 본성을 옹호했다.[105] 하지만 그는 역사적 기록과는 무관한 신앙인의 내면적 확신에만 호소함으로써 결국 그리스도의 초자연적 본성을 개인의 주관적 확신으로 환원시켜 버렸다. 할레스Gottlieb Christoph Adolf von Harless(1806~1879)는 슈트라우스의 저작을 둘러싼 논쟁을 상세히 개괄한 후에[106] 그의 저작을 도덕적으로 부정하면서 초자연주의의 편에 섰다. 튀빙겐대학에서 슈트라우스보다 먼저 강의했던 에센마이어Carl August Eschenmayer는 『예수의 생애』를 신랄하게 비판했다.[107] 그는 슈트라우스가 그리스도교를 배신했다고 공격하면서 그를 『요한계시

---

105 Johann Christian Friedrich Steudel, *Vorläufig zu Beherzigendes bei Würdigung der Frage über die historische oder mythische Grundlage des Lebens Jesu, wie die kanonischen Evangelien dieses darstellen u.s.w.* (Tübingen: Fues, 1835).

106 Gottlieb Christoph Adolph Harless, *Die kritische Bearbeitung des Leben Jesu von Dr. Dav. Friedr. Strauß nach ihrem wissenschaftlichen Werthe beleuchtet* (Erlangen: C. Heyder, 1835).

107 Carl August Eschenmayer, *Der Ischariotismus unserer Tage. Eine Zugabe zu dem jüngst erscheinen Werke: Das Leben Jesu,* von Strauß (Tübingen: Fues, 1835).

록』의 교리를 작심하고 모독한 현대판 유다로 묘사하기도 했다. 이는 당시 슈트라우스의 저작이 불러일으킨 분노가 얼마나 컸는지를 보여주는 생생한 단면이라 할 수 있다.

클라이버Christoph Benjamin Klaiber(1796~1836) 사후 출간 저작인 『슈트라우스가 비판적으로 편집한 "예수의 생애"에 대한 서평』(*Bemerkungen über 'das Leben Jesu kritisch bearbeitet von Dr. Fr. Strauss'*)은 슈트라우스가 예수의 삶과 가르침을 지극히 단편적으로만 이해하고 정작 그리스도라는 큰 그림은 놓치고 있다고 비판하면서 그의 방법론을 문제삼는다. 클라이버는 세계와 자연의 근원(Urgrund)인 신은 자연법칙에 모순되는 기적도 얼마든지 행할 수 있다고 주장하면서 그리스도의 기적이나 초자연적 요소를 옹호하고, 슈트라우스를 복음서의 신뢰성을 부정한 헤겔의 아류에 불과하다고 비판했다.[108] 톨룩도 1837년 저작 『복음주의 역사의 신뢰성 그리고 슈트라우스의 "예수의 생애"에 대한 비판』(*Die Glaubwürdigkeit der evangelischen Geschichte, zugleich eine Kritik des Lebens Jesu von Strauß, für theologische und nicht theologische Leser dargestellt*)에서 슈트라우스의 방법론과 결론을 비판하면서 헤겔 철학에 대한 범신론 비판을 재소환했으며,[109] 『성서』 본문을 면밀히 분석하면서 복음서의 역사적 진실성을 옹호했다.

신학자 랑에Johann Peter Lange(1802~1884)는 『정경 복음서의 역사적 성격』(*Ueber den geschichtlichen Charakter der kanonischen Evangelien,*

108 Christoph Benjamin Klaiber, *Bemerkungen über 'das Leben Jesu kritisch bearbeitet von Dr. Fr. Strauss'* (Stuttgart: Beck & Frankel, 1836), 70-88.

109 August Tholuck, *Die Glaubwürdigkeit der evangelischen Geschichte, zugleich eine Kritik des Lebens Jesu von Strauß, für theologische und nicht theologische Leser dargestellt* (Hamburg: Friedrich Perthes, 1836), 7-8.

insbesondere der Kindheitsgeschichte Jesu mit Beziehung auf 'das Leben Jesu von Strauß)에서 신화적 관점과 역사적 관점을 매개하는 사변적 방법을 도입하여 그러한 갈등의 중재안을 제시했다.[110] 복음서는 역사도 신화도 아니라고 그는 주장했다. 그것은 이교나 다른 종교들에서 발견되는 다양한 신화적 요소를 끌어모아 더 발전된 형태로 표현한 것에 불과하다는 것이다. 호프만[Wilhelm Hoffmann](1806~1873)도 『슈트라우스가 비판적으로 편집한 "예수의 생애": 신학자와 비신학자에 대한 시험』(*Das Leben Jesu, kritisch bearbeitet von Dr. D. F. Strauss. Geprüft für Theologen und Nichttheologen*)에서 그리스도의 기적을 초자연주의의 관점에서 옹호하면서 동시에 사변철학에도 깊이 동조했다.[111] 그는 그리스도의 본성과 의미를 이해하기 위해서는 사변적인 방법도 반드시 도입해야 한다는 타협안을 제시했다. 또한 그는 만일 신과 인간의 통일이 인류 전체의 정신에서 실현되는 것이라면, 그것은 어떠한 구체적 인격을 통해서도 실현될 수 없는 한낱 추상적인 관념에 불과하다고 비판했다.

바우어[Bruno Bauer]는 1837년 『학문비평연보』(*Jahrbücher für wissenschaftliche Kritik*)에서 슈트라우스의 『예수의 생애』를 비판한 (앞서 언급한 저작들을 포함한) 10편의 저작에 대한 공동 서평을 발표했다.[112]

---

110 Johann Peter Lange, *Ueber den geschichtlichen Charakter der kanonischen Evangelien, insbesondere der Kindheitsgeschichte Jesu mit Beziehung auf 'das Leben Jesu von Strauß'* (Duisburg: C. H. Schmachtenberg, 1836).

111 Wilhelm Hoffmann, *Das Leben Jesu, kritisch bearbeitet von Dr. D. F. Strauss. Geprüft für Theologen und Nichttheologen* (Stuttgart: P. Balz, 1836).

112 Bruno Bauer, Review of writings on Strauss by Steudel, Klaiber, Hoffmann, Lange, Harless, Sack, Baader and Eschenmayer, in *Jahrbücher für wissenschaftliche Kritik* (March 1837), no. 41, 321-328; no. 42, 329-336; no. 43, 337-343.

바우어는 슈트라우스의 견해를 옹호하거나 비판하기보다 그 저작들 각각의 가치와 한계만을 객관적으로 검토했다. 다만 순진한 초자연주의적 비판은 논외로 두었다.

슈트라우스는 1837년에 자신의 비판자들에게 응답하는 『논박서』(*Streitschriften*)를 출간했다.[113] 그 저작에서 '헤겔 좌파'와 '헤겔 우파'라는 명칭이 처음 등장했다. 헤겔 철학과 그리스도교의 일치를 주장했던 헤겔주의자들이 주로 자신을 비판했기 때문에 그는 먼저 헤겔 철학과 자신의 관계를 설명하는 것으로 논의를 시작한다. 그는 헤겔이 사용한 표상과 개념의 구별을 출발점으로 삼았다. 그가 그 구별을 성서 연구에 도입한 것은 『성서』 본문 가운데 순수하게 표상적인 요소는 걸러내고 개념적인 핵심만을 드러내어 신화와 진리를 나눠보기 위함이었다. 그는 자신이 지목한 헤겔 비판가들은 비판적인 반성과 매개를 통해 진리에 도달하는 헤겔 철학의 기본 원리를 등한시했다고 주장한다. 마치 『정신현상학』에서 감성적 확신의 단계가 지양되듯이 직접성 혹은 직접적 신앙의 단계도 반드시 지양되어야 한다는 것이다.[114] 나아가 슈트라우스는 신과 인간의 통일이 보편적 인류에서 실현된다는 자신의 관점이 실로 헤겔의 입장이라고도 밝혔다.[115] 물론 그도 그러한 통일이 그리스도를 통해 실현되었다는 것을 인정한다. 그리스도는 그러한 진리를 일깨워준 역사적 사건을 대표한다. 하지만 통일 자체는 보편적인 것이다.

괴셸은 당시에 세속주의를 주도한 헤겔주의자들의 영향력을 제지

113 Strauss, *Streitschriften*, 95-126; *Defense*, 38-66.

114 Strauss, *Streitschriften*, 67-8; *Defense*, 13-14.

115 Strauss, *Streitschriften*, 76ff.; *Defense*, 21ff.

하고자 했던 프로이센의 교육부장관 알텐슈타인Karl von Altenstein(1770~1840)의 요청으로[116] 집필한 1838년 저작 『신과 인간 그리고 신-인에 관한 사변철학: 슈트라우스의 그리스도론에 대한 비판을 통하여』(*Beiträge zur spekulativen Philosophie von Gott und dem Menschen und von dem Gott- Menschen. Mit Rüchtsicht auf Dr. D.F. Strauss' Christologie*)에서 슈트라우스를 비판했다.[117] 그 저작은 총 세 장章으로 구성되어 있다. '제1장 신, 그리스도, 인간'에서 그는 리히터와 슈트라우스 같은 헤겔주의자들의 저작에 제기된 비판에 맞서 헤겔 철학을 옹호한다. 그들의 저작은 헤겔 철학이 무신론과 세속주의를 초래하리라던 비판가들의 의심을 확증하는 듯한 인상을 주어 그의 철학을 불명예스럽게 만든 측면이 있었다. 괴셸의 목적은 그런 인상을 교정하는 것이었다. 그래서 그는 슈트라우스를 직접적으로 비판하기보다 그의 입장과 헤겔의 입장을 동일시하거나 그의 입장을 헤겔 철학의 자연스러운 결과로 이해하는 비판가들에 맞서 헤겔을 변호하는 데 주력했다. 괴셸은 헤겔에게 가해진 혐의들, 이를테면 삼위일체, 계시, 칭의, 원죄, 신-인과 같은 그리스도교의 정통 교리에 대한 그의 이해는 비-그리스도교적이며, 그는 자신의 목적을 위해 그런 종교적 언어를 제멋대로 차용했을 뿐이라는 비판에 항변하고자 했다. 괴셸은 그리스도가 모든 인류에서 실현되는 신과 인간의 통일을 상징한다는 슈트라우스의 주장을 특히 반박했다.[118] 제1장에서 그는 중세 시대의 보편논쟁을 개괄하면서 그 주제를

116 이와 관련해서는 Walter Jaeschke, "Urmenschheit und Monarchie: Eine politische Christologie der Hegelschen Rechten," *Hegel-Studien*, vol. 14 (1979), 73-107; 83ff를 참고하라.

117 Carl Friedrich Goschel, *Beiträge zur spekulativen Philosophie von Gott und dem Menschen und von dem Gott-Menschen. Mit Rüchtsicht auf Dr. D.F. Strauss' Christologie* (Berlin: Duncker und Humblot, 1838).

집중적으로 논하고 있다.

슈트라우스의 『예수의 생애』를 둘러싼 논쟁은 여기서 모두 다룰 수 없을 만큼 방대한 문헌을 산출한 계기가 되었다. 특히 그 저작에서 '헤겔 좌파'와 '헤겔 우파'라는 명칭과 구별이 생겨났다는 것도 중요한 대목이다. 그것이 논쟁의 내용을 파악하는 데 얼마나 적합한지는 차치하고서라도 말이다. 그리스도의 본성 문제와 관련해 볼 때, 헤겔이 역사적으로 개괄한 세계 종교의 전체적인 운동과 궤적은 하나의 목적과 방향을 향하고 있다. 그는 다른 종교들과의 비교를 통해 그리스도교의 진리를 옹호하고자 했다. 그는 자연에서 정신으로의 이행을 추적함으로써 왜 자연신들이 열등한지를 보여주고자 했고, 정신종교에 속하는 다양한 신 개념을 추적함으로써 왜 그러한 개념들 각각이 신을 인간으로 파악하는 데 실패했는지를 보여주고자 했다. 그 종교들에는 아직 완전히 인간적인지 않은 요소들이 남아 있다. 그리스인들은 대리석이나 바위로 신을 만들었고, 유대인들은 신을 추상적으로만 사유했다. 오직 그리스도교에서만 신성을 가진 인간을 신으로 간주한다. 헤겔의 역사적 설명에 따르면, 신-인으로서의 그리스도야말로 다른 종교들과 비견할 수 없는 그리스도교만의 탁월함을 보증하는 절대적이고도 본질적인 측면이다.

헤겔은 삼위일체 교리를 가장 중요하게 생각한다. 그것은 보편성, 특수성, 개별성이라는 철학적 개념의 삼중성을 반영하고 있는 그리스도교의 핵심 교리다. 삼위일체는 시간의 흐름에 따라 사변적인 방식으로 발전하는 신을 나타낸다. 그리스도교가 다른 정신종교들과 근본적

---

118 Goschel, *Beiträge zur spekulativen Philosophie*, 53ff.

으로 구분되는 것은, 즉 추상성의 단계에 머물러 있는 유대교와 이슬람교를 능가하게 된 것은 바로 그 교리를 통해서다. 그리스도교는 추상적이면서도 구체적이다. 그 두 요소는 서로 변증법적 관계를 맺고 있다. 헤겔이 삼위일체 교리를 그리스도교의 결정적인 특징으로 강조한 것은 결국 삼위일체의 한 구성 요소인 그리스도를 신으로 간주한 것과 다름없다.

헤겔은 그리스도가 삼위일체에서 행하는 역할을 간과하거나 그리스도의 신성에만 주목하는 견해를 비판한다. 그것이 많은 이들의 오해와 혼란을 부추긴 이유 중 하나다. 하지만 그러한 견해는 오류에 불과하다. 그리스도의 죽음과 부활 교리의 핵심은 그를 생전에는 신으로 숭배해서는 안 되고, 사후에만 신으로 숭배해야 한다는 것, 달리 말해, 진정으로 숭배해야 하는 것은 성령에 깃든 그리스도의 정신이라는 것이기 때문이다.

> 이와 관련하여 그리스도교는 인간의 형상을 한 신을 숭배하는 것이 아니라 그 인간을 통해 드러난 신의 **현실성**을 숭배해야 한다고 가르친다. (1) 먼저 사람들이 숭배한 신(그리스도)은 그가 지닌 인간의 본성으로 말미암아 죽게 되었다는 점을 언급해야 한다. 그리스도는 살아있는 동안 자신을 신으로 숭배하지 말라고 가르쳤다. (2) 그리스도교가 최고의 정신종교라는 점을 고려할 때, 살아있는 인격 안에 있는 신을 숭배하는 종교는 가장 몰-정신적이고, 가장 비-정신적이며, 가장 저속한 종교의 형태라 할 수 있다.[119]

---

119 Hegel, *LPR*, vol. 2, 107; *VPR*, Part 2, 13-14.

그리스도의 신성은 성령에서 발견된다. 그리스도의 삶이 가르쳐 준 것은 인간이 신성을 가지고 있다는 것, 인간이 신의 정신을 공유하고 있다는 것이다. 당시에는 흔히 그리스도와 도덕 교사 소크라테스를 비교하곤 했다.[120] 헤겔은 그리스도교의 핵심 교리 가운데 종교적 요소는 배제하고, 자연과학과 모순되지 않는 교리만을 설명하는 것을 당시의 전형적인 사유 방식으로 규정한다. 하지만 그리스도는 신의 계시이고, 소크라테스는 단순한 도덕적 인간이라는 점에서 헤겔은 그 둘을 분명히 구분한다.[121] 또한 그는 그리스도를 단지 인간 예언자로 보는 이슬람교의 개념도 거부한다.[122] 그는 그러한 개념 역시 소크라테스와 그리스도를 동일시하는 것과 다름없는 부당한 견해라고 비판한다. 이처럼 그는 그리스도를 신으로 봐야 하는 중요성을 분명히 강조했다. 왜냐하면 성육신의 핵심은 초월적인 영역에 머무는 추상적인 신을 극복했다는 데 있기 때문이다.

마지막으로 헤겔은 나사렛 예수가 진실로 신의 아들인가에 대한 물음을 던진다. 유대인들도 일반적으로 새로운 메시아를 기대했으며, 앞선 5장에서 살폈듯이 이교도들도 일반적으로 헤라클레스나 로마 황제 같은 살아있는 개인을 신성화했다.[123] 하지만 그는 진정으로 신적인 인간은 오직 그리스도뿐이라는 점을 강조한다. 그는 영웅

120 이와 관련해서는 대표적으로 Ferdinand Christian Baur, *Das Christliche des Platonismus oder Sokrates und Christus. Eine religionsphilosophische Untersuchung* (Tübingen: Ludw. Friedr. Fues, 1837)을 참고하라.

121 Hegel, *LPR*, vol. 3, 244, note 215; *VPR*, Part 3, 173n. *LPR*, vol. 3, 316; *VPR*, Part 3, 240. *LPR*, vol. 3, 321, note 196; *VPR*, Part 3, 244n.

122 Hegel, *LPR*, vol. 3, 244, note 215; *VPR*, Part 3, 173n. *LPR*, vol. 3, 316; *VPR*, Part 3, 240.

123 Hegel, *LPR*, vol. 2, 467f. *VPR*, Part 2, 367f.

헤라클레스나 로마 황제와 같은 인간들은 결코 신의 개념에 미치지 못한다고 주장한다. 이와 관련해서도 그리스도교와 다양한 세계 종교에 대한 헤겔의 분석을 비교해 보는 것은 무척 유익하다. 그러면 그가 그리스도교를 옹호한 이유도 명확히 밝혀지고, 『종교철학』을 둘러싼 주요한 해석의 갈등도 말끔히 해소될 수 있다.

5. 전통적인 명칭에 대한 비판적 성찰

사상가들은 '헤겔주의자', '헤겔 비판가', '헤겔 우파', '헤겔 좌파'와 같은 명칭을 매우 광범위한 의미로 사용해 왔다. 하지만 앞선 논의에서도 드러나듯이 헤겔 철학을 둘러싼 논쟁의 실제적인 본성은 매우 차별적이고 이질적이기 때문에 그 명칭만으로 그 성격을 완전히 규정하기는 어렵다. 첫째로 '헤겔 좌파'와 '헤겔 우파'의 구분만으로 영혼 불멸 교리에 관한 논쟁의 주요 노선을 파악할 수는 없다. 슈트라우스의 용법에 따르면, 리히터와 포이어바흐는 헤겔 좌파 진영에 속할 것이다. 하지만 그 둘의 입장도 근본적으로 다르다. 리히터는 헤겔 철학이 영혼 불멸 교리를 다루지 않는다는 점에서 비-그리스도교적이라고 주장했지만, 포이어바흐는 헤겔 철학과 영혼 불멸 교리의 상관관계에 아무런 관심도 없었을 뿐만 아니라 헤겔 좌파답게 헤겔은 영혼 불멸에 대한 믿음을 거부한 것이 아니라 그것이 영혼 불멸에 대한 올바른 해석이라고 주장했다.

전통적인 견해에 따르면, 마라이네케, 바이세, 괴셸, 로젠크란츠, 콘라디, 미헬렛은 모두 헤겔 우파 진영에 속한다. 하지만 그들의 입장도 상당히 다르다. 마라이네케와 미헬렛은 영혼 불멸 교리를 설명하지만 그 견해를 헤겔과 직접 연관시키지는 않았다. 반대로 같은 진영에 속하는 로젠크란츠와 괴셸은 헤겔이 실제로 영혼 불멸 교리를 다루고 있거나 적어도 그 근거를 가지고 있으며, 그의 설명은 정통 그리스도교 교리와도 일치한다고 주장했다. 전통적인 구분에 따르면, 콘라디는 헤겔 좌파나 헤겔 우파로 간단히 범주화하기 어려운 인물이다. 그가 헤겔 철학은 영혼 불멸 교리를 다루지 않는다고 주장했다는 점에서는 헤겔 좌파에 속하지만, 헤겔 사상의 일반 원리에 따라 그 교리를 재구성할 수 있다고 주장했다는 점에서는 헤겔 우파에 속하기 때문이다.

마지막으로 전통적인 분류에 따르면, 헤겔 비판가들은 헤겔 좌파나 헤겔 우파 어디에도 속하지 않는 집단처럼 보인다. 하지만 자세히 살펴보면, 슈바르트, 임마누엘 피히테, 바흐만, 묄러와 같은 비판가들은 헤겔이 영혼 불멸 교리를 다루지 않는다는 헤겔 좌파의 견해에 동조하고 있다. 그 점에서는 헤겔 좌파와 헤겔 비판가가 같지만, 그것에 대한 평가는 서로 다르다. 헤겔 좌파는 영혼 불멸 교리의 생략을 지성적인 발전으로 간주하지만, 헤겔 비판가들은 그것을 헤겔 사상의 결함으로 간주한다. 또한 좌우 진영을 결정하는 핵심 문제인 영혼 불멸 교리의 논의 여부에 있어서 헤겔 옹호자들과 헤겔 비판가들의 견해도 부분적으로 교차하기 때문에 헤겔 좌파나 헤겔 우파라는 범주만으로 그들의 진영을 구분하기란 쉽지 않다.

또한 범신론 논쟁에 있어서도 헤겔 좌파와 헤겔 우파라는 단순한 범주는 그 문제의 복잡성을 제대로 포착하지 못한다. 이상하게도 그 논쟁에서는 헤겔 좌파가 없다. 영혼 불멸과 관련한 논쟁에서 헤겔 좌파들은 헤겔이 영혼 불멸 교리를 가지고 있지 않다고 주장하고 또한 그것을 긍정적으로 간주하기도 했지만, 여기서는 전형적인 헤겔 좌파 중 누구도 그를 범신론자로 확정하거나 범신론을 포용하는 데 관심이 없었다. 따라서 범신론 논쟁은 헤겔이 실제로 인격신을 옹호했다고 주장하는 헤겔 우파들과 그것을 부정하면서 헤겔을 범신론자로 몰아세운 헤겔 비판가들의 갈등이었다. 그러한 의미에서 전통적인 범주들은 이 사안에도 제대로 적용되지 않는다는 것을 재확인할 수 있다.

미헬렛은 일반적으로 헤겔 우파로 분류되지만 신의 인격성이란 인격성 자체의 상징일 뿐이라는 그의 재해석이 어떻게 정통 그리스도교 교리와 화해될 수 있을지는 여전히 의문이다. 그의 입장은 범신론이라는 맹공을 피할 수 없을 만큼 위험천만한 것이다. 헤겔에게 가해진 허위나 위선이라는 비난은 그에게도 그대로 적용될 법하다. 일각에서는 미헬렛의 입장은 헤겔을 범신론자로 확증하고, 그것을 긍정적으로 평가하는 것이라고 주장하기도 한다. 이처럼 범신론 논쟁에서는 영혼 불멸 논쟁에서와 같은 헤겔 좌파의 입장을 간과하는 경향이 있다. 따라서 미헬렛을 단순히 헤겔 우파로 범주화하는 것도 사실은 심각한 문제다.

더욱이 범신론 논쟁과 관련한 다양한 저작과 논문은 헤겔이 인격신 개념을 다루는지에 대해서는 전혀 관심이 없었고, 단지 그 논쟁과 관련한 철학적-신학적 논의에만 집중했다. 그들은 헤겔의 입장을 비판하거나 옹호하지 않으므로 헤겔학파의 어느 진영에도 속하지 않는다. 간단히 말해 그러한 논의들은 대체로 헤겔 자체에 관심이 없었다.

그리스도론과 관련한 슈트라우스의 물음은 복음서의 역사적 진리를 증명하기 위해 굳이 그리스도의 신성을 거론할 필요가 있는가 하는 것이었다. 그리스도의 신성을 부정한다는 점에서 그는 헤겔 좌파 진영에 속한다. 하지만 헤겔 철학과 그리스도교의 일치 여부를 기준으로 헤겔 좌파와 헤겔 우파로 나누는 것은 사태를 더욱 복잡하게 만든다. 슈트라우스는 초자연적인 내용을 거부하면서 그리스도만이 유일한 신성이라는 개념은 부정했지만 그리스도교 자체를 비판한 것은 아니었다. 자신의 해석은 도리어 그러한 오해로 인한 소외를 극복케 하는 더 발전된 이해라고 주장했다. 따라서 헤겔 좌파나 헤겔 우파라는 그의 구별은 특정한 맥락에서만 의미를 가질 뿐 무차별적으로 사용될 경우 문제는 더욱 모호해지거나 왜곡될 수도 있다.

그 시기를 특징짓고자 사용된 그 명칭들은 당시에 일어난 논쟁들의 실제 내용을 모호하게 만들거나 기껏해야 헤겔 철학과 그리스도교 정통설의 일치 여부를 따져 묻는 데만 급급하다는 오해를 낳기도 했다. 하지만 그렇게만 생각하면, 당시의 논쟁들이 오늘날까지도 이어지는 철학과 종교의 근본 문제라는 사실을 놓치게 된다. 또한 오늘날에는 그러한 논의들에 더 이상 헤겔 좌파나 헤겔 우파라는 용어를 사용하지 않으니, 마치 현대의 논의는 그러한 논쟁들과 근본적으로 다르거나 단절된 혹은 전적으로 새로운 논의라는 오해가 생길 수도 있다. 하지만 헤겔 철학의 여파에 따른 그리스도교 핵심 교리에 관한 이상의 논쟁들은 그리스도교 사상을 둘러싼 현대의 중심 주제들을 선취하고 있다. 1830~1840년대에 일어난 그 논쟁들은 철학적 신학과 관련한 다양한 문제를 양산하는 일종의 도가니 역할을 했다.

대표적인 사례를 들자면, (1) 당시 슈트라우스를 비롯한 다양한 학자의 저작은 불트만Rodolf Karl Bulrmann(1884~1976)과 고가르텐Friedrich Gogarten(1887~1967)의 저작을 포함하여 그리스도교를 탈신화화하려는 다양한 시도의 선구적 역할을 했다. 또한 슈트라우스는 현대 성서 연구 분야의 창시자로서도 중요할 뿐만 아니라 19세기 후반에서 20세기로 이어진 르낭Joseph Ernest Renan(1823~1892), 하르낙Adolf Von Harnack(1851~1889), 르와지Alfred Firmin Loisy(1857~1940), 브레데Georg Friedrich Eduard William Wrede(1859~1906), 슈바이처Albert Schweitzer(1875~1965) 등으로 대표되는 그리스도의 생애와 관련한 연구들에도 지대한 영향을 미쳤다. (2) 헤겔은 그리스도에 대한 역사적 혹은 문화적 이해를 시도한 딜타이Wilhelm Dilthey(1833~1911), 니체Friedrich Wilhelm Nietzsche(1844~1900), 트뢸치Ernst Troeltsch(1865~1923) 등의 저작에도 선구적 역할을 했다. (3) 포이어바흐Ludwig Andreas Feuerbach(1804~1872)와 마르크스Karl Marx(1818~1883)는 현재 번성하고 있는 심리학과 종교사회학 분야의 창시자로도 간주될 수 있다. (4) 해석학 분야도 그 시기에 생겨났다. (5) 다소 덜 알려져 있지만 흥미로운 것은 상대주의, 역사주의, 주관주의, 허무주의, 소외를 둘러싼 일군의 문제들이다. 그러한 주제들은 전통적으로 20세기의 실존주의와 연관된 것으로 이해되고 있지만, 자세히 살펴보면, 1830~1840년대의 그 논쟁들에서 이미 등장하고 있음을 알 수 있다. 따라서 19~20세기 신학을 이해하기 위해서라도 우리는 헤겔의 『종교철학』과 관련한 그 논쟁들을 반드시 알고 있어야 한다.

6. 헤겔은 그리스도교의 옹호자인가, 비판자인가?

'헤겔 우파'와 '헤겔 좌파'를 나누는 결정적인 기준은 과연 헤겔이 정통 그리스도교의 옹호자인가 비판자인가 하는 물음과 관련이 있다. 헤겔 우파는 헤겔 철학이 정통설을 지지한다고 보았고, 헤겔 좌파는 그것이 전통적인 모든 신앙의 형태를 부정한다고 보았다. 『종교철학』의 모호한 구절만으로는 그 대답을 정확히 읽어낼 수 없지만, 『종교철학』의 전체적인 목적이 계몽주의와 낭만주의가 초래한 참상들로부터 그리스도교를 구제하는 것이었음은 재론의 여지가 없다. 앞서 살폈듯이, 당시의 종교적 사유의 형태를 비판하는 『종교철학』 '서문'은 그 점을 명확히 밝히고 있다. 나아가 『종교철학』의 전체 구조는 궁극적인 종교이자 유일하게 참된 종교로 규정된 그리스도교를 향하고 있다. 그 외의 다양한 세계 종교는 참된 신의 개념이 발전해 나가는 각각의 단계에 해당하며, 그 과정은 궁극적으로 그리스도교에서 완성된다. 헤겔이 세계 종교의 발전단계를 역사적으로 분석한 이유도 그 긴 서사의 끝이자 목적인 그리스도교의 완전함을 밝히기 위해서였다. 그리스도교는 정신으로서의 신 개념을 완성한 유일한 종교, 개념의 세 단계(보편자, 특수자, 개별자)를 완성한 유일한 종교, 만인 안에 신이 내재한다는 진리를 일깨움으로써 만인의 자유를 완성한 유일한 종교다. 그 모든 점을 고려하면, 그가 밝힌 『종교철학』의 목적은 명확하다. 그것은 그리스도교의 철학적 진리를 입증하고, 계몽주의 이후 끊임없이 공격받아 온 그리스교 교리의 진리를 복원하는 것이다.

헤겔의 명확한 설명에도 불구하고 의심은 계속되었다. 이 책의 '서론'에서도 언급했듯이, 그는 당시 보수적인 프로이센 제국의 사회-

정치적 분위기 속에서 종교에 대한 비판이 초래할 참혹한 결과를 내심 두려워했다는 점에서, 그가 밝힌 『종교철학』의 목적도 그 진실성을 의심해 보지 않을 수 없다.[124] 또한 그가 내놓은 결과는 본의 아니게 애초의 목적과 다를 수 있다는 의심도 피할 수 없다. 특히 종교를 역사적인 발전 과정으로 보는 그의 일반적인 접근법이라든가, 한 민족의 신은 그 민족의 자아상을 반영한다는 최종적인 이해는 모든 종교의 진리는 물론 그리스도교 신의 궁극적인 존재론적 지위마저도 훼손할 우려가 있기 때문이다. 그러한 견해는 신이란 인간의 욕망과 사유의 투사 혹은 구체화라는 포이어바흐의 이론과 놀라울 정도로 유사하다.

그러한 긴장은 그리스의 다신론을 다루는 대목에서도 나타난다. 거기서 그는 『종교철학』 일반과 관련한 핵심 문제를 제기한다. 그는 자신의 관념론적 입장에 따라 다양한 종교의 서로 다른 신 개념들은 모두 '인간 의식의 산물'이거나 '인간 정신의 표상'이라고 주장한다. 그는 이렇게 설명한다. "신 개념은 '신과는 다른 것', 즉 주관적인 자기의식에 나타나는 신적인 힘들의 현상이며, 그것은 자기의식의 이해 속에서 형성되고 인식된 것이다."[125] 그는 분명히 말한다. "하지만 자기의식이 실체적이고 본질적인 존재를 파악하는 기관은 상상이다. 상상은 처음에는 추상적으로 존재하는 것, 즉 내적이나 외적으로 존재하는 본질을 표상하고, 그것을 최초의 신으로 삼는다."[126] 여기서 그는 신들의 본성을 인간 본성의 산물이라고 말한다. 이는 신들을

---

124 이와 관련해서는 이 책의 서론 '4. 헤겔의 역사적 설명 방식의 문제'를 참고하라.

125 Hegel, *LPR*, vol. 2, 655, note 401; *VPR*, Part 2, 547n.

126 Hegel, *LPR*, vol. 2, 656; *VPR*, Part 2, 548.

인간 상상력의 단순한 환상으로 격하시키는 것과 다름없다. 그러한 결론은 헤겔 좌파의 견해와 일치한다.

하지만 그것은 헤겔의 관념론을 오해한 것이다. 그의 현상학적 이해에 따르면,[127] 사유 속에는 즉자적인 신 개념과 지각에 현상하고 계시되는 대타적인 신 개념이 있다. 하지만 현상학적 방법에 따르면, 그 두 요소는 모두 '의식에 대해서 존재하는 것'이므로 서로 비교될 수 있다. 사실 궁극적으로 초월적인 것은 아무것도 없다. 그것은 신뿐만 아니라 만유의 진리다. 따라서 신의 진리는 인간의 정신이 지각하고 해석하는 방식에 따라 다양하게 계시된다. 달리 말해, 인간 정신의 표상들이라는 사실이 신들을 훼손하지는 않는다. 그것은 신들이 오로지 사유하는 인간 정신에만 존재한다는 의미가 아니다. 헤겔은 그리스의 신들을 분석하면서 다시 한번 이렇게 설명한다.

> 신들은 인간 정신을 통해 발견된다. 신들은 인간들이 지닌 암묵적이고 명시적인 이성적 내용을 통해서가 아니라 그들이 신들로 여기는 그러한 방식을 통해 발견된다. 신들은 만들어지거나 시적으로 창조되지만 그렇다고 허구적인 것은 아니다. 신들은 분명 이미 주어진 것과는 달리 인간의 환상을 통해 생겨난다. 하지만 신들은 본질적인 형태로 등장하고, 동시에 그 산물도 본질적인 것으로 인식된다.[128]

그러한 반론은 관념론의 본성에 대한 근본적인 오해에서 비롯된

127 이와 관련해서는 Jon Stewart, "Hegel's Philosophy of Religion as a Phenomenology," *Filozofia*, vol. 75, no. 5 (2020), 386-400을 참고하라.

128 Hegel, *LPR*, vol. 2, 658, note 409; *VPR*, Part 2, 549n.

것이다. '관념'이라는 용어는 다양한 의미를 가지고 있다. 우리가 어떤 것을 단지 관념일 뿐이라고 말할 때, '관념'은 실재에 비해 내용이 빈곤하거나 가치 혹은 진리가 결핍된 상태를 의미한다. 하지만 '관념'은 정반대로 가장 실재적인 것을 의미하기도 한다. 수학이나 기하학의 진리는 관념들이다. 관념들은 외부 세계에서 볼 수 있는 물리적인 것이 아니라 인간 정신이 산출한 것이다. 하지만 그렇다고 해서 수학이나 기하학의 진리가 부정되는 것은 아니다. 피타고라스 정리나 덧셈표나 뺄셈표는 관념이지만 아무도 그 진리를 의심하지 않는다. 마찬가지로 개인과 국가는 민주주의와 자유를 명분으로 전쟁에 참여하지만 그 가치 역시 물리적인 대상이 아니라 관념이다. 하지만 그렇다고 해서 그 진리나 가치가 부정되는 것은 아니다. 헤겔이 다양한 세계 종교를 분석한 이유도 그 관념들을 해당하는 역사적 맥락의 산물로 이해한 까닭이다. 그리스인들이 자신들의 관념으로 신들을 창조했다고 해서 그것이 자의적인 것은 아니다. 그 관념에는 그리스인들의 세계관이 필연적으로 반영되어 있다. 헤겔이 밝히고자 한 것도 바로 그것이다.

9장

헤겔 『종교철학』의 현재적 의미

헤겔은 칸트, 키에르케고어, 포이어바흐와 더불어 19세기 초반의 종교철학계를 주도한 사상가 중 한 명이다. 그가 세상을 떠난 직후인 1832년에 『종교철학』이 출간되자[1] 그의 접근법에 대한 찬사와 비난이 동시에 쏟아지기 시작했다. 오늘날의 종교 문화 풍토는 헤겔 당시와는 많이 달라졌다. 우리는 다문화 사회에 살고 있으며, 종교적 전통이 다른 사람들과도 흔히 교류한다. 더욱이 세속주의가 득세하면서 종교도 예전과 같은 지배력을 잃은 지 오래다. 그런 점에서 19세기에 헤겔이 가졌던 종교적 문제의식이 오늘날까지도 여전히 유효할지는 의문이다. 헤겔의 『종교철학』은 다원주의 세계의 종교철학과 관련해서도 여전히 귀담아들을 만한 통찰을 주고 있는가? 아니면 21세기 종교를 이해하기 위해서는 그를 등지고 다원주의적인 최신의 사상으로 옮겨가야 하는가?

그가 보여준 다양한 세계 종교에 관한 치밀한 분석이나 그리스도교를 위한 사변적인 옹호의 논리는 오늘날까지도 여전히 중요한 통찰을 준다. 앞서 살폈듯이, 그의 종교 사상은 계몽주의와 낭만주의라는

---

1 Hegel's *Vorlesungen über die Philosophie der Religion,* I-II, ed. by Philipp Marheineke, vols 11-12 (1832), in *Georg Wilhelm Friedrich Hegel's Werke. Vollständige Ausgabe,* vols 1-18, ed. by Ludwig Boumann, Friedrich Forster, Eduard Gans, Karl Hegel, Leopold von Henning, Heinrich Gustav Hotho, Philipp Marheineke, Karl Ludwig Michelet, Karl Rosenkranz, and Johannes Schulze (Berlin: Verlag von Duncker und Humblot, 1832-1845).

주요한 두 전통에 대한 반동과 비판적 대화 속에서 발전했다. 현대 문화에서도 그 두 전통은 다양한 변주를 거치면서 여전히 득세하고 있다. 따라서 현대적으로 변형된 두 전통의 형태를 확인해 보면, 헤겔의 견해가 우리 시대의 종교 논의와 맺는 연관을 발견할 수 있다.

1. 계몽주의의 현대적 계승자들

계몽주의의 종교 비판과 더불어 과학은 전통적인 모든 종교적 믿음을 부정하거나 의심스런 미신으로 매도해 버렸다. 그로 인해 종교적 믿음을 고수하는 사람들은 근본적으로 비합리적이라는 오명을 피할 수 없었다. 그러한 견해는 오늘날까지도 여전히 지배적이다. 진화론 대 창조론 논쟁이라든가 도킨스Richard Dawkins, 데닛Daniel Dennett, 해리스Sam Harris, 히친스Christopher Hitchens로 대표되는 현대의 '새로운 무신론' 운동도 바로 그러한 견해에 기반하고 있다. 그들은 모든 종교적 형태에 적대적이고 공격적인 태도를 취한다는 점에서 계몽주의의 현대적 화신들이라 할 수 있다. 일괄할 수는 없겠지만, 그들은 대체로 전통적인 종교를 일단의 그릇된 믿음으로 간주하거나 사회와 역사를 교란시키는 사악한 세력으로 간주한다. 종교 문제와 관련한 그들의 사회적 행동주의는 계몽주의 운동의 선구자들이 보였던 열광을 연상시킨다. 2004년에 출간된 해리스의 저서 『신앙의 종말: 종교, 테러 그리고 이성의 미래』(*The End of Faith: Religion, Terror, and the Future of Reason*)는 현대 테러리즘의 부상을 종교적 믿음, 특히 이슬람교의 부상과 연관시키고 있다.[2] 2006년에 출간된 생물학자 도킨스의 저작

『만들어진 신』(*God Delusion*)도 현대 사회에서 종교적 믿음은 시대착오적이고도 위험천만한 것이라고 기술하고 있다.[3] 그 두 저작을 비롯한 유사 저작들이 종교를 철저히 비판함에도 불구하고 큰 인기를 끌었던 것은 그들의 견해가 현대인들에게 지배적인 공감을 얻고, 현대적인 사유에도 큰 반향을 일으켰다는 방증이 아닐 수 없다.

헤겔이 살아있다면, 종교적 견해나 관습을 비판하는 현대의 새로운 무신론과 계몽주의의 계승자들을 그도 한편으로는 긍정했을 것이다. 실제로 그의 『종교철학』도 다양한 신 개념들에 대한 비판으로 가득 차 있다. 그런 점에서 헤겔은 현대의 새로운 무신론자들과 중요한 직관을 공유한다고 볼 수 있다. 또한 그는 인간 자유의 발전을 가로막는 종교적 관습을 비판했다는 점에서도 새로운 무신론 옹호자들과 중첩되는 부분이 많다. 고대 중국의 미신이나 힌두교의 사티(과부화장) 풍습에 대한 그의 신랄한 비판은 현대의 세속적인 정신과도 일치한다. 새로운 무신론자들처럼 헤겔도 개인의 가치와 명예와 자유를 침해하는 종교적 관습과 제도를 서슴없이 비판한다.

하지만 또 한편으로 그는 계몽주의의 영향을 받은 현대의 무신론이나 세속주의적인 견해를 일면적이거나 편협하다고 비판했을 것이다. 앞서 살폈듯이, 그는 그리스도교뿐만 아니라 모든 종교에는 나름의 이성과 로고스가 들어 있다는 점을 보여주고자 했다. 모든 종교적 믿음과 실천은 인간 정신의 산물이다. 따라서 직접적으로 인식되지는 않지만 거기에도 분명 이성적 근거가 존재하게 마련이다. 그래서

---

2 Sam Harris, *The End of Faith: Religion, Terror, and the Future of Reason* (New York and London: W. W. Norton, 2004).

3 Richard Dawkins, *The God Delusion* (London: Bantam, 2006).

그는 종교를 비이성적인 믿음이나 불합리한 언사로 폄훼하기 전에 좀 더 신중하게 행동하기를 당부한다. 그는 새로운 무신론의 관점보다 종교를 훨씬 다면적으로 이해할 수 있는 여지를 준다. 종교와 관련한 모든 것을 무시하는 현대 무신론자들의 성급함과 과도함으로는 종교 현상을 제대로 이해하기 어렵다. 헤겔의 표현을 빌자면, 그러한 경향은 순전히 비철학적인 태도에 불과하다.

새로운 무신론자들은 종교를 한편으로는 비이성적이고 비합리적인 것으로 부정하면서도 또 한편으로는 역사적 진화나 발전의 일부로 긍정하는 모순적인 태도를 취한다. 달리 말해, 종교가 역사적으로 발전하는 현상이라면, 그것은 분명 어떤 기능을 수행했을 것이며, 그렇지 않다면, 그것은 결코 지속되지 않았으리라는 것이다. 그러한 견해의 옹호자들이 진화론의 관점에서 종교의 생존과 지속을 설명하기 위해서도 종교의 긍정적인 기능을 가정하거나 전제할 수밖에 없다. 하지만 그것은 종교에서는 아무것도 얻을 것이 없다고 모조리 폐기했던 그들의 과도한 욕망과는 모순되는 태도다. 헤겔의 『종교철학』은 종교에는 우리가 탐구하고 이해해야 할 이성적인 것이 존재한다는 점을 보여주는 데도 도움이 될 수 있다.

하지만 무엇보다 중요한 것은 종교를 무작정 비판하기에 앞서 해당 종교의 믿음과 관습을 제대로 이해하고 인식하는 것이다. 그 점에서도 헤겔의 『종교철학』은 오늘날 각광을 받는 종교 비판적 견해들보다 훨씬 탁월하고 다면적인 시각을 제공한다. 당시에 그는 최신의 학술자료를 바탕으로 다양한 세계 종교를 치밀하게 연구했다. 그는 종교를 역사적 맥락뿐만 아니라 예술, 철학, 정치학과 같은 여타의 인간 문화 영역과도 연관하여 이해한다. 헤겔을 무작정 추종할 필요는 없지만, 그가 보여준 종교에 대한 개념적 이해는 종교를 심층적으로 이해하는 데도 도움이 될 수 있다.

2. 낭만주의의 현대적 계승자들

종교는 궁극적으로 논증적인 설명이나 증명에는 어울리지 않는 주관적이고 개인적인 것이라는 낭만주의적 견해도 오늘날까지 여전히 지배적이다. 그들이 종교적 직관을 주장한 이유는 계몽주의자들과의 논쟁을 피하기 위해서였다. 종교적 믿음이 무엇으로도 환원될 수 없는 내면적이고 개인적인 것이라면, 굳이 그러한 비판적 논쟁에 휘말릴 필요가 없었기 때문이다. 그러한 태도는 소위 비-교리적이고 초-종교적인 영성의 형태로 이어지기도 한다. 타이슨Neil deGrasse Tyson과 같은 무신론이나 불가지론의 옹호자들조차도 전통적인 종교나 유신론은 거부했지만 개인적인 영성은 계속 지켜가고자 했다.

이와 마찬가지로 신비주의에 가까운 현대적 정서, 즉 우주 전체와의 합일을 신과의 합일로 느끼는 믿음도 있다. 그들은 자신을 자연에 속한 존재 혹은 자연과 통일된 존재로 느낀다. 그들은 우주 전체를 신으로 여긴다. 하지만 그러한 태도는 자칫 자연이나 우주만을 언급하는 신 없는 신비주의의 형태로 빠질 수도 있다. 어쨌든 그것도 일종의 종교적 믿음이다. 슐레겔과 같은 독일의 낭만주의자들은 기존의 종교적 형태에 대한 심각한 소외감으로 천주교에 매료되기도 했고, 또 다른 낭만주의자들은 고대 인도 종교의 새로운 종교성에 심취하기도 했다.[4] 그들은 유대-그리스도교 전통에 선 당시의 부패하고, 타락하고, 억압적인 종교 형태들을 극복하는 효과적인 대안을 과거의 종교 형태로 회귀하는 데서 찾았다. 그러한 낭만주의의 경향은 소위 밀교의 형태로 오늘날까지 이어지고 있다. 밀교는 19세기 이래로 지속된 일련의 다양한 종교 운동을 의미한다. 그러한 운동에는 주류와 다른 새로운 종교 형태에 대한 사람들의 갈망이 담겨 있다.

앞서 살폈듯이, 헤겔은 낭만주의가 강조했던 개별성과 주관성을 매우 긍정적으로 평가했다. 그것은 주관적 자유를 무시해 왔던 오랜 관습의 폭정을 무너뜨린 중요한 단계라 할 수 있다. 낭만주의와 더불어 개별성의 중요성은 극적으로 고양되었다. 유엔헌장에 새겨진 보편적 인권의 이념도 인간의 절대적이고 환원 불가능한 가치에 대한 현대적 이해의 산물이라 할 수 있다. 헤겔이 살아있다면, 그도 분명 그러한 헌장선언을 반겼을 것이다.

그럼에도 불구하고 그가 낭만주의의 직관을 비판한 이유는 거기

---

4 이와 관련해서는 다음을 참고하라. A. Leslie Willson, *A Mythical Image: The Ideal of India in German Romanticism* (Durham: Duke University Press, 1964); John Drew, *India and the Romantic Imagination* (Oxford: Oxford University Press, 1987); Suzanne L. Marchand, *German Orientalism in the Age of Empire: Religion, Race, and Scholarship,* (Cambridge: Cambridge University Press, 2010); Michael S. Dodson, *Orientalism, Empire and National Culture: India, 1770-1880* (Houndmills and New York: Palgrave Macmillan, 2007); Douglas T. McGetchin, *Indology, Indomania, and Orientalism: Ancient India's Rebirth in Modern Germany* (Madison, NJ: Farleigh Dickinson University Press, 2009); Raymond Schwab, *The Oriental Renaissance: Europe's Rediscovery of India and the East, 1680-1880,* trans. by Gene Patterson-Black and Victor Reinking (New York: Columbia University Press, 1984); Todd Kontje, *German Orientalisms,* Ann Arbor (MI: University of Michigan Press, 2004); *Der Deutschen Morgenland. Bilder des Orients in der deutschen Literatur und Kultur von 1770 bis 1850,* ed. by Charis Goer and Michael Hofmann (Munich: Wilhelm Fink, 2008); Nicholas A. Germana, *The Orient of Europe: The Mythical Image of India and Competing Images of German National Identity* (Newcastle upon Tyne: Cambridge Scholars Publishing, 2009).

에는 아무런 구체적 내용이 없기 때문이다. 오늘날에도 사람들은 주로 주관성과 내면성에 머물기를 선호하고, 헤겔이 옹호하고자 했던 성육신, 계시, 삼위일체와 같은 그리스도교 교리에는 별다른 관심을 갖지 않는다. 앞서 살폈듯이, 헤겔은 그런 낭만주의적 입장의 문제점을 정확히 꿰뚫어 보았다. 그리스도교와 세계 종교에 관한 그의 분석은 실로 종교적 믿음에 있어서 내용의 중요성을 밝히고 있다. 모든 종교에는 일종의 객관적 교리라든가 그것에 대한 믿음이 반드시 필요하다. 만일 그런 내용이 없다면, 모든 종교는 독단과 자의로 빠져들게 된다. 헤겔의 비판은 구체적인 믿음의 교리는 내놓지 않으면서 끊임없이 개인의 내면성으로만 도피하는 현대의 정신적 형태를 비판하는 데도 유익한 통찰을 준다.

3. 헤겔과 종교다원주의

비유럽 문화에 대한 관심이 고조되던 19세기 초반에 그가 『종교철학』을 썼다는 것은 그야말로 종교다원주의의 현실을 최초로 선취한 철학자라는 증거가 아닐 수 없다. 『종교철학』이 그리스도교의 우월성을 논하기 위해서는 다양한 세계 종교를 반드시 다루어야 한다는 것이 그의 생각이었다. 그런 점에서 그를 다원주의 사상가로 보는 것도 나름 일리가 있다. 하지만 그에게는 다원주의의 가치를 부정하는 유럽 중심적인 식민주의자라는 비판도 만만치 않다. 따라서 신중한 해석적 접근이 필요하다. 우리는 그러한 비판도 겸허하게 인정하고 진지하게 수용해야 한다. 하지만 그의 사유가 그렇게 단순하고 일차원적이지 않다는 점도 인정해야 한다. 그의 사유는 시간이 지날수록 진화했으며, 거기에는 눈여겨 볼만한 다양한 시각과 관점이 담겨 있다. 어디에 초점을 두는가에 따라 그의 사상은 다양한 그림들로 그려질 수 있다. 그러한 의미에서 '매우 다양한 헤겔들'[5]이라는 표현도 틀린 말은 아니다. 헤겔에 대한 비판을 일축하거나 무시하는 것은 아니지만, 여기서는 그가 보여준 진보적이고도 다원적인 측면에 특별히 주목해 보고자 한다.

첫째로 헤겔을 다원주의자로 보려는 시도는 실패할 수밖에 없는 과제로 보이기도 한다. 당시에 그는 그리스도교, 특히 개신교를 반대하는 변론가로 줄곧 비판받았기 때문이다. 그가 『종교철학』의 목적을 그리스도교의 핵심 교리를 복원함으로써 그리스도교의 진리를 옹호하기 위한 것이라고 밝힌 것도 그런 비판을 고려한 것이다. 당시에는 믿음의 수호자들(신학자들)조차 그리스도교의 핵심 교리를 거의 방치하고 있었다. 천주교라면 그가 말한 대부분을 받아들일 수 있을지 모른다. 하지만 그의 참된 목적이 개신교 신앙을 정당화하는 것이라는 데는 의심의 여지가 없다. 그는 천주교가 개인의 자유를 부정한다고 비판했을 뿐만 아니라 자신을 루터의 충실한 계승자로 공언하기도 했다. 그런 점에서 그의 『종교철학』은 개신교의 발흥을 정당화하는 일련의 변신론이라 할 수 있다.[6]

---

5 이와 관련해서는 다음을 참고하라. David Kangas, "Which Hegel? Reconsidering Hegel and Kierkegaard," in *Papers of the Nineteenth Century Theology Group: Papers Presented in the Nineteenth Century Theology Group at the 2004 Annual Meeting of the American Academy of Religion Conference,* ed. by Andrew J. Burgess, David D. Schultenover, Daniel W. Hardy and Theodore Vial, Eugene (OR: Wipf & Stock Publishers, 2004)(*Papers of the Nineteenth Century Theology Group,* vol. 35), 15-34.

둘째로 헤겔의 목적론이나 진화론은 다원주의적인 접근법을 부정하는 것처럼 보이기도 한다. 잘 알려진 바와 같이, 헤겔은 역사의 발전 과정에서 한 역사적 민족은 다음 단계의 역사적 민족에 의해 대체된다고 주장했다. 그가 말하는 '정신'의 운동은 중국에서 출발하여 인도, 페르시아, 이집트, 그리스, 로마를 거쳐 결국 게르만세계(대략 프로이센, 독일연방 국가들, 북유럽)에서 완성된다. 그는 『종교철학』에서도 그와 동일한 도식에 따라 세계 종교의 역사를 이해한다.[7] '세계의 다양한 민족'이 '세계의 다양한 종교'로 바뀌었을 뿐 대체와 발전의 과정은 거의 동일하게 진행된다. 헤겔은 세계 종교의 발전단계를 그리스도교에서 완성되는 엄격한 상향적 목적론의 순서로 배열한다.[8] 그는 세계 종교에 나타나는 다양한 신 개념의 발전 과정을 치밀하게 추적한다. 하지만 그것은 그리스도교를 제외한 나머지 세계 종교는 나름의 결함을 가지고 있거나 불합리하여 이미 퇴화되었다는 것, 헤겔의 용어를 사용하자면 이미 '지양되었다'(aufgehoben)는 것을 증명하는 과정이다. 그러한 접근법은 다양한 세계 종교의 가치를 폄하하는 태도, 즉 종교다원주의적인 인식을 부정하는 태도와 다름없다.

그중의 최악은 비유럽 종교들에 대한 그의 설명에는 인종차별적이거나 자민족중심적인 요소가 팽배하다는 것이다. 현대의 기준과

---

6 이와 관련해서는 이 책의 제6장 '8. 개신교의 발흥'을 참고하라.

7 헤겔의 도식은 그 외에도 다양한 문제를 안고 있다. 이를테면 불교는 민족종교가 아니기 때문에 지리학적으로 특정 민족을 지시할 수 없다. 또한 유대교와 같은 일부 고대 종교는 오늘날까지도 건재하다는 점에서 역사의 지배력을 거스르는 것처럼 보인다. 물론 '세계 종교'라는 개념도 심각한 결함을 가지고 있다. 그는 복잡한 종교 관습과 믿음 체계를 '세계 종교'라는 하나의 일반명사로 포괄했지만 실재 현상은 훨씬 더 복잡하다.

8 『종교철학』은 강의가 거듭될 때마다(1821년, 1824년, 1827년, 1831년) 세계 종교의 배열을 매번 조금씩 변경하고 있다.

감성으로 판단할 때, 힌두교도나 하늘(天)을 신으로 섬기는 고대 중국 종교의 숭배자들을 설명하는 그의 언어는 매우 공격적이다. 최근에는 그런 그의 차별적인 태도를 비판하는 이차문헌들이 넘쳐나고 있다.[9] 그런 인종차별적인 편견도 세계 종교에 대한 냉정하고 객관적인 평가를 어렵게 하는 한 요인이다. 다시 말하지만, 헤겔을 종교다원주의의 대변인으로 보기에는 다소 무리가 있다.

4. 헤겔이 관용적이고 다원적이라는 근거

나는 그러한 비판을 기꺼이 인정하고, 실로 진지하게 받아들여야 한다고 생각한다. 하지만 처음 생각한 것보다는 헤겔이 종교다원주의에 개방적이라는 근거도 있다. 첫째로 유한한 종교들, 즉 그리스도교 이전의 세계 종교에 관한 그의 설명은 『종교철학』 내에서도 가장 방대하고 탁월한 연구 성과라는 점에 주목해야 한다.[10] 당시의 비평가

9 이와 관련해서는 대표적으로 다음을 참고하라. Teshale Tibebu, *Hegel and the Third World: The Making of Eurocentrism in World History* (Syracuse: Syracuse University Press, 2011); Robert Bernasconi, "Hegel at the Court of the Ashanti," in *Hegel after Derrida,* ed. by Stuart Barnett (New York: Routledge, 1998), 41-63; Robert Bernasconi, "With What Must the Philosophy of World History Begin? On the Racial Basis of Eurocentrism," *Nineteenth-Century Contexts,* vol. 22 (2000), 171-201; Robert Bernasconi, "The Return of Africa: Hegel and the Question of the Racial Identity of the Egyptians," in *Identity and Difference: Studies in Hegel's Logic, Philosophy of Spirit and Politics,* ed. by Philip Grier, (Albany, State University of New York Press, 2007), 201-216; Babacar Camara, "The Falsity of Hegel's Theses on Africa," *Journal of Black Studies,* vol. 36, no. 1 (2005), 82-96; Michael H. Hoffheimer, "Hegel, Race, Genocide," *Southern Journal of Philosophy,* vol. 39(supplement) (2001), 35-62; Michael H. Hoffheimer, "Race and Law in Hegel's Philosophy of Religion," in *Race and Racism in Modern Philosophy,* ed. by Andrew Valls (Ithaca and London: Cornell University Press, 2005), 194-216.

들은 헤겔이 비유럽 종교들을 얼마나 진지하게 받아들였는지, 그리고 다양한 아시아 연구 분야의 새로운 성과들을 얼마나 진지하게 연구했는지를 조명했다. 로젠크란츠는 헤겔이 동양에 관한 연구의 관심을 불러일으켰을 뿐만 아니라 "스스로도 진정한 열정과 쉼 없는 끈기로 동양 문화 연구에 매진했다"고 밝히고 있다.[11] 더욱이 헤겔은 고대 중국에 특별한 관심을 갖고 있었다. 『역사철학』 제1판의 편집자인 간스Eduard Gans는 헤겔이 관련 자료 연구에 엄청난 시간을 들였다고 말한다. 이는 『역사철학』의 편집과정에서 많은 부분을 도려낼 수밖에 없었던 이유를 해명하는 대목에 나온다.[12] 편집의 문제를 차치하고라도, 그것은 헤겔이 중국의 역사와 종교를 가능한 한 많이 배우고자 했다는 분명한 증거라 할 수 있다. 그로 인해 그리스도교를 설명할 시간이 모자라긴 했지만, 물론 일부러 그런 것은 아니었다.

둘째로 헤겔의 『종교철학』과 당시 그 분야의 다른 저작들을 비교해 보면 현격한 차이를 발견할 수 있다. 칸트와 피히테의 종교철학은

10 이와 관련해서는 나의 최근 저작 *Hegel's Interpretation of the Religions of the World: The Logic of the Gods* (Oxford: Oxford University Press, 2018)을 참고하라.

11 Karl Rosenkranz, *Georg Wilhelm Friedrich Hegel's Leben* (Berlin: Duncker und Humblot, 1844), 378.

12 Hegel, *Vorlesungen über die Philosophie der Geschichte,* ed. by Eduard Gans, vol. 9 (1837), in *Hegel's Werke,* XVII: "헤겔은 역사철학 강의 첫 시간의 3분의 1을 '서론'과 '중국'에 관한 내용만을 다루었다. 그럼에도 불구하고 그 내용은 장황하고 세부적인 그의 연구성과에 비하면 극히 일부에 불과하다. 물론 다음 시간부터는 중국에 관한 논의를 줄여가긴 했지만, 편집자는 다른 부분의 논의와 균형을 맞추기 위해 방대한 중국 관련 내용을 도려낼 수밖에 없었다." 이와 관련해서는 다음을 참고하라. Michael Hoffheimer, *Eduard Gans and the Hegelian Philosophy of Law* (Dordrecht: Kluwer Academic Publishers, 1995), 97-106; 104; Robert Bernasconi, "With What Must the Philosophy of World History Begin? On the Racial Basis of Eurocentrism," *Nineteenth-Century Contexts,* vol. 22 (2000), 173. 이후의 편집자였던 라손(Georg Lasson)은 간스가 도려낸 그 부분을 다시 복원하고자 했다. Hegel, *OW,* 275-342.

대체로 그리스도교에 대한 이해에만 몰두하고 있다. 거기에는 다양한 세계 종교에 관한 역사적 설명이 없다. 칸트는 물론 피히테도 비유럽 종교를 연구해야 할 필요성을 느끼지 못했다. 당시 아시아 문화와 종교에 관한 방대한 새 자료들을 종교철학 분야에 처음 도입한 것은 다름 아닌 헤겔이었다. 그러한 의미에서 좋든 싫든 그는 '세계 종교'라는 개념을 종교철학에 도입한 최초의 인물이다.[13] 그는 당시에 이미 다원주의의 중요성을 정확히 인식하고 있었다. 당시 유럽이 아프리카나 아시아의 새로운 문화를 발견하고 수입하기 시작한 때였다는 것도 그 점을 뒷받침한다. 그는 다양한 세계 종교를 진지하게 받아들이고, 그것들의 역사나 믿음의 체계를 이해할 필요가 있다고 생각했다.

셋째로 헤겔이 생각보다 관용적이고 다원적이라는 근거는 『종교철학』의 도입부에서 학생들에게 말한 내용에서도 확인된다. 그는 자신의 강의 내용 중 일부가 낯설거나 불쾌하게 들릴 수도 있다는 점을 알고 학생들에게 미리 주의를 당부했다. "다양한 세계 종교를 탐구하다 보면, 그들이 신의 본질을 표상하는 데 얼마나 놀랍고 기묘한 상상을 펼쳤는지 알 수 있다. […] 그러한 종교적 표상과 관습을 그저 미신이나 오류나 기만으로 취급하는 것은 사태를 피상적으로만 바라보는 것이다."[14] 같은 맥락에서 그는 이렇게 설명한다. "진정으로 필요한 것은 다양한 세계 종교의 긍정적이고 참다운 의미와 그것들이

13 물론 '세계 종교'라는 개념 자체도 오늘날 논쟁적인 문제이기는 하다. 이와 관련해서는 다음을 참고하라. David Chidester, "World Religions in the World," *Journal for the Study of Religion*, vol. 31, no. 1 (2018), 41-53; Tomoko Masuzawa, *The Invention of World Religions: Or, How European Universalism was Preserved in the Language of Pluralism* (Chicago: University of Chicago Press, 2005).

14 Hegel, *LPR*, vol. 1, 198; *VPR*, Part 1, 107. Hegel, *Aesthetics*, vol. 1, 310-311; *Jub.*, vol. 12, 417.

진리와 맺는 연관, 간단히 말해 그것들 안에 깃든 이성을 이해하는 것이다. 종교라는 불꽃을 점화한 것이 인간이라면, 그 안에는 분명 이성이 들어있을 것이다. 우연적인 모든 것에는 반드시 더 높은 필연성이 존재하게 마련이다."[15] 헤겔은 다양한 세계 종교에서 모종의 진리를 보고 있으며, 그것을 보려면 먼저 편견을 버려야 한다고 당부했다. 그가 비유럽 종교들을 진지하게 연구하고, 그것들을 미신으로 조롱하거나 폄하하는 견해에 맞서 항변했다는 것은 참으로 놀라운 면모가 아닐 수 없다. 베를린대학에서 『종교철학』을 강의하기 훨씬 전인 『청년 헤겔의 신학론집』에도 종교적 비관용을 비판하는 대목이 나온다.

> 소위 이교도들의 표상 방식을 불합리하다고 여기면서 자신의 통찰력과 이해력에 기뻐하는 사람들은 자신이 그 어떤 위인들보다도 똑똑하다고 확신한다. 하지만 그런 사람들은 종교의 본질을 이해하지 못한다. 여호와나 주피터나 브라만을 경배하는 사람들도 참된 그리스도교인과 마찬가지로 어린아이와 같은 태도로 신에게 감사를 표하거나 제물을 바친다.[16]

이 구절은 타종교도 그리스도교와 동등하게 여긴다는 점에서 특히 인상적이다. 그가 로마의 신 주피터를 언급하는 것은 그리 놀랍지 않지만 힌두교의 신 브라만을 옹호하는 것은 비서구 문화에 대한

---

15 Hegel, *LPR*, vol. 1, 198; *VPR*, Part 1, 107.

16 Hegel, *TE*, 38; *TJ*, 10.

그의 개방성을 보여준다는 점에서 매우 놀랍다. 거기서 그는 생각보다 훨씬 현대적이고 다원주의적인 어조를 띠고 있다. 그가 말하는 핵심은 종파와 경계를 넘어 모든 종교인과 하나가 되려는 우리의 일반적인 본능과 경향을 존중해야 한다는 것이다.

5. 종교발전 초기 단계에서의 진리 문제

『종교철학』에서 그리스도교로 나아가는 다양한 세계 종교는 정확히 어떤 지위를 갖는가? 언뜻 보기에 그가 설계한 목적론이나 상향적 위계질서는 다양한 종교에 대한 정중한 평가를 가로막는 것처럼 보인다. 만일 그리스도교만이 유일하게 참된 종교라면, 사실상 다른 종교들은 모두 허위나 거짓이 돼버리고 만다. 하지만 그러한 이해가 필연적인 진리인지 되묻고 싶다.

잘 알려진 바와 같이, 헤겔은 개념적 사유의 발전단계를 간혹 식물이나 유기체에 비유하여 설명한다.[17] 씨앗, 뿌리, 줄기, 잎, 꽃봉오리, 꽃은 서로 다르지만 모두 같은 식물에 속한다. 그것들 각각은 식물의 성장에 결정적 역할을 한다. 어느 하나만 없어도 모두가 존재할 수 없다. 복합적인 유기체로서의 식물은 정확한 시간적 순서에 따라

17 이와 관련해서는 Hegel, *PbS*, 2; *Jub.*, vol. 2, 12를 참고하라. "꽃이 피고 나면 꽃봉오리는 사라지는데, 이를 두고 꽃봉오리가 꽃에 의해 반박되었다고 말할 수도 있을 터이고, 마찬가지로 꽃이 식물의 거짓된 현존재임이 열매를 통해 밝혀지면서 꽃 대신 열매가 식물의 진리로 등장했다고 선언할 수도 있을 것이다. 이런 형식은 서로 차이가 날 뿐만 아니라 양립할 수 없는 것으로서 서로를 배척한다. 하지만 동시에 그것들의 유동적인 본성은 그것들을 유기적 통일의 계기로 만드는데, 유기적 통일 속에서 그것들은 상충하지 않을 뿐만 아니라 오히려 그 하나가 다른 하나 못지않게 필연적이며, 이런 동등한 필연성이 비로소 전체의 생명을 이루는 것이다."

실현되어야 하는 여러 요소로 구성되어 있다. 그것들 모두가 전체로서의 식물을 이루는 필연적인 계기들이다. 따라서 그중 하나만을 진리라고 말하는 것은 틀린 것이다. 헤겔은 그 비유를 세계 종교의 발전단계에도 그대로 적용한다.[18] 세계 종교는 종교라는 개념이 자신을 실현해 나가는 각각의 단계다. 그러한 비유를 진지하게 받아들인다면, 헤겔의 목적론이 언뜻 볼 때처럼 그리스도교 이외의 종교들을 폄하하는 것이 아니라는 것을 곧장 깨닫게 된다. 그리스도교에 선행하는 다양한 종교는 모두 정당하고 결정적인 역할을 수행한다. 그것들 각각에는 해당하는 시대와 문화를 보여주는 구체적인 진리가 담겨 있다. 이는 무리한 해석이 아니다. 스페인의 철학자 가세트José Ortega y Gasset는 헤겔의 『역사철학』을 다루면서 그러한 견해를 제시한다.

> 헤겔의 『역사철학』은 각각의 시대와 각각의 인간 단계를 정당화하고, 과거의 모든 것을 본질적인 야만으로 간주하는 통속적인 진보주의의 오류에서 벗어나려는 기획을 갖고 있다. 헤겔은 [⋯] 역사적인 것이 이성의 산물이라는 것, 즉 과거도 훌륭한 의미를 갖는다는 것, [⋯] 보편적인 역사는 우둔한 행위의 연속이 아니라는 것을 증명하고자 했다. 달리 말해, 그는 거대한 역사의 과정에서는 실재, 구조, 이성을 가진 진지한 일이 일어났다는 것을 증명하고자 했다. 그래서 그는 모든 역사적 시기가 서로 다르고, 심지어 모순되기도 하지만 그것들 모두가 나름의 이성을 가지고 있다는 것을 보여주고자 한 것이다.[19]

---

18 Hegel, *LPR*, vol. 1, 182; *VPR*, Part 1, 90.

19 이와 관련해서는 Luanne Buchanan and Michael H. Hoffheimer, "Hegel and America by Jose Ortega y Gasset," *Clio*, vol. 25, no. 1, 1995, 71을 참고하라.

이러한 해석은 참으로 타당하다. 헤겔에 따르면, 이성은 결과에서뿐만 아니라 거기에 이르는 과정의 매 단계에서도 나타나며, 그것을 인식하는 법을 배우는 것이 곧 철학이다.

그는 종교의 모든 발전단계가 나름의 진리를 소유하고 있다고 분명히 말한다. 『역사철학』에는 이런 구절이 있다. "아무리 그릇된 종교라도 그 안에는 진리가 담겨 있다. 물론 분절된 한 계기이긴 하지만 말이다. 모든 종교에는 신의 현존과 신과의 관계가 들어 있다. 역사철학은 가장 불완전한 형태 속에서도 바로 그 정신의 요소를 찾아내야 한다."[20] 그렇다면 종교발전의 초기 단계에 있어서 진리는 정확히 무엇이며, 그것은 그리스도교의 '절대적인' 진리와 어떻게 다른가? 이 질문은 인간 정신은 근본적으로 이성적이며, 따라서 인간 문화에서 발견되는 다양한 산물에는 이성적 요소가 담겨 있다는 사유를 전제한다. 세계 종교에서 발견되는 다양한 신화 혹은 신들/여신들의 이야기가 비록 혼란스럽고 이질적으로 보이더라도 거기에는 우리가 인식할 수 있는 인간의 이성적인 요소, 즉 그것들을 창조한 민족의 정신이 반영되어 있다.

뒤르켐David Émile Durkheim의 저작 『종교생활의 원초적 형태』(*The Elementary Forms of Religious Life*)의 도입부에서도 우리는 그러한 통찰을 발견할 수 있다. 뒤르켐은 이렇게 말한다. "사람들은 종교들의 가치와 지위가 다르다고 생각한다. 그들은 일반적으로 어떤 종교가 다른 종교보다 더 참되다고 말한다. 가장 높은 종교적 사유 형태는 가장 낮은 단계의 그것과 자신을 비교하지 않고서는 스스로를 이해할

20 *Phil. of Hist.*, 195-6; *Jub.*, vol. 11, 261.

수 없나 보다."[21] 그는 자신의 접근법을 이렇게 설명한다.

> 인간 제도는 오류와 거짓에 안주하거나 견디지 못한다는 것이 사회학의 근본 전제다. 인간 제도가 사물들의 본성에 근거하지 않으면 저항에 부딪히게 마련이며, 그러면 그것은 더 이상 유지될 수 없다. 원시 종교들을 연구하다 보면, 우리는 그 종교들도 실재에 근거하고, 실재를 표현하고 있다는 사실을 깨닫게 된다.[22]

뒤르켐은 방법론적 논의의 결론에서 이렇게 말한다. "따라서 실제로 거짓 종교들이란 존재하지 않는다. 모든 종교는 나름의 방식으로 진리를 표현하고 있다. 그것들은 인간에게 주어진 실존적 조건들에 서로 다른 방식으로 응답하고 있는 것이다."[23] 어떤 의미에서 이는 헤겔의 근본 전제를 재진술한 것으로도 볼 수 있다.

6. 헤겔과 비교신학

종교다원주의를 둘러싼 현대의 투쟁은 자신의 종교적 믿음과 다른 종교적 믿음 사이의 긴장에서 발생한다. 내가 종교인이라면, 나는 당연히 내가 믿는 종교의 핵심 교리를 무엇보다 가치 있게 여길 것이

---

21 Emile Durkheim, *The Elementary Forms of Religious Life,* trans. by Carol Cosman (Oxford: Oxford University Press, 2001), 3-4.

22 Durkheim, *The Elementary Forms of Religious Life*, 4.

23 Durkheim, *The Elementary Forms of Religious Life*, 4.

다. 나는 그 교리들을 절대적이고 근본적인 진리로 여길 것이며, 그것들에 맞추어 내 삶을 꾸려갈 것이다. 하지만 그것은 다른 모든 믿음, 특히 자신이 믿는 종교의 가르침과 모순되는 믿음을 거짓으로 여긴다는 뜻이기도 하다. 따라서 자신의 종교적 믿음에서 구할 수 있는 종교적 관용의 개념은 제한적일 수밖에 없다. 물론 다른 사람들도 종교적 자유의 권리를 가진다고 말할 수는 있다. 그들에게도 자신이 바라는 것을 믿고, 자신이 바라는 종교를 실천할 자유가 있다. 하지만 나는 그들의 믿음이 나의 믿음과 똑같이 참되다고 말할 수는 없다. 만일 모든 믿음이 참되다고 인정하면, 모든 종교가 자신의 신자들에게 전하는 절대적 주장은 권위를 잃고 말 것이다. 이것이 바로 우리가 방금 다룬 헤겔『종교철학』의 딜레마다. 즉, 그리스도교만이 절대적인 진리라는 주장과 다른 종교들은 그리스도교에 이르는 과정상의 상대적인 진리에 불과하다는 주장 사이에는 피할 수 없는 긴장과 갈등이 있다. 헤겔의 목적론이 갖는 문제를 잠시 접어두더라도 문제는 근본적으로 달라지지 않는다.

결론적으로 말하면, 그러한 긴장과 갈등은 종교적 믿음이란 필연적으로 상호 배타적이며, 따라서 하나의 믿음은 필연적으로 다른 믿음을 배척하는 비관용의 원칙을 고수할 수밖에 없다는 그릇된 인식에서 비롯한 것이다. 나는 클루니Frank Clooney를 비롯한 많은 이들이 '비교신학'(Comparative Theology)이라고 부르는 접근법을 이상적인 모델로 삼는다.[24] 비교신학이란 모든 종교적 전통의 주장을 진지하게 받아들이고, 자신의 믿음을 고수하면서도 타종교들로부터 배워가자

---

24 Francis X. Clooney, *Comparative Theology: Deep Learning across Religious Borders*, (Malden, MA, Oxford, and Chichester: Wiley Blackwell, 2010).

는 종교 간 이해를 추구하는 운동이다. 비교신학의 전제는 종교란 인간의 공통적인 욕구에서 생겨나는 인간 경험의 근본 양상이라는 것이다. 따라서 서로 다른 믿음과 실천에서 자신과의 공통분모를 찾으려고 노력하는 것은 타당하다. 그 전제가 어떻든 비교신학은 한 종교가 타 종교들에서 배워가야 한다고 가르친다. 그러한 견해에 따르면, 종교 자체에는 보편적인 것이 존재하므로 다양한 전통이나 실제로 인간이 사유하고, 행동하고, 느끼고, 사랑하는 모든 곳에서 종교적 진리는 발견될 수 있다. 이는 헤겔의 접근법과도 매우 흡사하다. 예컨대 힌두교나 불교의 경전에서도 그리스도교의 진리를 발견할 수 있고, 그 반대의 경우도 마찬가지다. 비교신학은 헤겔의 목적론보다는 종교다원주의에 더 가깝지만 그렇다고 헤겔의 목적론과 양립할 수 없는 것은 아니다. 실제로 그 두 접근법 모두는 앞서 언급한 핵심 요소, 즉 자신이 믿는 종교의 진리뿐만 아니라 다른 종교의 진리들에 대한 이해까지도 포함하고 있다.

실제로 많은 경우 다양한 종교는 서로 중첩되어 보이기도 하고, 서로의 개념을 차용한 것처럼 보이기도 한다. 그런 점에서 헤겔의 접근법도 그럴듯하게 적용될 수 있다. 예컨대 유대교가 고대 이집트종교에서 비롯되었다는 주장도 오랫동안 있어 왔고, 힌두교와 조로아스터교의 연관에 주목하는 학자들도 많으며, 유대교-그리스도교-이슬람교의 역사적 연관은 이미 충분히 연구되기도 했다. 그러한 역사적 연관은 우리에게 무엇을 말해주는가? "다양한 종교의 개념들은 아직도 여전히 살아 있다." 그 개념들은 다양한 맥락에 도입되고 선택되며, 다양한 방식으로 계승되고 발전한다. 그러한 다양한 종교의 상호 연관이야말로 종교 간 대화와 존중을 위한 가능성의 토대일 것이다.

서로 다른 두 사물에 대한 검증은 언제나 동일성과 차이라는 범주하에서 수행된다. 두 사물은 어떤 측면에서는 유사하기도 하고, 어떤 측면에서는 구별되기도 한다. 그럼에도 종교사에서는 그 가운데 주로 차이만이 강조되어 왔으며, 그로 인해 종교로 인한 전쟁과 박해와 폭력이 끊이질 않았다. 따라서 다양한 종교들의 역사적 연관성에 대한 이해는 종교들 간의 유사성을 긍정적으로 비교하는 토대가 되기도 한다.

나는 헤겔의 접근법이 비교신학의 관점과 일치한다고 생각한다. 그러한 생각은 실로 그의 『종교철학』을 새롭게 바라볼 수 있는 기회를 주기도 한다. 헤겔의 『종교철학』과 비교신학은 둘 다 종교사와 타종교에 대한 관심과 존중이 자신의 믿음을 훼손하거나 타종교와의 타협을 강요한다고 생각지 않는다. 따라서 자신의 종교와 다른 종교들의 절대적인 진리 주장 사이의 긴장도 생각만큼 그리 큰 문제가 되지는 않는다.

종교적 관용이라든가 종교다원주의와 관련한 긴장은 우리가 세계와 맺는 관계 속에서 발생하는 훨씬 근본적인 현상의 단면에 불과하다. 모든 사람은 각자의 신념으로 살아간다. 그중 어떤 신념은 다른 신념보다 소중하게 여겨지기도 한다. 세상과의 상호작용에서 우리는 자신의 신념과 세상의 반응을 끊임없이 비교한다. 우리는 끊임없이 자신의 신념과 모순되는 경험들을 하고, 이를 통해 자신의 신념을 반성하거나 수정하기도 한다. 종교적 믿음도 그러한 신념의 한 사례다. 그것은 끊임없이 평가되는 더 넓은 신념 체계의 일부에 해당한다. 어떤 사람이 다른 사람들과 다르게 생각하고, 자신의 신념을 주장한다고 해서 그를 비관용인 사람으로 매도하는 것은 옳지 않다. 일상에서는 다양한 신념이 공존한다. 하지만 종교적 비관용의 개념은 그것과 다를 뿐만 아니라 훨씬 강한 의미를 갖고 있다. 구체적인 한 종교를 믿는 것이 비관용적인 것은 아니다. 그러한 믿음 자체가 다른 종교나 믿음 체계에 대한 관심과 이해와 존중을 약화시키지는 않는다. 따라서 근본적이거나 절대적인 믿음을 유지하는 것과 종교다원주의 사이에 있을 법한 긴장은 사실 실재적인 긴장이 아니다. 그것은 가상의 문제일 뿐이다. 그러한 관점으로 문제를 바라보면, 종교적 불관용에 맞서는 우리 시대의 투쟁에도 다양하고 유익한 통찰을 주는 헤겔의 새로운 면모를 발견할 수 있다.

참 고 문 헌

헤겔 종교철학 관련 문헌들

Adams, George Plimpton, *The Mystical Element in Hegel's Early Theological Writings,* Berkeley: The University Press 1910.

Adams, Nicholas, *The Eclipse of Grace, Divine and Human Action in Hegel,* Hoboken: Wiley 2013.

Albrecht, Wolfgang, *Hegels Gottesbeweis. Eine Studie zur 'Wissenschaft der Logik',* Berlin: Duncker und Humblot 1958.

Anderson, Marc, "Incomplete Spirit as Religion's Pre-eminent Moment in Hegel's Philosophy of Religion," *Hegel-Jahrbuch,* vol. 12, 2010, 385-390.

Anderson-Irwin, Christopher, ""But the serpent did not lie": Reading, History, and Hegel's Interpretation of Genesis Chapter 3," *Clio,* vol. 35, no. 1, 2005, 29-50.

Asendorf, Ulrich, *Luther und Hegel. Untersuchungen zur Grundlegung einer neuen systematischen Theologie,* Wiesbaden: Franz Steiner Verlag 1982.

Asveld, Paul, *La pensée religieuse du jeune Hegel. Liberté et aliénation,* Louvain: Publications Universitaires 1953.

Avineri, Shlomo, "The Fossil and the Phoenix: Hegel and Krochmal on the Jewish Volksgeist," in *History and System: Hegel's Philosophy of History,* ed. by Robert L. Perkins, Albany: State University of New York Press 1984, 47-63.

Benz, Ernst, "Hegels Religionsphilosophie und die Linkshegelianer," *Zeitschrift für Religionsund Geistesgeschichte,* vol. 7, no. 3, 1955, 247-270.

Bhatawadekar, Sai, "Islam in Hegel's Triadic Philosophy of Religion," *Journal of World History,* vol. 25, nos 2-3, 2014, 397-424.

Black, Edward, "Religion and Philosophy in Hegel's Philosophy of Religion," *The Monist,* vol. 60, no. 2, 1977, 198-212.

Bourgeois, Bernard, *Hegel à Francfort ou Judaïsme, Christianisme, Hégélianisme,* Paris: Vrin 1970.

Brecht, Martin and Jörg Sandberger, "Hegels Begegnung mit der Theologie im

Tübinger Stift," *Hegel Studien,* vol. 5, 1969, 47-81.

Brito, Emilio, *La Christologie de Hegel: Verbum Crucis,* Paris: Beauchesne 1983.

Bruaire, Claude, *Logique et religion chrétienne dans la philosophie de Hegel,* Paris: Éditions du Seuil 1964.

Bubbio, Paolo Diego, "Hegel, the Trinity, and the "I"," *International Journal for Philosophy of Religion,* vol. 76, no. 2, 2014, 129-150.

______. "God, Incarnation, and Metaphysics in Hegel's Philosophy of Religion," *Sophia,* vol. 53, no. 4, 2014, 515-533.

______. *God and the Self in Hegel: Beyond Subjectivism,* Albany: State University of New York Press 2017.

Bubner, Rudiger, "La philosophie Hégélienne, est-elle une théologie secularisée," *Archivio di Filosofia,* vols 22-23, 1976, 277-285.

Burbidge, John W., *Hegel on Logic and Religion: The Reasonableness of Christianity,* Albany: State University of New York Press 1992.

______. "The Word Became Flesh or the Orthodox Hegel," *Bulletin of the Hegel Society of Great Britain,* nos 45-46, 2002, 16-24.

Calton, Patricia Marie, *Hegel's Metaphysics of God: The Ontological Proof as the Development of a Trinitarian Divine Ontology,* Aldershot: Ashgate 2001.

Chapelle, Albert, *Hegel et la religion, vols 1-3,* Paris: Éditions Universitaires 1964-1671.

Christensen, Darrell E. (ed.), *Hegel and the Philosophy of Religion,* The Hague: Martinus Nijhoff 1970.

Copleston, Frederick, 'Hegel and the Rationalization of Mystery,' in *New Studies in Hegel's Philosophy,* ed. by Warren E. Steinkraus, New York: Holt, Rinehart and Winston 1971, 187-200.

Cornehl, Peter, *Die Zukunft der Versöhnung. Eschatologie und Emanzipation in der Aufklärung, bei Hegel und in der Hegelschen Schule,* Göttingen: Vandenhoeck & Ruprecht 1971.

Crites, Stephen, "The Gospel According to Hegel," *The Journal of Religion,* vol. 46, 1966, 246-263.

______. *In the Twilight of Christendom: Hegel vs. Kierkegaard on Faith and History,* Chambersburg, PA: American Academy of Religion 1972.

______. "The Golgotha of Absolute Spirit," in *Method and Speculation in Hegel's*

Phenomenology of Spirit, ed. by Merold Westphal, Atlantic Highlands: Humanities Press 1982, 47-55.

______. *Dialectic and Gospel in the Development of Hegel's Thinking,* University Park: Pennsylvania State University Press 1998.

Crouter, Richard, 'Hegel and Schleiermacher at Berlin: A Many-sided Debate,' in his *Friedrich Schleiermacher: Between Enlightenment and Romanticism,* Cambridge: Cambridge University Press 2005, 70-97.

Dalferth, Ingolf, "Philosophie ist "ihre Zeit in Gedanken erfasst": Hegels theo-logische Version einer kontemplativen Philosophie," *Hegel-Jahrbuch,* vol. 19, no. 1, 2013, 36-50.

De Nys, Martin J., "The Appearance and Appropriation of Religious Consciousness in Hegel's Phenomenology," Modern Schoolman, vol. 62, 1985, 165-184.

______. "Mediation and Negativity in Hegel's Phenomenology of Christian Consciousness," *The Journal of Religion,* vol. 66, 1986, 46-67.

______. *Hegel and Theology,* London and New York: T. & T. Clark 2009.

Desmond, William, "Hegel and the Problem of Religious Representation," *Philosophical Studies,* vol. 30, 1984, 9-22.

______. *Art and the Absolute,* Albany: State University of New York Press 1986.

______. *Hegel's God: A Counterfeit Double?* Aldershot: Ashgate 2003.

Devos, Rob, "The Significance of Manifest Religion in the Phenomenology," in *Hegel on Ethical Life, Religion and Philosophy.* 1793-1807, ed. by André Wylleman, Leuven and Dordrecht: Kluwer Academic Publishers 1989, 195-229.

Dickey, Laurence, *Hegel: Religion, Economics, and the Politics of Spirit,* 1770-1807, Cambridge: Cambridge University Press 1987.

______. "Hegel on Religion and Philosophy," in *The Cambridge Companion to Hegel,* ed. by Frederick C. Beiser, Cambridge: Cambridge University Press 1993, 301-347.

Dierken, Jörg, "Hegels Interpretation der Gottesbeweise," *Neue Zeitschrift für Systematische Theologie und Religionsphilosophie,* vol. 32, no. 3, 1990, 275-318.

Donougho, Martin, "Remarks on "Humanus heisst der Heilige…"," *Hegel-Studien,* vol. 17, 1982, 214-225.

Dubarle, Dominique, "De la foi au savoir selon la Phénoménologie de l'esprit," *Revue des Sciences Philosophiques et Théologiques,* vol. 59, 1975, 3-36, 243-277, 399-425.

______. "Révélation de Dieu et manifestation de l'Esprit dans la Philosophie de la Religion de Hegel," in *Manifestation et révélation,* by Stanislas Breton et al., Paris: Editions Beauchesne 1976, 77-206.

Dudley, Will, "The Active Fanaticism of Political and Religious Life: Hegel on Terror and Islam," in *Hegel on Religion and Politics,* ed. by Angelica Nuzzo, Albany: State University of New York Press 2013, 119-131.

Düffel, Gudrun von, "Hegels philosophischer Gottesbegriff," *Hegel-Jahrbuch,* vol. 19, no. 1, 2013, 78-83.

Dunning, Stephen N., *The Tongues of Men: Hegel and Hamann on Religious Language and History,* Missoula, MT: Scholars Press 1979.

Dupré, Louis, "Religion and Representation," in *The Legacy of Hegel: Proceedings of the Marquette Hegel Symposium Held at Marquette University June 2-5, 1970,* ed. by J. J. O'Malley, K. W. Algozin, H. P. Kainz and L. C. Rice, The Hague: Martinus Nijhoff 1973, 137-143.

______. "Hegel's Absolute Spirit: A Religious Justification of Secular Culture," *Revue de l'Université d'Ottawa,* vol. 52, no. 4, 1982, 554-574.

Fackenheim, Emil L., *The Religious Dimension in Hegel's Thought,* Bloomington: Indiana University Press 1967.

______. "Hegel and Judaism: A Flaw in the Hegelian Mediation," in *The Legacy of Hegel: Proceedings of the Marquette Hegel Symposium Held at Marquette University June 2-5,* 1970, ed. by J. J. O'Malley, K. W. Algozin, H. P. Kainz and L. C. Rice, The Hague: Martinus Nijhoff 1973, 161-185.

Fitzer, Joseph, "Hegel and the Incarnation: A Response to Hans Küng," *Journal of Religion,* vol. 52, 1972, 240-267.

Flay, Joseph C., "Religion and the Absolute Standpoint," *Thought,* vol. 56, 1981, 316-327.

Frey, Christofer, *Reflexion und Zeit. Ein Beitrag zum Selbstverständnis der Theologie in der Auseinandersetzung vor allem mit Hegel,* Gütersloh: Gerd Mohn 1973.

Fruchon, Pierre, "Sur la conception hégélienne de la "religion révelée" selon M. Theunissen," *Archives de Philosophie,* vol. 48, 1985, 613-641; vol.

49, 1986, 619-642.

Garaudy, Roger, *Dieu est mort. Étude sur Hegel,* Paris: Presses universitaires de France 1962.

Gascoigne, Robert, *Religion, Rationality and Community: Sacred and Secular in the Thought of Hegel and his Critics,* The Hague: Martinus Nijhoff 1985.

Geraets, Theodore, "Socialité universelle et "historie divine" selon Hegel," *Archivio di Filosofia,* vol. 54, 1986, 637-651.

_______. "The End of the History of Religions "Grasped in Thought"," *Hegel Studien,* vol. 24, 1989, 55-77.

_______. (ed.), *Hegel: The Absolute Spirit,* Ottawa: University of Ottawa 1984.

Glasenapp, Helmuth von, *Das Indienbild deutscher Denker,* Stuttgart: K. F. Koehler 1960.

Glockner, Hermann. "Hegel und Schleiermacher im Kampf um Religions-philosophie und Glaubenslehre." in his *Beiträge zum* Verständnis und zur Kritik Hegels sowie zur Umgestaltung seiner Geisteswelt (Hegel-Studien, Beiheft 2). Bonn: Bouvier 1965.

Graf, Friedrich Wilhelm and Falk Wagner (eds), *Die Flucht in den Begriff: Materialien zu Hegels Religionsphilosophie,* Stuttgart: Klett-Cotta 1982.

Gray, J. Glenn, *Hegel and Greek Thought,* New York: Harper 1968.

Guerenu, Ernesto de, *Das Gottesbild des jungen Hegel,* Munich: Karl Alber 1969.

Guibal, Francis, *Dieu selon Hegel. Essai sur la problématique de la 'Phénoménologie de l'Esprit',* Paris: Aubier 1975.

Hansen, Lutz, "Von der Aktualität der Hegelschen Religionsphilosophie," *Hegel-Jahrbuch,* vol. 5, 2003, 190-193.

Harrelson, Kevin, "Theology, History, and Religious Identification: Hegelian Methods in the Study of Religion," *Sophia,* vol. 52, no. 3, 2013, 463-482.

Harris, H. S. "Religion as the Mythology of Reason," *Thought,* vol. 26, 1981, 301-315.

Hatta, Takashi, "Das Problem des Bösen in Hegels Religionsphilosophie," Hegel-Jahrbuch, vol. 1, 1999, 275-280.

Heede, Reinhard, "Hegel-Bilanz: Hegels Religionsphilosophie als Aufgabe und Problem der Forschung," in *Hegel-Bilanz 1971, Zur Aktualität und Inakutalituat der Philosophie Hegels,* ed. by Reinhard Heede and

Joachim Ritter, Frankfurt am Main: Vittorio Klostermann 1973, 41-89.

Heintel, Peter, "Die Religion als Gestalt des absoluten Geistes," *Wiener Jahrbuch für Philosophie,* vol. 3, 1970, 162-202.

Henrich, Dieter, *Der ontologische Gottesbeweis. Sein Problem und seine Geschichte in der Neuzeit,* Tübingen: J. C. B. Mohr 1960.

Hermanni, Friedrich, "Kritischer Inklusivismus: Hegels Begriff der Religion und seine Theorie der Religionen," *Neue Zeitschrift für Systematische Theologie und Religionsphilosophie,* vol. 55, no. 2, 2013, 136-160.

Hodgson, Peter C., "Hegel's Christology: Shifting Nuances in the Berlin Lectures," *Journal of the American Academy of Religion,* vol. 53, no. 1, 1985, 23-40.

_______. "The Metamorphosis of Judaism in Hegel's Philosophy of Religion," *The Owl of Minerva,* vol. 19, no. 1, 1987, 41-52. (Reprinted in Hegel Today, ed. by Bernard Cullen, Aldershot: Avebury 1988, 88-101.)

_______. *Hegel and Christian Theology: A Reading of the Lectures on the Philosophy of Religion,* Oxford: Oxford University Press 2005.

Hoffheimer, Michael H., "Race and Law in Hegel's Philosophy of Religion," in *Race and Racism in Modern Philosophy,* ed. by Andrew Valls, Ithaca and London: Cornell University Press 2005, 194-216.

Hoover, Jeffrey, "The Origin of the Conflict between Hegel and Schleiermacher at Berlin," *The Owl of Minerva,* vol. 20, no. 1, 1988, 69-79.

Huber, Herbert, *Idealismus und Trinität, Pantheon und Götterdämmerung. Grundlagen und Grundzüge der Lehre von Gott nach dem Manuskript Hegels zur Religionsphilosophie,* Weinheim: Acta humaniora 1984.

Hulin, Michel, *Hegel et l'orient, suivi de la traduction annotée d'un essai de Hegel sur la Bhagavad-Gita,* Paris: J. Vrin 1979.

Iljin, Iwan, *Die Philosophie Hegels als kontemplative Gotteslehre,* Bern: Francke 1946.

Jaeschke, Walter, "Staat aus christlichem Prinzip und christlicher Staat: Zur Ambivalenz der Berufung auf das Christentum in der Rechtsphilosophie Hegels und der Restauration," *Der Staat,* vol. 18, 1979, 349-374.

Jaeschke, Walter, "Urmenschheit und Monarchie: Eine politische Christologie der Hegelschen Rechten," *Hegel-Studien,* vol. 14, 1979, 73-107.

_______. "Probleme der Edition der Nachschriften von Hegels Vorlesungen,"

Allgemeine Zeitschrift für Philosophie, vol. 3, 1980, 51-63.

_______. "Hegel's Philosophy of Religion: The Quest for a Critical Edition," *The Owl of Minerva,* vol. 11, no. 3, 1980, 4-8.

_______. "Speculative and Anthropological Criticism of Religion: A Theological Orientation to Hegel and Feuerbach," *Journal of the American Academy of Religion,* vol. 48, 1980, 345-364.

_______. "Absolute Idee—absolute Subjektivität: Zum Problem der Persönlichkeit Gottes in der Logik und in der Religionsphilosophie," *Zeitschrift für philosophische Forschung,* vol. 35, 1981, 385-416.

_______. "Christianity and Secularity in Hegel's Concept of the State," *Journal of Religion,* vol. 61, 1981, 127-145.

_______. *Die Religionsphilosophie Hegels,* Darmstadt: Wissenschaftliche Buchgesellschaft 1983.

_______. "Zur Logik der Bestimmten Religion," in *Hegels Logik der Philosophie: Religion und Philosophie in der Theorie des absoluten Geistes,* ed. by Dieter Henrich and Rolf-Peter Horstmann, Stuttgart: Klett-Cotta 1984 (Internationale Hegel-Vereinigung, vol. 13), 172-188.

_______. *Die Vernunft in der Religion: Studien zur Grundlegung der Religionsphilosophie Hegels,* Stuttgart-Bad Cannstatt: Frommann-Holzboog 1986. (영어번역판: "Reason in Religion: The Foundations of Hegel's Philosophy of Religion," trans. by J. Michael Stewart and Peter C. Hodgson, Berkeley and Los Angeles: University of California Press 1990.)

Jamros, Daniel P., *The Human Shape of God: Religion in Hegel's Phenomenology of Spirit,* New York: Paragon House 1994.

Jonkers, Peter, "Eine ungeistige Religion. Hegel über den Katholizismus," *Hegel-Jahrbuch,* vol. 12, 2010, 400-405.

Kaiser, Otto, "Hegels Religionsphilosophie. Ein Versuch, sie aus dem Ganzen seines Systems zu verstehen," *Neue Zeitschrift für Systematische Theologie und Religionsphilosophie,* vol. 28, no. 1, 1986, 198-222.

Kaufmann, Walter A., "Hegel's Early Antitheological Phase," *The Philosophical Review,* vol. 63, 1954, 3-18.

Kirkland, Frank M., "Husserl and Hegel: A Historical and Religious Encounter," *Journal of the British Society for Phenomenology,* vol. 16, no. 1, 1985,

70-87.

Koch, Traugott, *Differenz und Versöhnung. Eine Interpretation der Theologie G. W. F. Hegels nach seiner 'Wissenschaft der Logik',* Gütersloh: Gütersloher Verlagshaus G. Mohn 1967 (Studien zu Religion, Geschichte und Geisteswissenschaft, vol. 5).

Kolb, David (ed.), *New Perspectives on Hegel's Philosophy of Religion,* Albany: State University of New York Press 1992.

Kreis, Friedrich, "Hegels Interpretation der indischen Geisteswelt," *Zeitschrift für Deutsche Kulturphilosophie,* vol. 7, 1941, 133-145.

Kruger, Hans-Joachim, *Theologie und Aufklärung: Untersuchungen zu ihrer Vermittelung beim jungen Hegel,* Stuttgart: J. B. Metzlersche 1966.

Küng, Hans, *Menschwerdung Gottes. Eine Einführung in Hegels theologischen Denken als Prolegomena zu einer künftigen Christologie,* Freiburg, Basel, Vienna: Herder 1970. (영어번역판: *The Incarnation of God: An Introduction to Hegel's Theological Thought as a Prolegomena to a Future Christology,* trans. by J. R. Stephenson, New York: Crossroad 1987.)

Labuschagne, Bart and Timo Slootweg (eds), *Hegel's Philosophy of the Historical Religions,* Leiden and Boston: Brill 2012.

Lakeland, Paul, *The Politics of Salvation: The Hegelian Idea of the State,* Albany: State University of New York Press 1984.

Lauer, Quentin, "Hegel on Proofs for God's Existence," *Kant-Studien,* vol. 55, 1964, 443-465.

_______. "Hegel on the Identity of Content in Religion and Philosophy," in *Hegel and the Philosophy of Religion,* ed. by Darrel E. Christensen, The Hague: Martinus Nijhoff 1970, 261-278.

Lauer, Quentin, "Hegel on Infinity," *Thought,* vol. 56, 1981, 287-300.

_______. *Hegel's Concept of God,* Albany: State University of New York Press 1982.

_______. "Is Absolute Spirit God?" in *Hegel: The Meaning of Absolute Spirit,* ed. by Theodore Geraets, Ottawa: University of Ottawa 1984, 89-99.

Leidecker, Kurt F., "Hegel and the Orientals," in *New Studies in Hegel's Philosophy,* ed. by Warren E. Steinkraus, New York: Holt, Rinehart and Winston 1971, 156-166.

Leonard, André, *La foi chez Hegel,* Paris: Desclée de Brouwer 1970.

Leuze, Reinhard, *Die außerchristlichen Religionen bei Hegel,* Göttingen: Vandenhoeck & Rupprecht 1975 (*Studien zur Theologie und Geistesgeschichte des Neunzehnten Jahrhunderts,* vol. 14).

Lewis, Thomas A., *Religion, Modernity, and Politics in Hegel,* Oxford: Oxford University Press 2011.

_______. "Religion, Reconciliation, and Modern Society: The Shifting Conclusions of Hegel's Lectures on the Philosophy of Religion," *Harvard Theological Review,* vol. 106, no. 1, 2013, 37-60.

_______. "Hegel's Determinate Religion Today: Foreign yet Not So Far Away," in *Religion und Religionen im Deutschen Idealismus. Schleiermacher-Hegel-Schelling,* ed. by Friedrich Hermanni, Burkhard Nonnenmacher, and Friedrike Schick, Tübingen: Mohr Siebeck 2015, 211-231.

Link, Christian, *Hegels Wort 'Gott selbst ist tot',* Zürich: Theologischer Verlag 1974.

Löwith, Karl, "Hegels Aufhebung der christlichen Religion," in *Hegel-Tage,* 1962: Vorträge und Dokumente, ed. by Hans-Georg Gadamer, Bonn: Bouvier 1962 (*Hegel-Studien,* Beiheft 1), 193-236.

Luther, O. Kem and Jeff L. Hoover, "Hegel's Phenomenology of Religion," *Journal of Religion,* vol. 61, 1981, 229-241.

Magnus, Kathleen Dow, *Hegel and the Symbolic Mediation of Spirit,* Albany: State University of New York Press 2001.

Marsch, Wolf-Dieter, *Gegenwart Christi in der Gesellschaft,* Munich: Christian Kaiser Verlag 1965.

Massolo, Arturo, "La religione in Hegel," *Il Pensiero. L'Aquila,* vol. 15, 1970, 46-59.

Mensching, Gustav, "Typologie außerchristlicher Religion bei Hegel," *Zeitschrift für Missionskunde und Religionswissenschaft,* vol. 46, 1931, 329-340.

Menze, Clemens, "Das indische Altertum in der Sicht Wilhelm von Humboldts und Hegels," in *Werk und Wirkung von Hegels Ästhetik,* ed. by Annemarie Gethmann-Siefert and Otto Pöggeler, Bonn: Bouvier 1986 (*Hegel-Studien,* Beiheft 27), 245-294.

Merkel, R. F., "Herder und Hegel über China," *Sinica,* vol. 17, 1942, 5-26.

Merklinger, Philip M., *Philosophy, Theology, and Hegel's Berlin Philosophy of Religion*, 1821-1827, Albany: State University of New York Press 1993.

Min, Anselm, "Hegel on the Foundation of Religion," *International Philosophical Quarterly*, vol. 14, no. 1, 1974, 79-99.

Min, Anselm, 'Hegel's Absolute: Transcendent or Immanent?' *The Journal of Religion*, vol. 56, 1976, 61-87.

_______. "Hegel's Retention of Mystery as a Theological Category," *Clio*, vol. 12, 1983, 333-353.

_______. "The Trinity and the Incarnation: Hegel and Classical Approaches," *The Journal of Religion*, vol. 66, 1986, 173-193.

Mueller, Gustav E., "Hegel's Absolute and the Crisis of Christianity," in *A Hegel Symposium*, ed. by D. C. Travis, Austin: The Department of Germanic Languages 1962, 83-112.

Mure, G. R., 'Hegel, Luther, and the Owl of Minerva,' *Philosophy*, vol. 41, 1966, 127-139.

Olson, Alan M., *Hegel and the Spirit: Philosophy as Pneumatology*, Princeton: Princeton University Press 1992.

O'Regan, Cyril, *The Heterodox Hegel*, Albany: State University of New York Press 1994.

_______. "Hegel and Anti-Judaism: Narrative and the Inner Circulation of the Kabbalah," *The Owl of Minerva*, vol. 28, no. 2, 1997, 141-182.

_______. "The Impossibility of a Christian Reading of the Phenomenology of Spirit: H. S. Harris on Hegel's Liquidation of Christianity," *The Owl of Minerva*, vol. 33, no. 1, 2001-02, 45-95.

Peperzak, Adriaan, *Selbsterkenntnis des Absoluten: Grundlinien der Hegelschen Philosophie des Geistes*, Stuttgart: Frommann-Holzboog 1987.

Pfleiderer, Otto, *The Development of Theology in Germany since Kant*, trans. by J. Frederick Smith, New York: Macmillan Press 1896.

Reardon, Bernard M. G., *Hegel's Philosophy of Religion,* London: Macmillan 1977.

Rebstock, Hans-Otto, *Hegels Auffassung des Mythos in seinen Frühschriften,* Freiburg: Karl Alber 1971.

Régnier, Marcel, "Les Apories de la théologie hegelienne," in *Hegel-Tage Urbino*

1965, ed. by Hans-Georg Gadamer, Bonn: Bouvier 1969 (Hegel-Studien, Beiheft 4), 169-179.

Ricoeur, Paul, "The Status of Vorstellung in Hegel's Philosophy of Religion," in *Meaning, Truth and God*, ed. by Leroy Rouner, Notre Dame: University of Notre Dame Press 1982, 70-88.

Ringleben, Joachim, *Hegels Theorie der Sünde*, Berlin and New York: Walter de Gruyter 1977.

Rocker, Stephen, *Hegel's Rational Religion: The Validity of Hegel's Argument for the Identity in Content of Absolute Religion and Absolute Philosophy*, Madison and Teaneck: Farleigh Dickinsen University Press, London: Associated University Presses 1995.

Rohls, Jan, "G. W. F. Hegel: The Impact of his Philosophy on Old Testament Studies," in *Hebrew Bible. Old Testament. The History of its Interpretation*, vol. III, Part 1, *The Nineteenth Century*, ed. by Magne Sæbø, Göttingen: Vandenhoeck & Ruprecht 2013, 45-52.

Rohrmoser, Günther, "Zur Vorgeschichte der Jugendschriften Hegels," *Zeitschrift für philosophische Forschung*, vol. 14, 1960, 182-208.

_______. "Die Religionskritik von Karl Marx im Blickpunkt der Hegelschen Religionsphilosophie," *Neue Zeitschrift für Systematische Theologie und Religionsphilosophie*, vol. 2, no. 1, 1960, 44-64.

_______. *Théologie et aliénation dans la pensée du jeune Hegel*, Paris: Beauchesne 1970.

Rondet, Henri, "Hégélianisme et Christianisme. Réflexions théologiques," *Recherches de science religieuse*, vol. 26, 1936, 419-453.

_______. *Hégélianisme et Christianisme. Introduction théologique à l'étude du système hégélien*, Paris: Lethielleux 1965.

Ruben, Walter, "Hegel über die Philosophie der Inder," *Asiatica, Festschrift Friedrich Weller*, Leipzig: Otto Harrassowitz 1954, 553-569.

Schick, Friedrike, "Zur Logik der Formen bestimmter Religion in Hegels Manuskript zur Religionsphilosophie von 1821," *Neue Zeitschrift für Systematische Theologie und Religionsphilosophie*, vol. 55, no. 4, 2013, 407-436.

Schickel, Joachim, "Hegel's China—China's Hegel," in *Aktualität und Folgen der Philosophie Hegels*, ed. by Oskar Negt, Frankfurt am Main:

Suhrkamp 1970, 187-198.

Schlitt, Dale M., *Hegel's Trinitarian Claim: A Critical Reflection*, Leiden: E. J. Brill 1984.

_______. "Hegel on the Kingdom of God," *Église et Théologie*, vol. 19, 1988, 33-68.

_______. *Divine Subjectivity: Understanding Hegel's Philosophy of Religion*, London and Toronto: Associated University Presses 1990.

Schmidt, Erik, *Hegels Lehre von Gott*, Gütersloh: Gütersloher Verlagshaus Gerd Mohn 1952.

_______. "Hegel und die kirchliche Trinitätslehre," *Neue Zeitschrift für systematische Theologie und Religionsphilosophie*, vol. 24, 1982, 241-260.

Schmitz, Kenneth, "The Conceptualization of Religious Mystery," in *The Legacy of Hegel: Proceedings of the Marquette Hegel Symposium Held at Marquette University June 2-5, 1970*, ed. by J. J. O'Malley, K. W. Algozin, H. P. Kainz and L. C. Rice, The Hague: Martinus Nijhoff 1973, 108-136.

Schoeps, Hans Joachim, "Die ausserchristlichen Religionen bei Hegel," *Zeitschrift für Religions- und Geistesgeschichte*, vol. 7, no. 1, 1955, 1-34.

Schöndorf, Harald, "Anderswerden und Versöhnung Gottes in Hegels Phänomenologie des Geistes. Ein Kommentar zum zweiten Teil von VII. C. "Die offenbare Religion"," *Theologie und Philosophie*, vol. 57, 1982, 550-567.

Schulin, Ernst, *Die weltgeschichtliche Erfassung des Orients bei Hegel und Ranke*, Göttingen: Vandenhoeck & Ruprecht 1958.

Shanks, Andrew, *Hegel's Political Theology*, Cambridge: Cambridge University Press 1991.

_______. 'Hegel and the Meaning of the Present Moment,' *Bulletin of the Hegel Society of Great Britain*, nos 45-46, 2002, 25-35.

Shephard, William, "Hegel as a Theologian," *Harvard Theological Review*, vol. 61, 1968, 583-602.

Siani, Alberto L., "The Death of Religion? Absolute Spirit and Politics in Hegel," *Hegel-Jahrbuch*, vol. 19, no. 1, 2013, 64-69.

Smith, John, "Hegel's Reinterpretation of the Doctrine of Spirit and Religious Community," in *Hegel and the Philosophy of Religion*, ed. by Darrel E.

Christensen, The Hague: Martinus Nijhoff 1970, 158-177.

Sölle, Dorothee, *Stellvertretung. Ein Kapitel Theologie nach dem Tode Gottes*, Stuttgart and Berlin: Kreuz-Verlag 1965.

Splett, Jörg, *Die Trinitatslehre G. W. F. Hegels*, Munich: Alber 1965.

Stewart, Jon, *Hegel's Interpretation of the Religions of the World: The Logic of the Gods*, Oxford: Oxford University Press 2018.

Stewart, Jon, "Hegel's Philosophy of Religion as a Phenomenology," *Filozofia*, vol. 75, no. 5, 2020, 386-400.

Suda, Max Josef, "Das Christentum als "Offenbare Religion"in Hegels Phänomenologie des Geistes," *Hegel-Jahrbuch*, vol. 3, 2001, 253-258.

Taylor, Mark C., *Journeys to Selfhood: Hegel and Kierkegaard*, Berkeley and Los Angeles: University of California Press 1980.

Theunissen, Michael, *Hegels Lehre vom absoluten Geist als theologisch-politischer Traktat*, Berlin: Walter de Gruyter 1970.

Thompson, Kevin, "Hegel, the Political and the Theological: The Question of Islam," *in Hegel on Religion and Politics*, ed. by Angelica Nuzzo, Albany: State University of New York Press 2013, 99-118.

Tofan, Ioan Alexandru, "On How God Does Not Die in the Idea: The Hegelian Project of the Philosophy of Religion," *Journal for the Study of Religions and Ideologies*, vol. 8, no. 22, 2009, 89-114.

Ulrich, Ferdinand, "Begriff und Glaube: über Hegels Denkweg ins "absolute Wissen"," *Freiburger Zeitschrift für Philosophie und Theologie*, vol. 17, 1970, 344-399.

van Dooren, Willem, "Die Bedeutung der Religion in der Phänomenologie des Geistes," in *Hegel-Tage Urbino* 1965, ed. by Hans-Georg Gadamer, Bonn: Bouvier 1969 (*Hegel-Studien*, Beiheft 4), 93-101.

Vancourt, Raymond, *La pensée religieuse de Hégel*, Paris: Presses universitaires de France 1965.

Väyrynen, Kari, "Identität mit der Natur. Kritische Perspektiven in Hegels Vorlesungen über die Philosophie der Religion," *Hegel-Jahrbuch*, vol. 12, 2010, 359-364.

Ventura, Lorella, "The Abstract God and the Role of the Finite: Hegel's View of the Islamic Absolute," *Jahrbuch für Hegelforschung*, vols 15-17, 2014, 117-134.

Vieillard-Baron, Jean-Louis, "La "religion de la nature". Étude de quelques pagés de la Phénoménologie de l'esprit de Hegel," *Revue de Métaphysique et de morale*, vol. 76, 1971, 323-343.

_______. "L'idee de religion révélée chez Hegel et Schelling," *Hegel-Studien*, vol. 24, 1989, 97-105.

Viyagappa, Ignatius, *G. W. F. Hegel's Concept of Indian Philosophy*, Rome: Gregorian University Press 1980.

Wagner, Falk, *Der Gedanke der Persönlichkeit Gottes bei Fichte und Hegel*, Gütersloh: Gütersloher Verlagshaus Gerd Mohn 1971.

_______. "Die Aufhebung der religiösen Vorstellung in den philosophischen Begriff," *Neue Zeitschrift für Systematische Theologie und Religionsphilosophie*, vol. 18, 1976, 44-73.

Walker, John (ed.), *Thought and Faith in the Philosophy of Hegel*, Dordrecht: Kluwer Academic Publishers 1991.

Walker, Nicholas, "Hegel's Encounter with the Christian Tradition, or How Theological Are Hegel's Early Theological Writings," in *Hegel and the Tradition: Essays in Honour of H. S. Harris*, ed. by Michael Bauer and John Russon, Toronto: University of Toronto Press 1997, 190-211.

Welker, Michael, *Das Verfahren von Hegels Phänomenologie des Geistes und die Funktion des Abschnitts: 'Die offenbare Religion,'* Heidelberg: Ruprecht-Karls-Universität 1978.

Wendte, Martin, *Gottmenschliche Einheit bei Hegel. Eine logische und theologische Untersuchung*, Berlin and New York: Walter de Gruyter 2007.

Westphal, Merold, 'Hegel, Hinduism, and Freedom,' *The Owl of Minerva*, vol. 20, 1989, 193-204.

Westphal, Merold, "Hegel and Onto-Theology," *Bulletin of the Hegel Society of Great Britain*, nos 41-2, 2000, 142-165.

Williamson, Raymond Keith, *Introduction to Hegel's Philosophy of Religion*, Albany: State University of New York Press 1984.

Witte, Johannes, "Hegels religions-philosophische Urteile über Ostasien, beleuchtet durch die Ergebnisse der neueren China-Forschung," *Zeitschrift für Missionskunde und Religionswissenschaft*, vol. 37, no. 5, 1922, 129-151.

Wylleman, André (ed.), *Hegel on the Ethical Life, Religion and Philosophy (1793-1807)*, Leuven: Leuven University Press 1989.

Yerkes, James, *The Christology of Hegel*, Missoula, MT: Scholars Press 1978; 2nd ed., Albany: State University of New York Press 1983.

Yon, Ephrem-Dominique, "Esthétique de la contemplation et esthétique de la transgression. À propos de passage de la Religion au Saviour Absolu dans la Phénoménologie de l'esprit de Hegel," *Revue philosophique de Louvain*, vol. 74, 1976, 549-571.

Yovel, Yirmiahu, *The Dark Riddle: Hegel, Nietzsche and the Jews*, Princeton: Princeton University Press 1998.

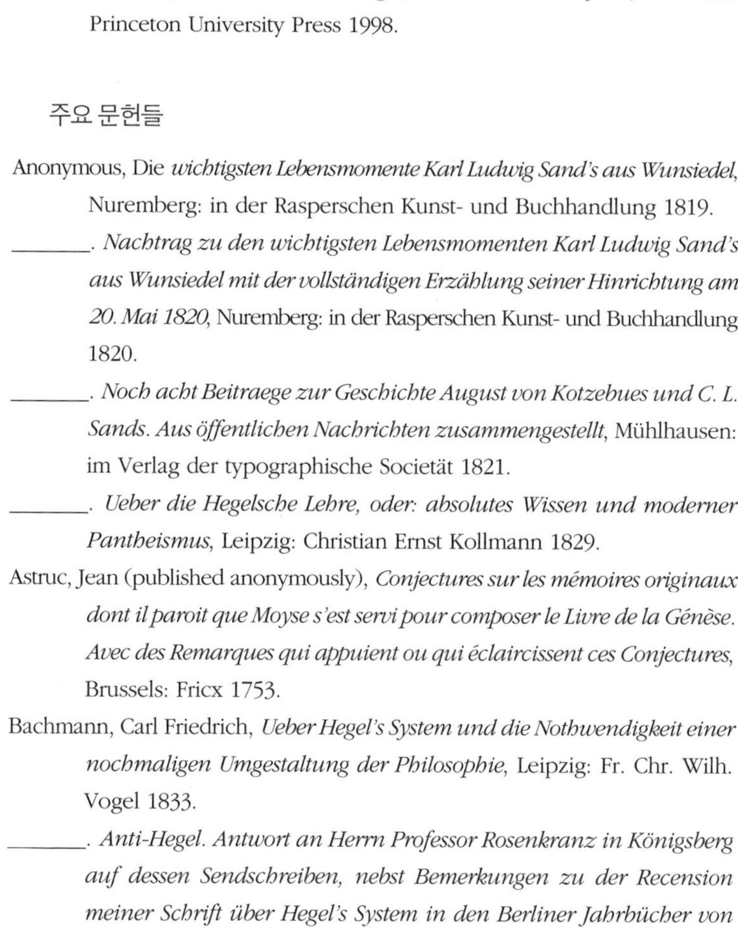

주요 문헌들

Anonymous, Die *wichtigsten Lebensmomente Karl Ludwig Sand's aus Wunsiedel*, Nuremberg: in der Rasperschen Kunst- und Buchhandlung 1819.

_______. *Nachtrag zu den wichtigsten Lebensmomenten Karl Ludwig Sand's aus Wunsiedel mit der vollständigen Erzählung seiner Hinrichtung am 20. Mai 1820*, Nuremberg: in der Rasperschen Kunst- und Buchhandlung 1820.

_______. *Noch acht Beitraege zur Geschichte August von Kotzebues und C. L. Sands. Aus öffentlichen Nachrichten zusammengestellt*, Mühlhausen: im Verlag der typographische Societät 1821.

_______. *Ueber die Hegelsche Lehre, oder: absolutes Wissen und moderner Pantheismus*, Leipzig: Christian Ernst Kollmann 1829.

Astruc, Jean (published anonymously), *Conjectures sur les mémoires originaux dont il paroit que Moyse s'est servi pour composer le Livre de la Génèse. Avec des Remarques qui appuient ou qui éclaircissent ces Conjectures*, Brussels: Fricx 1753.

Bachmann, Carl Friedrich, *Ueber Hegel's System und die Nothwendigkeit einer nochmaligen Umgestaltung der Philosophie*, Leipzig: Fr. Chr. Wilh. Vogel 1833.

_______. *Anti-Hegel. Antwort an Herrn Professor Rosenkranz in Königsberg auf dessen Sendschreiben, nebst Bemerkungen zu der Recension meiner Schrift über Hegel's System in den Berliner Jahrbücher von*

Herrn Professor Hinrichs in Halle. Ein unentbehrliches Actenstück zu dem Process gegen die Hegel'sche Schule, Jena: Cröker 1835.

Bauer, Bruno, *Kritik der Geschichte der Offenbarung, Die Religion des Alten Testaments in der geschichtlichen Entwickelung ihrer Principien, vols 1-2*, Berlin: Ferdinand Dümmler 1838.

_______. *Die Posaune des jüngsten Gerichts über Hegel den Atheisten und Antichristen. Ein Ultimatum*, Leipzig: Otto Wigand 1841. (영어번역판: *The Trumpet of the Last Judgement against Hegel the Atheist and Antichrist: An Ultimatum*, trans. by Laurence Stepelevich, Lewiston, NY: Edwin Mellon Press 1989.)

_______. *Briefwechsel zwischen Bruno und Edgar Bauer während der Jahre 1838-1842 aus Bonn und Berlin*, Charlottenburg: Verlag von Egbert Bauer 1844.

Baur, Ferdinand Christian, *Die christliche Gnosis oder die christliche Religions-Philosophie in ihrer geschichtlichen Entwiklung*, Tübingen: C. F. Osiander 1835.

_______. *Das Christliche des Platonismus oder Sokrates und Christus. Eine religionsphilosophische Untersuchung*, Tübingen: Ludw. Friedr. Fues 1837.

Bayrhoffer, Karl Theodor, *Die Idee und Geschichte der Philosophie*, Leipzig: Otto Wigand 1838.

Blasche, B. H., *Philosophische Unsterblichkeitslehre. Oder: Wie offenbart sich das ewige Leben?* Erfurt and Gotha: Flinzer 1831.

Boccaccio, Giovanni. *The Decameron of Giovanni Boccaccio*, trans. by Richard Aldington, New York: Dell 1962.

Carové, Friedrich Wilhelm, *Ueber die Ermordung Kotzebue's*, Eisenach: Johann Friedrich Bärecke 1819.

Clavier, Etienne, *Mémoire sur les oracles des anciens*, Paris: Libraire Duponcet and Libraire Delaunay 1818.

Conradi, Kasimir, *Unsterblichkeit und ewiges Leben: Versuch einer Entwickelung des Unsterblichkeitsbegriffs der menschlichen Seele*, Mainz: Kupferberg 1837.

Cramer, Friedrich (ed.), *Acten-Auszüge aus dem Untersuchungs-Process über Carl Ludwig Sand; nebst anderen Materialien zur Beurtheilung desselben und August von Kotzebue*, Altenburg, Leipzig: im Verlag des literarischen Comptoirs 1821.

Eichhorn, Johann Gottfried, *Einleitung ins Alte Testament*, vols 1-3, Leipzig: Weidmanns Erben und Reich 1780-83.

Erdmann, Johann Eduard, *Grundriß der Geschichte der Philosophie, vols 1-2*, Berlin: Verlag von Wilhelm Hertz 1866.

Eschenmayer, Carl A., *Die Hegelsche Religions-Philosophie verglichen mit dem christlichen Princip*, Tübingen: Heinrich Laupp 1834.

_______. *Der Ischariotismus unserer Tage. Eine Zugabe zu dem jüngst erscheinen Werke: Das Leben Jesu, von Strauß*, Tübingen: Fues 1835.

Feuerbach, Ludwig, *Gedanken über Tod und Unsterblichkeit aus den Papieren eines Denkers, nebst einem Anhang theologisch-satyrischer Xenien, herausgegeben von einem seiner Freunde*, Nuremberg: J. A. Stein 1830. (영어번역판: *Thoughts on Death and Immortality. From the Papers of a Thinker, along with an Appendix of Theological-Satirical Epigrams*, trans. by James A. Massey, Berkeley: University of California Press 1980.)

Fichte, Immanuel Hermann, *Ueber Gegensatz, Wendepunkt und Ziel heutiger Philosophie, vol. 1*, Heidelberg; J. H. B. Mohr 1832.

_______. "Hegels Vorlesungen über die Philosophie der Religion, nebst einer Schrift über die Beweise vom Daseyn Gottes, herausgegeben von Dr. Ph. Marheinecke. 2 Bände. Berlin 1832…" *Heidelberger Jahrbücher der Literatur*, vol. 26, nos 55-57, 62-63, 1833, 880, 881-896, 897-907, 978-992, 993-1008, 1009-1010.

_______. *Die Idee der Persönlichkeit und der individuellen Fortdauer*, Elberfeld: Büschler 1834.

Fichte, Johann Gottlieb. *J. G. Fichte and the Atheism Dispute* (1798-1800), ed. by Yolanda Estes and Curtis Bowman, Aldershot: Ashgate 2010.

Fischer, Carl Philipp, *Die Idee der Gottheit. Ein Versuch, den Theismus speculativ zu begründen und zu entwickeln*, Stuttgart: S. G. Liesching 1839.

Forbin, *Monsieur le Comte de, Voyage dans le Levant en 1817 et 1818*, 2nd ed., Paris: Delaunay, Libraire 1819.

Geddes, Alexander, *Critical Remarks on the Hebrew Scriptures; Corresponding with a New Translation of the Bible, vol. 1, Remarks on the Pentateuch*,

London: Davis, Wilks, and Taylor 1800.

Goethe, Johann Wolfgang von, *West-östlicher Divan*, Stuttgart: Cotta 1819.

_______. *Goethe's Werke. Vollständige Ausgabe letzter Hand, vols 1-55*, Stuttgart and Tübingen: J. G. Cotta'sche Buchhandlung 1828-1833.

Goeze, Johann Melchior, *Etwas Vorläufiges gegen des Herrn Hofrats Lessings mittelbare und unmittelbare feindselige Angriffe auf unsre allerheiligste Religion, und auf den einigen Lehrgrund derselben, die heilige Schrift*, Hamburg: D. A. Harmsen 1778.

Görres, Joseph, *Das Heldenbuch von Iran aus dem Schah Nameh des Firdussi, vols 1-2*, Berlin: G. Reimar 1820.

Göschel, Carl Friedrich, "Die neue Unsterblichkeitslehre. Gespräch einer Abendgesellschaft, als Supplement zu Wielands Euthanasia. Herausgg. von Dr. Friedr. Richter, von Magdeburg. Breslau bei Georg Friedrich Aderholz 1833. 79 S. kl. 8," *Jahrbucher für wissenschaftliche Kritik*, 1834, Erster Artikel (January), nos 1-3, 1-4, 9-16, 17-22; Zweiter Artikel (January), nos 17-19, 131-135, 138-147.

_______. *Von den Beweisen für die Unsterblichkeit der menschlichen Seele im Lichte der spekulativen Philosophie, Eine Ostergabe*, Berlin: Duncker und Humblot 1835.

_______. *Beiträge zur spekulativen Philosophie von Gott und dem Menschen und von dem Gott-Menschen. Mit Rüchtsicht auf Dr. D .F. Strauss' Christologie*, Berlin: Duncker und Humblot 1838.

Hammer-Purgstall, *Joseph von, Geschichte des Osmanischen Reiches, vols 1-10*, Pest: C. A. Hartleben 1827-1835.

Harless, G. C. Adolph, *Die kritische Bearbeitung des Leben Jesu von Dr. Dav. Friedr. Strauß nach ihrem wissenschaftlichen Werthe beleuchtet*, Erlangen: C. Heyder 1835.

Hegel, G. W. F., "Glauben und Wissen oder die Reflexionsphilosophie der Subjektivität, in der Vollständigkeit ihrer Formen, als Kantische, Jacobische und Fichtesche Philosophie," *Kritisches Journal der Philosophie*, vol. 2, no. 1, 1802, 1-188. (Reprinted in *Vermischte Schriften, vols 1-2*, ed. by Friedrich Förster and Ludwig Boumann, vols 16-17 (1834-35) in *Hegel's Werke*, vol. 16, 3-157. In *Jub.*, vol. 1, 277-433.) (영어번역판: *Faith and Knowledge*, trans. by Walter Cerf and H. S. Harris, Albany: State

University of New York Press 1977.)
_______. *System der Wissenschaft. Erster Theil, die Phänomenologie des Geistes*, Bamberg and Würzburg: Joseph Anton Goebhardt 1807. (영어번역판: *Hegel's Phenomenology of Spirit*, trans. by A. V. Miller, Oxford: Clarendon Press 1977.)
_______. *Wissenschaft der Logik, vols 1-3*, Nuremberg: Johann Leonard Schrag 1812-16. (영어번역판: *Hegel's Science of Logic*, trans. by A. V. Miller, London: George Allen and Unwin 1989. *The Science of Logic*, trans. by George Di Giovanni, Cambridge: Cambridge University Press 2010.)
_______. "Friedrich Heinrich Jacobi's Werke. Dritter Band. Leipzig, bey Gerhard Fleischer d. Jüng., 1816. XXXVI und 568 S.," *Heidelbergische Jahrbücher der Litteratur*, vol. 10, Part 1 (January-June), nos 1-2, 1817, 1-32. (Reprinted in *Vermischte Schriften*, vols 1-2, ed. by Friedrich Förster and Ludwig Boumann, vols 16-17 (1834-35) in *Hegel's Werke*, vol. 17, 3-37. In *Jub.*, vol. 6, 313-47.) (영어번역판: "Review: *Friedrich Heinrich Jacobi's Works*, Volume III," in Hegel, *Heidelberg Writings*, trans. and ed. by Brady Bowman and Allen Speight, Cambridge: Cambridge University Press 2009, 3-31.)
_______. *Encyklopädie der philosophischen Wissenschaften im Grundrisse*, Heidelberg: August Oßwald's Universitätsbuchhandlung 1817. (영어번역판: *Encyclopaedia of the Philosophical Sciences in Outline and Critical Writings*, ed. by Ernst Behler, New York: Continuum 1990.)
_______. *Naturrecht und Staatswissenschaft im Grundrisse. Grundlinien der Philosophie des Rechts*, Berlin: Nicolaische Buchhandlung 1821. (영어판: *Elements of the Philosophy of Right*, trans. by H. B. Nisbet, ed. by Allen Wood, Cambridge and New York: Cambridge University Press 1991.)
_______. *Encyclopädie der philosophischen Wissenschaften im Grundrisse*, 2nd ed., Heidelberg: August Oßwald 1827.
_______. "*Hamanns Schriften.* Herausgegeben von Friedrich Roth. VII Th. Berlin, bei Reimer 1821-1825," *Jahrbücher für wissenschaftliche Kritik*, 1828, Erster Artikel (October), vol. II, nos 77-8, 620-4, nos 79-80, 625-640; Zweiter Artikel (December), vol. II, nos 107-108, 859-864, nos 109-110, 865-880, nos 111-112, 881-896, nos 113-114, 897-900.

(Reprinted in *Vermischte Schriften*, vols 1-2, ed. by Friedrich Förster and Ludwig Boumann, vols 16-17 (1834-35) in *Hegel's Werke*, vol. 17, 38-110. In *Jub.*, vol. 20, 203-275.) (영어번역판: *Hegel on Hamann*, trans. by Lise Marie Anderson, Evanston: Northwestern University Press 2008, 1-53.)

_______. *Über Solger's nachgelassene Schriften und Briefwechsel.* Herausgegeben von Ludwig Tieck und Friedrich von Raumer. Erster Band 780 S. mit Vorr. XVI S. Zweiter Band 784 S. Leipzig, 1826,' *Jahrbücher für wissenschaftliche Kritik*, Erster Artikel (March 1828), nos 51-52, 403-416, nos 53-54, 417-428; Zweiter Artikel (June 1828), nos 105-106, 838-848, nos 107-108, 849-864, nos 109-110, 865-870. (Reprinted in *Vermischte Schriften*, I-II, ed. by Friedrich Förster and Ludwig Boumann, Berlin: Duncker und Humblot 1834-35, vols 16-17 in *Hegel's Werke. Vollständige Ausgabe*, vols 1-18, Berlin: Duncker und Humblot 1832-1845, vol. 16 (1834) 436-506. In *Jub.* vol. 20, 132-202.) (영어번역판: "Review of Solger's *Posthumous Writings and Correspondence," in Miscellaneous Writings of G. W. F. Hegel,* ed. by Jon Stewart, Evanston: Northwestern University Press 2002, 354-400.)

_______. *1. Über die Hegelsche Lehre, oder: absolutes Wissen und moderner Pantheismus.* Leipzig 1829. bei Chr. E. Kollmann. S. 236. 2. *Über Philosophie überhaupt und Hegels Enzyklopädie der philosophischen Wissenschaften insbesondere. Ein Beitrag zur Beurtheilung der letztern.* Von Dr. K. E. Schubarth und Dr. L. A. Carganico. Berlin 1829. in der Enslin'schen Buchhandlung. S. 222. 3. *Ueber den gegenwärtigen Standpunct der philosophischen Wissenschaft, in besonderer Beziehung auf das System Hegels.* Von E. H. Weiße, Prof. an der Universität zu Leipzig. Leipzig 1829. Verlag von Joh. Ambr. Barth. S. 228. 4. *Briefe gegen die Hegel'sche Encyklopädie der philosophischen Wissenschaften. Erstes Heft, vom Standpuncte der Encyklopädie und der Philosophie.* Berlin 1929. bei John. Chr. Fr. Enslin. S. 94. 5. *Ueber Seyn, Nichts und Werden. Einige Zweifel an der Lehre des Hrn. Prof. Hegel.* Berlin, Posen und Bromberg, bei E. S. Mittler 1829. S. 24,' *Jahrbücher für wissenschaftliche Kritik,* 1829, Erster Artikel (July), vol. II, nos 10, 11, 77-88; nos 13, 14, 97-109. Zweiter Artikel (August), vol.

II, nos 37, 38, 39, 293-308; no. 40, 313-318. Dritter Artikel (December), nos 117, 118, 119, 120, 936-960. (Reprinted in Vermischte Schriften, I-II, ed. by Friedrich Förster and Ludwig Boumann, Berlin: Duncker und Humblot 1834-1835, vols 16-17 in *Hegel's Werke. Vollständige Ausgabe,* vols 1-18, Berlin: Duncker und Humblot 1832-1845, vol. 17 (1835) 149-228. In *Jub.* vol. 20, 314-393.)

_______. "*Aphorismen über Nichtwissen und absolutes Wissen im Verhältnisse zur christlichen Glaubenserkenntniss. —Ein Beitrag zum Verständnisse der Philosophie unserer Zeit.* Von Carl Friederich G··· l.—Berlin, bei E. Franklin. 1829," *Jahrbücher für wissenschaftliche Kritik,* 1829, nos 99-102, 789-816; nos 105-106, 833-835; 이와 관련해서는 816-817을 보라. (Reprinted in *Vermischte Schriften,* vols 1-2, ed. by Friedrich Förster and Ludwig Boumann, vols 16-17 (1834-1835) in *Hegel's Werke,* vol. 17, 111-148. In *Jub.*, vol. 20, 276-313.) (영어번역판: "Review of K. F. Göschel's *Aphorisms," in Miscellaneous Writings of G. W. F. Hegel,* ed. by Jon Stewart, Evanston: Northwestern University Press 2002, 401-429.)

_______. *Encyclopädie der philosophischen Wissenschaften im Grundrisse,* 3rd ed., Heidelberg: Verwaltung des Oßwald'schen Verlags (C. F. Winter) 1830. (영어번역판: *Hegel's Logic. Part One of the Encyclopaedia of the Philosophical Sciences,* trans. by William Wallace, Oxford: Clarendon Press 1975. *The Encyclopaedia Logic. Part One of the Encyclopaedia of the Philosophical Sciences,* trans. by T. F. Gerats, W. A. Suchting, H. S. Harris, Indianapolis: Hackett 1991. *Encyclopedia of the Philosophical Sciences in Basic Outline, Part 1. Science of Logic,* trans. by Klaus Brinkmann and Daniel O. Dahlstrom, Cambridge: Cambridge University Press 2010. *Hegel's Philosophy of Nature, Part Two of the Encyclopaedia of the Philosophical Sciences,* trans. by A. V. Miller, Oxford: Clarendon Press 1970. *Hegel's Philosophy of Nature,* vols 1-3, trans. by M. J. Petry, London: George Allen & Unwin 1970. *Hegel's Philosophy of Mind, Part Three of the Encyclopaedia of the Philosophical Sciences,* trans. by William Wallace and A. V. Miller, Oxford: Clarendon Press 1971. *Hegel's Philosophy of Subjective Spirit,* vols 1-3, trans. by M. J. Petry, Dordrecht, Boston: D. Reidel & Co. 1978.)

_______. *Vorlesungen über die Philosophie der Religion*, I-II, ed. by Philipp Marheineke, vols 11-12 (1832), in Hegel's Werke. (영어번역판: *Lectures on the Philosophy of Religion*, vols 1-3, trans. by E. B. Speirs and J. Burdon Sanderson, London: Routledge and Kegan Paul; New York: The Humanities Press 1962, 1968, 1972.)

_______. *Vorlesungen über die Geschichte der Philosophie*, I-III, ed. by Karl Ludwig Michelet, vols 13-15 (1833-1836), in *Hegel's Werke*. (영어번역판: *Lectures on the History of Philosophy*, vols 1-3, trans. by E. S. Haldane, London: K. Paul, Trench, Trübner 1892-1896; Lincoln and London: University of Nebraska Press 1995.)

_______. *Vorlesungen über die Aesthetik*, I-III, ed. by Heinrich Gustav Hotho, vols 10. 1-3 (1835-1838), in *Hegel's Werke*. (영어번역판: *Hegel's Aesthetics. Lectures on Fine Art*, vols 1-2, trans. by T. M. Knox, Oxford: Clarendon Press 1975, 1998.)

_______. *Vorlesungen über die Philosophie der Geschichte*, ed. by Eduard Gans, vol. 9 (1837), in *Hegel's Werke*. (영어번역판: *The Philosophy of History*, trans. by J. Sibree, New York: Willey Book Co. 1944. *Lectures on the Philosophy of World History*, vols 1-3, ed. and trans. by Robert F. Brown and Peter C. Hodgson, with the assistance of William G. Geuss, Oxford: Clarendon Press 2011-.)

_______. *Georg Wilhelm Friedrich Hegel's Werke. Vollständige Ausgabe*, vols 1-18, ed. by Ludwig Boumann, Friedrich Förster, Eduard Gans, Karl Hegel, Leopold von Henning, Heinrich Gustav Hotho, Philipp Marheineke, Karl Ludwig Michelet, Karl Rosenkranz, and Johannes Schulze, Berlin: Verlag von Duncker und Humblot 1832-1845.

_______. *Hegels theologische Jugendschriften*, ed. by Herman Nohl, Tübingen: Verlag von J. C. B. Mohr 1907. (영어번역판: *Early Theological Writings*, trans. by T. M. Knox, Fragments trans. by Richard Kroner, Chicago: University of Chicago Press 1948; Philadelphia: University of Pennsylvania Press 1975.)

_______. *Sämtliche Werke*, ed. by Georg Lasson, Leipzig: Felix Meiner 1920-.

_______. *Berliner Schriften: 1818-1831*, ed. by Johannes Hoffmeister, Hamburg: Meiner 1956.

_______. *Jenaer Systementwürfe*, vols 6-8 of *Gesammelte Werke*, ed. by the

Rheinisch-Westfälische Akademie der Wissenschaften, Hamburg: Felix Meiner 1968-. (영어번역판: G. W. F. Hegel. *The Jena System, 1804-1805. Logic and Metaphysics*, translation edited by John W. Burbidge and George di Giovanni, Kingston and Montreal: McGill-Queen's University Press 1986. *The Jena Lectures on the Philosophy of Spirit (1805-1806) in Hegel and the Human Spirit*, trans. by Leo Rauch, Detroit: Wayne State University Press 1983. *First Philosophy of Spirit in G. W. F. Hegel, System of Ethical Life and First Philosophy of Spirit*, ed. and trans. by H. S. Harris and T. M. Knox, Albany, New York: SUNY Press 1979.)

_______. *Vorlesungen über die Philosophie der Religion*, vols 1-3, ed. by Walter Jaeschke, Hamburg: Felix Meiner 1983-85. This work consists of Teil 1, *Einleitung. Der Begriff der Religion* (1983); Teil 2, *Die bestimmte Religion* (1985 (in 2 volumes); Teil 3, *Die vollendete Religion* (1984). (This work constitutes vols 3-5 in the edition Hegel, *Vorlesungen. Ausgewählte Nachschriften und Manuskripte* (Hamburg: Meiner 1983-) (which is a part of *Gesammelte Werke (Akademieausgabe)*, ed. by the Rheinisch-Westfälischen Akademie der Wissenschaften, Hamburg: Meiner 1968-). (영어번역판: *Lectures on the Philosophy of Religion*, vols 1-3, ed. by Peter C. Hodgson, trans. by Robert F. Brown, P. C. Hodgson and J. M. Stewart with the assistance of H. S. Harris, Berkeley: University of California Press 1984-1987.)

_______. *Vorlesungen über die Beweise Daseyn Gottes and Zum kosmologischen Gottesbeweis*, ed. by Walter Jaeschke, in *Gesammelte Werke*, vol. 18, *Vorlesungsmanuskripte II (1816-1831)*, Hamburg: Felix Meiner 1995. (영어번역판: *Lectures on the Proofs of the Existence of God*, ed. and trans. by Peter C. Hodgson, Oxford: Clarendon Press 2007.)

_______. *Heidelberg Writings*, trans. and ed. by Brady Bowman and Allen Speight, Cambridge: Cambridge University Press 2009.

Heine, Heinrich, *Vermischte Schriften*, vols 1-3, Hamburg: Hoffmann und Campe 1854.

_______. *On the History of Religion and Philosophy in Germany and Other Writings*, ed. by Terry Pinkard and trans. by Howard Pollack-Milgate, Cambridge: Cambridge University Press 2007.

Herder, Johann Gottfried, *Vom Geist der Ebräischen Poesie. Eine Anleitung für die Liebhaber derselben und der ältesten Geschichte des menschlichen Geistes*, vols 1-2, Leipzig: Johann Philipp Haugs Wittwe 1787. (영어번역판: *The Spirit of Hebrew Poetry*, vols 1-2, trans. by James Marsh, Burlington: Edward Smith 1833.)

Hinrichs, Hermann Friedrich Wilhelm, *Die Religion im inneren Verhältnisse zur Wissenschaft*, Heidelberg: Karl Groos 1822.

Hobbes, Thomas, *De Cive or The Citizen*, ed. by Sterling P. Lamprecht, New York: Appelton-Century-Crofts 1949.

_______. *Leviathan*, ed. by C. B. MacPherson, Harmondsworth: Penguin 1968.

Hoffmann, Wilhelm, *Das Leben Jesu, kritisch bearbeitet von Dr. D. F. Strauss. Geprüft für Theologen und Nichttheologen*, Stuttgart: P. Balz 1836.

Hohnhorst, Karl Levin von (ed.), *Vollständige Uebersicht der gegen Carl Ludwig Sand wegen Meuchelmordes verübt an dem K[aiserlich]. Russischen Staatsrath v. Kotzebue geführten Untersuchung. Aus den Originalakten*, Stuttgart and Tübingen: in der J. G. Cotta'schen Buchhandlung 1820.

Hume, David, *Dialogues Concerning Natural Religion*, [발행장소와 출판정보 없음] 1779.

_______. *Dialogues and Natural History of Religion*, ed. by J. C. A. Gaskin, Oxford: Oxford University Press 1993.

Hundt-Radowsky, *Hartwig von, Kotzebue's Ermördung in Hinsicht ihrer Ursachen und ihrer wahrscheinlichen literarischen Folgen für Deutschland*, Berlin: Neue Berlinische Buchhandlung 1819.

Jacobi, Friedrich Heinrich, *Ueber die Lehre des Spinoza in Briefen an den Herrn Moses Mendelssohn*, Breslau: Gottl. Löwe 1785 (2nd ed. 1789). (영어번역판: *Concerning the Doctrine of Spinoza in Letters to Herr Moses Mendelssohn in Jacobi, The Main Philosophical Writings and the Novel Allwill*, trans. by George di Giovanni, Montreal et al: McGill-Queen's University Press 2009, 173-251.)

Jacobi, Friedrich Heinrich. *Friedrich Heinrich Jacobi's Werke*, vols 1-6, Leipzig: Gerhard Fleischer 1812-1825.

Kant, Immanuel, *Kritik der reinen Vernunft*, Riga: Johann Friedrich Hartknoch 1781. (영어번역판: *Critique of Pure Reason*, trans. by Paul Guyer and Allen W. Wood, New York and Cambridge: Cambridge University Press

1998.)

_______. *Kritik der practischen Vernunft*, Riga: Johann Friedrich Hartknoch 1788. (영어번역판: *Critique of Practical Reason*, trans. by Lewis White Beck, Indianapolis: Bobbs-Merrill 1956.)

_______. *Vorlesungen über die philosophische Religionslehre*, in *Kants gesammelte Schriften*, vols 1-29 (Part 1, Werke, vols 1-9 (1902-1923), Part 2, *Briefwechsel*, vols 10-13 (1900-1922), Part 3, *Handschriftlicher Nachlass*, vols 14-23 (1911-1955), Part 4, *Vorlesungen*, vols 24-29 (1966-), ed. by the Royal Prussian Academy of Sciences, Berlin: Georg Reimer and Walter de Gruyter 1900-), vol 28, 993-1126. (영어번역판: *Lectures on the Philosophical Doctrine of Religion in Religion and Rational Theology*, ed. and trans. by Allen W. Wood and George di Giovanni, Cambridge and New York: Cambridge University Press 1996, 358-405.)

Kierkegaard, Søren, *Om Begrebet Ironi med stadigt Hensyn til Socrates*, Copenhagen: P. G. Philipsens Forlag 1841. (영어번역판: *The Concept of Irony*, trans. by Howard V. Hong and Edna H. Hong, Princeton: Princeton University Press 1989.)

Klaiber, Christoph Benjamin, *Bemerkungen über 'das Leben Jesu kritisch bearbeitet von Dr. Fr. Strauss'*, Stuttgart: Beck & Fränkel 1836.

Lange, Johann Peter, *Über den geschichtlichen Charakter der kanonischen Evangelien, insbesondere der Kindheitsgeschichte Jesu mit Beziehung auf 'das Leben Jesu von Strauß'*, Duisburg: C. H. Schmachtenberg 1836.

Lehmann, Johann Friedrich Gottlieb, *Beleuchtung einiger Urtheile über Kotzebue's Ermördung*, Bartenstein in Ostpreußen: Werner 1819.

Lessing, Gotthold Ephraim, *Eine Duplik*, Brunswick: In der Buchhandlung des Fürstl. Waisenhauses 1778. (영어번역판: *'A Rejoinder,'* in *Philosophical and Theological Writings*, trans. by H. B. Nisbet, Cambridge: Cambridge University Press 2005, 95-109.)

_______. "Gegensätze des Herausgebers," in *Zur Geschichte und Litteratur. Aus den Schätzen der Herzoglichen Bibliothek zu Wolfenbüttel*, vol 4, ed. by Gotthold Ephraim Lessing, Brunswick: Im Verlage der Buchhandlung des Fürstl. Waysenhauses 1777, 494-543. (영어번역판: "Editorial Commentary on the "Fragments"of Reimarus," in *Philosophical and Theological Writings,* trans. by H. B. Nisbet, Cambridge: Cambridge University Press 2005, 61-82.)

Lessing, Gotthold Ephraim, *Über den Beweis des Geistes und der Kraft,* Brunswick: n.p. 1777. (영어번역판: "On the Proof of the Spirit and of Power," *in Philosophical and Theological Writings,* trans. by H. B. Nisbet, Cambridge: Cambridge University Press 2005, 83-88.)

_______. *Axiomata, wenn es deren in dergleichen Dingen gibt?,* Brunswick: n.p. 1778. (영어번역판: "Axioms," in *Philosophical and Theological Writings,* trans. by H. B. Nisbet, Cambridge: Cambridge University Press 2005, 120-147.)

_______. *Nathan der Weise. Ein Dramatisches Gedicht in fünf Aufzügen,* [Berlin]: n.p. 1779. (영어번역판: *Nathan the Wise with Related Documents,* trans. and ed. by Ronald Schlecter, Boston and New York: Bedford/St. Martin's 2004.)

_______. *Werke,* ed. by Herbert G. Göpfert et al., vols 1-8, Munich: Carl Hanser 1970-1979.

Marrés, Ludwig de, *Über Kotzebue's Ermördung und deren Veranlassung. Mit einigen Bemerkungen über Deutschlands Universitäts- und Gemein-Wesen,* Deßau: Christian Georg Ackermann 1819.

Marheineke, *Philipp, Die Grundlehren der christlichen Dogmatik als Wissenschaft,* Zweite, völlig neu ausgearbeitete Auflage, Berlin: Duncker und Humblot 1827.

Mendelssohn, Moses, *Jerusalem: oder über religiöse Macht und Judentum,* Berlin: Friedrich Maurer 1783. (영어번역판: *Jerusalem, or, On Religious Power and Judaism,* trans. by Allan Arkush, Hanover: University Press of New England 1983.)

Michaelis, Johann David, *Erpenii Arabische Grammatik, nebst den Anfang einer arabischen Chrestomathie aus Schultens Anhang zur Erpenischen Grammatik,* Göttingen: Victorin Bossiegel 1771.

Michelet, Carl Ludwig, *Geschichte der letzten Systeme der Philosophie in Deutschland von Kant bis Hegel,* vols 1-2, Berlin: Duncker und Humblot 1837-1838.

Michelet, Carl Ludwig, *Vorlesungen über die Persönlichkeit Gottes und Unsterblichkeit der Seele oder die ewige Persönlichkeit des Geistes,*

Berlin: Ferdinand Dümmler 1841.

Møller, Poul Martin, "Tanker over Muligheden af Beviser for Menneskets Udødelighed, med Hensyn til den nyeste derhen hørende Literatur," *Maanedsskrift for Litteratur*, vol. 17, 1837, 1-72, 422-453.

Nicolai, Carl, *Authentischer Bericht über die Ermordung des Kaiserlich-Russischen Staatsraths Herrn August von Kotzebue; nebst vielen interessanten Notizen über ihn und über Carl Sand, den Meuchelmörder*, Mannheim: n.p. 1819.

Paulus, C. H. E., *Über die Unsterblichkeit des Menschen und den Zustand des Lebens nach dem Tode, auf den Grund der Vernunft und göttlicher Offenbarung*, Reutlingen: Joh. Conr. Mäcken jun. 2nd supplemented and improved ed. 1831.

Plato, *The Collected Dialogues of Plato*, ed. by Edith Hamilton and Huntington Cairns, 11th printing, Princeton: Princeton University Press 1982.

Reimarus, Hermann Samuel, "Von Duldung der Deisten: Fragment eines Ungenannten," in *Zur Geschichte und Litteratur. Aus den Schätzen der Herzoglichen Bibliothek zu Wolfenbüttel*, vol. 3, ed. by Gotthold Ephraim Lessing, Brunswick: Im Verlage der Buchhandlung des Fürstl. Waysenhauses 1774, 195-226.

_______. "Ein Mehreres aus den Papieren des Ungenannten, die Offenbarung betreffend," in *Zur Geschichte und Litteratur. Aus den Schätzen der Herzoglichen Bibliothek zu Wolfenbüttel*, vol. 4, ed. by Gotthold Ephraim Lessing, Brunswick: Im Verlage der Buchhandlung des Fürstl. Waysenhauses 1777, 261-288.

_______. "Zweytes Fragment. Unmöglichkeit einer Offenbarung, die alle Menschen auf eine gegründetet Art glauben könnten," in *Zur Geschichte und Litteratur. Aus den Schätzen der Herzoglichen Bibliothek zu Wolfenbüttel*, vol. 4, ed. by Gotthold Ephraim Lessing, Brunswick: Im Verlage der Buchhandlung des Fürstl. Waysenhauses 1777, 288-365.

_______. "Drittes Fragment. Durchgang der Israeliten durchs rothe Meer," in *Zur Geschichte und Litteratur. Aus den Schätzen der Herzoglichen Bibliothek zu Wolfenbüttel*, vol. 4, ed. by Gotthold Ephraim Lessing, Brunswick: Im Verlage der Buchhandlung des Fürstl. Waysenhauses

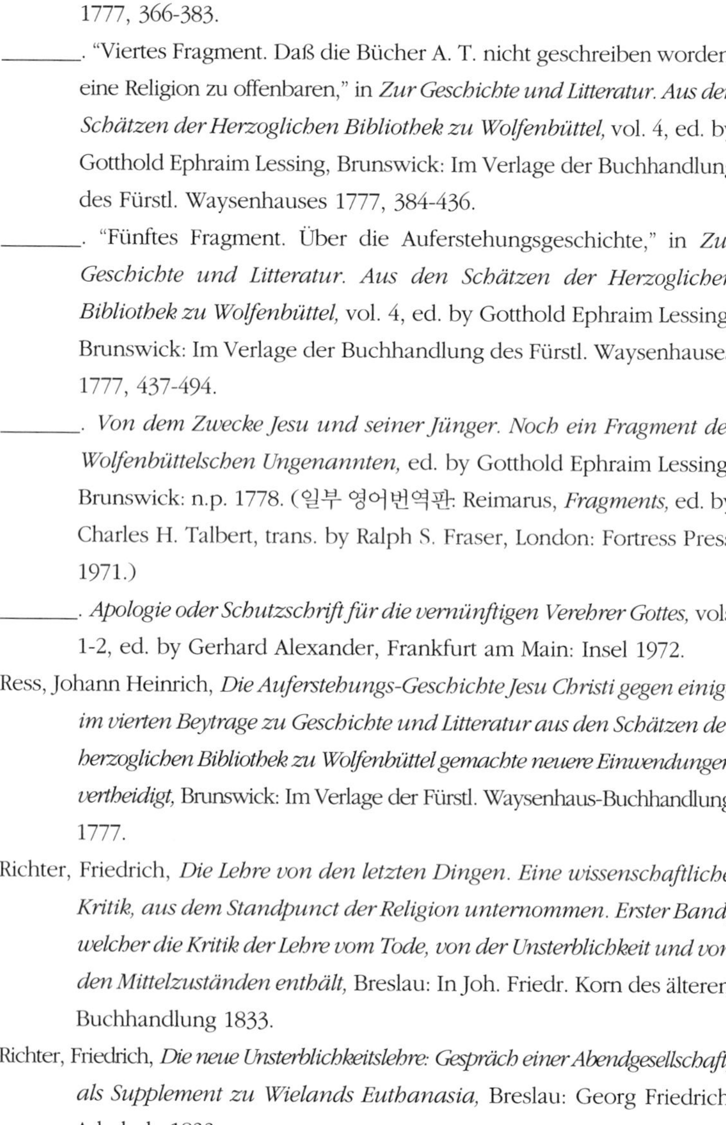

1777, 366-383.

_______. "Viertes Fragment. Daß die Bücher A. T. nicht geschreiben worden, eine Religion zu offenbaren," in *Zur Geschichte und Litteratur. Aus den Schätzen der Herzoglichen Bibliothek zu Wolfenbüttel,* vol. 4, ed. by Gotthold Ephraim Lessing, Brunswick: Im Verlage der Buchhandlung des Fürstl. Waysenhauses 1777, 384-436.

_______. "Fünftes Fragment. Über die Auferstehungsgeschichte," in *Zur Geschichte und Litteratur. Aus den Schätzen der Herzoglichen Bibliothek zu Wolfenbüttel,* vol. 4, ed. by Gotthold Ephraim Lessing, Brunswick: Im Verlage der Buchhandlung des Fürstl. Waysenhauses 1777, 437-494.

_______. *Von dem Zwecke Jesu und seiner Jünger. Noch ein Fragment des Wolfenbüttelschen Ungenannten,* ed. by Gotthold Ephraim Lessing, Brunswick: n.p. 1778. (일부 영어번역판: Reimarus, *Fragments,* ed. by Charles H. Talbert, trans. by Ralph S. Fraser, London: Fortress Press 1971.)

_______. *Apologie oder Schutzschrift für die vernünftigen Verehrer Gottes,* vols 1-2, ed. by Gerhard Alexander, Frankfurt am Main: Insel 1972.

Ress, Johann Heinrich, *Die Auferstehungs-Geschichte Jesu Christi gegen einige im vierten Beytrage zu Geschichte und Litteratur aus den Schätzen der herzoglichen Bibliothek zu Wolfenbüttel gemachte neuere Einwendungen vertheidigt,* Brunswick: Im Verlage der Fürstl. Waysenhaus-Buchhandlung 1777.

Richter, Friedrich, *Die Lehre von den letzten Dingen. Eine wissenschaftliche Kritik, aus dem Standpunct der Religion unternommen. Erster Band, welcher die Kritik der Lehre vom Tode, von der Unsterblichkeit und von den Mittelzuständen enthält,* Breslau: In Joh. Friedr. Korn des älteren Buchhandlung 1833.

Richter, Friedrich, *Die neue Unsterblichkeitslehre: Gespräch einer Abendgesellschaft, als Supplement zu Wielands Euthanasia,* Breslau: Georg Friedrich Aderholz 1833.

_______. *Zweiter Band. Die letzten Dinge in objectiver Rücksicht oder die Lehre vom jüngsten Tage,* Berlin: Richter 1844.

Rosenkranz, Karl, Hegel. *Sendschreiben an den Hofrath und Professor der*

Philosophie Herrn Dr. Carl Friedrich Bachmann in Jena, Königsberg: August Wilhelm Unzer 1834.

Rosenkranz, Karl, *Kritische Erläuterungen des Hegel'schen Systems,* Königsberg: Bei den Gebrüderen Bornträger 1840.

Rosenkranz, Karl, Georg Wilhelm Friedrich Hegel's Leben, Berlin: Duncker und Humblot 1844.

Rousseau, Jean-Jacques, *Émile, ou de l'éducation,* vols 1-4, Amsterdam: Jean Néaulme 1762. (영어번역판: *Emile or On Education,* trans. by Barbara Foxley, NuVision Publications 2007.)

_______. *Du contrat social, ou Principes du droit politique,* Amsterdam: Marc-Michel Rey 1762. (영어번역판: *The Social Contract,* trans. by Maurice Cranston, Harmondsworth: Penguin 1968.)

Rückert, Friedrich, "Mewlana Dschelaleddin Rumi," in *Taschenbuch für Damen auf das Jahr 1821,* Tübingen: Cotta 1821, 211-248.

_______. *Die Verwandlungen des Ebu Seid von Serûg oder die Makâmen des Hariri, in freier Nachbildung,* Part 1, Stuttgart und Tübingen: Johann Friedrich Cotta 1826.

Sacy, Silvestre de, *Chrestomathie arabe, ou Extraits de divers écrivains arabes, tant en prose qu'en vers, à l'usage des éleves de l'École spéciale des Langues Orientales vivantes,* vols 1-3, Paris: L'Imprimerie Impériale 1806.

Sacy, Silvestre de, *Grammaire Arabe à l'usage des éleves de l'École spéciale des Langues Orientales vivantes,* vols 1-2, Paris: L'imprimerie Impériale 1810.

Schaller, Julius, *Die Philosophie unserer Zeit. Zur Apologie und Erläuterung des Hegelschen Systems,* Leipzig: J. C. Hinrichs 1837.

Schemsed-din Hafis, Mohammed, *Der Diwan von Mohammed Schemsed-din Hafis, trans. by Joseph von Hammer-Purgstall,* vols 1-2, Stuttgart and Tübingen: Cotta 1812-1813.

Schleiermacher, Friedrich, *Über die Religion. Reden an die Gebildeten unter ihren Verächtern,* Berlin: Johann Friedrich Unger 1799. (영어번역판: *On Religion: Speeches to its Cultured Despisers,* trans. by Richard Crouter, New York: Cambridge University Press 1988.)

Schleiermacher, Friedrich, *Der christliche Glaube nach den Grundsätzen der evangelischen Kirche im Zusammenhange*, vols 1-2, Berlin: G. Reimer 1821-1822.

_______. *Der christliche Glaube nach den Grundsätzen der evangelischen Kirche im Zusammenhange*, vols 1-2, 2nd ed., Berlin: G. Reimer 1830-1831. (영어번역판: *The Christian Faith*, trans. by H. R. Macintosh and J. S. Stewart, Edinburgh: T.&T. Clark 1999.)

Schubarth, K. E. and K. A. Carganico, *Über Philosophie überhaupt, und Hegel's Enzyclopädie der philosophischen Wissenschaften insbesondere. Ein Beitrag zur Beurtheilung der letztern*, Berlin: Enslin 1829.

Schumann, Johann Daniel, *Über die Evidenz der Beweise für die Wahrheit der Christlichen Religion*, Hannover: Im Verlag der Schmidtschen Buchhandlung 1778.

Staudenmaier, Franz Anton, "Georg Wilhelm Friedrich Hegel's *Vorlesungen über die Philosophie der Religion. Nebst einer Schrift über die Beweise vom Daseyn Gottes*. Herausgegeben von D. Philipp Marheineke. Erster Band XVI u. 376 S. Zweiter Band 483 S. Berlin 1832 bei Dunker u. Humblot," *Jahrbücher für Theologie und christliche Philosophie*, vol. 1, no. 1, 1834, 97-158.

Steffens, Henrich, *Über Kotzebue's Ermördung*, Breslau: Joseph Max 1819.

Steudel, Johann Christian Friedrich, *Vorläufig zu Beherzigendes bei Würdigung der Frage über die historische oder mythische Grundlage des Lebens Jesu, wie die kanonischen Evangelien dieses darstellen u.s.w.*, Tübingen: Fues 1835.

Strauss, David Friedrich, *Das Leben Jesu*, vols 1-2, Tübingen: Osiander 1835-1836. (영어번역판: *The Life of Jesus Critically Examined*, ed. by Peter C. Hodgson, trans. by George Eliot, Ramsey, NJ: Sigler Press 1994.)

_______. *Streitschriften zur Vertheidigung meiner Schrift über das Leben Jesu und zur Charakteristik der gegenwärtigen Theologie*, Tübingen: Osiander 1837, 95-126. (영어번역판: *In Defense of My Life of Jesus against the Hegelians*, trans. by Marilyn Chapin Massey, Hamden, CT: Archon Books 1983.)

Tausend und eine Nacht: arabische Erzählungen, trans. by Christian Maximilian Habicht, Friedrich Heinrich von Hagen, and Karl Scholl, vols 1-15, Breslau: Josef Max 1825.

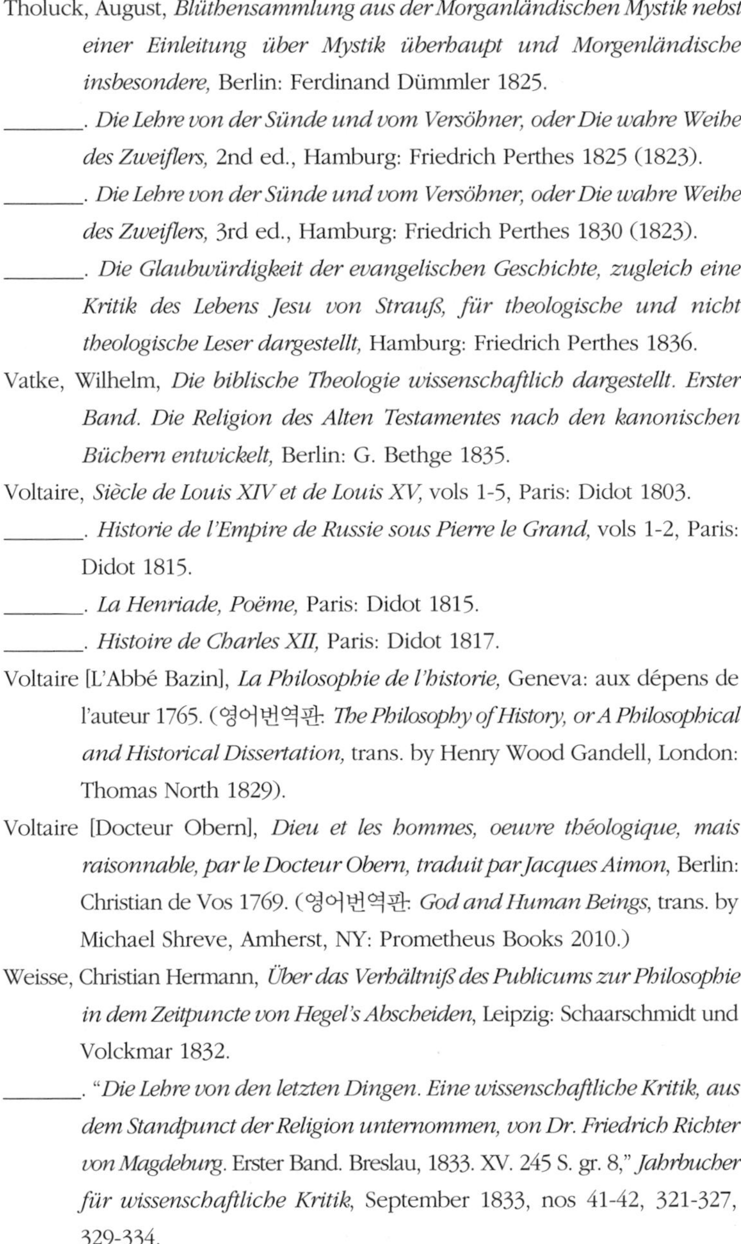

Tholuck, August, *Blüthensammlung aus der Morganländischen Mystik nebst einer Einleitung über Mystik überhaupt und Morgenländische insbesondere,* Berlin: Ferdinand Dümmler 1825.

_______. *Die Lehre von der Sünde und vom Versöhner, oder Die wahre Weihe des Zweiflers,* 2nd ed., Hamburg: Friedrich Perthes 1825 (1823).

_______. *Die Lehre von der Sünde und vom Versöhner, oder Die wahre Weihe des Zweiflers,* 3rd ed., Hamburg: Friedrich Perthes 1830 (1823).

_______. *Die Glaubwürdigkeit der evangelischen Geschichte, zugleich eine Kritik des Lebens Jesu von Strauß, für theologische und nicht theologische Leser dargestellt,* Hamburg: Friedrich Perthes 1836.

Vatke, Wilhelm, *Die biblische Theologie wissenschaftlich dargestellt. Erster Band. Die Religion des Alten Testamentes nach den kanonischen Büchern entwickelt,* Berlin: G. Bethge 1835.

Voltaire, *Siècle de Louis XIV et de Louis XV,* vols 1-5, Paris: Didot 1803.

_______. *Historie de l'Empire de Russie sous Pierre le Grand,* vols 1-2, Paris: Didot 1815.

_______. *La Henriade, Poëme,* Paris: Didot 1815.

_______. *Histoire de Charles XII,* Paris: Didot 1817.

Voltaire [L'Abbé Bazin], *La Philosophie de l'historie,* Geneva: aux dépens de l'auteur 1765. (영어번역판: *The Philosophy of History, or A Philosophical and Historical Dissertation,* trans. by Henry Wood Gandell, London: Thomas North 1829).

Voltaire [Docteur Obern], *Dieu et les hommes, oeuvre théologique, mais raisonnable, par le Docteur Obern, traduit par Jacques Aimon,* Berlin: Christian de Vos 1769. (영어번역판: *God and Human Beings*, trans. by Michael Shreve, Amherst, NY: Prometheus Books 2010.)

Weisse, Christian Hermann, *Über das Verhältniß des Publicums zur Philosophie in dem Zeitpuncte von Hegel's Abscheiden*, Leipzig: Schaarschmidt und Volckmar 1832.

_______. "*Die Lehre von den letzten Dingen. Eine wissenschaftliche Kritik, aus dem Standpunct der Religion unternommen, von Dr. Friedrich Richter von Magdeburg*. Erster Band. Breslau, 1833. XV. 245 S. gr. 8," *Jahrbucher für wissenschaftliche Kritik*, September 1833, nos 41-42, 321-327, 329-334.

_______. "Über die eigentliche Grenze des Pantheismus und des philosophischen Theismus," *Religiöse Zeitschrift für das katholische Deutschland*, 1833, vol. 1, 31-51, 143-153, 227-239; vol. 2, 99-119, 244-269.

_______. *Die Idee der Gottheit. Eine philosophische Abhandlung. Als wissenschaftliche Grundlegung zur Philosophie der Religion*, Dresden: Ch. F. Grimmer 1833.

_______. *Die philosophische Geheimlehre von der Unsterblichkeit des menschlichen Individuums*, Dresden: Ch. F. Grimmer 1834.

Wesselhöft, Robert (ed.), Carl Ludwig Sand, *dargestellt durch seine Tagebücher und Briefe von einigen seiner Freunde*, Altenburg: Christian Hahn 1821.

Wette, Wilhelm Martin Leberecht de, *Dissertatio critica-exegetica qua Deuteronomium a prioribus Pentateuchi libris diversum alius cuiusdam recentioris auctoris opus esse monstratur*, Jena 1805.

_______. Leberecht de, *Beiträge zur Einleitung in das Alte Testament*, vols 1-2, Halle: Schimmelpfennig und Compagnie 1806-1807.

Wyttenbach, Jacob Samuel, *Reise und Beobachtungen durch Aegypten und Arabien aus den grossen Werken verschiedener gelehrten Reisenden*, vols 1-2, Bern und Winterthur: bey der typographischen Gesellschaft & Heinrich Steiner 1779-1781.

그 외 문헌들

Allison, Henry E., *Lessing and the Enlightenment: His Philosophy of Religion and its Relation to Eighteenth-Century Thought*, Ann Arbor, MI: University of Michigan Press 1966.

Almond, Ian, *History of Islam in German Thought from Leibniz to Nietzsche*, New York: Routledge 2010.

Archer, Gleason L. Jr., *A Survey of Old Testament Introduction*, Chicago: Moody Press 1975.

Arngrímsson, Kristján G., "Hegel's Dialogue with the Enlightenment," *Dialogue: Canadian Philosophical Review*, vol. 39, no. 4, 2000, 657-668.

Aulard, François-Alphonse, *Le culte de la raison et le culte de l'Être supréme (1793-1794)*, Essai historique, Paris: Félix Alcan 1892.

Baird, William, *History of New Testament Research*, vol. 1, From Deism to

Tübingen, Minneapolis: Fortress Press 1992.
Barnett, S. J., *The Enlightenment and Religion: The Myths of Modernity*, Manchester and New York: Manchester University Press 2003.
Barth, Karl, *Protestant Theology in the Nineteenth Century*, trans. by Brian Cozens and John Bowden, London: SCM Press 2001.
Beiser, Frederick C., *The Fate of Reason: German Philosophy from Kant to Fichte*, Cambridge and London: Harvard University Press 1987.
Bernasconi, Robert, "Hegel at the Court of the Ashanti," in *Hegel after Derrida*, ed. by Stuart Barnett, New York: Routledge 1998, 41-63.
_______. "With What Must the Philosophy of World History Begin? On the Racial Basis of Eurocentrism," *Nineteenth-Century Contexts*, vol. 22, 2000, 171-201.
_______. "The Return of Africa: Hegel and the Question of the Racial Identity of the Egyptians," in *Identity and Difference: Studies in Hegel's Logic, Philosophy of Spirit, and Politics*, ed. by Philip Grier, Albany, State University of New York Press 2007, 201-216.
Beyer, Wilhelm Raimund, *Denken und Bedenken. Hegel-Aufsätze*, Berlin: Akademie-Verlag 1977.
Brazill, William J., *The Young Hegelians*, New Haven: Yale University Press 1970.
Breckman, Warren, Marx, *the Young Hegelians, and the Origins of Radical Social Theory: Dethroning the Self*, Cambridge: Cambridge University Press 1999.
Brüggen, Pierre, "La Critique de Jacobi par Hegel dans "Foi et Savoir"," *Archives de Philosophie*, vol. 30, 1967, 187-198.
Buchanan, Luanne and Michael H. Hoffheimer, "Hegel and America by José Ortega y Gasset," *Clio*, vol. 25, no. 1, 1995, 63-81.
Bukdahl, Jørgen K., "Poul Martin Møllers opgør med "nihilismen"," *Dansk Udsyn*, vol. 45, 1965, 266-290.
Byrne, James M., *Religion and the Enlightenment: From Descartes to Kant*, Louisville, KY: Westminster John Knox Press 1997. (Orignally published as Glory, *Jest and Riddle: Religious Thought in the Enlightenment*, London: SCM Press 1996.)
Byrne, Peter, *Kant on God*, Aldershot: Ashgate 2007.
Calvez, J. Y., "L'âge d'or. Essai sur le destin de la "belle âme"chez Novalis et

Hegel," *Études Germaniques*, vol. 9, 1954, 112-127.

Camara, Babacar, "The Falsity of Hegel's Theses on Africa," *Journal of Black Studies*, vol. 36, no. 1, 2005, 82-96.

Cassirer, Ernst, *The Philosophy of the Enlightenment*, trans. by Fritz C. A. Koelln and James P. Pettegrove, Princeton: Princeton University Press 1951.

Chidester, David, "World Religions in the World," *Journal for the Study of Religion*, vol. 31, no. 1, 2018, 41-53.

Clooney, Francis X., *Comparative Theology: Deep Learning across Religious Borders, Malden*, MA, Oxford, and Chichester: Wiley Blackwell 2010.

Copleston, F. C., "Pantheism in Spinoza and the German Idealists," *Philosophy*, vol. 21, no. 78, 1946, 42-56.

Crouter, Richard, *Friedrich Schleiermacher: Between Enlightenment and Romanticism*, Cambridge: Cambridge University Press 2005.

Czakó, István, *Geist und Unsterblichkeit. Grundprobleme der Religionsphilosophie und Eschatologie im Denken Søren Kierkegaards*, Berlin and Boston: De Gruyter 2014 (*Kierkegaard Studies Monograph Series*, vol. 29).

D'Hondt, Jacques, *Hegel et hégélianisme*, Paris: Presses universitaires de France 1982.

D'Hondt, Jacques, *Hegel in his Time: Berlin 1818-1831*, trans. by John Burbidge with Nelson Roland and Judith Levasseur, Peterborough, Ontario: Broadview 1988.

Dahlstrom, Daniel O., "Die schöne Seele bei Schiller und Hegel," *Hegel-Jahrbuch*, 1991, 147-156.

Dawkins, Richard, *The God Delusion*, London: Bantam 2006.

Dieter, Theodor, *Die Frage der Persönlichkeit Gottes*, Tübingen: Schnürlen 1917.

Dodson, Michael S., *Orientalism, Empire and National Culture: India, 1770-1880*, Houndmills and New York: Palgrave Macmillan 2007.

Drew, John, *India and the Romantic Imagination*, Oxford: Oxford University Press 1987.

Drews, Arthur, *Die deutsche Spekulation seit Kant mit besonderer Rücksicht auf das Wesen des Absoluten und die Persönlichkeit Gottes*, vols 1-2, 2nd ed, Leipzig: Gustav Fock 1895.

Durkheim, Émile, *The Elementary Forms of Religious Life*, trans. by Carol

Cosman, Oxford: Oxford University Press 2001.

Fackenheim, Emil L., "On the Actuality of the Rational and the Rationality of the Actual," in *The Hegel Myths and Legends,* ed. by Jon Stewart, Evanston: Northwestern University Press 1996, 42-49.

Falke, Gustav, "Hegel und Jacobi. Ein methodisches Beispiel zur Interpretation der *Phänomenologie des Geistes,*" *Hegel-Studien,* vol. 22, 1987, 129-142.

Fichtner, Paula Sutter, *Terror and Toleration: The Habsburg Empire Confronts Islam, 1526-1850,* London: Reaktion Books 2008.

Firestone, Chris L., *Kant and Theology at the Boundaries of Reason,* Aldershot: Ashgate 2009.

Förster, Eckart and Yitzhak Y. Melamed (eds), *Spinoza and German Idealism,* Cambridge: Cambridge University Press 2012.

Forstman, Jack, *A Romantic Triangle: Schleiermacher and Early German Romanticism,* Missoula, MT: Scholars Press 1977.

Frankenhäuser, Gerald, *Die Auffassung von Tod und Unsterblichkeit in der klassischen deutschen Philosophie von Immanuel Kant bis Ludwig Feuerbach,* Frankfurt am Main: Haag und Herchen 1991.

Frei, Hans W., *The Eclipse of Biblical Narrative: A Study in Eighteenth and Nineteenth-Century Hermeneutics,* New Haven and London: Yale University Press 1974.

Fück, Johann, *Die arabischen Studien in Europa bis in den Anfang des 20. Jahrhunderts,* Leipzig: Harrasowitz 1955.

Fulda, Hans Friedrich, "Zur Logik der Phänomenologie von 1807," in *Materialien zu Hegels Phänomenologie des Geistes,* ed. by Hans Friedrich Fulda and Dieter Henrich, Frankfurt am Main: Suhrkamp 1973, 391-425.

_______. *Das Problem einer Einleitung in Hegels 'Wissenschaft der Logik',* Frankfurt am Main: Klostermann 1965.

Galter, Hannes D. and Siegfried Haas (ed.), Joseph von Hammer-Purgstall. *Grenzgänger zwischen Orient und Okzident,* Graz: Leykam 2008.

Gaskin, J. C. A., *Hume's Philosophy of Religion,* London: Macmillan 1978.

Gay, Peter, *The Enlightenment: An Interpretation,* vol. 1, The Rise of Modern Paganism, London: Norton 1995 (1966).

_______. *The Enlightenment: An Interpretation,* vol. 2, The Science of Freedom,

London: Wildwood House 1973 (1969).
Germana, Nicholas A., *The Orient of Europe: The Mythical Image of India and Competing Images of German National Identity,* Newcastle upon Tyne: Cambridge Scholars Publishing 2009.
Gerrish, B. A., A *Prince of the Church: Schleiermacher and the Beginnings of Modern Theology,* Philadelphia: Fortress Press 1984.
Gethmann-Siefert, Annemarie, "H.G. Hotho: Kunst als Bildungserlebnis und Kunsthistorie in Systematischer Absicht—oder die entpolitisierte Version der ästhetischen Erziehung der Menschen," in *Kunsterfahrung und Kulturpolitik im Berlin Hegels,* ed. by Otto Pöggeler and Annemarie Gethmann-Siefert, Bonn: Bouvier 1983 (*Hegel-Studien,* Beiheft 22), 229-262.
Goer, Charis and Michael Hofmann (eds), *Der Deutschen Morgenland. Bilder des Orients in der deutschen Literatur und Kultur von 1770 bis 1850,* Munich: Wilhelm Fink 2008.
Goux, Jean-Joseph, "Untimely Islam: September 11 and the Philosophies of History," *SubStance,* issue 115, vol. 37, no 1, 2008, 52-71.
Hampson, Norman, *The Enlightenment,* Harmondsworth: Penguin 1968.
Hardiyanto, Soegeng, *Zwischen Phantasie und Wirklichkeit. Der Islam im Spiegel des deutschen Denkens im 19. Jahrhundert,* Frankfurt am Main: Peter Lang 1992.
Harris, H. S., *Hegel's Development, vol. 1, Toward the Sunlight, 1770-1801,* Oxford: Clarendon Press 1983.
_______. *Hegel's Development, vol. 2: Night Thoughts, Jena 1801-1806,* Oxford: Clarendon Press 1972.
Harris, Sam, *The End of Faith: Religion, Terror, and the Future of Reason,* New York and London: W. W. Norton 2004.
Harrison, R. K., *Introduction to The Old Testament,* London: Tyndale Press 1970.
Heidemann, Stefan, "Der Paradigmenwechsel in der Jenaer Orientalistik in der Zeit der literarischen Klassik," in *Der Deutschen Morgenland. Bilder des Orients in der deutschen Literatur und Kultur von 1770 bis 1850,* ed. by Charis Goer and Michael Hofmann, Munich: Wilhelm Fink 2008, 243-257.
Heinrichs, Johannes, *Die Logik der Phänomenologie des Geistes,* Bonn: Bouvier

1974.
Hinchman, Lewis P., *Hegel's Critique of the Enlightenment*, Tampa and Gainesville: University Presses of Florida 1984.
Hirsch, Emanuel, "Die Beisetzung der Romantiker in Hegels Phänomenologie. Ein Kommentar zu dem Abschnitte über die Moralität," *Deutsche Vierteljahresschrift für Literaturwissenschaft*, vol. 2, 1924, 510-532 (reprinted in Materialien zu Hegels *Phänomenologie des Geistes*, ed. by Hans Friedrich Fulda and Dieter Henrich, Frankfurt am Main: Suhrkamp 1973, 245-275).
Hobsbawn, E. J., *The Age of Revolution 1789-1848*, New York: New American Library 1962.
Hoffheimer, Michael H., *Eduard Gans and the Hegelian Philosophy of Law*, Dordrecht: Kluwer Academic Publishers 1995.
_______. "Hegel, Race, Genocide," *Southern Journal of Philosophy*, vol. 39 (supplement), 2001, 35-62.
_______. "Race and Law in Hegel's Philosophy of Religion," in *Race and Racism in Modern Philosophy*, ed. by Andrew Valls, Ithaca and London: Cornell University Press 2005, 194-216.
_______. "F. H. Jacobi et G. W. F. Hegel ou la naissance du nihilisme et la renaissance du "Logos"," *Revue de Métaphysique et de Morale*, vol. 75, no. 2, 1970, 129-150.
Houlgate, Stephen, *Freedom, Truth and History: An Introduction to Hegel's Philosophy*, London and New York: Routledge 1991.
Howard, Thomas Albert, *Religion and the Rise of Historicism: W. M. L. de Wette, Jacob Burckhardt, and the Theological Origins of Nineteenth-Century Historical Consciousness*, Cambridge: Cambridge University Press 2000.
Hoy, David, "Hegel's Critique of Kantian Morality," *History of Philosophy Quarterly*, vol. 6, 1989, 207-232.
Irwin, Robert, *For Lust of Knowing: The Orientalists and their Enemies*, Harmondsworth: Penguin 2007.
Israel, Jonathan I., *Radical Enlightenment: Philosophy and the Making of Modernity 1650-1750*, Oxford: Oxford University Press 2001.
Jackson, M. W., "Hegel: The Real and the Rational," in *The Hegel Myths and*

Legends, ed. by Jon Stewart, Evanston: Northwestern University Press 1996, 19-25.

Jaeschke, Walter, *Hegel Handbuch. Leben-Werk-Schule*, Stuttgart: J. B. Metzler 2003.

Jamme, Christoph, "Editionspolitik. Zur Freundesvereinsausgabe der Werke G. W. F. Hegels," *Zeitschrift für philosophische Forschung*, vol. 38, no. 1, 1984, 83-99.

Kainz, Howard, *Paradox, Dialectic, and System*, University Park: Pennsylvania State University Press 1988.

Kalmar, Ivan, *Early Orientalism: Imagined Islam and the Notion of Sublime Power*, New York: Routledge 2012.

Kangas, David, "Which Hegel? Reconsidering Hegel and Kierkegaard," in *Papers of the Nineteenth-Century Theology Group: Papers Presented in the Nineteenth Century Theology Group at the 2004 Annual Meeting of the American Academy of Religion Conference*, ed. by Andrew J. Burgess, David D. Schultenover, Daniel W. Hardy, and Theodore Vial, Eugene, OR: Wipf & Stock Publishers 2004 (*Papers of the Nineteenth Century Theology Group*, vol. 35), 15-34.

Kirscher, Gilbert, "Hegel et la philosophie de F. H. Jacobi," in *Hegel-Tage Urbino 1965. Vorträge*, ed. by Hans-Georg Gadamer, Bonn: Bouvier 1969 (Hegel-Studien, Beiheft 4), 181-191.

Kjældgaard, Lasse Horne, "What It Means to Be Immortal: Afterlife and Aesthetic Communication in Kierkegaard's Concluding Unscientific Postscript," *Kierkegaard Studies Yearbook*, 2005, 90-112.

Koch, Carl Henrik, *Den danske idealisme 1800-1880*, Copenhagen: Gyldendal 2004.

Kontje, Todd, *German Orientalisms*, Ann Arbor, MI: University of Michigan Press 2004.

Kuntz, Marion L., *Guillaume Postel: Prophet of the Restitution of All Things, his Life and Thought*, The Hague: Martinus Nijhoff 1981.

Lasson, Georg, *Was heißt Hegelianismus?* Berlin: Reuther & Reichard 1916.

Lenz, Max, *Geschichte der Königlichen Friedrich-Wilhelms-Universität zu Berlin*, vols 1-4, Halle: Verlag der Buchhandlung des Waisenshauses 1910-1918.

Lucas, Hans-Christian and Udo Rameil, "Furcht vor der Zensur? Zur Entstehungs- und Druckgeschichte von Hegels Grundlinien der Philosophie des Rechts," *Hegel-Studien*, vol. 15, 1980, 63-93.

Malantschuk, Gregor, *Kierkegaard's Way to the Truth*, trans. by Mary Michelsen, Montreal: Inter Editions 1987.

Marchand, Suzanne L., *German Orientalism in the Age of Empire: Religion, Race, and Scholarship*, Cambridge: Cambridge University Press 2010.

Marks, Tamara Monet, 'Kierkegaard's New Argument for Immortality,' *Journal of Religious Ethics*, vol. 38, no. 1, 2010, 143-186.

Masuzawa, Tomoko, *The Invention of World Religions: Or, How European Universalism Was Preserved in the Language of Pluralism*, Chicago: University of Chicago Press 2005.

McGetchin, Douglas T., *Indology, Indomania, and Orientalism: Ancient India's Rebirth in Modern Germany*, Madison, NJ: Farleigh Dickinson University Press 2009.

McLellan, David, *The Young Hegelians and Karl Marx*, London and Basingstoke: Macmillan 1970.

Michalson, Gordon E., *Kant and the Problem of God*, Oxford: Blackwell 1999.

Moggach, Douglas, *The Philosophy and Politics of Bruno Bauer*, Cambridge: Cambridge University Press 2003.

_______. (ed.), *The New Hegelians: Politics and Philosophy in the Hegelian School*, Cambridge: Cambridge University Press 2006.

Nicolin, Günther (ed.), *Hegel in Berichten seiner Zeitgenossen*, Hamburg: Felix Meiner 1970.

O'Connor, David, *Hume on Religion*, London and New York: Routledge 2001.

Ottmann, Horst Henning, *Das Scheitern einer Einleitung in Hegels Philosophie. Eine Analyse der 'Phänomenologie des Geistes'*, Munich: Verlag Anton Pustet 1973.

Paret, Rudi, *The Study of Arabic and Islam at German Universities: German Orientalists since Theodor Nöldeke*, Wiesbaden: Steiner 1968.

Peperzak, Adriaan Theodoor, *Philosophy and Politics: A Commentary on the Preface to Hegel's Philosophy of Right*, Dordrecht: Martinus Nijhoff 1987.

Pepperle, Ingrid, *Junghegelianische Geschichtsphilosophie und Kunsttheorie*, Berlin: Akademie Verlag 1978.

Pinkard, Terry, *Hegel: A Biography*, Cambridge: Cambridge University Press 2000.

_______. *German Philosophy 1760-1860: The Legacy of Idealism*, Cambridge: Cambridge University Press 2002.

Pöggeler, Otto, "Die Komposition der Phänomenologie des Geistes," in *Materialien zu Hegels Phänomenologie des Geistes*, ed. by Hans Friedrich Fulda and Dieter Henrich, Frankfurt am Main: Suhrkamp 1973, 329-390.

_______. *Hegels Idee einer Phänomenologie des Geistes*, Freiburg and Munich: Karl Alber 1973.

Possen, David D., "Martensen's Theonomic Enterprise: An Advance beyond Hegel?" in *Hans Lassen Martensen: Theologian, Philosopher and Social Critic*, ed. by Jon Stewart, Copenhagen: Museum Tusculanum Press 2012 (Danish Golden Age Studies, vol. 6), 239-270.

Redeker, Martin, *Friedrich Schleiermacher: Life and Thought*, trans. by John Wallhauser, Philadelphia: Fortress Press 1973.

Rogerson, John, *Old Testament Criticism in the Nineteenth Century: England and Germany,* Philadelphia: Fortress Press 1985.

Rogerson, John, W. M. L. de Wette, *Founder of Modern Biblical Criticism: An Intellectual Biography,* Sheffield: Sheffield Academic Press 1992.

Salama, Mohammad R., *Islam, Orientalism and Intellectual History: Modernity and the Politics of Exclusion since Ibn Khaldun,* London and New York: I. B. Tauris 2011.

Schwab, Raymond, *The Oriental Renaissance: Europe's Rediscovery of India and the East, 1680-1880,* trans. by Gene Patterson-Black and Victor Reinking, New York: Columbia University Press 1984.

Sedgwick, Sally S., "Hegel's Critique of the Subjective Idealism of Kant's Ethics," *Journal of the History of Philosophy,* vol. 26, 1988, 89-105.

Smith, Norman Kemp, *Commentary to Kant's Critique of Pure Reason,* Atlantic Highlands: Humanities Press International 1992 [1918].

Soderquist, K. Brian, *The Isolated Self: Truth and Untruth in Søren Kierkegaard's 'On the Concept of Irony',* Copenhagen: C. A. Reitzel 2007 (Danish Golden Age Studies, vol. 1).

Solomon, Robert C., *In the Spirit of Hegel,* New York and Oxford: Oxford

University Press 1983.

Stähler, Wilhelm, *Zur Unsterblichkeitsproblematik in Hegels Nachfolge,* Münster: Universitas-Verlag 1928.

Stewart, Jon, *The Unity of Hegel's Phenomenology of Spirit: A Systematic Interpretation,* Evanston: Northwestern University Press 2000.

_______. *A History of Hegelianism in Golden Age Denmark, Tome II, The Martensen Period: 1837-1842,* Copenhagen: C.A. Reitzel 2007 (Danish Golden Age Studies, vol. 3).

_______. *Søren Kierkegaard: Subjectivity, Irony and the Crisis of Modernity,* Oxford: Oxford University Press 2015.

Stirling, James Hutchison, *The Secret of Hegel: Being the Hegelian System in Origin,* Principle, Form, and Matter, vols 1-2, London: Longman, Green, Longman, Roberts, & Green 1865.

Thompson, Curtis L., "Gotthold Ephraim Lessing: Appropriating the Testimony of a Theological Naturalist," in *Kierkegaard and the Renaissance and Modern Traditions,* Tome I, *Philosophy,* ed. by Jon Stewart, Aldershot: Ashgate 2009 (*Kierkegaard Research: Sources, Reception and Resources,* vol. 5), 77-112.

Tibebu, Teshale, *Hegel and the Third World: The Making of Eurocentrism in World History,* Syracuse: Syracuse University Press 2011.

Tillich, Paul, *Perspectives on 19th and 20th Century Protestant Theology,* ed. by Carl Braaten, London: SCM Press 1967.

Tocqueville, Alexis de, *The Old Régime and the French Revolution,* trans. by Stuart Gilbert, Garden City: Doubleday 1955.

Toews, John Edward, *Hegelianism: The Path toward Dialectical Humanism, 1805-1841,* Cambridge: Cambridge University Press 1980.

Tweyman, Stanley, *Scepticism and Belief in Hume's Dialogues Concerning Natural Religion,* Dordrecht: Kluwer 1986.

Vallée, Gérard, "Introduction: The Spinoza Conversations between Lessing and Jacobi," in *The Spinoza Conversations between Lessing and Jacobi,* trans. by Gérard Vallée et al., Lanham, New York, London: University Press of America 1988, 1-62.

Van Dooren, Willem, "Hegel und Fries," *Kantstudien,* vol. 61, 1970, 217-226.

Well, Karlheinz, *Die schöne Seele und ihre sittliche Wirklichkeit,* Frankfurt am

Main and Bern: Peter Lang 1986.

Westphal, Kenneth R., "Hegel's Critique of Kant's Moral World View," *Philosophical Topics*, vol. 19, 1991, 133-176.

Whelan, Frederick G., "Hegel and the Orient," in *his Enlightenment Political Thought and Non-Western Societies: Sultans and Savages*, New York: Routledge 2009, 130-163.

Wigger, Lothar, "75 Jahre kritische Hegel-Ausgaben: Zu Geschichte und Stand der Hegel-Edition," *Pädagogische Rundschau*, vol. 41, 1987, 102-104.

Williams, Robert R., *Recognition: Fichte and Hegel on the Other*, Albany: State University of New York Press 1992.

Willson, A. Leslie, *A Mythical Image: The Ideal of India in German Romanticism*, Durham: Duke University Press 1964.

Winfield, R. D, *Modernity, Religion, and the War on Terror*, Aldershot and Burlington: Ashgate 2007.

Wokoeck, Ursula, *German Orientalism: The Study of the Middle East and Islam from 1800 to 1945*, London and New York: Routledge 2009.

Wood, Allen W., *Kant's Moral Religion*, Ithaca and London: Cornell University Press 1970.

_______. *Kant's Rational Theology*, Ithaca and London: Cornell University Press 1978.

Yasukata, Toshimasa, *Lessing's Philosophy of Religion and the German Enlightenment*, Oxford: Oxford University Press 2002.

Yovel, Yirmiahu, "Hegel's Dictum that the Rational Is the Actual and the Actual Is Rational: Its Ontological Content and its Function in Discourse," in *The Hegel Myths and Legend s*, ed. by Jon Stewart, Evanston: Northwestern University Press 1996, 26-41.

이름 찾아보기

ㅇ

주 제 찾 아 보 기

ㅇ

ㅈ

ㅊ

ㅌ

ㅍ